Grafica 3D con Blender

Guida completa

Nella collana Guida completa:

3ds Max per l'architettura (III ed.), di Fabio D'Agnano
Access 2010, di Piriou e Tripolini
Analisi forense con Photoshop, di George Reis
Android: guida per lo sviluppatore, di Massimo Carli
AutoCAD 2010, di Santapaga e Trasi
Autodesk Revit Architecture 2011, di Minato e Nale
CSS (II ed.), di Gianluca Troiani
Computer Forensics (II ed.), di Ghirardini e Faggioli
Costruire applicazioni con Access 2007, di Mike Davis
Cubase 4, di Calderan e Djivas
E-commerce con PayPal, di Massimiliano Bigatti
Excel 2010, di Mike Davis
Flash CS5, di Feo e Rotondo
Fotoelaborazione: creatività e tecnica, di Eismann e Duggan
Fotografia digitale (II ed.), di Paolo Poli
Fotografia RAW con Photoshop (II ed.), di Volker Gilbert
Hacker 6.0, di McClure, Scambray, Kurtz
Il libro del wireless, di John Ross
Il manuale del Guild Leader, di Scott F. Andrews
JavaScript, di Yank e Adams
L'arte dell'hacking (II ed.), di Jon Erickson
L'arte della fotografia digitale in bianconero, di Marco Fodde
L'hacker della porta accanto, di Johnny Long
Legge 2.0, di Elvira Berlingieri
Linux Server per l'amministratore di rete (III ed.), di Silvio Umberto Zanzi
Linux Ubuntu (III ed.), di Hill, Bacon, Krstić, Murphy, Jesse, Savage, Burger
Mac OS X Snow Leopard, di Accomazzi e Bragagnolo
Manuale di grafica e stampa, di Mariuccia Teroni
Manuale di redazione, di Mariuccia Teroni
Manuale per giovani band, di Pier Calderan
MySQL 5, di Michael Kofler
Modellazione 3D con AutoCAD, di Nale, Sartorato, Bortot
Photoshop CS5, di Edimatica
Rhinoceros per professionisti, di Daniele Nale
S.E.O., ottimizzazione web per motori di ricerca, di Davide Vasta
SQL: quello che i libri non dicono, di Bill Karwin
Sviluppare applicazioni con iPhone SDK, di Dudney e Adamson
Sviluppare applicazioni con Objective-C e Cocoa, di Tim Isted
Sviluppare applicazioni web con Django, di Marco Beri
Sviluppare applicazioni web con PHP e MySQL, di Mark Wandschneider
Sviluppare il Web mobile, di Fabio Ricci
Sviluppare siti con gli standard web, di Zeldman e Marcotte
Tecniche di registrazione (II ed.), di B. Bartlett e J. Bartlett
Video digitale: la ripresa, di Gabriele Coassin
Windows 7, di Riccardo Meggiato
Web Analytics, di Davide Vasta

Francesco Siddi

Grafica 3D con Blender

Guida completa

APOGEO

Grafica 3D con Blender - Guida completa

Autore:
Francesco Siddi

Socio Unico Giangiacomo Feltrinelli Editore s.r.l.
Via Natale Battaglia 12 – 20127 Milano (Italy)
Telefono: 02289981 – Fax: 0226116334
Email **apogeo@apogeonline.com**
U.R.L. **www.apogeonline.com**

ISBN 978-88-503-2894-9

Realizzazione editoriale:
PMT sas - Monza

Editor:
Fabio Brivio

Copertina e progetto grafico:
Enrico Marcandalli

Revisione:
Paolo Poli

Finito di stampare
nel mese di ottobre 2010
presso L.E.G.O.
stabilimento di Lavis (TN)

Indice generale

Alla mia famiglia

Prefazione

Viviamo in un mondo pervaso da informazione e strumenti digitali. La continua evoluzione tecnologica ci porta ogni giorno a superare barriere che poco prima si pensavano irraggiungibili e, soprattutto, ci avvicina sempre più a questi strumenti, che divengono quasi familiari e intuitivi.

Il caso della grafica tridimensionale costituisce un buon esempio di questa tendenza: fino a pochi anni fa l'utilizzo di software 3D richiedeva competenze informatiche avanzate e un supporto hardware davvero oneroso in termini economici.

Ciò precludeva l'accesso a questo tipo di applicazioni pressoché a chiunque non lavorasse in uno studio grafico, di animazione o di postproduzione.

Da qualche anno, tuttavia, la tendenza è cambiata: grazie a software come Blender e all'aumento delle prestazioni dei personal computer, lo sviluppo di grafica 3D è vincolato solo alla volontà di apprendimento dell'utente.

Emerge quindi con maggiore chiarezza la natura di questi strumenti: una volta compresi i meccanismi, con essi è possibile rappresentare qualsiasi idea, senza limiti stilistici, creando immagini, piccoli mondi, raccontando nuove storie.

Quali saranno quindi le nuove tendenze della produzione multimediale, ora che sempre più utenti possono prendervi parte? Come cambierà la percezione nei confronti di questo ambito, ancora magico e misterioso agli occhi del grande pubblico?

Le risposte giungeranno nei prossimi anni. Con la speranza che questa guida sia un aiuto per fare i primi passi in questo mondo, un augurio di buona lettura e buon utilizzo.

Capitolo 1

Introduzione

In questo capitolo

- **Contenuti 3D**
- **Libero e open source**
- **La lingua inglese**
- **Blender 2.5 e 2.6**

"*Blender is the free open source 3D content creation suite, available for all major operating systems under the GNU General Public License*", ovvero "Blender è la suite libera e open source per la creazione di contenuti 3D, disponibile per i più importanti sistemi operativi, sotto licenza GNU GPL".
Questa affermazione si trova nella prima pagina del sito ufficiale di Blender (`www.blender.org`) e racchiude tutti gli spunti di cui faremo uso durante questa introduzione alla lettura del manuale.

Contenuti 3D

Questo concetto indica in modo generico tutti i prodotti che si possono ottenere con un software di grafica tridimensionale. La storia dei contenuti 3D inizia circa negli anni Sessanta, quando William Fetter, un designer della Boeing, conia il termine *computer graphic* (computer grafica). A quel tempo i concetti di computer e software grafico erano decisamente diversi da quelli che abbiamo al giorno d'oggi: anche se i contenuti 2D (planimetrie, schemi e disegni tecnici) potevano essere in qualche modo rappresentabili, non era ancora giunto il momento per i contenuti 3D.
Nei due decenni successivi, a riprova degli esponenziali tempi di sviluppo delle tecnologie informatiche, accaddero numerosi eventi, che portarono i computer a essere in grado di presentare qualcosa di più interessante di qualche linea immobile sullo schermo, suscitando così un interesse al di fuori della ristretta cerchia di ricercatori e ingegneri, all'interno della quale tutto questo era nato.
Verso la fine degli anni Ottanta alcuni progettisti compresero le potenzialità di questo mezzo e si adoperarono per utilizzarlo con scopi diversi dalla progettazione o visualizzazione. È in questo periodo che avviene il primo contatto tra la computer grafica e il creativo mondo dell'intrattenimento.

Gli anni Novanta segnarono infine la svolta definitiva nell'impiego della computer grafica, con la produzione dei primi lungometraggi animati completamente in 3D, la comparsa dei primi videogiochi e l'impiego massiccio del computer per la generazione di effetti speciali nelle pellicole cinematografiche.
Al giorno d'oggi comprendiamo facilmente il concetto di computer grafica, o contenuto 3D, in quanto ne siamo continuamente a contatto (film di animazione, visualizzazioni di progetti e prototipi di prodotti, pubblicità). Questo contatto prolungato ha portato tra l'altro alla nascita di un atteggiamento di sufficienza nei confronti della materia. L'affermazione "tanto è fatto con il computer" è piuttosto emblematica e costituisce uno spunto per riflettere su cosa può o non può fare un computer senza input umano (tralasciando naturalmente il fatto che il computer stesso *è* un artefatto umano).
Un'ulteriore riflessione porta a chiederci il perché della computer grafica. Una risposta è relativamente semplice: per comunicare, raccontare con immagini; raccontare storie, visioni, comunicare emozioni, attraverso immagini che non sono rappresentabili con gli strumenti tradizionali. Il fine è l'immagine e lo strumento è il software. Arte e narrativa non nascono da un software, bensì dalla mente e dal cuore di un essere umano e questo va sempre ricordato.

Libero e open source

Tralasciando le questioni artistiche e spirituali che si celano nella computer grafica, torniamo alla definizione iniziale di Blender, che viene definito come software libero e open source.
Capiamo innanzitutto il significato di open source; per farlo, è necessario avere un'idea di base del modo in cui viene creato un programma per computer. In linea teorica non si tratta di un processo complicato: una persona scrive un programma, ovvero una serie di istruzioni per svolgere un preciso compito, per esempio richiedere l'inserimento di due valori numerici da parte dell'utente e farne la somma. Per fare questo utilizza una sintassi e un lessico propri di uno specifico linguaggio di programmazione. A questo punto le istruzioni devono essere rese comprensibili al computer che le deve eseguire, cioè devono essere "tradotte". L'operazione di traduzione viene svolta da uno speciale programma *compilatore*, il cui scopo è quello di ricevere delle istruzioni fornite in *linguaggio di programmazione* e restituirle tradotte in *linguaggio macchina*, cioè qualcosa di eseguibile da un computer.
Dal momento in cui esce dal compilatore, il programma sarà "leggibile" da un computer, ma non più da un essere umano. Poiché

il processo di compilazione non è reversibile (perlomeno non in modo perfettamente efficace), se un essere umano volesse conoscere il funzionamento di un programma dovrebbe leggerne la versione scritta con il linguaggio di programmazione, ossia *il codice sorgente*. I motivi per cui un altro essere umano voglia leggere un programma scritto da qualcun altro sono molteplici e spaziano dal desiderio di contribuire allo sviluppo e al miglioramento del software, alla ricerca di problemi strutturali nel codice, che possono renderlo instabile o pericoloso per il sistema che lo ospita.
Se i sorgenti non vengono resi disponibili da chi distribuisce il software, non sarà possibile capirne esattamente le funzionalità, che possono essere facilmente limitate dall'autore e attivabili, per esempio con l'inserimento di un numero di serie da acquistare insieme al software. È quindi chiaro che lo scopo di rendere un software chiuso è di tipo commerciale. I software di questo tipo vengono chiamati "proprietari" e la loro resa economica proviene direttamente dal numero di copie vendute.
La controparte di questo modello è costituita dai software open source, il cui codice sorgente è aperto, visibile, e la cui resa deriva in parte dalla vendita di copie del software, ma soprattutto dall'assistenza e dal supporto forniti all'utente dopo l'acquisto.
Questo confronto fa sembrare il modello del software proprietario ben poco interessante rispetto all'open source, ma è necessario precisare, riguardo quest'ultimo, che la possibilità di leggere il codice sorgente di un programma non comporta automaticamente *il diritto* di copiarlo, modificarlo e magari ridistribuirlo.
Questi aspetti sono caratteristici di un terzo modello, concepito e sostenuto da Richard Stallman, un programmatore divenuto attivista informatico, che nel 1983 lanciò il progetto GNU (GNU is Not Unix) per la creazione di un sistema operativo il cui codice sorgente fosse aperto (a differenza dei sistemi esistenti allora, che erano "blindati"), dando vita a quello che è chiamato *software libero*. Il software libero viene distribuito al pubblico con una licenza che concede all'utente vari diritti.

- Eseguire il programma, per qualsiasi scopo.
- Studiare il funzionamento del programma e, se lo desidera, applicargli modifiche (affinché ciò avvenga è necessario poter accedere al codice sorgente del programma).
- Distribuire copie del software.
- Modificare il programma e ridistribuirlo, a patto di ridistribuire anche il codice sorgente modificato.

Queste sono le cosiddette quattro libertà fondamentali del software libero e sono espresse in un testo legale, che va allegato al

software che si desidera rilasciare in questo modo. Il nome di questo testo è GPL (General Public Licence). Un software può essere open source, ma non necessariamente libero (rilasciato sotto GPL), mentre viceversa, per essere libero deve essere open source.
Se il principio di utilità economica del software open source è basato ancora (parzialmente) sulla vendita di copie (e sulla possibilità di vietare la copia non autorizzata del codice sorgente), il software libero azzera teoricamente questa possibilità, puntando tutti i fattori di guadagno su aspetti come l'assistenza, la formazione, le donazioni (se il software è veramente libero, diventa sensato fare una donazione per supportarne lo sviluppo, in quanto i benefici ricadranno sul numero di persone più alto possibile); il software verrà quindi reso disponibile gratuitamente, di solito su Internet.
Blender è un software libero, quindi è gratuito. La gratuità è importante, ma non fondamentale: ciò che conta è la libertà

La lingua inglese

La prima frase del capitolo è stata presentata in lingua originale per anticipare un argomento importante: l'uso di una lingua piuttosto che un'altra per definire termini ed espressioni riguardanti l'ambito dell'informatica e, più in particolare, della computer grafica. Abbiamo tentato di preservare la terminologia inglese, fornendo le appropriate traduzioni italiane ove possibile, consapevoli del fatto che la maggior parte della documentazione disponibile sul software, nel momento in cui si decidesse di approfondirne l'uso, è in inglese o comunque fa uso della terminologia inglese.

Blender 2.5 e 2.6

La versione di Blender scelta come riferimento per questa guida è la 2.5. Si tratta di una versione di particolare importanza, in quanto costituisce la transizione tra la 2.4 (il cui rilascio risale ai primi anni 2000) e la 2.6, di cui la 2.5 costituisce una sorta di versione beta "evoluta". Blender 2.5 presenta un'interfaccia completamente rinnovata e significativi miglioramenti, dovuti soprattutto alla riscrittura del core del software.
La guida nasce quindi per documentare Blender pressoché all'inizio di un nuovo percorso evolutivo, fornendo una descrizione accurata delle basi, destinate a rimanere stabili nel corso del tempo. Verranno comunque presentate o anticipate alcune funzionalità di recente o prossima introduzione.

Capitolo 2

Setup e installazione

In questo capitolo

- **Hardware**
- **Software**
- **Installazione**

Prima di muovere i primi passi con Blender e avventurarci nel vasto mondo della computer grafica, dobbiamo assicurarci di disporre di due cose: un computer e Blender.

Hardware

I requisiti hardware minimi per l'installazione di Blender sono davvero esigui.

- CPU 300 MHz.
- 128 MB di memoria RAM.
- 50 MB di spazio sul disco fisso.
- Schermo con una risoluzione di 1024 × 768 pixel.
- Scheda grafica con supporto OpenGL.
- Si consiglia inoltre l'uso di un mouse a tre tasti.

In pratica, quasi ogni computer con meno di cinque anni di età sarà in grado di supportare adeguatamente Blender.
Chi impiegasse altri pacchetti software simili a Blender o, più in generale, legati al multimediale, saprà che le specifiche appena elencate non permettono una reale produttività, possibile invece con le seguenti specifiche.

- CPU 2 GHz multicore.
- 2 GB di memoria RAM.
- Schermo con una risoluzione di 1920 × 1280 pixel a 24bit.
- Scheda video OpenGL con 128 o 256 MB di memoria RAM dedicata.

Con un computer di questo tipo, potremo sfruttare tutte le funzionalità del software e gestire scene con un buon livello di dettaglio e complessità.

Lo spazio richiesto per l'installazione è di soli 50 MB: Blender dispone infatti di un eseguibile di dimensioni estremamente ridotte, data l'assenza di librerie di materiali o altre funzionalità aggiuntive (manuali, helper locali e così via). Questo genere di risorse è disponibile online, presso il sito `www.blender.org` (la guida ufficiale di Blender è in formato Wiki e si trova all'indirizzo `wiki.blender.org`) e altri siti come `blender-materials.org` e `katorlegaz.com`.

Software

Veniamo ora ai requisiti software: la versione di Blender è disponibile per i più importanti sistemi operativi, tra cui Microsoft Windows (versione XP o superiore), GNU Linux e Mac OS X, installati su architetture a 32 o 64 bit.

Come già detto, un requisito fondamentale per il funzionamento di Blender è una scheda grafica che supporti OpenGL: una serie di specifiche che definiscono l'interazione tra Blender (e in generale tutti i programmi di grafica tridimensionale) e il sistema operativo su cui è installato.

L'ultimo requisito è costituito da Python (un linguaggio di programmazione distribuito con licenza compatibile GPL), di cui Blender fa uso per la generazione della propria interfaccia e per offrire all'utente alcune funzionalità avanzate. Solitamente Python è già installato sui sistemi Linux e Mac OSX, ma è consigliato aggiornarlo all'ultima versione, scaricabile liberamente presso il sito `www.python.org` (Figura 2.1). Al contrario, su sistemi Windows, Python dovrà necessariamente essere installato (Figura 2.2). La versione di Python richiesta da Blender è la 3.1 o superiore.

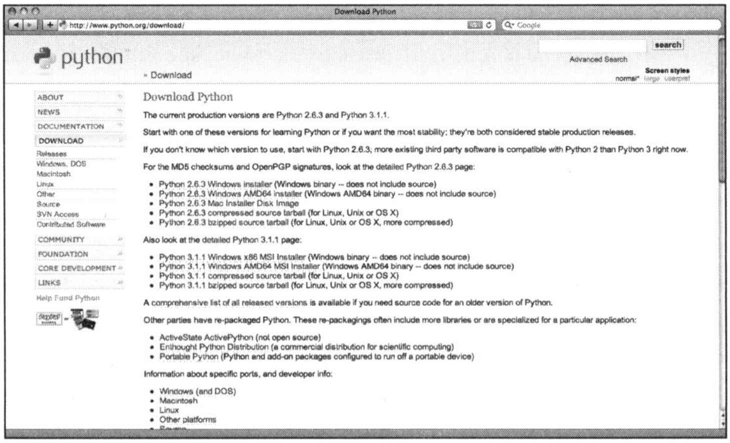

Figura 2.1
Il sito web www.python.org.

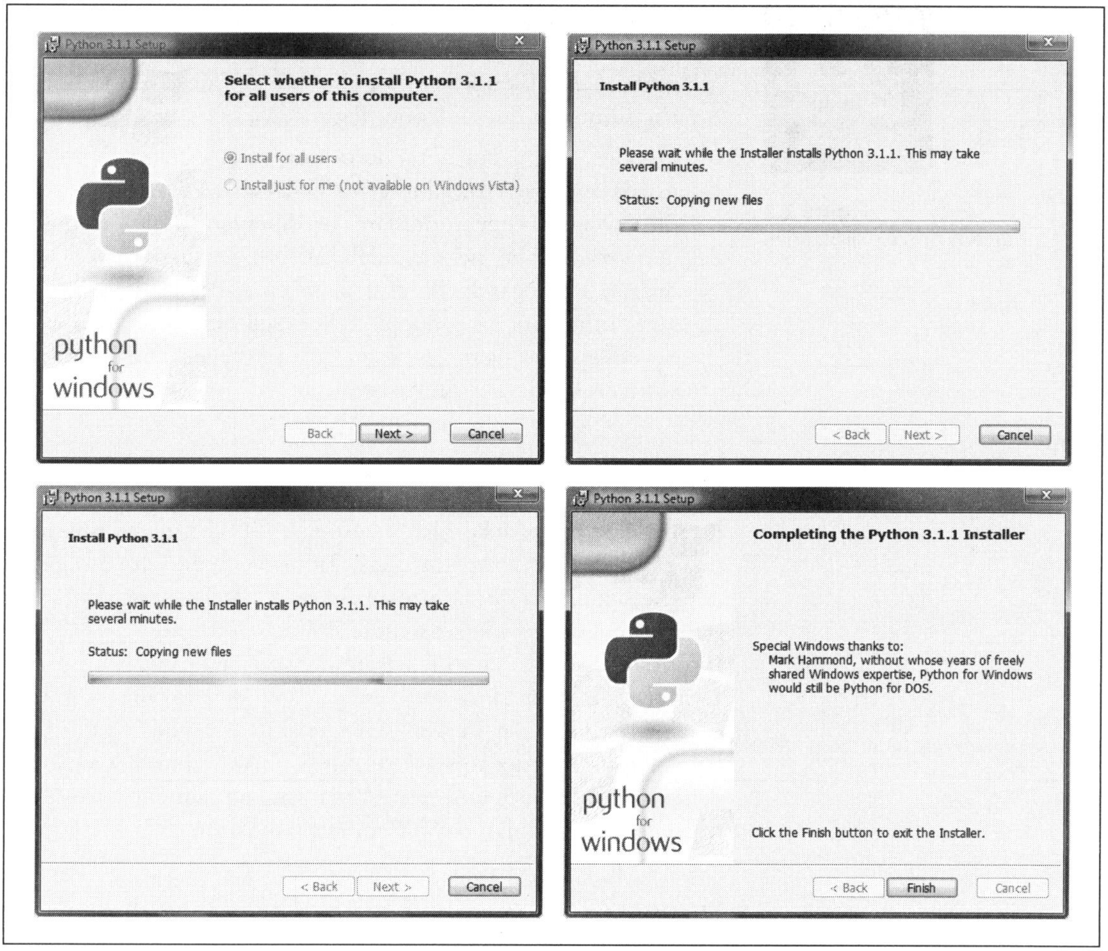

Figura 2.2
La procedura di installazione di Python su Windows.

Installazione

Se il nostro computer soddisfa tutti i requisiti fondamentali per l'esecuzione di Blender, procediamo con il download dell'ultima versione disponibile, compatibile con il nostro sistema operativo, all'indirizzo `http://www.blender.org/download/get-blender/`. A causa della transizione (precedentemente menzionata) dalla serie reperibile 2.4 alla 2.5, saranno disponibili entrambe le versioni del software. In questo volume impiegheremo la versione beta di Blender 2.5.

Windows

La versione di Blender per Windows è disponibile in due modalità.

- *Installer*: verrà scaricato un file eseguibile che, attraverso una procedura guidata, copierà i file di Blender nelle cartelle ap-

Figura 2.3
L'icona di avvio di Blender.

propriate (creando una cartella *Blender* nella cartella dei programmi, un'icona sul *Desktop* ed eventualmente una voce del menu *Start*). Blender potrà poi essere avviato facendo doppio clic su una di queste icone (Figura 2.3).

- Un file *.zip*, il cui contenuto, una volta estratto, è costituito da una cartella, all'interno della quale si trovano tutti i file necessari per soddisfare le dipendenze dell'eseguibile (*blender.exe*), che, nel caso dell'installer, vengono invece soddisfatte impiegando librerie di sistema. Per avviare Blender sarà sufficiente fare doppio click sull'eseguibile *blender.exe*. Se dovessimo avere problemi con l'installer, consigliamo di scaricare e provare questa versione.

GNU Linux

La maggior parte delle distribuzioni di GNU Linux dispone di una copia di Blender già installata. Tuttavia, i tempi di rilascio e la complessità di una distribuzione di Linux non permettono ai suoi sviluppatori di includerne sempre l'ultima versione.
In questo caso, possiamo scaricare dal sito una cartella compressa *.tar.bz2*, la quale, una volta estratta, conterrà un file eseguibile chiamato *blender*. Anche per Linux esistono pacchetti autoinstallanti per distribuzioni basate su *deb* (Debian, Ubuntu e così via) e *rpm* (Mandriva, Fedora e così via), ma attualmente non sono ufficialmente rilasciati dalla Blender Foundation.

Mac OS X

Figura 2.4
L'icona di avvio di Blender, nel dock di Mac OS X.

La versione per Mac (Figura 2.4) è disponibile sia per architetture Intel sia per PPC; in entrambi i casi la procedura di installazione è molto semplice: basta estrarre il contenuto dell'archivio (una cartella) e spostarlo nella cartella *Applicazioni*. Naturalmente è anche possibile spostare solo il file *blender.app*.

Versioni non ufficiali, ottimizzate, in sviluppo

Poiché Blender è un software libero, il suo codice sorgente è pubblicamente disponibile e ridistribuibile (secondo le linee guida della GPL con cui è rilasciato). Ciò comporta la possibilità di accedere alla versione in fase di sviluppo del software, che viene quotidianamente modificata, ampliata e migliorata, semplicemente usando un client *svn* e compilando i sorgenti con *Scons*, *make* e così via. È inoltre possibile leggere i log di ogni commit e visualizzare il bugtracker presso `projects.blender.org` (Figura 2.5).

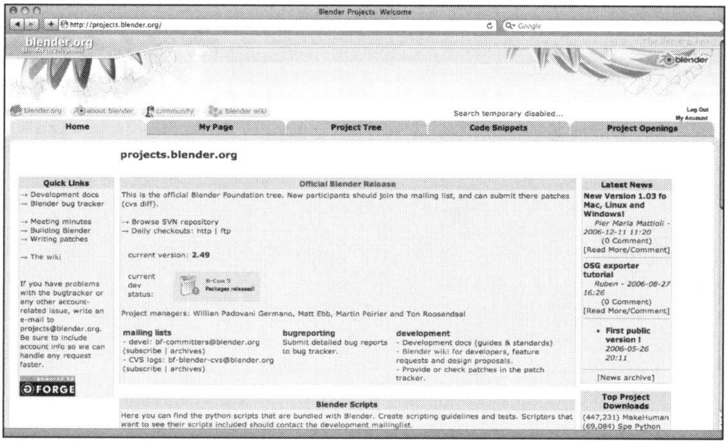

Figura 2.5
Il portale projects.blender.org. Alcune aree del sito sono accessibili solo dopo una procedura di registrazione (gratuita).

Qualora quanto appena detto risultasse incomprensibile, non è il caso di preoccuparsi: si tratta di termini relativi al mondo dello sviluppo software, del quale non è necessario avere alcuna conoscenza per utilizzare Blender. Se tuttavia provassimo un interesse crescente nei confronti del software e il coinvolgimento nella community fornisse lo stimolo ad approfondire l'argomento, probabilmente questi termini diverranno familiari.
Per quanti non sono effettivamente disposti a compilare Blender sul proprio computer per averne l'ultima (instabile) versione o una versione ottimizzata per il proprio processore, esiste il sito web `www.graphicall.org` (Figura 2.6), che fornisce continuamente nuove build (versioni pronte all'uso) di Blender, per ogni architettura e sistema operativo.
Prima di accedere a queste risorse consigliamo tuttavia di utilizzare la versione ufficiale di Blender, rilasciata dalla Blender Foundation presso il sito `www.blender.org`. Sarà infatti questa la versione di riferimento da noi utilizzata nel corso del libro.

Figura 2.6
Il logo del sito www.graphicall.org.

Capitolo 3

L'interfaccia di Blender e lo spazio 3D

In questo capitolo

- **L'interfaccia**
- **Gestione di dati e file**
- **Navigazione nello spazio 3D**
- **Gestione degli oggetti**
- **Conclusioni**

Dopo aver installato Blender con successo, è giunto il momento di avviarlo. Questa operazione richiede pochi secondi, dopodiché ci troviamo davanti a una schermata introduttiva, che permette di caricare un file su cui avevamo precedentemente lavorato oppure di creare un nuovo file. Sceglieremo la seconda opzione, e ci troveremo nell'ambiente di lavoro di Blender. Molto lavoro è stato fatto in quest'ultima versione per rendere più intuitivo l'approccio all'interfaccia, di cui è possibile vedere un'anteprima nella Figura 3.1.

L'interfaccia

Prima di iniziare l'esplorazione dell'interfaccia (argomento principale del capitolo), presentiamo alcune convenzioni che impiegheremo per indicare gli input che daremo a Blender attraverso il mouse e la tastiera.

Tastiera e mouse

Come già specificato nei requisiti di sistema, Blender richiede l'utilizzo di un mouse a tre tasti, anche se è possibile utilizzarne uno a due tasti, emulando il terzo (quello centrale) con la combinazione Alt-clic.
Nella documentazione ufficiale, per convenzione, si fa rifermiento alla pressione dei tasti del mouse in questo modo:

- LMB (Left Mouse Button): clic
- MMB (Middle Mouse Button): clic con il tasto centrale
- RMB (Right Mouse Button): clic con il tasto destro.

Anche se in questo testo non faremo uso della suddetta nomenclatura, abbiamo ritenuto opportuno presentarla in quanto, oltre a

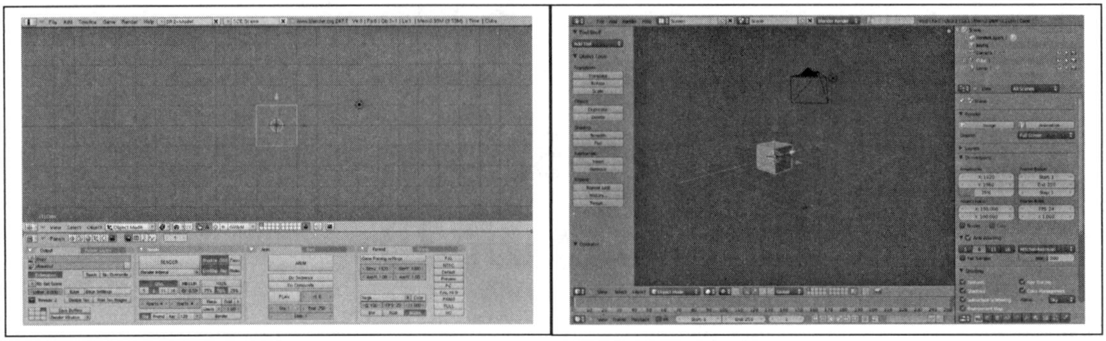

Figura 3.1 Blender 2.49 e Blender 2.5 beta 0.

essere quella ufficiale, è estremamente diffusa nei tutorial, in altri testi e così via. Per quanto riguarda invece la tastiera, Blender è concepito per farne un uso il più esteso possibile, pertanto faremo spesso riferimento a tasti e combinazioni nel seguente modo.

- Tasto *G*: dobbiamo premere il tasto *G* sulla tastiera.
- *Ctrl-G*: dobbiamo premere il tasto *Ctrl* e il tasto *G* contemporaneamente.
- *Alt-G*, *Maiusc-G*, *Ctrl-Alt-G* sono altri esempi di combinazioni possibili. Spesso in Blender l'aggiunta di un tasto *Ctrl*, *Alt* o *Maiusc* seguita dalla stessa lettera, richiama un comando collegato. Per esempio, il tasto *G* avvia la traslazione di un oggetto nello spazio 3D; *Alt-G* richiama il comando *Clear Location*, per eseguire un reset degli spostamenti dell'oggetto nello spazio 3D.
- *NumPad 0*, *NumPad 1*, *NumPad 2*, e così via fanno riferimento al tastierino numerico (*Numeric Pad*) e non vanno confusi con i tasti numerici situati nella parte superiore della tastiera, che richiamano comandi diversi. La maggior parte dei computer portatili non dispone di un tastierino numerico; pertanto è possibile emularlo tramite la finestra delle preferenze, attivando l'opzione *Emulate Numpad*, impiegando i tasti numerici come se fossero quelli del tastierino numerico (rinunciando quindi alle loro funzioni originali).

Una buona regola da seguire quando si utilizza Blender è "una mano sulla tastiera, una sul mouse" (possibilmente la sinistra sulla tastiera). La disposizione delle scorciatoie da tastiera è infatti ottimizzata per un impiego della mano sinistra nell'area sinistra della tastiera. Naturalmente si tratta delle impostazioni di default, che possono essere cambiate intervenendo sulla mappa dei tasti tramite l'apposito editor. Consigliamo tuttavia di non procedere a cambiamenti del layout dei tasti, a meno che non si sappia esattamente cosa si sta facendo, in quanto le indicazioni fornite in seguito potrebbero risultare non più coerenti.

Finestre, pannelli e contesti

Torniamo all'interfaccia di Blender, sullo schermo del nostro computer. Possiamo notare che è divisa in riquadri (che chiameremo finestre), contenenti vari tipi di elementi. Il sistema di finestre di Blender ha sempre presentato caratteristiche innovative, basate su principi di ordine e flessibilità fino a poco tempo fa sconosciuti in molti software della stessa tipologia.
Naturalmente ordine e flessibilità non significano facilità d'uso al primo utilizzo, bensì efficienza e velocità una volta appresi i fondamenti. Prima di procedere, alcune premesse.

- Le finestre di Blender non sono tra loro sovrapponibili (*non-overlapping*), a parte alcune eccezioni che illustreremo a breve.
- Essendo basata su OpenGL, l'interfaccia si presenta in modo coerente su tutti i sistemi operativi e risulta molto "elastica" nella disposizione di elementi quali pannelli, pulsanti e altri controlli.
- I contenuti dell'interfaccia sono gerarchicamente organizzati in questo modo: finestra, contesto, pannelli, pulsanti e controlli. La finestra *Properties*, per esempio, contiene svariati contesti (come *Scene*, *World*, *Object*, e così via), i quali richiamano diversi set di pannelli, ognuno dei quali raggruppa una serie diversa di controlli e opzioni (Figura 3.2).

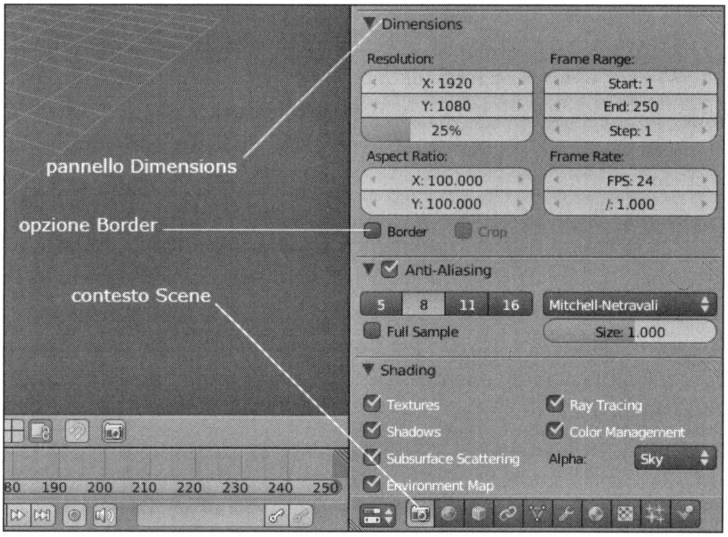

Figura 3.2
Organizzazione dei contenuti nell'interfaccia di Blender.

Per interagire con una finestra è importante assicurarsi che il puntatore del mouse si trovi al suo interno. In molti casi infatti i comandi verranno dati tramite la tastiera e l'unico modo per capire a quale finestra sono destinati è la posizione del mouse. In altri casi l'operazione verrà svolta con il puntatore stesso. Le finestre possono essere: massimizzate, divise, riunite, separate, staccate e ridimensionate. È infine possibile scambiare il contenuto di due finestre.

Gestire le finestre

Iniziamo con il ridimensionamento, ovvero una delle operazioni più immediate. È possibile ridimensionare una finestra posizionandosi con il puntatore del mouse sulla linea che separa due finestre, facendo così comparire l'icona di una mano al posto del puntatore, facendo clic con il tasto sinistro del mouse e trascinando la linea di divisione nella direzione desiderata (Figura 3.3).

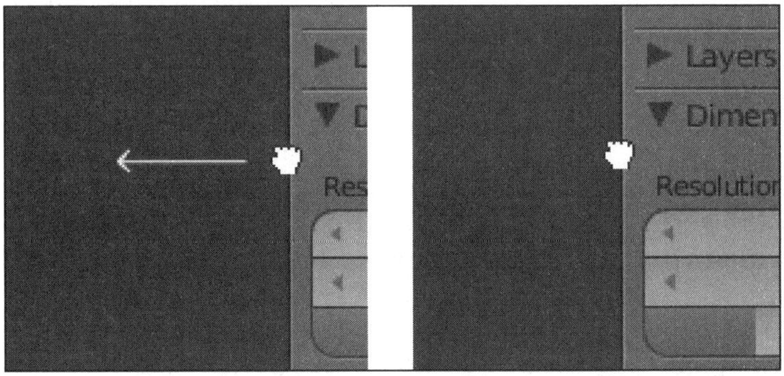

Figura 3.3 Ridimensionamento di una finestra.

Per massimizzare una finestra (cioè far sì che occupi tutto lo spazio disponibile sullo schermo) bisogna posizionarsi con il puntatore del mouse al suo interno e premere *Ctrl-Freccia Su*, *Ctrl-Freccia Giù* per disattivare questa modalità.
La divisione di una finestra avviene posizionandosi con il puntatore negli angoli inferiore sinistro o superiore destro delle finestre, dove il cursore assumerà la forma di una croce (Figura 3.4), facendo clic con il tasto sinistro del mouse e trascinando verso l'interno della finestra (verticalmente se si desidera dividere in due parti orizzontali, orizzontalmente se si desiderano due finestre affiancate verticalmente).
L'unione di due finestre si effettua posizionando il cursore negli angoli appena indicati per eseguire la divisione, ma facendo clic con il tasto sinistro del mouse e trascinando verso l'esterno della finestra, oscurando leggermente l'intera area della finestra verso cui si sta trascinando e facendo comparire una freccia verso di essa. Rilasciando il tasto del mouse concluderemo l'operazione (Figura 3.5); pertanto, fino a quel momento, il trascinamento potrà essere effettuato anche verso la finestra da cui eravamo partiti, oscuran-

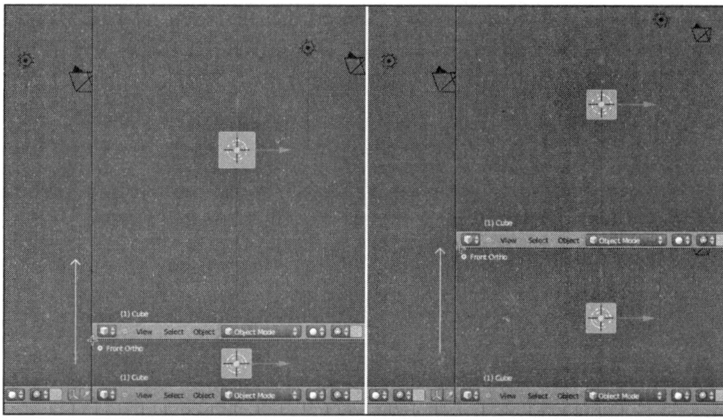

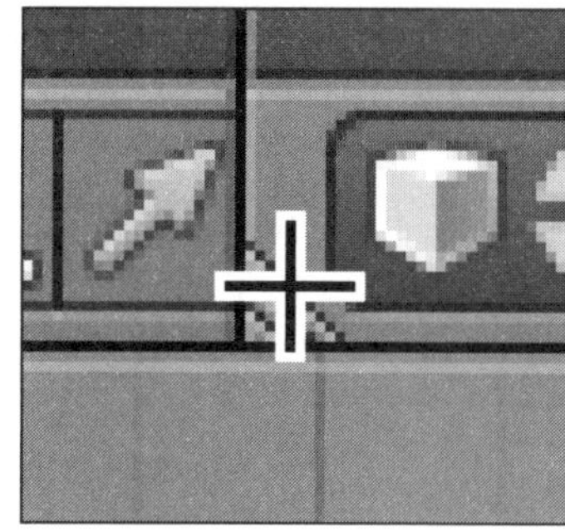

Figura 3.4
Divisione di una finestra.

dola e facendo comparire la freccia su di essa (in questo caso sarà il contenuto della finestra adiacente a prenderne il posto).
Entrambe le opzioni di divisione e riunione possono essere annullate in corso d'opera premendo il tasto *Esc*.

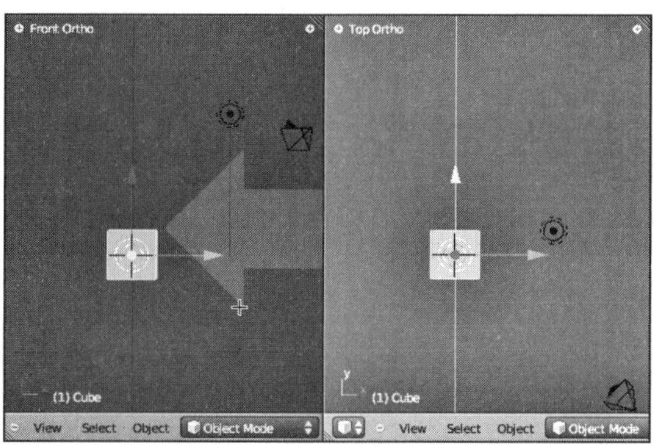

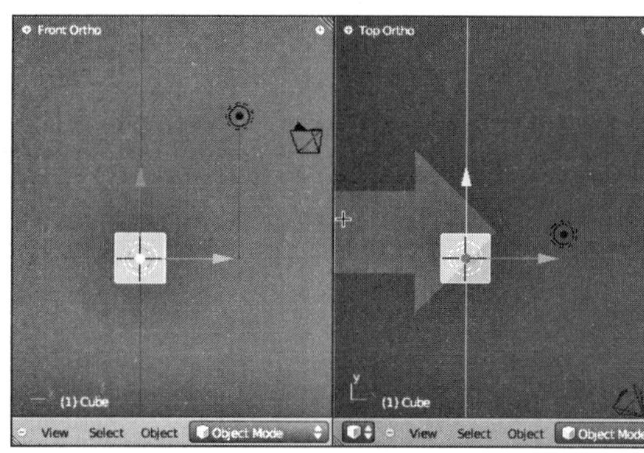

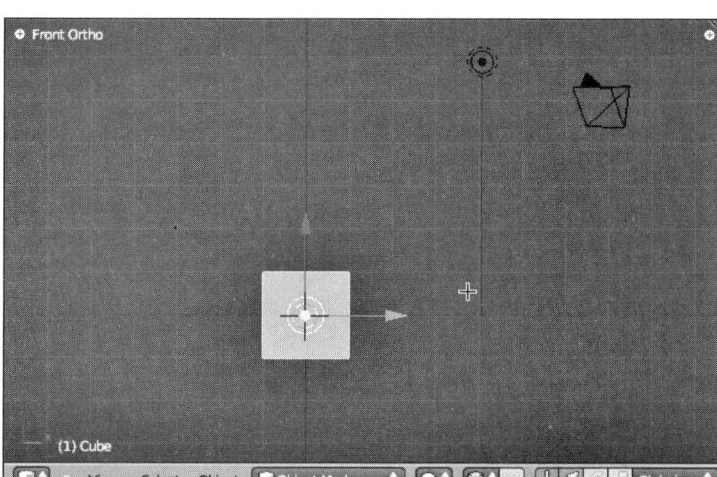

Figura 3.5
Unione di due finestre.

Proseguiamo con l'operazione di separazione di una finestra dal layout esistente. Nella premessa abbiamo affermato che le finestre non possono sovrapporsi; come abbiamo visto è così, anche se posizionandosi nei consueti angoli e facendo *Maiusc*-trascinamento si può creare una nuova *istanza* (non una nuova copia del programma, bensì una copia del contenitore delle finestre), all'interno della quale si troverà una finestra identica a quella in cui si trovava il mouse (Figura 3.6). Questa possibilità risulta utile quando si lavora con più monitor o semplicemente si desidera disporre il proprio layout in modo frammentario.

Figura 3.6
Due finestre separate.

Concludiamo infine con lo scambio del contenuto di due finestre. Per effettuarlo, dobbiamo portare il cursore in uno dei consueti angoli, fare *Alt-clic* e poi trascinare il mouse nella direzione della finestra con cui si vuole scambiare il contenuto (il puntatore sarà diventato un'icona di questo tipo . Una volta rilasciato, il contenuto della finestra su cui si trova il puntatore andrà a sostituire quello da cui il puntatore è partito, e viceversa (Figura 3.7).

Intestazione

Un elemento di grande importanza per ogni finestra è l'intestazione. È diversa per ogni tipo di finestra, in quanto contiene menu, pulsanti ed elementi grafici caratteristici.

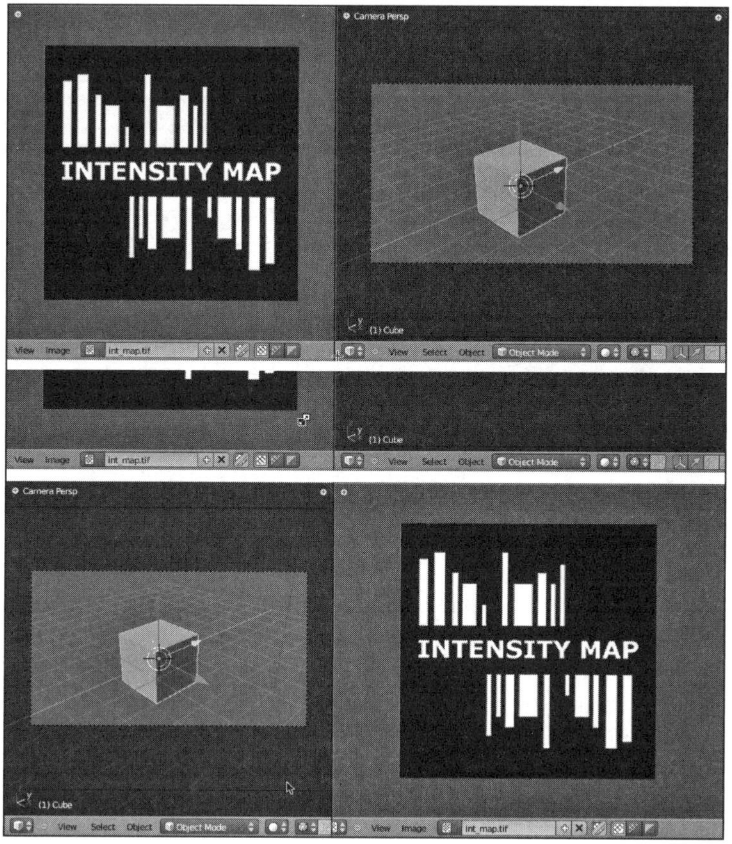

Figura 3.7
Scambio del contenuto tra finestre.

Un'intestazione può essere nascosta posizionandosi con il puntatore del mouse sulla linea che la separa dal contenuto della finestra stessa (facendo comparire l'icona della mano), facendo clic con il tasto sinistro del mouse e trascinando verso l'esterno della finestra. Una volta nascosta, può essere richiamata premendo sull'icona ⊕ nell'angolo inferiore sinistro della finestra (Figura 3.8).
Infine, l'intestazione della finestra in cui si trova il puntatore del mouse cambia leggermente colore, assumendo una tinta più chiara, permettendo di individuare quella attiva.

Sidebar

Una sidebar (*barra laterale*) è un elemento che si trova ai margini di una finestra e può essere nascosto e visualizzato alla stessa maniera di un'intestazione (Figura 3.9). Solitamente essa dispone anche di una combinazione di tasti; per esempio, nella finestra *3D*, premendo il tasto *T* si attiva e disattiva la *Toolbar*, premendo *N* si attiva e disattiva la barra delle *Proprietà*.

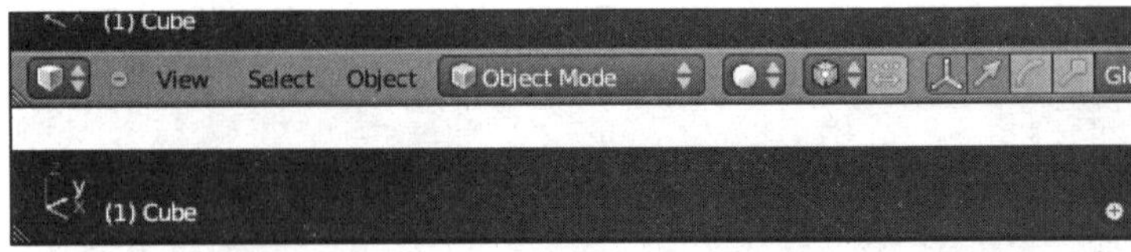

Figura 3.8
Un'intestazione visibile e un'intestazione nascosta.

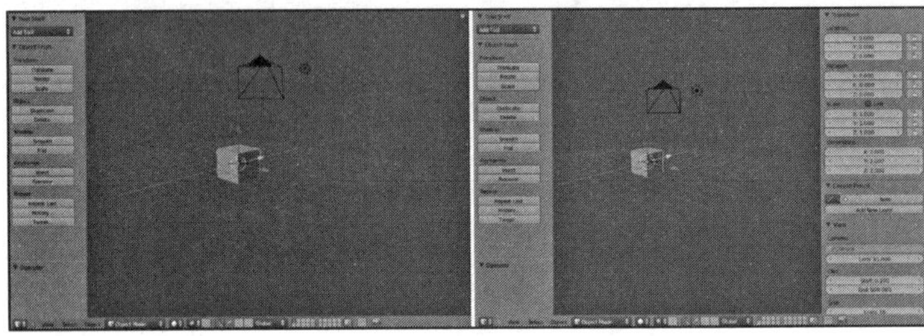

Figura 3.9
Comparsa e scomparsa di una sidebar dal margine destro della finestra.

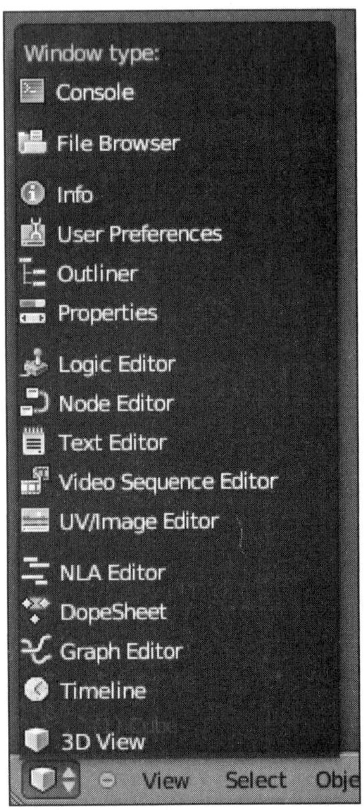

Figura 3.10
Il menu Window type.

Tipi di finestre

Le finestre non sono altro che contenitori e ciò che viene rappresento al loro interno può essere cambiato in qualsiasi momento, premendo il pulsante che si trova all'estrema sinistra nell'intestazione di ogni finestra (per esempio nel caso della vista 3D appare così  e richiama un menu a discesa che mostra tutti i tipi di finestra disponibili in Blender, le cui voci sono le seguenti (Figura 3.10).

- *3D View*: la vista 3D, all'interno della quale svolgeremo il lavoro di modellazione e animazione.
- *Timeline*: la linea del tempo e i controlli di riproduzione delle animazioni.
- *Graph Editor*: finestra per gestire l'interpolazione tra keyframe.
- *DopeSheet*: finestra per la gestione dei keyframe di un'animazione.
- *NLA Editor*: gestione di animazioni tra loro combinabili.
- *UV/Image Editor*: editor di mappe UV e immagini.
- *Video Sequence Editor*: editor di video e sequenze di immagini.
- *Text Editor*: editor di testo.
- *Node Editor*: sistema di compositing, generazione di materiali e texture basato su nodi.
- *Logic Editor*: editor per i blocchi logici da usare nel motore di gioco.
- *Properties*: la maggior parte degli strumenti e delle proprietà relative agli oggetti creati nella vista 3D.
- *Outliner*: visualizzazione grafica del contenuto di una scena.
- *User Preferences*: preferenze e impostazioni personalizzate.

- *Informazioni*: salvataggio e caricamento dei file di gestione degli elementi di un file.
- *File browser*: interfaccia di navigazione nel file system del computer.
- *Console*: interfaccia per svolgere operazioni avanzate con il software.

A questo punto siamo in grado di identificare i tipi di finestra presenti nella scena di default (Figura 3.11).

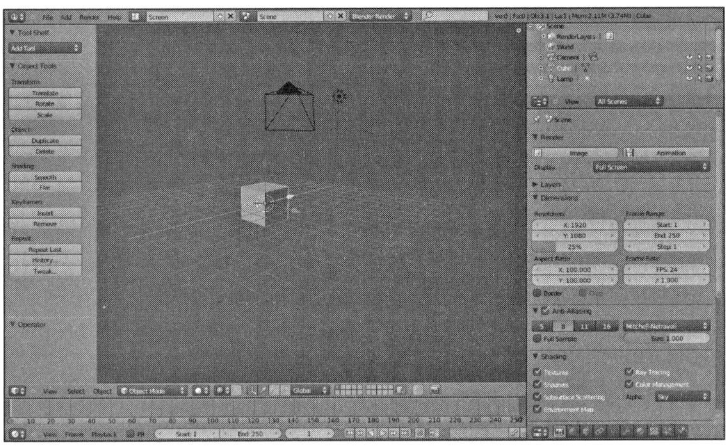

Figura 3.11
Disposizione delle finestre nel file di default caricato all'avvio di Blender.

Quelle che vediamo sono quindi: una finestra *Info*, una vista *3D*, una *Timeline*, un *Outliner* e infine una finestra *Properties*.
In particolare, la finestra *Info* consiste esclusivamente in un'intestazione e permette di svolgere operazioni di vario tipo, talvolta inerenti le altre finestre, come, per esempio, il salvataggio e l'apertura di un file, operazioni di importazione ed esportazione, l'aggiunta di elementi nella vista *3D*, la consultazione dell'aiuto e del manuale e così via.
Sempre in questa intestazione sono presenti gli elementi per gestire le diverse configurazioni dello spazio di lavoro, le diverse scene all'interno del file, il tipo di motore di rendering da impiegare, un campo di ricerca per i comandi contestuali e infine alcuni dati statistici sulla scena. Vedremo tutto ciò in dettaglio tra qualche pagina.

Contesti e pannelli

Proseguiamo la nostra panoramica concentrandoci sulla finestra *Properties*, contenente numerosi elementi, raggruppati secondo un ordine logico in pannelli, i quali possono essere spostati (con un trascinamento), collassati o espansi facendo clic sull'icona ▶ (Figura 3.12).

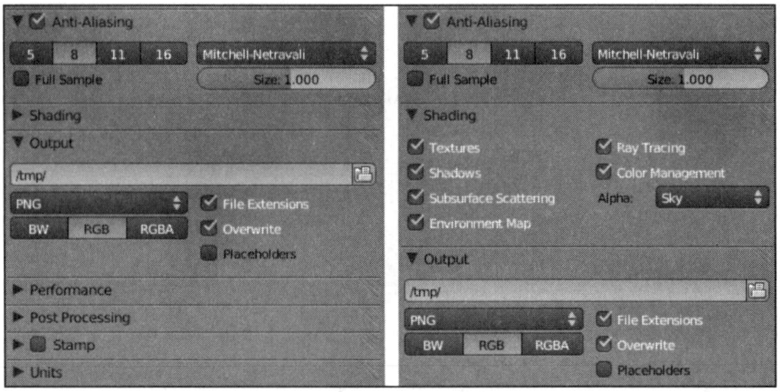

Figura 3.12
Espansione del pannello Shading.

All'interno della finestra *Properties*, i pannelli sono raggruppati secondo diversi contesti, richiamabili premendo i pulsanti situati nell'intestazione della stessa.

Alcuni pulsanti saranno sempre presenti, per esempio *Render*, *Scene* o *World*, mentre altri saranno visibili o meno a seconda dell'oggetto selezionato nella vista 3D. Se, per esempio, selezionassimo il cubo che si trova nella scena (nella scena di default che si carica all'avvio di Blender il cubo è già selezionato), vedremmo comparire i seguenti pulsanti.

- *Render*: proprietà e impostazioni sul rendering di una scena.
- *Scene*: proprietà della scena 3D.
- *World*: proprietà dello sfondo (che in Blender è chiamato *mondo*).
- *Object*: proprietà dell'oggetto.
- *Object Contraints*: vincoli assegnati all'oggetto.
- *Object Data*: dati dell'oggetto (variano a seconda della tipologia di oggetto).
- *Modifiers*: i modifier assegnati all'oggetto.
- *Material*: le proprietà dei materiali assegnati all'oggetto.
- *Texture*: le proprietà delle texture assegnate ai materiali presenti nell'oggetto.
- *Particles*: la definizione di sistemi di particelle.
- *Physics*: simulazioni dinamiche/fisiche.

Nel caso in cui selezionassimo l'oggetto *Camera*, vedremmo comparire invece il nuovo pulsante *Camera* e scomparire *Object Data*, *Modifiers*, *Material*, *Texture* e *Particle*. Nei prossimi capitoli menzioneremo spesso questi pulsanti, come punto di passaggio per raggiungere funzioni nella finestra *Properties*.

Pulsanti e altri controlli

Vediamo ora brevemente quali sono gli elementi che effettivamente compaiono nell'interfaccia, all'interno dei pannelli. Essi sono di diverso tipo, a seconda della funzione che devono svolgere.

Pulsanti: elementi che avviano un comando o un'operazione (l'esempio mostra il pulsante per avviare il rendering).

Pulsanti switch/interruttori: pulsanti che attivano o disattivano elementi dell'interfaccia, funzioni e così via. Se riguardano lo stesso contesto, non possono essere attivati contemporaneamente.

Menu a discesa/dropdown: menu dall'aspetto compatto che, con un clic, mostrano il loro contenuto.

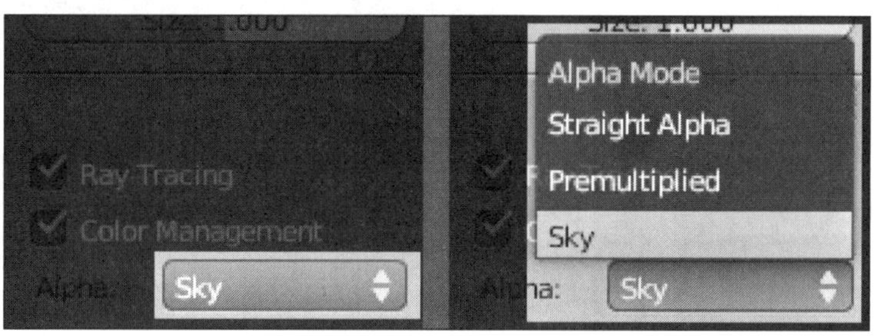

Contatori: campi di input numerico. Facendo clic (o *Ctrl*-clic) sul numero al loro interno è possibile inserire manualmente il valore desiderato. Facendo clic sulle frecce ◂ ▸ si incrementa o decrementa il valore.

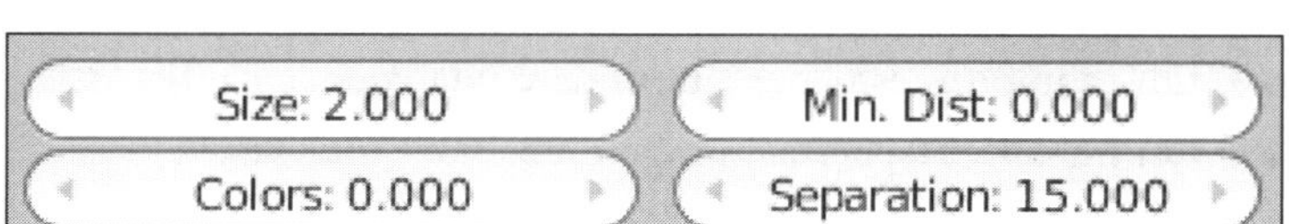

Cursori/slider: permettono di scegliere tra un intervallo limitato di valori numerici. Anche in questo caso, facendo clic (o *Ctrl*-clic) sul numero è possibile inserire la cifra desiderata. Facendo clic e trascinando la barra del cursore si incrementa/decrementa interattivamente il valore.

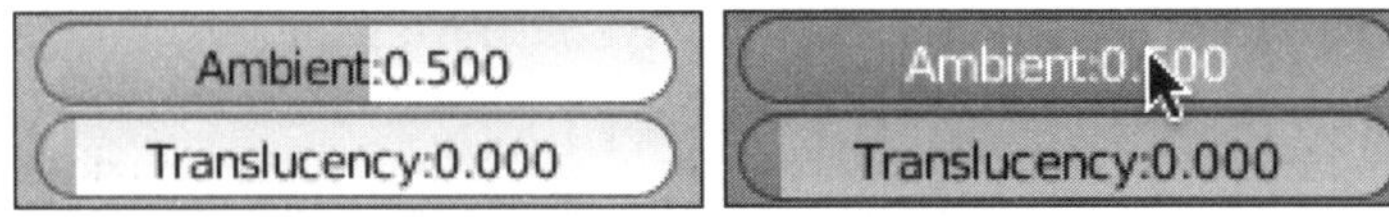

Campi di testo: servono per inserire del testo, per esempio il nome di un oggetto, oppure per richiamarne un altro al fine di costruire una relazione tra due oggetti.

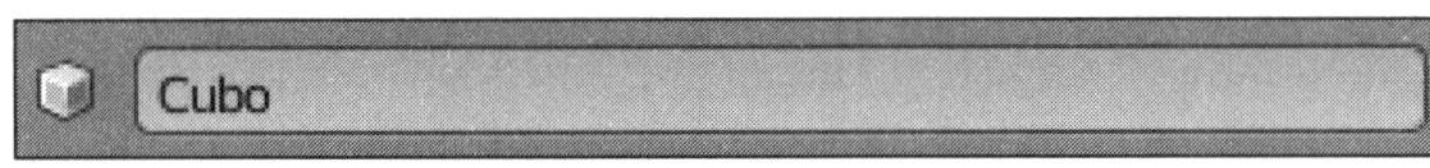

Tavolozza/swatch: appare come un riquadro colorato, ma se facciamo clic su di essa compare una ruota colore, dotata di cursori per i valori RGB, HSV e di un campo per inserire valori esadecimali.

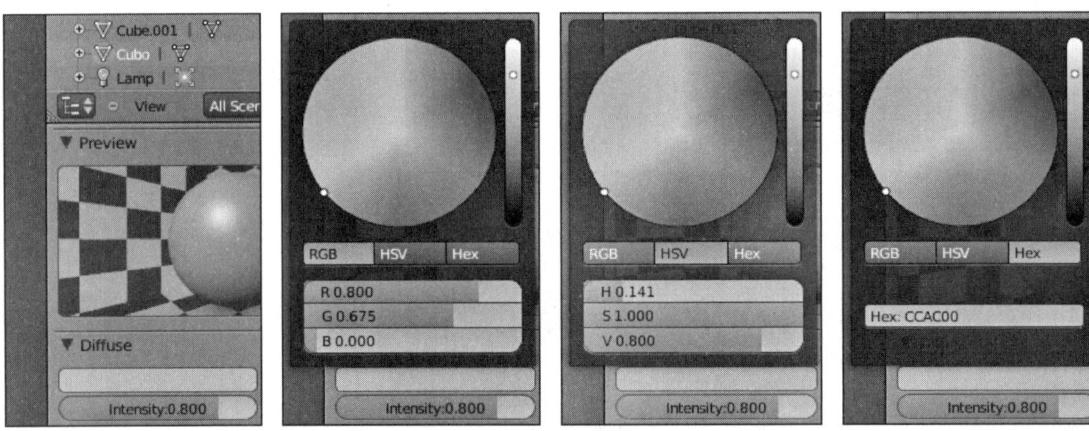

Selettore: un selettore è una combinazione di elementi dell'interfaccia. Il suo scopo è l'assegnazione di dati o proprietà a un oggetto. È costituito dai seguenti elementi.

- Un pulsante per richiamare un menu a discesa, contente i dati o le proprietà, il cui contenuto varia contestualmente.
- Un campo di testo, per rinominare una voce della lista.
- Un pulsante 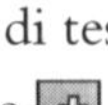 per aggiungere una voce alla lista.
- Un pulsante  per cancellare il legame tra l'oggetto e i dati (senza che i dati vengano eliminati dal file, per ragioni che vedremo in seguito).

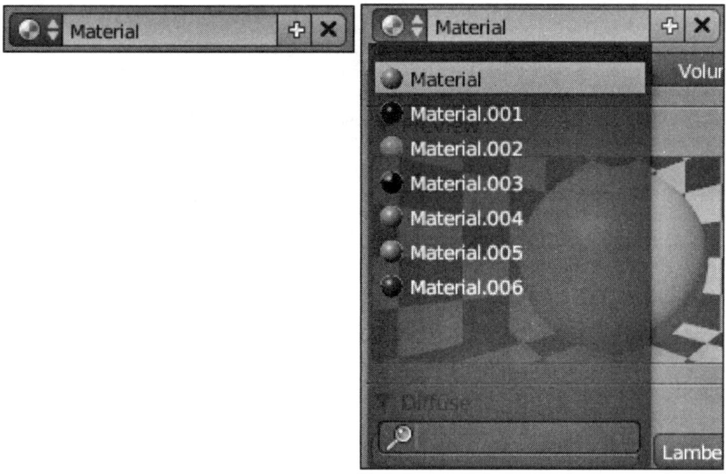

Vediamo infine il menu di ricerca comando. Si tratta di una nuova funzionalità, presente a partire dalla versione 2.5, che si attiva premendo la barra spaziatrice della tastiera, con il cursore posizionato in un punto qualsiasi della finestra. Comparirà un campo di testo, all'interno del quale sarà possibile digitare il comando cercato (Figura 3.13). Si tratta di una possibilità molto utile per rintracciare comandi o controlli di cui si è momentaneamente dimenticata la collocazione.

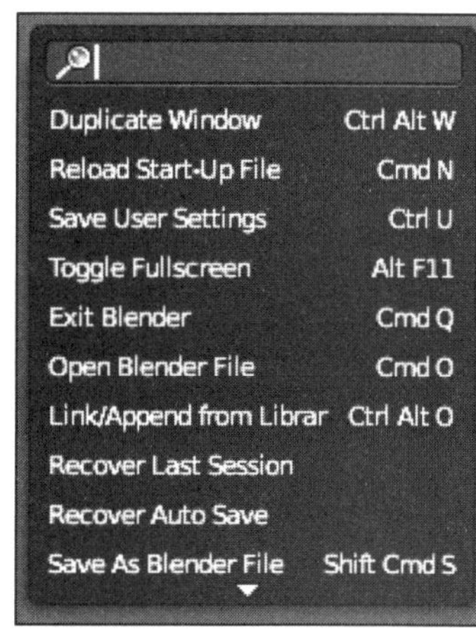

Figura 3.13
Il menu per la ricerca dei comandi richiamabile premendo la barra spaziatrice.

Preferenze

L'interfaccia di Blender è altamente personalizzabile e può essere letteralmente plasmata per adattarsi al più specifico dei compiti.
Un altro aspetto personalizzabile è l'aspetto dell'interfaccia stessa, il quale, assieme a una serie di altre opzioni, è modificabile nel pannello delle preferenze (*Ctrl-,*) (Figura 3.14).
Non elencheremo nel dettaglio il contenuto di tutto il pannello, bensì ci limiteremo a indicarne le voci principali. Notiamo innanzitutto che è diviso in sette sezioni.

- *Interface*: opzioni di visualizzazione degli elementi dell'interfaccia nella vista Software.
- *Editing*: impostazioni degli strumenti e di alcune funzioni da impiegare durante l'editing delle geometrie, in particolare nelle duplicazioni e nell'animazione.
- *Input*: interfaccia per la gestione degli input utente (funzioni mouse, importazione ed esportazione mappature tastiera).
- *Add-Ons*: estensioni di Blender, attivabili individualmente per svolgere specifici compiti.

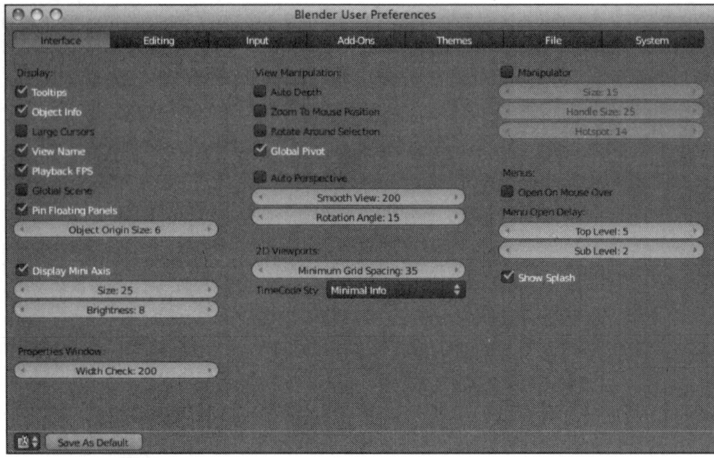

Figura 3.14
La finestra Preferences.

- *Themes*: editor delle combinazioni cromatiche di tutti i contesti dell'interfaccia di Blender.
- *File*: impostazioni relative ai percorsi di salvataggio del file o dei file a esso collegati, backup automatico e così via.
- *System*: opzioni di configurazione relative al sistema operativo.

Nel contesto *View* è possibile tra l'altro svolgere le seguenti operazioni.

- Attivare/disattivare i suggerimenti (*tooltip*), ossia i riquadri descrittivi che compaiono sopra il puntatore del mouse quando ci soffermiamo per più di un secondo su un elemento dell'interfaccia.
- Attivare/disattivare la visualizzazione del nome di un oggetto selezionato, della velocità di riproduzione di un'animazione, del nome della vista nella finestra *3D View*.
- Definire le dimensioni del centro di un oggetto.
- Attivare/disattivare l'emulazione del mouse a tre pulsanti.
- Definire con quale tasto del mouse viene effettuata la selezione. Il tasto di default, contrariamente a buona parte delle applicazioni, è il destro. Se ci trovassimo in difficoltà, possiamo cambiarlo tramite questa opzione, anche se è consigliabile abituarsi all'impostazione standard di Blender.

Nel contesto *Editing* è invece possibile definire varie regole, tra cui le seguenti.

- Le dinamiche di duplicazione di un oggetto.
- Le proprietà che vengono duplicate quando un oggetto viene duplicato.
- Per quale tipo di trasformazione avviare automaticamente lo snap.

- Quale sistema di coordinate utilizzare per l'aggiunta di un nuovo oggetto.

Il contesto *File* permette di specificare i percorsi di accesso alle varie risorse relative a un file di Blender, ma, soprattutto, permette di impostare l'opzione di salvataggio automatico del file. Di default verrà salvata una nuova versione del file ogni 5 minuti, per un totale di due versioni, che verranno poi sovrascritte.

Il contesto *System*, infine, contiene opzioni e impostazioni relative alla qualità della rappresentazione dell'interfaccia, la quale, essendo basata sulle librerie OpenGL, può essere soggetta a problemi derivanti dai driver di alcune schede video.

Gli altri tre contesti (*Input*, *Add-Ons* e *Themes*) sono stati ampiamente rinnovati in questa nuova release di Blender.

Grazie alla nuova architettura è ora possibile assegnare a ogni funzione del software una scorciatoia da tastiera, oppure modificarne una esistente. È inoltre possibile salvare, importare ed esportare diverse configurazioni: si tratta di un'opzione molto utile per gli utenti più avanzati, che desiderano mantenere invariato il proprio schema comandi personalizzato.

La sezione *Add-Ons* costituisce una novità di grande rilevanza: in quest'ambito è possibile attivare e disattivare delle estensioni di Blender (utility per la modellazione, generatori di mesh complesse, script di import ed export verso altre applicationi). Gli *Add-Ons* sono raggruppati in categorie e sono ricercabili attraverso l'apposito campo di testo. Gli *Add-Ons* sono formati da uno o più file realizzati nel linguaggio di scripting Python e possono pertanto essere integrati dinamicamente nell'applicazione senza alcuna modifica strutturale alla stessa. L'installazione di un nuovo Add-On è possibile premendo il pulsante *Install Add-On* situato nell'header della finestra *Properties*.

Gestione di dati e file

Come si può intuire da quanto visto finora, Blender è un'applicazione piuttosto complessa, che però permette si svolgere compiti altrettanto complessi. Come già detto in precedenza, questa complessità deriva dalla flessibilità con cui possiamo muoverci all'interno del software e impiegarlo per svariati compiti, magari affiancandolo ad altri programmi.

Veniamo ora all'ultima parte, non strettamente relativa alla produzione di contenuti tridimensionali, ma importante per la gestione di un progetto e per la comprensione di alcuni principi su cui si basa Blender.

Info Window

Per fare ciò, torniamo alla scena di default di Blender e vediamo l'intestazione *Info*, di cui abbiamo dato qualche accenno nelle pagine precedenti (Figura 3.15). Il primo elemento che troviamo al suo interno è il menu *File*, le cui voci sono le seguenti.

Figura 3.15
L'intestazione Info.

- *New* (*Ctrl-N*): crea un nuovo file di Blender.
- *Open* (*Ctrl-O*): richiama una finestra del file browser, tramite la quale possiamo navigare tra le cartelle del sistema e cercare un file *.blend* da caricare (forniremo maggiori informazioni sul funzionamento del file browser nel prossimo paragrafo).
- *Open Recent*: richiama una lista dei file aperti di recente, apribili con un solo clic.
- *Recover Last Session*: nel caso in cui Blender si chiuda inaspettatamente (contro la nostra volontà), questo comando tenta di aprire un file temporaneo che viene salvato automaticamente prima del crash.
- *Save* (*Ctrl-S*): salva il file.
- *Save As* (*Ctrl-Maiusc-S*): richiama nuovamente il file browser, questa volta per scegliere un percorso in cui salvare il file.
- *User Preferences* (*Ctrl-,*): richiama la finestra *Preferences*, precedentemente menzionata.
- *Link/Append*: richiama il file browser, abilitandolo all'importazione di elementi situati all'interno di altri file *.blend* (questo è il metodo per importare gli elementi di altri file all'interno di quello corrente).
- *Import*: permette l'importazione, tramite script realizzati in Python, di file salvati nei formati di condivisione più comuni, tra cui *.obj*, *collada*, *3ds* e così via.
- *Export*: permette l'esportazione degli elementi, selezionati o presenti nella scena, nei formati di condivisione più comuni.
- *External Data*: permette di gestire i dati esterni al file (immagini, filmati e così via).
- *Quit* (*Ctrl-Q*): chiude Blender.

Figura 3.16
Il menu Add.

Successivamente incontriamo il menu *Add* (Figura 3.16), che permette di aggiungere oggetti alla scena. Questo menu è richiamabile anche all'interno della vista *3D* premendo *Maiusc-A* e lo incontreremo più volte nei prossimi capitoli.

Questo menu è organizzato su due livelli: il primo contiene tutti i tipi di oggetto, mentre il secondo (disponibile solo per alcuni oggetti) contiene i dati da assegnare all'oggetto. Le voci sono le seguenti.

- *Mesh*: aggiunge un oggetto mesh; offrendo la scelta tra alcune primitive.
- *Curve*: aggiunge un oggetto curva; offrendo la scelta tra diversi tipi di curva.
- *Surface*: aggiunge un oggetto superficie NURBS.
- *Metaball*: aggiunge un oggetto *Metaball* (una sorta di superficie con proprietà particolari), offrendo la scelta tra alcune primitive.
- *Text*: aggiunge un testo.

Nel prossimo capitolo, riguardante la modellazione, vedremo in dettaglio le voci appena elencate.

Le prossime tre voci riguardano oggetti non visibili durante il rendering, da impiegarsi per modificare le geometrie.

- *Armature*: un oggetto a partire dal quale è possibile creare una sorta di scheletro da assegnare a oggetti o personaggi da animare o deformare.
- *Lattice*: una gabbia che, associata a un oggetto, lo deforma consequenzialmente alla propria deformazione.
- *Empty*: un oggetto vuoto (*empty*), che appare semplicemente come un sistema di riferimento ad assi cartesiani (Figura 3.17). La genericità di questo elemento ne permette l'utilizzo per gli scopi più disparati; per esempio può essere collegato ai vertici di una mesh per deformarla, essere associato a un oggetto per animarne la trasformazione senza che l'oggetto stesso subisca modifiche, essere usato come punto di rifermento per assegnare proprietà ad altri oggetti e così via.
- Infine abbiamo due oggetti, *Camera* e *Lamp*, che permettono rispettivamente l'aggiunta di una *Camera* (*cinepresa*), da impiegarsi come punto di vista per svolgere il rendering, e *Lamp*, per aggiungere diversi tipi di sorgenti luminose alla scena. Parleremo degli oggetti *Lamp* nel capitolo dedicato all'illuminazione (Capitolo 6) e della camera nel capitolo sul rendering (Capitolo 9).

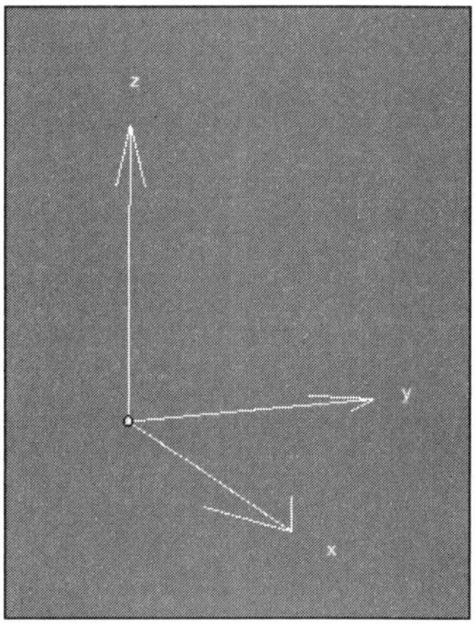

Figura 3.17
Un oggetto Empty.

L'ultimo menu, *Help* (*aiuto*), contiene dei collegamenti al wiki di Blender (`wiki.blender.org`), al sito di Blender (`www.blender.org`), alla comunità internazionale degli sviluppatori e degli artisti e così via.

Terminata questa serie di menu incontriamo un selettore, per salvare o richiamare le configurazioni delle finestre (Figura 3.18). Facendo clic sul pulsante  potremo vedere i layout esistenti e, scegliendoli, essi verranno applicati, ridisponendo le finestre e i loro contenuti.

Figura 3.18
Gli ultimi elementi della finestra Info.

Per creare un nuovo layout è sufficiente premere il pulsante, assegnare un nome appropriato tramite il campo di testo ed effettuare le modifiche desiderate alle finestre. Al momento del salvataggio del file, anche il layout verrà salvato e sarà disponibile (nello stesso file) nella lista.

Anche il prossimo elemento è un selettore e il suo scopo è la gestione delle scene in Blender. La scena è il contesto più ampio che esiste nello spazio tridimensionale e nella gerarchia organizzativa di Blender, ovvero, una scena contiene tutti gli oggetti che possono essere creati (come vedremo più avanti). Nessun oggetto può contenere una scena; solo un file di Blender può farlo e può contenerne anche più d'una; esse saranno trattate come due universi distinti, che sarà possibile mettere in comunicazione solo tramite specifici passaggi. Il processo di creazione, assegnazione di un nome, eliminazione di una o più scene avviene come illustrato nel selettore precedente. Successivamente incontriamo il menu a discesa *Engine*, che permette di scegliere il motore di rendering da utilizzare. In questa lista troviamo, per esempio, *Blender Render* (il motore di rendering interno di Blender, di cui faremo uso nel corso del libro), *Blender Game* (il motore di gioco, per effettuare rendering in tempo reale), *Network Render* (un sistema per eseguire il rendering utilizzando più computer collegati in rete). Ulteriori dettagli su questi argomenti si trovano nel Capitolo 9. L'ultimo elemento che compare in *Info* è il testo delle statistiche, che fornisce informazioni sugli elementi presenti nella scena (Figura 3.19).

Figura 3.19
Statistiche della scena, in Object Mode.

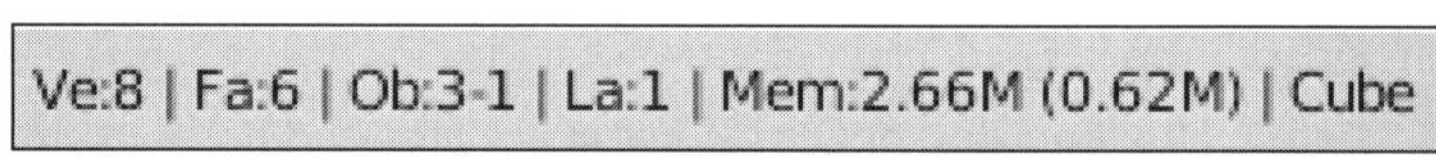

- *Ve (Vertices)*: il numero complessivo di vertici e punti di controllo.
- *Fa (Faces)*: il numero di facce.
- *Ob*: il numero di oggetti/oggetti selezionati.
- *La (Lamps)*: il numero di lampade.
- *Mem (Memory)*: la quantità di memoria occupata dal file.
- Il nome dell'oggetto attivo selezionato (in questo caso *Cube*).

Oppure, trovandosi in modalità di editing di un oggetto (vedremo in seguito come arrivarci), ne visualizza tutti gli elementi (Figura 3.20).

- *Ve (Vertices)*: i vertici dell'oggetto/vertici selezionati.

Figura 3.20
Statistiche della scena, in Edit Mode.

- *Ed (Edges)*: il numero di spigoli/spigoli selezionati.
- *Fa (Faces)*: il numero di facce/facce selezionate.
- Il nome dell'oggetto.

File browser

Qualche pagina fa, riguardo le operazioni di salvataggio, apertura e importazione di file, è stata menzionata la finestra del *file browser*. Come già anticipato, essa consente di accedere ai contenuti del sistema e caricare dati in Blender. Osserviamo ora la finestra del *file browser* (Figura 3.21) nel momento in cui vogliamo aprire un file esistente (*Open File*, *Ctrl-O*).

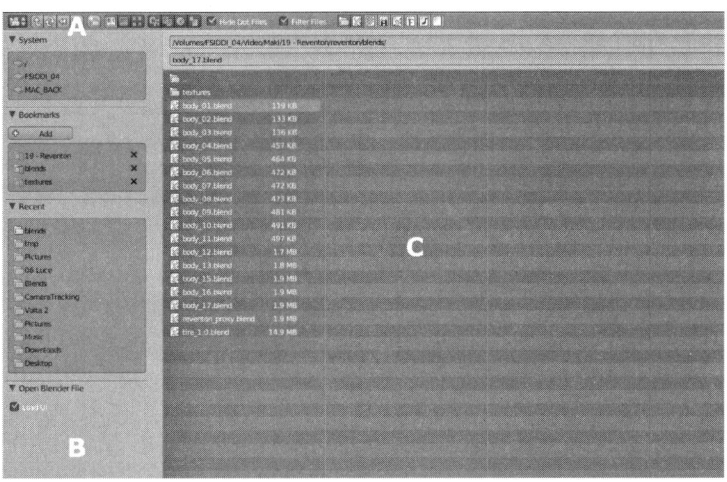

Figura 3.21
Una finestra del file browser.

La finestra è divisa in tre aree: l'intestazione (**A**), la barra laterale (**B**) e il file browser vero e proprio (**C**).
Il file browser contiene i seguenti elementi.

- Un campo in cui è possibile specificare/visualizzare il percorso in cui si trova il file che desideriamo aprire.
- Un campo per specificare il nome del file da aprire.
- Il pulsante *Open Blender File*, per aprire il file.
- Il pulsante *Cancel*, per annullare l'operazione e chiudere la finestra (in alternativa è possibile premere il tasto *Esc*).
- I due pulsanti 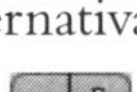, per incrementare un eventuale suffisso numerico presente nel nome del file (questa opzione si utiliz-

za per il salvataggio incrementale di un file, ovvero se ne crea una prima versione, chiamata *file_01.blend*, e successivamente, dopo una certa serie di modifiche, non lo si salva più con lo stesso nome, sovrascrivendo le modifiche, bensì se ne cambia il suffisso in *file_02.blend*).

- Un'ampia area divisa in colonne raffigurante le cartelle e i file attualmente presenti nel sistema. È possibile spostarsi all'interno di una cartella facendo clic su di essa; per risalire al livello di partenza basta premere il tasto *P* (*Parent directory*) oppure fare clic sulla cartella che si trova in cima alla lista. Per rinominare una cartella basta fare clic o *Ctrl*-clic sul suo nome.
  Per selezionare un file, basta fare clic su di esso, in modo che appaia evidenziato.
  Per eliminare un file, dopo averlo selezionato, premere il tasto *X* e confermare la cancellazione.

Nella barra laterale sono invece contenuti quattro pannelli: *System*, *Bookmarks*, *Recent* e, nel caso dell'apertura di un file, il pannello *Open Blender File* (Figura 3.22).

Figura 3.22
Il pannello Open Blender File.

Il pannello *System* contiene una lista delle unità di memoria fisiche, delle partizioni e dei drive esterni collegati attualmente al computer. Selezionando una di esse potremo accedere al suo contenuto tramite l'area del file browser.

Il pannello *Bookmarks* (*segnalibri*) permette di aggiungere la cartella selezionata (ovvero la cartella in cui ci troviamo) alla lista presente nel pannello stesso, in modo che sia sempre facilmente raggiungibile.

Il pannello *Recent* mostra semplicemente una lista delle cartelle visitate di recente. Anche in questo caso, facendo clic su di esse, ne potremo visualizzare il contenuto nell'area del file browser.

Infine nel pannello *Open Blender File* è presente l'opzione *Load UI*, che comporta, al caricamento del file in Blender, l'arrangiamento dell'interfaccia in modo da riproporre quello impiegato nel file, sostituendo quello attuale.

Se il file browser è stato richiamato per effettuare il salvataggio di un file o per l'importazione di un elemento da un file, quest'ultimo pannello non sarà visibile e al suo posto compariranno, rispettivamente, il pannello *Save As Blender File*, contenente l'opzione *Compress* (per comprimere il contenuto del file, rendendolo meno pesante, ma più lento da aprire) e il pannello *Link/Append form Library* (Figura 3.23).

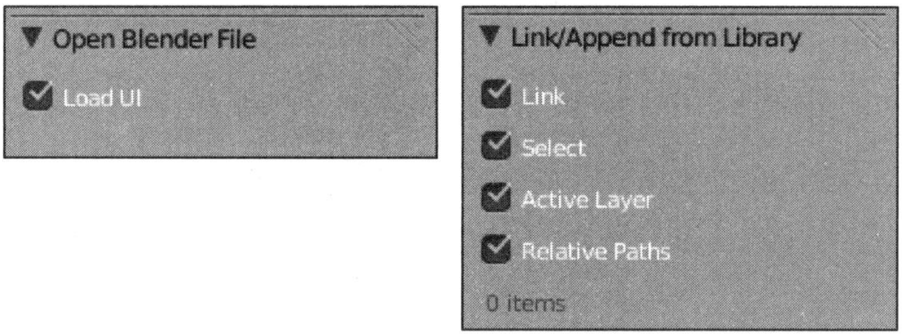

Figura 3.23
I pannelli Save As Blender File e Link/Append from Library.

Per questo pannello e le opzioni in esso contenute è opportuno spendere qualche parola, poiché costituisce la chiave per la realizzazione di un lavoro collaborativo e complesso. Quando un progetto assume un certo grado di complessità e dimensioni non banali, non è né pratico né opportuno mantenere tutto all'interno dello stesso file. Come potrebbero più persone lavorare allo stesso progetto? Come si potrebbe realizzare un filmato più lungo di qualche minuto?
Accade quindi che, per esempio nel caso di un pezzo di animazione, i personaggi vengano creati e riposti ciascuno in un proprio file, i fondali e gli scenari in un altro file ed eventuali altri oggetti in altri file ancora.
Al momento della creazione di una scena, si procede con la creazione di un nuovo file vuoto e si importano tutti gli oggetti necessari. Più precisamente, gli oggetti non vengono importati, bensì linkati (collegati), cioè si fa riferimento a essi ed è possibile visualizzarli, animarli, ma non modificarli. La modifica è possibile solo nel file originale. Questi file importati prendono il nome di *librerie*.
Una libreria quindi non è altro che un file contenente un oggetto, una curva d'animazione, un materiale, da cui alcuni elementi vengono presi e collegati a un'altra scena in un altro file dove ne viene fatto uso.
Ciò che rimane da chiarire è come sia possibile entrare in un file di Blender. In realtà si tratta di un'operazione molto semplice: una volta scelta la voce *Link* dal menu *File*, verrà caricata una finestra del file browser, la quale, oltre a mostrare i file e le cartelle presenti nel sistema, ci permetterà di fare clic su un file *.blend* ed esplorarlo, come se si trattasse di una cartella. All'interno di un file blender vedremo altre cartelle, chiamate, per esempio *Action*, *Armature*, *Camera*, *Ipo*, *Lamp*, *Material*, *Mesh*, *Object* e così via, ciascuna delle quali conterrà a sua volta dei file, come *Curve.001*, *Action_corsa*, *Spot* e così via. Facendo clic su di essi sarà possibile selezionarli;

premendo il pulsante *Link/Append from Library* potremo disporne nel file creato (Figura 3.24).

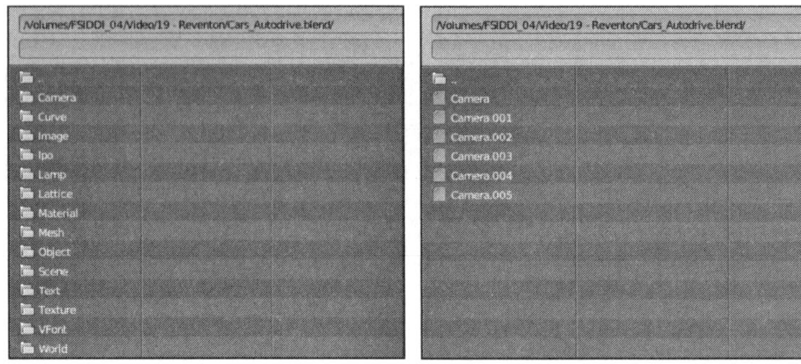

Figura 3.24
Navigazione all'interno di un file di Blender.

La differenza tra *Link* e *Append* dovrebbe essere a questo punto, chiara, tuttavia la puntualizziamo osservando il pannello *Link/Append form Library* che compare nella *Sidebar* (Figura 3.25).

Figura 3.25
Confronto tra Link e Append.

La prima opzione, *Link*, è attiva nel caso in cui abbiamo scelto la voce *Link* dal menu *File*, mentre è disattivata se abbiamo scelto *Append*. Ciò significa che, nel secondo caso, l'elemento selezionato verrà copiato e fisicamente inserito all'interno del file, privandoci del vantaggio di editare il file libreria e vedere i cambiamenti riflettersi all'interno del file, come sarebbe invece possibile scegliendo *Append* (Figura 3.26).

Figura 3.26
L'intestazione della finestra del file browser.

L'intestazione della finestra presenterà sempre gli stessi elementi, indipendentemente dalla modalità con cui la finestra è stata richiamata (*Open*, *Save*, *Link*, *Append* e così via). Alcuni di questi elementi servono per la navigazione tra le cartelle, altri per cambiarne la visualizzazione o la disposizione (Figura 3.27).

Figura 3.27
Esempio di utilizzo dei filtri e delle opzioni di visualizzazione nel file browser.

- Sale di un livello nella gerarchia delle cartelle.
- Aggiorna il contenuto di una cartella.
- Rimanda alla cartella visitata precedentemente (in modo ricorsivo).
- Rimanda alla cartella visitata successivamente (in modo ricorsivo).
- Crea una nuova cartella.
- Dispone file e cartelle a colonne (lista breve).
- Dispone file e cartelle a colonne più ampie, fornendo maggiori dettagli su di essi (lista lunga).
- Mostra un'anteprima del file (questa modalità è attiva quando si richiama il file browser per caricare un'immagine in Blender).
- Dispone alfabeticamente gli elementi.
- Raggruppa gli elementi per tipo.
- Raggruppa gli elementi per data di modifica.
- Raggruppa gli elementi per dimensione.
- *Hide Dot Files*, non mostra i file che iniziano con un carattere punto (.). Nei sistemi Mac e Linux porre un punto all'inizio del nome di un file lo rende invisibile.
- *Filter Files*: attiva il set di pulsanti adiacenti, che permettono di filtrare i file, mostrando solo i seguenti elementi.

- Cartelle.
- File di Blender.
- File immagine.
- File filmati.
- Script Python.
- File di font.
- File audio.
- File di testo.

Outliner

Tramite l'utilizzo del file browser, abbiamo visto che in un file di Blender gli elementi sono organizzati sistematicamente.
Approfondiamo questo tema facendo uso di uno strumento creato appositamente per rappresentare in modo schematico il contenuto di una scena: l'*Outliner*. Osserviamo come è strutturata una finestra *Outliner*, a partire da quella presente nella scena di default (Figura 3.28).

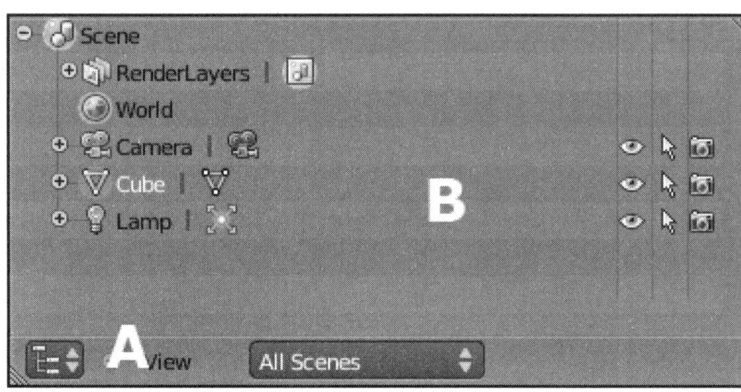

Figura 3.28
Una finestra Outliner.

Essa è costituita dall'intestazione (**A**), contenente due voci di menu (*View* e *Search*) e un menu a discesa (*Outliner Display*), e dall'area della lista (**B**), che rappresenta gli oggetti presenti nella scena e i loro rapporti gerarchici, a seconda della voce scelta nel menu *Outliner Display*.
Lasciando la voce *All Scenes*, abbiamo una visione completa di tutti gli elementi del file.

- *Scene*: una scena, all'interno della quale si trovano i seguenti elementi.
  - *Render Layers*: impostazioni relative al rendering della scena.

- *World*: l'oggetto che fa da sfondo della scena.
- *Camera*: un oggetto camera.
- *Cube*: un oggetto cubo.
- *Lamp*: una lampada.

Ora possiamo procedere con l'espansione di alcuni elementi, ovvero *Camera*, *Cube* e *Lamp*.

Prima di farlo, tuttavia, mettiamo in luce una loro caratteristica comune: essi sono *oggetti*. Un oggetto non è altro che un contenitore, all'interno del quale, a seconda della tipologia, si trovano dei *dati*. I dati costituiscono la rappresentazione e le proprietà dell'oggetto.

Questa nozione è di importanza fondamentale per capire come Blender tratta gli oggetti in una scena e, una volta compresa, permette di dare un senso a numerosi elementi dell'interfaccia e mette le basi per un uso produttivo del software.

I contenuti dell'*Outliner* saranno utili per chiarire ulteriormente quanto detto. Osserviamo l'oggetto *Cube* (Figura 3.29): a sinistra del nome vediamo un'icona, mentre a destra vediamo un'icona. Queste due icone ci permettono di capire alcune cose, ancora prima di espandere la voce; innanzitutto l'icona a sinistra del nome è quella che indica il tipo di oggetto, che in questo caso è un oggetto mesh, mentre l'icona a sinistra ci dice che all'interno di questo oggetto è contenuta una mesh. Se espandiamo la voce notiamo che la mesh ha lo stesso nome dell'oggetto e che a sua volta costituisce una voce espandibile, poiché presenta l'icona, che indica l'esistenza di un materiale assegnato alla mesh. Espandendo anche questa voce, vediamo che il nome del materiale è *Material* e che al suo interno si trovano altri dati, ovvero una texture, chiamata *Tex*.

Nota

Daremo ampie spiegazioni sul significato del termine ***oggetto mesh*** nel capitolo relativo alla modellazione.

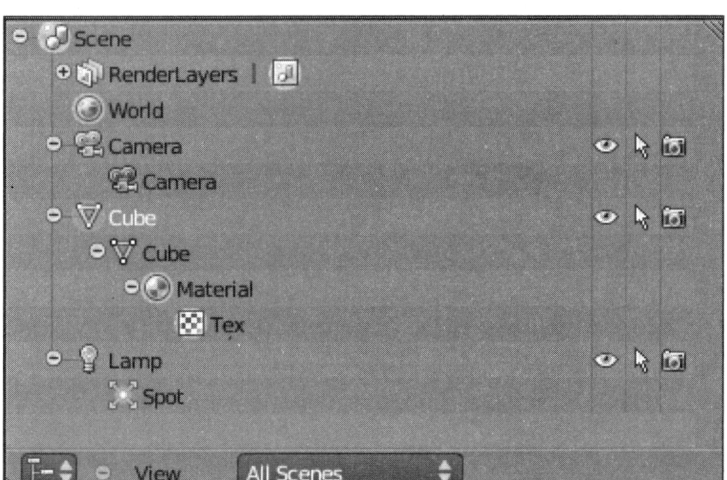

Figura 3.29
Espansione di un oggetto nell'Outliner.

Rileggendo tutto questo in chiave oggetto-dati, possiamo dire che *Cube* è l'oggetto, mentre il suo contenuto *Cube*, *Material* e *Tex*, sono i dati.
Poco fa abbiamo detto che i dati sono slegati dall'oggetto: facciamo un esempio per dimostrare in che modo. Se disponessimo di un altro oggetto mesh nella scena, contenente dei dati mesh, nell'*Outliner* vedremmo ciò che segue (Figura 3.30).

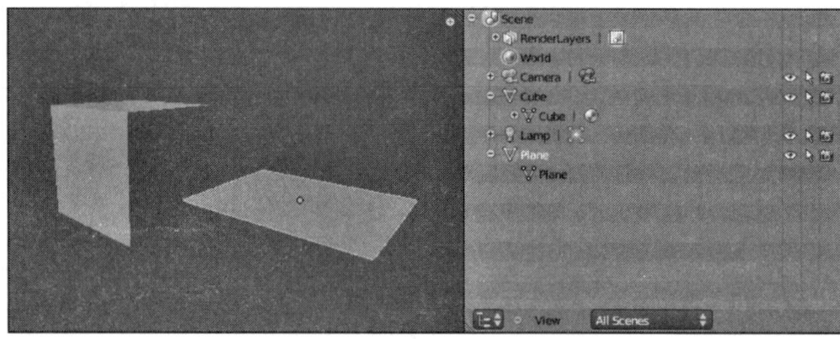

Figura 3.30
Un altro oggetto mesh è stato inserito nell'Outliner.

A questo punto sarebbe possibile, attraverso il contesto *Object Data* della mesh *Cube*, accedere alla lista dei dati mesh presenti nella scena e assegnare gli stessi usati dall'oggetto *Plane*. Dopo questa operazione l'*Outliner* e la vista *3D* apparirebbero come nella Figura 3.31.

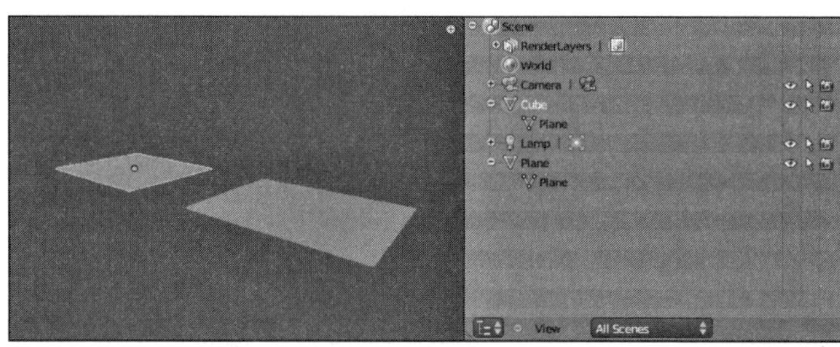

Figura 3.31
Assegnazione dei medesimi dati mesh a due oggetti diversi.

Il principio visto ora per gli oggetti mesh, vale anche per tutti gli altri tipi di oggetti. Se infatti espandiamo sia l'oggetto *Camera* sia l'oggetto *Lamp*, vediamo che al loro interno sono contenuti dei dati *Camera* e *Spot*, ovvero le proprietà di ciascuno degli oggetti. Queste proprietà sono quindi assegnabili ad altri oggetti dello stesso tipo.
Terminata questa digressione sulla struttura dei dati di Blender, concludiamo la nostra esplorazione dell'*Outliner*. Sempre nella lista, verso destra, vediamo tre colonne recanti altrettante icone. Esse sono relative a ciascun oggetto presente nell'*Outliner* e con un clic attivano o disattivano le seguenti funzionalità.

- La loro visibilità nella vista 3D.

- La loro selezionabilità nella vista 3D.
- La loro visibilità durante il rendering.

Infine, vediamo alcune voci del menu *Outliner Display*, premettendo che una parte di esse serve a filtrare la visualizzazione degli elementi presenti nella scena.

- *All Scenes*: mostra tutti gli elementi nel file.
- *Current Scene*: mostra gli elementi della scena corrente.
- *Groups*: mostra eventuali gruppi di oggetti.
- *Selected*: mostra solo l'oggetto selezionato.
- *Same Types*: mostra solo oggetti dello stesso tipo di quello selezionato.
- *User Preferences*: richiama gli strumenti di personalizzazione dell'interfaccia.
- *Key Maps*: richiama l'editor della mappatura dei comandi da tastiera.

L'*Outliner* è uno strumento molto potente e alcune delle sue funzionalità vanno oltre i contenuti di questo testo. Dopo questa introduzione, passiamo allo spazio 3D, per poi tornare nuovamente all'*Outliner* verso la fine del capitolo, quando parleremo di gruppi e parentele.

Navigazione nello spazio 3D

Blender è un software che permette di lavorare su tre dimensioni (oltre alla dimensione temporale), attraverso la bidimensionalità dello schermo del computer. Per fare sì che ciò accada, è necessario disporre di un metodo semplice per cambiare punto di vista sulla scena e spostarsi al suo interno.
La vista 3D è il luogo dove avviene la maggior parte del lavoro ed è pertanto estremamente ricca di elementi, al punto da disorientare (assieme alla finestra dei pulsanti) molti utenti alle prime armi. Ne svolgeremo ora una panoramica, illustrando brevemente le parti essenziali di questa interfaccia, per riprenderle più nel dettaglio successivamente.

La vista 3D

Come abbiamo detto, la vista 3D (Figura 3.32) è la nostra finestra bidimensionale sullo spazio tridimensionale. Per potersi orientare in questo spazio, in basso a sinistra è presente un piccolo sistema di assi cartesiani (Figura 3.33), di fianco al quale si trovano un indicatore, con il numero del frame corrente dell'animazione, e

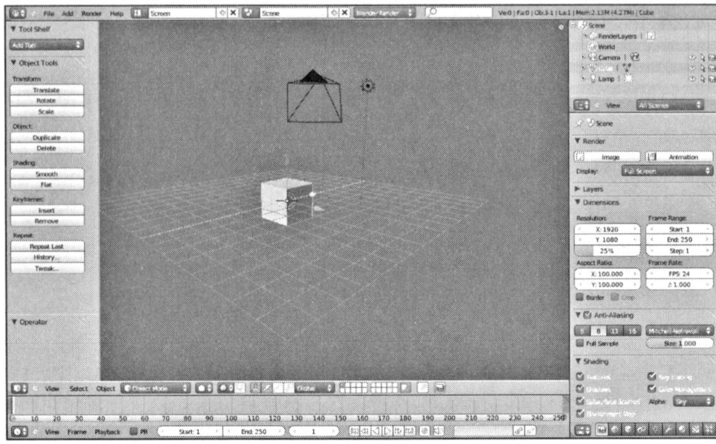

Figura 3.32
La vista 3D occupa buona parte dell'interfaccia di default in Blender.

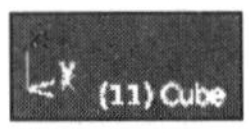

Figura 3.33
Alcuni elementi di riferimento nella vista 3D: il sistema di coordinate, l'indicatore del frame corrente e il nome dell'oggetto selezionato (in questo caso, un cubo).

il nome dell'oggetto attualmente selezionato. Tutta la superficie della vista (se è attivata la visione ortogonale) è suddivisa da una griglia. Ciascun segmento di questa griglia corrisponde a un'unità Blender (*Blender Unit*). Si tratta di un'unità arbitraria, che può essere assimilata a qualsiasi sistema di misura (ed eventualmente associata a una reale unità, come vedremo in seguito).

Un altro elemento presente nella vista è il cursore 3D (un cerchio rosso e bianco diviso da quattro segmenti ortogonali): esso potrà servire come punto di riferimento per future trasformazioni degli oggetti ed è anche il punto di origine al momento della creazione di un nuovo oggetto. Facendo clic all'interno della vista, spostiamo il cursore 3D in corrispondenza del puntatore del mouse. Per un posizionamento preciso possiamo ricorrere alla funzione di snap, richiamabile premendo *Maiusc-S* e scegliendo una delle ultime tre voci del menu popup.

- *Cursor to Selected* (sposta il cursore sul centro della selezione attiva).
- *Cursor to Grid* (posiziona il cursore all'incrocio dei segmenti visibili più vicini della griglia).
- *Cursor to Active* (sposta il cursore sul centro dell'oggetto attivo) (Figura 3.34).

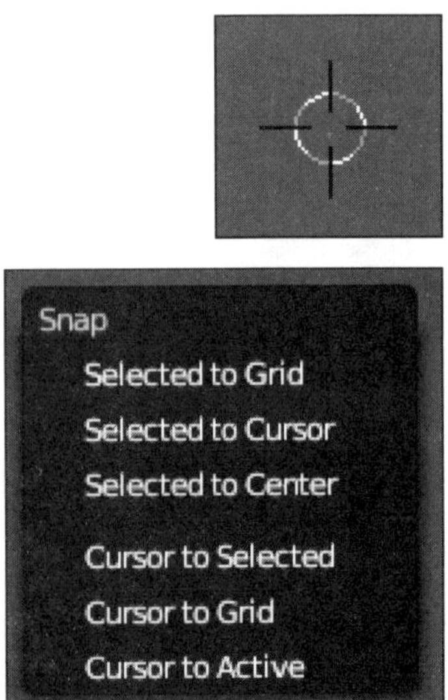

Figura 3.34
Il cursore 3D e il menu popup Snap.

L'intestazione della vista 3D

All'interno dell'intestazione, procedendo da sinistra verso destra troviamo i seguenti elementi (Figura 3.35).

- Il pulsante per richiamare altri tipi di finestre (non relativo alla vista 3D).

Figura 3.35
L'intestazione della vista 3D si trova in basso, mentre l'intestazione in alto è relativa ad altre funzionalità (gestione e salvataggio file, impostazioni e proprietà del software).

- Il pulsante per gestire la comparsa e scomparsa delle voci di menu alla propria destra (*View*, *Select* e *Object/Edit*, a seconda della modalità).
- Il menu *View*, all'interno del quale si trovano tutte le voci riguardanti funzionalità e opzioni di visualizzazione dello spazio 3D.
- Il menu *Select*, per effettuare ogni tipo di selezione.
- Il menu *Object*, che permette di effettuare trasformazioni sugli oggetti, metterli in relazione e così via.
- La lista delle modalità di lavoro, tra cui troviamo la modalità oggetto (*Object Mode*), per operare sugli oggetti, la modalità di editing (*Edit Mode*), per operare sulla geometria/forma degli oggetti, la *Sculpt Mode*, modalità di modellazione, in cui il cursore si trasforma in una sorta di pennello, con il quale è possibile agire su più vertici di una mesh alla volta e infine le modalità *Vertex Paint*, *Texture Paint* e *Weight Paint*, che vedremo in seguito.
- La lista delle modalità di raffigurazione della vista 3D (*Draw Type*).
- La lista per impostare il centro delle trasformazioni (*Pivot*).
- Un pulsante che attiva un'opzione relativa al menu *Pivot* appena incontrato.
- Il pulsante per attivare e disattivare i manipolatori di trasformazione (e i relativi pulsanti).
- Il menu a discesa *Orientation*, per scegliere il sistema di coordinate di trasformazione dell'oggetto selezionato.
- Il selettore dei livelli (e il pulsante recante l'icona , sempre relativo a essi).
- Il pulsante per attivare una funzionalità di snap (vedremo Blender offre varie modalità) e i relativi pulsanti.
- Il pulsante per avviare un render OpenGL, che si limiterà a raffigurare gli oggetti presenti nella vista 3D escludendo elementi come la griglia e gli assi. Si tratta di una funzionalità utile quando occorre un render di anteprima, per operare in tempi brevi (per le animazioni, il rendering viene effettuato quasi in tempo reale).

Nota

Tutto ciò che riguarda selezioni e oggetti attivi sarà discusso in seguito in un apposito paragrafo.

Il contenuto della vista 3D

Non appena viene avviato Blender, all'interno della vista 3D sono già presenti degli elementi, ossia un cubo, una lampada e una camera, visti prospetticamente (Figura 3.36).
Questi sono i contenuti che verranno caricati ogni volta che si aprirà una nuova scena. Se stiamo lavorando su un'altra scena, possiamo premere *Ctrl-N*, confermando la richiesta, per disporre nuovamente della scena di default.

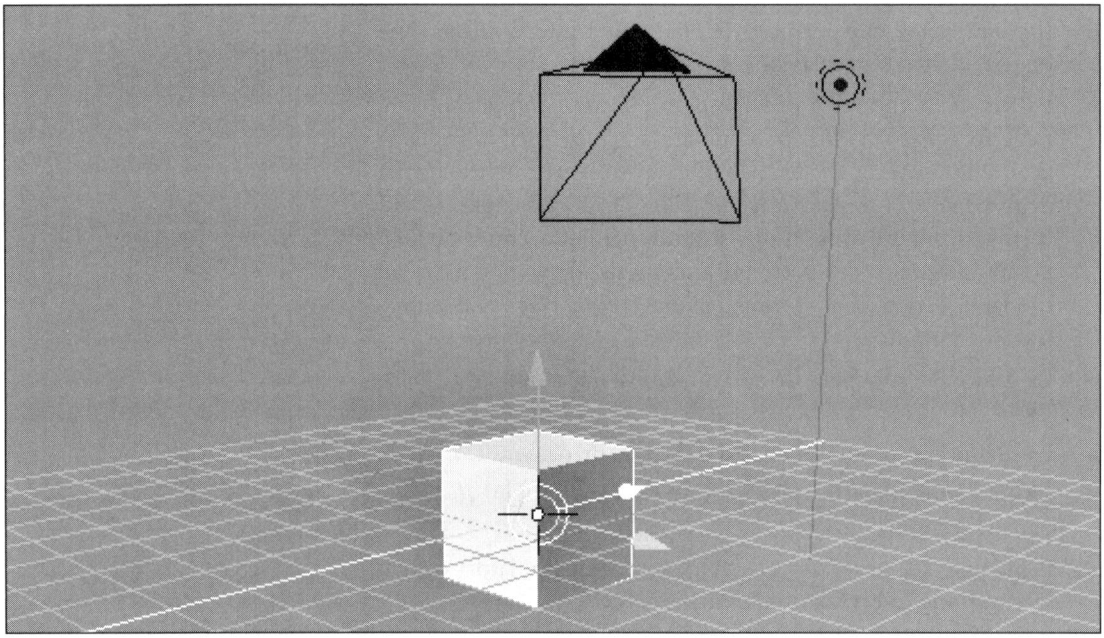

Figura 3.36
Vista del contenuto della scena di default.

Le viste

In Blender esistono quattro punti di vista fondamentali: *Front* (frontale), *Side* (laterale), *Top* (dall'alto) e *Camera* (il punto di vista della camera, quindi quello da cui verrà generato il rendering). Lo spazio è descritto da un sistema di coordinate cartesiane a tre assi, secondo il quale l'asse Z è rivolto verso l'alto e descrive "l'altezza", l'asse X descrive lo spazio in "larghezza", mentre alle Y corrisponde la "profondità".
Le diverse viste sono accessibili attraverso il menu *View*, oppure tramite i tasti *NumPad7* (*Top*), *NumPad1* (*Front*), *NumPad3* (*Side*). Per avere un punto di vista diametralmente opposto rispetto a quelli appena illustrati, basta premere *Ctrl* e il tasto *NumPad* corrispondente alla vista desiderata. Per la vista *Camera* premere *NumPad0* (Figura 3.37).

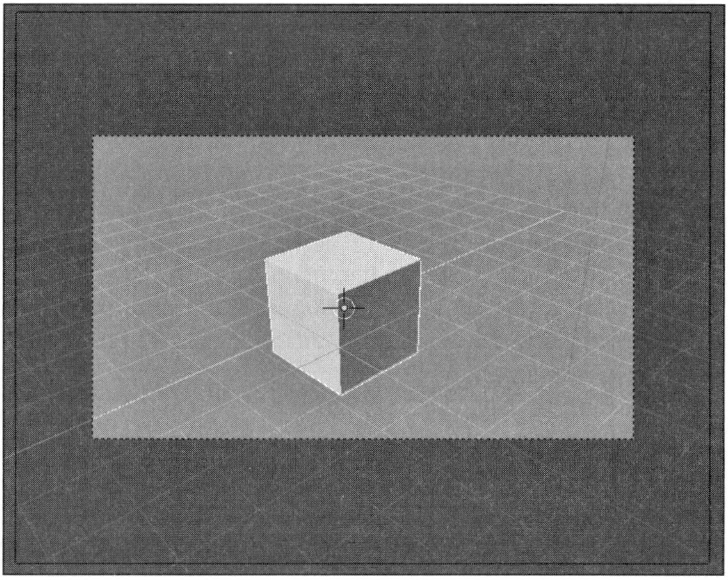

Figura 3.37
La scena di default osservata dal punto di vista della camera.

Rotazione della vista

Oltre ai punti di vista appena elencati, è possibile disporre altri punti di vista semplicemente trascinando il tasto centrale del mouse nella vista 3D. Questo tipo di visualizzazione si può avviare anche premendo *Alt* e trascinando il tasto sinistro del mouse. In questo modo la vista ruota attorno al centro dello schermo.
Tutto ciò può essere ottenuto anche tramite i tasti *NumPad4* e *NumPad6* (rotazione attorno a un asse verticale, al centro dello schermo) e *NumPad8* e *NumPad2* (rotazione attorno a un asse orizzontale).

Nota

Le combinazioni di tasti avviano funzioni nella finestra in cui si trova il puntatore del mouse in quel momento; pertanto dobbiamo accertarci, quando cambiamo vista, che il puntatore si trovi nella vista 3D.

Spostarsi planarmente

Per muoversi nello spazio senza compiere rotazioni, possiamo utilizzare il tasto *Maiusc* in combinazione con i comandi di rotazione appena illustrati.

- *Maiusc*-tasto centrale del mouse per muoversi tramite il mouse.
- *Maiusc-NumPad2/8/4/6* per usare il tastierino numerico.
- *Alt-Maiusc*-clic come alternativa a *Maiusc*-tasto centrale del mouse.

Se tuttavia fossimo abituati ad altri metodi per muoversi nello spazio, possiamo modificare le impostazioni nel pannello delle preferenze.

Ingrandire/zoomare la vista

Infine è possibile zoomare nella vista mantenendo premuto il tasto *Ctrl* e trascinando il tasto centrale del mouse, oppure usando *NumPad+* e *NumPad-*. La stessa funzionalità è impiegabile facendo scorrere la rotella del mouse, oppure, se non disponiamo né di rotella né di tasto centrale, premendo *Ctrl-Alt* ed eseguendo un normale trascinamento.

Per zoomare in un'area definita, premere *Maiusc-B*, che richiamerà un cursore a croce; trascinando il mouse disegneremo un rettangolo, il contenuto del quale verrà poi ingrandito, combaciando con la vista 3D (Figura 3.38).

Per avere una vista globale sulla scena o su una selezione, basta premere i tasti Home (nel primo caso) oppure ".". Le corrispondenti voci del menu *View* sono > *View All* e > *View Selcted.*

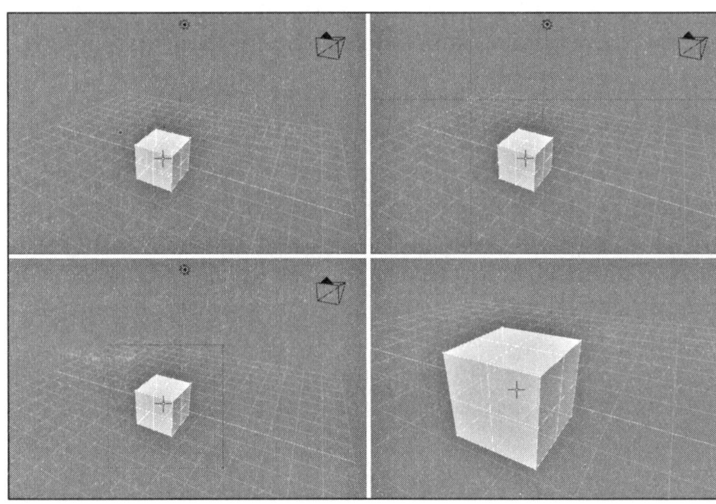

Figura 3.38
Lo zoom Border (Maiusc-B) in azione.

Visione prospettica oppure ortogonale

Ciascuna vista 3D permette di mostrare il proprio contenuto secondo due tipi di proiezione: *ortogonale* e *prospettica*.

La prima è una rappresentazione più tecnica e precisa degli oggetti, mentre la seconda risulta più realistica. Per passare da una modalità all'altra possiamo usare il menu *View* > *Orthographic* / *View* > *Perspective* oppure premere il tasto *NumPad5* (Figura 3.39).

Possiamo accedere al punto di vista della camera attraverso il menu *View* > *Camera* oppure premendo *NumPad0*: nel rendering apparirà tutto ciò che è visibile all'interno del bordo tratteggiato più esterno.

Nota

Il fatto di aver attivato o meno una delle due modalità, non avrà effetto sul rendering, che sarà prospettico di default; è tuttavia possibile impostare anche il rendering ortogonale.

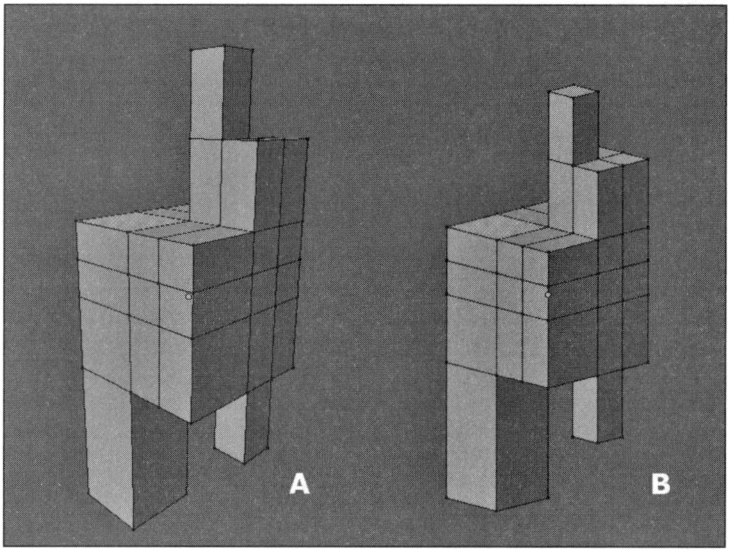

Figura 3.39
Un confronto tra visione prospettica (A) e ortogonale (B) dello stesso oggetto.

Draw type

Tramite il menu *Draw type* (Figura 3.40) possiamo impostare il livello di precisione e qualità della rappresentazione degli oggetti nella scena, mentre si lavora in una vista. Le modalità disponibili sono le seguenti.

- *Textured* (*Alt-Z*): rappresenta gli oggetti della scena visualizzando le eventuali immagini mappate sulla superficie degli oggetti stessi.
- *Shaded* (*Maiusc-Z*): effettua una rappresentazione della scena impiegando come fonte luminosa le lampade in essa presenti. Gli altri metodi di disegno utilizzano invece un'illuminazione OpenGL non relativa alla scena.
- *Solid* (*Z* oppure *Alt-Z*): le superfici degli oggetti vengono rappresentate come solide (senza tenere conto dell'illuminazione reale della scena).
- *Wireframe* (*Z* oppure *Maiusc-Z*): ricalca approssimativamente la geometria dell'oggetto, per raffigurarlo nel modo più veloce e completo possibile.
- *Bounding Box*: consiste in un semplice parallelepipedo, le cui dimensioni sono determinate dall'ingombro comples-sivo dell'oggetto.

Premendo il tasto *D* è possibile richiamare questo menu come un popup all'interno della vista 3D.

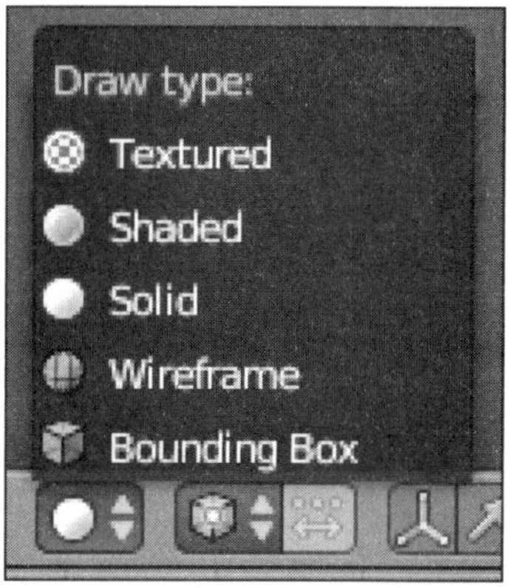

Figura 3.40
Il menu Draw Type, situato nella vista 3D.

Vista locale

Qualora una scena si facesse molto complessa, oppure volessimo avere un controllo visivo migliore su un oggetto durante una trasformazione, possiamo visualizzare in modo esclusivo gli elementi di una selezione premendo il tasto *NumPad/*, passando in *Local View*. Premendo nuovamente il tasto torneremo alla vista globale (*Global View*). Esistono anche le relative voci nel menu *View* e sono > *Local View* e > *Global View*.

Clipping Border

Per avere una visione selettiva degli oggetti presenti in scena, possiamo impiegare il clipping border (Figura 3.41), attivabile premendo *Alt-B*. Questo strumento disegna una sorta di piramide all'interno dello spazio 3D, la cui base viene definita per trascinamento una volta premuto *Alt-B* e la cui punta è rivolta verso un punto infinitamente lontano rispetto al punto di vista dell'osservatore. Tutto ciò che rientrerà in questa piramide sarà visibile, mentre il resto sarà nascosto. Per visualizzare nuovamente tutta la scena, premere ancora *Alt-B*. Le illustrazioni d'esempio possono chiarire il funzionamento, tuttavia una prova pratica risulterà di gran lunga più semplice ed esplicativa.

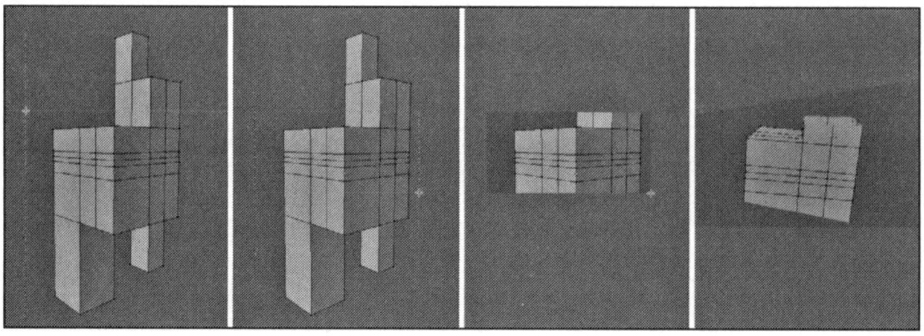

Figura 3.41
Esempio di visione con clipping border attivato.

Gestione degli oggetti

Tutto ciò che può essere inserito nella vista 3D è da considerarsi un oggetto. Mesh, curve, superfici, testi, luci, *Empty* e camere sono tutte tipologie di oggetti. L'oggetto è un'entità, dotata di proprietà generiche modificabili, che si differenzia in varie tipologie, dotate di proprietà secondarie specifiche.
In questo paragrafo ci concentreremo sull'accesso e la gestione delle proprietà generali, che permettono di creare e posizionare un oggetto nella scena, selezionarlo, duplicarlo, metterlo in relazione ad altri oggetti, eliminarlo e così via. Queste operazioni verranno svolte all'interno di un scena base di Blender.

Eliminare un oggetto

Eseguiamo un reset della scena premendo *Ctrl-N* e confermando il comando con un clic sul messaggio di notifica (se Blender è stato appena avviato, l'operazione non è necessaria). All'interno di questa scena è già selezionato un oggetto: il cubo. Per eliminarlo premiamo il tasto *X* e facciamo clic sulla notifica (Figura 3.42) per confermare l'azione. Un altro tasto che permette di eliminare un oggetto è *Canc*.

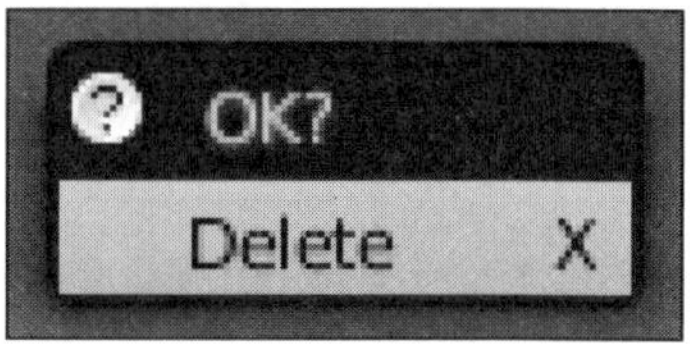

Figura 3.42
Il popup che compare prima dell'eliminazione di un oggetto.

Aggiungere un oggetto

Il modo più semplice per aggiungere un oggetto alla scena consiste nel fare uso del menu *Add Object* (*Maiusc-A*), dopo essersi posizionati con il puntatore del mouse all'interno della vista 3D (Figura 3.43). Una volta aperto il menu, viene visualizzata la lista contenente le diverse tipologie di oggetti.

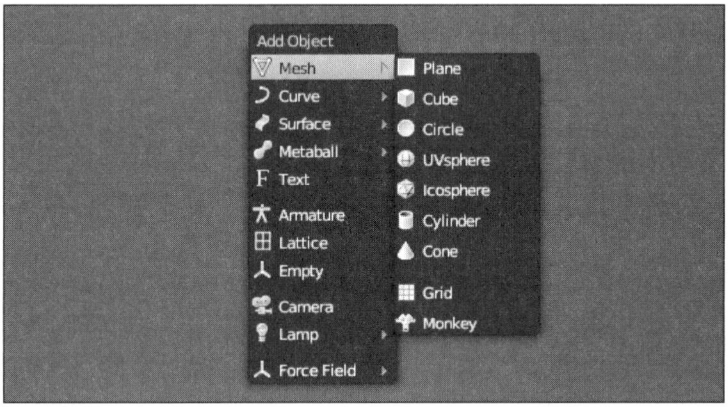

Figura 3.43
Il menu Add Object, tramite il quale possiamo aggiungere oggetti alla scena.

A fini esemplificativi scegliamo un oggetto *Mesh*, il cubo. Per fare ciò basta spostarsi con il puntatore sulla voce *Mesh* e poi fare clic su *Cube* nella lista comparsa (le altre voci sono *Plane*, *Circle*, *UVsphere*, *Icosphere*, *Cylinder*, *Cone*, *Grid* e *Monkey*).
Una volta creato, il cubo apparirà graficamente diverso da quello appena cancellato (il quale, essendo selezionato e in *Object Mode*, aveva un bordo rosa): ciò accade perché il nuovo cubo si trova in *Edit Mode* (modalità di editing). Illustreremo in seguito senso e utilità della *Edit Mode*; per ora passiamo alla *Object Mode* (modalità oggetto) premendo il tasto *Tab* (premendolo nuovamente torneremo in *Edit Mode*) visualizzando ora anche questo cubo con il contorno rosa (Figura 3.44).

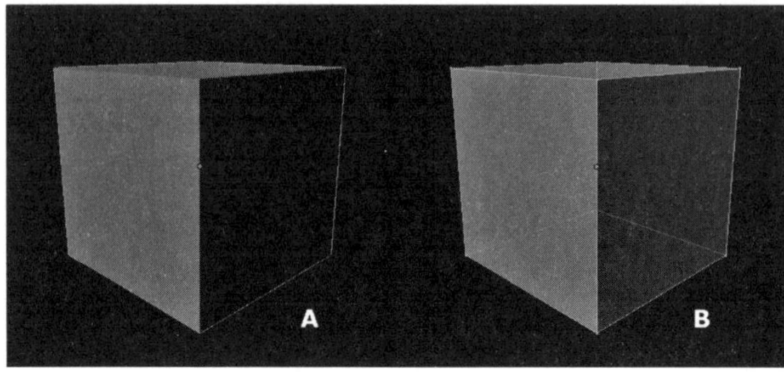

Figura 3.44
Un oggetto Cube in Object Mode (A) ed Edit Mode (B).

Selezionare

Il fatto che il cubo disponga di un profilo arancione significa che è parte attiva di una selezione. Per poter effettuare delle modifiche a un oggetto è necessario prima selezionarlo. Esistono svariati metodi per compiere questa azione.

- Clic destro sull'oggetto desiderato.
- Tasto *A* (effettua la selezione o deselezione di tutti gli oggetti visibili in una scena).
- Tasto *B*-trascinamento: trasforma il puntatore del mouse in una croce e, al momento del clic e del trascinamento del puntatore, definisce un'area rettangolare all'interno della quale verrà selezionato ogni oggetto.
- *Ctrl*-trascinamento: strumento lazo, fare clic e trascinare il puntatore, definendo un'area chiusa all'interno della quale ogni oggetto verrà selezionato (Figura 3.45).

È possibile effettuare selezioni multiple nei seguenti modi.

- Mantenendo premuto il tasto *Maiusc* e facendo clic su più oggetti con il tasto destro del mouse.
- Ripetendo il comando *B*-trascinamento e *Ctrl*-trascinamento.

Per escludere un oggetto da una selezione premere il tasto *Maiusc*-clic destro, oppure *Alt-B*.

Nel caso di selezioni multiple è importante notare che solo un oggetto sarà selezione attiva, pertanto alcuni tipi di modifiche saranno assegnati solo a tale oggetto e non a tutta la selezione. L'oggetto attivo apparirà con il già noto bordo arancione, mentre gli altri elementi avranno un bordo più scuro.

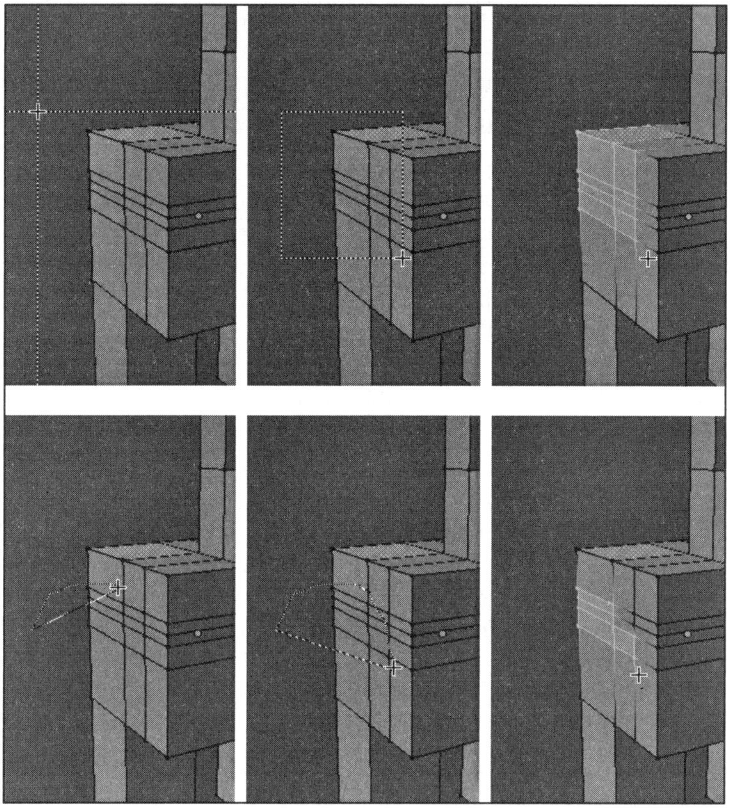

Figura 3.45
Gli strumenti di selezione Box e Lasso.

Manipolare gli oggetti

Verranno ora illustrati i comandi chiave per la gestione (manipolazione) degli oggetti nello spazio. Ricordiamo che questi comandi potranno essere impiegati in altri contesti dell'interfaccia stessa. Iniziamo con *Move-Grab* (sposta/trasla), *Rotate* (ruota) e *Scale* (scala) (Figura 3.46). Essi possono essere richiamati in tre modi.

- Tramite scorciatoie da tastiera, premendo i tasti *G* per lo spostamento, *R* per la rotazione e *S* per la scala.

Figura 3.46
I tre manipolatori (traslazione, rotazione e scala) e un esempio di combinazione degli stessi (rotazione e scala).

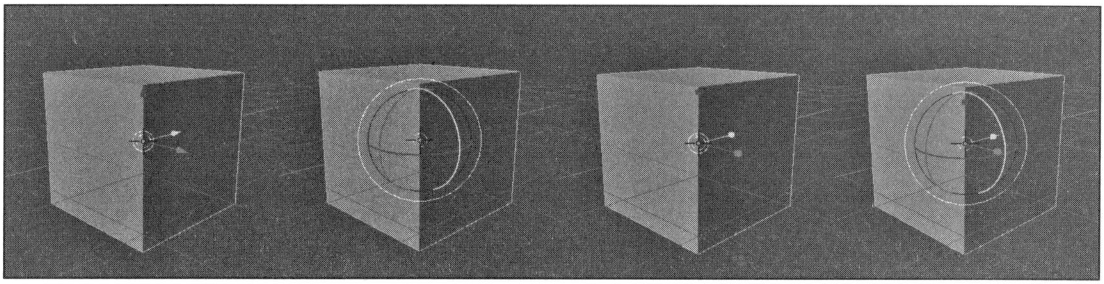

- Utilizzando gli appositi manipolatori (che saranno mostrati a breve).
- Utilizzando le gesture, ovvero specifici movimenti effettuati con il puntatore del mouse.

Il primo metodo è quello più efficace nella maggior parte dei casi e non necessita di ulteriori discussioni, il secondo invece richiede una panoramica delle possibilità offerte dall'interfaccia.

I manipolatori possono essere gestiti tramite l'apposita intestazione, composta da quattro pulsanti e un menu a tendina visibili in figura Global. Il pulsante con l'icona, attiva e disattiva la visualizzazione dei manipolatori nella vista 3D; il pulsante con l'icona, attiva e disattiva i manipolatori per la traslazione; quello con l'icona, attiva e disattiva la rotazione e quello attiva e disattiva i manipolatori per la scala.

Il menu a tendina permette di scegliere lo spazio della trasformazione (ne parleremo più avanti).

È possibile attivare più manipolatori per volta, mantenendo premuto il tasto *Maiusc* e facendo clic sul pulsante corrispondente.

Per effettuare la trasformazione è ora sufficiente fare clic con il tasto sinistro del mouse su uno degli assi del manipolatore (questo vincolerà la trasformazione all'asse selezionato) oppure, nel caso del manipolatore per la rotazione, su una delle circonferenze, e trascinare il puntatore del mouse. Nella Figura 3.46 è possibile notare come i manipolatori di differenzino graficamente gli uni dagli altri.

Vincolare una trasformazione

Per avere un maggiore controllo delle trasformazioni, Blender mette a disposizione alcune funzionalità combinabili con i comandi appena illustrati. Una di queste è il vincolo a un asse: questa funzione è parte integrante dei manipolatori, ma non delle trasformazioni avviate tramite scorciatoie. Si sarà sicuramente notato che premendo il tasto per avviare (per esempio) la traslazione, si è liberi di muovere l'oggetto selezionato in qualsiasi dimensione, senza particolare controllo. Per vincolare la trasformazione a un asse specifico, basta premere successivamente al tasto di trasformazione il tasto corrispondente all'asse (*X*, *Y* o *Z* per i rispettivi assi). Così facendo potremo spostare l'oggetto selezionato solo lungo un asse (che verrà evidenziato nella vista 3D) (Figura 3.47).

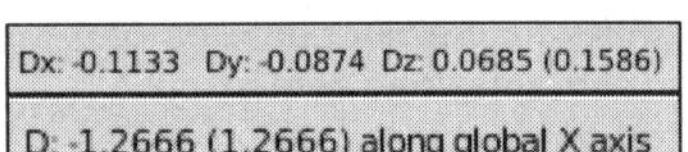

Figura 3.47
Durante una trasformazione, l'intestazione della vista 3D ne visualizza i valori. Nella prima immagine è visibile una traslazione libera, mentre nella seconda si vede una traslazione vincolata all'asse X.

Un'altra funzionalità è il vincolo a un piano, utile nel caso di una traslazione o una scala; il vincolo permette a una trasformazione di svolgersi contemporaneamente lungo due assi. In questo caso,

la combinazione di tasti da premere è la seguente: tasto di trasformazione (*G* o *S*) e in seguito *Maiusc* – *X*, *Y* o *Z* (la lettera corrispondente all'asse che intendiamo escludere dal piano).
Quindi, per vincolare l'operazione di scala di un oggetto lungo il piano definito dagli assi X e Y, basta digitare: *S*, *Maiusc-Z* e fare clic per confermare l'operazione.
È infine possibile attivare il vincolo a un asse (Figura 3.48) tenendo premuto il tasto centrale del mouse (mentre la trasformazione è in corso) e muovendolo in direzione di uno dei tre assi, facendo così comparire delle guide e vincolando la trasformazione. A questo punto sarà possibile rilasciare il tasto centrale del mouse e confermare la trasformazione con un clic.

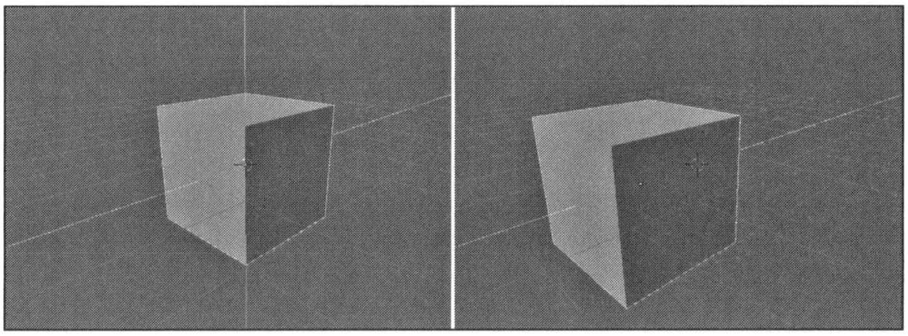

Figura 3.48
Trasformazione vincolata a un asse, facendo clic col pulsante centrale del mouse.

Maggiore precisione

Per eseguire una trasformazione precisa, esistono diverse possibilità.

- Premendo il tasto *Ctrl* durante una trasformazione, la si vincola alle unità di Blender, a seconda del livello di zoom (questa funzionalità è detta "snap").
- Premendo il tasto *Maiusc*, è possibile effettuare uno spostamento più preciso dell'oggetto (osservare l'indicatore della trasformazione nell'intestazione della vista 3D).
- Premendo sia *Ctrl* sia *Maiusc* si combinano le due funzionalità.

Lo snap

Un'ulteriore possibilità è costituita dal menu *Snap* (Figura 3.49), richiamabile con *Maiusc-S*. Tramite le sue opzioni possiamo posizionare con precisione il centro di un oggetto sulla griglia, con *Selected to Grid* (una definizione di centro dell'oggetto verrà fornita più avanti), oppure in relazione al cursore 3D, con *Selected to Cursor* (il cursore 3D è stato trattato nel paragrafo precedente, relativo all'interfaccia) .

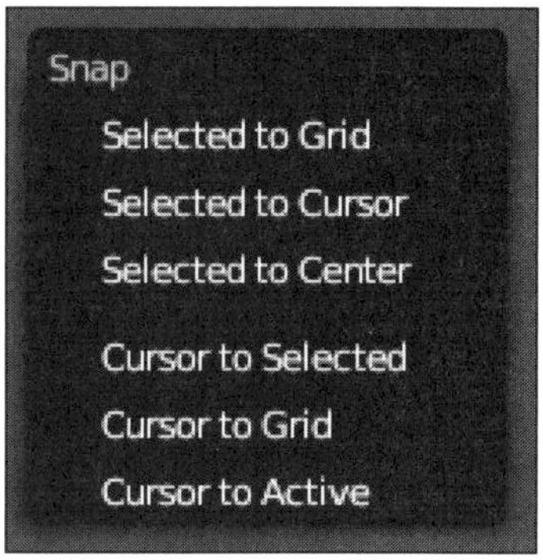

Figura 3.49
Il menu popup Snap.

Trasformazioni numeriche

Anziché fare uso del mouse per specificare i parametri di una trasformazione, è possibile inserire i relativi numeri, digitandoli direttamente sul tastierino numerico. Ecco un esempio relativo a ciascuno dei tre tipi di trasformazione.

- *G, X, 3* trasla di tre unità di Blender lungo l'asse X (ovvero verso sinistra) l'oggetto selezionato.
- *S, 3* scala l'oggetto, ingrandendolo di tre volte in tutte le dimensioni.
- *R, Z, 45* ruota l'oggetto di 45 gradi lungo l'asse Z.

Per traslare un oggetto sull'asse X verso sinistra, anziché verso destra, basta specificare un valore negativo, digitando il simbolo "-" prima di inserire il valore numerico. Lo stesso vale per la rotazione: un valore negativo comporta una rotazione in senso antiorario.

La scala presenta invece un metodo differente: per rimpicciolire un elemento, bisogna digitare "." e poi inserire il valore desiderato. Per esempio, per dimezzare le dimensioni di un oggetto basta premere *S, .2* e confermare l'operazione premendo *Invio*.

Annullare le trasformazioni

Grazie ai seguenti comandi è possibile annullare le trasformazioni effettuate su un oggetto (non si tratta di un comando di "undo", bensì di un vero e proprio reset, relativo alle proprietà dell'oggetto).

- *Alt-G* annulla le traslazioni.
- *Alt-R* annulla le rotazioni.
- *Alt-S* annulla le operazioni di scala.

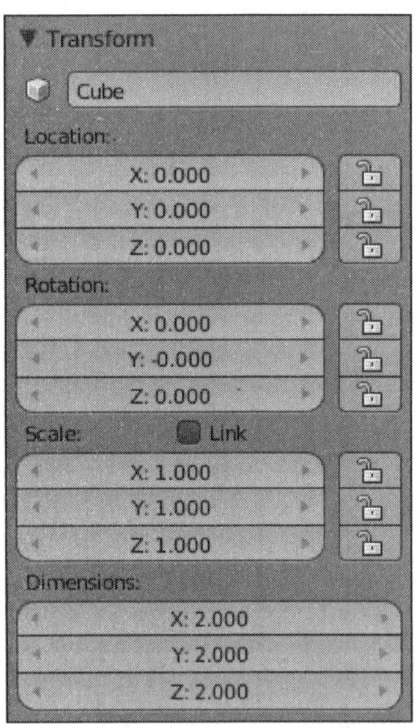

Figura 3.50
Il pannello Transform Properties.

Il pannello Transform

Le trasformazioni viste finora trovano un riscontro visibile nella barra laterale *Properties* (Figura 3.50), richiamabile premendo il tasto *N*. Il pannello apparirà all'inizio di una serie di altri elementi e mostrerà i seguenti elementi.

- *Location X, Y* e *Z*: i valori attuali di traslazione sui rispettivi assi.
- *Rotation X, Y* e *Z*: i valori attuali di rotazione sui rispettivi assi (relativo al centro dell'oggetto).

- *Scale X, Y* e *Z*: i valori attuali di scala sui rispettivi assi (relativamente al centro dell'oggetto).
- *Dimensions X, Y* e *Z*: le dimensioni di ingombro dell'oggetto, rispetto al sistema di coordinate globale.
- *Link Scale*: questo pulsante permette di collegare i contatori dei valori di scala in modo che modificandone uno, anche gli altri seguano di conseguenza.

I pulsanti accanto ai valori *Rotation*, *Location* e *Scale* permettono di inibire eventuali trasformazioni sugli assi desiderati. Se, per esempio, si premono tutti e tre i lucchetti dei valori *Location* e poi si preme il tasto *G*, sarà impossibile spostare l'oggetto (nonostante questo, Blender mostrerà i valori dello spostamento nell'intestazione della vista 3D, in basso a sinistra).

Per chiarire meglio i parametri *Dimensions* facciamo un esempio. Eseguiamo un reset della scena premendo *Ctrl-N*. Premiamo *N* per visualizzare le proprietà del cubo (che sarà già selezionato in partenza). Osserveremo che il valore di *Dimensions* è *2* per tutti gli assi.

Ruotiamo il cubo di 45° attorno all'asse Z (*R, Z, 45*). Noteremo che ora il valore di *RotZ* è passato da *0* a *45*. Applichiamo la rotazione, premendo *Ctrl-A* e facendo clic sulle voci *Apply Location, Apply Rotation*. Osserveremo che ora il valore di *RotZ* è tornato a *0* e che *DimX* e *DimY* non corrispondono più a *2*, bensì a *2.828*. Questo è infatti il nuovo ingombro dell'oggetto lungo gli assi X e Y.

Ogni volta che selezioneremo un oggetto, il pannello si aggiornerà, mostrando i relativi dati.

Assegnare le trasformazioni

Se vogliamo che un oggetto conservi in modo permanente i valori di posizione, rotazione e scala dopo averli modificati, possiamo applicare le trasformazioni premendo *Ctrl-A* e scegliendo dal menu la voce desiderata, tra la seguenti.

- *Apply Location.*
- *Apply Rotation.*
- *Apply Scale.*

Così facendo, azzeriamo i valori dei contatori del pannello *Transform*. Nell'esempio presente in Figura 3.51 è visibile un'applicazione delle trasformazioni assegnate a un oggetto (con conseguente riposizionamento del Pivot per la traslazione).

Figura 3.51
A partire dal cubo di base preventivamente trasformato, premere Alt-A e scegliere le voci del menu per applicare le trasformazioni desiderate.

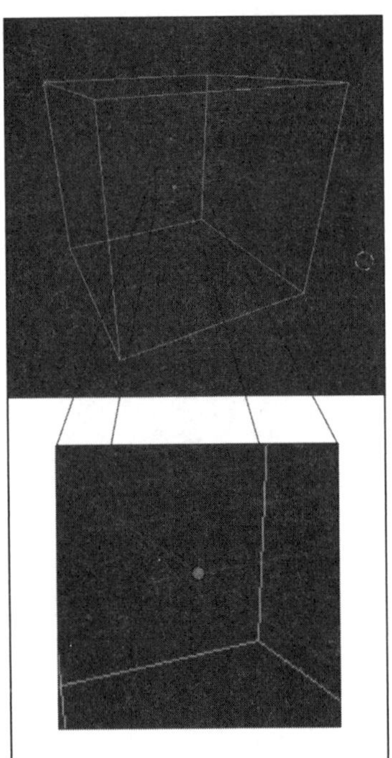

Figura 3.52
Il centro di un oggetto.

Pivot

Nei casi di *Rotation XYZ* e *Scale XYZ* abbiamo parlato di valori in relazione al centro dell'oggetto. Si sarà sicuramente notato che ogni oggetto dispone di una sorta di piccola sfera, che compare una volta selezionato l'oggetto stesso. Questo è il centro dell'oggetto (Figura 3.52) e di default è il punto di riferimento (*Pivot* si può tradurre con perno) impiegato per effettuare le trasformazioni. Tuttavia potrebbe essere necessario disporre di un punto di riferimento diverso dal centro dell'oggetto e in tal caso Blender mette a disposizione diverse soluzioni, richiamabili tramite il menu *Pivot* (Figura 3.53).

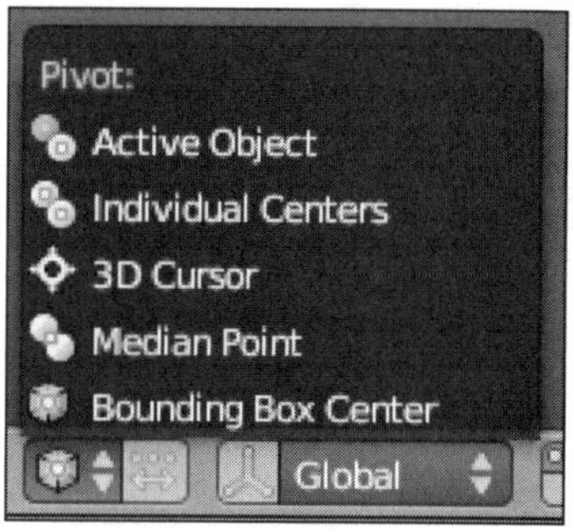

Figura 3.53
Il menu Pivot, situato nell'intestazione 3D, offre la possibilità di scegliere il perno attorno al quale saranno effettuate le trasformazioni degli oggetti.

Analizziamo ora le voci presenti nel menu, tenendo presente che sono operative sia in modalità oggetto (ciò che abbiamo visto finora) sia in modalità edit (che tratteremo in seguito) .

- *Active Object*: in questo caso l'oggetto viene ruotato attorno al suo centro. Nel caso di selezioni multiple, i diversi oggetti si trasformeranno in relazione al centro dell'oggetto attivo.
- *Individual Objects Center*: In caso di selezione singola, non si nota differenza con *Active Object*, ma nelle selezioni multiple, ciascun oggetto impiega il proprio centro come punto di riferimento per la trasformazione.
- *3D Cursor*: la trasformazione avviene in relazione al cursore 3D, il quale deve essere prima posizionato correttamente (con un clic e impiegando tutte e tre le viste oppure tramite il menu *Snap*, richiamabile con la scorciatoia *Maiusc-S*).
- *Median Point*: nel caso di selezioni multiple, si tratta del punto che si trova a metà tra i centri dei diversi oggetti appartenenti alla selezione.
- *Bounding Box Center*: utilizza come riferimento il centro della bounding box di un oggetto (ovvero un parallelepipedo immaginario le cui dimensioni corrispondono all'ingombro dell'oggetto). In *Object Mode* questa funzionalità non risulta particolarmente utile, pertanto sarà presentata nel Capitolo 4, in relazione alla modellazione mesh.

Inoltre, è possibile impostare i centri di rotazione tramite le seguenti scorciatoie.

- *Active Object*: *Alt-.*
- *Individual Objects Center*: *Ctrl-.*
- *3D Cursor*: *.*
- *Median Point*: *Ctrl-,*
- *Bounding Box Center*: *,*

Transform Orientation

Fino a questo momento, analizzando le trasformazioni, abbiamo preso in considerazione solo il centro delle stesse, ma non il sistema di coordinate (gli assi su cui avvenivano le trasformazioni) che è sempre stato assimilato a quello globale (della vista 3D). Nella maggior parte dei casi, quello globale sarà il sistema di coordina-

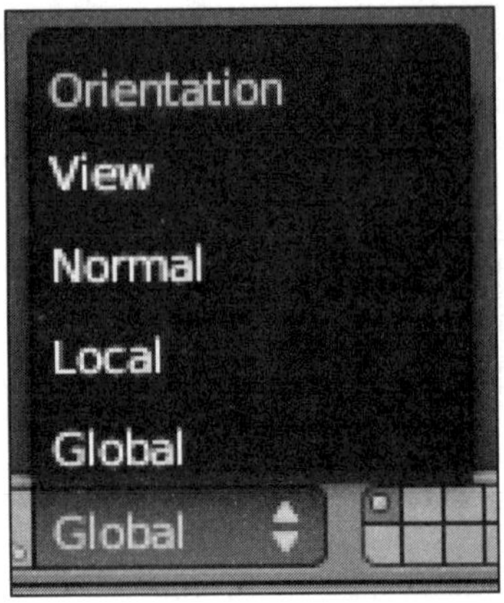

Figura 3.54
Il menu per la scelta dello spazio di trasformazione.

te da impiegare; tuttavia, ci potremmo trovare nella situazione di dover scalare un oggetto lungo un asse precedentemente ruotato (come nel caso del cubo nell'illustrazione). A questo punto possiamo agire in diversi modi, a seconda degli strumenti scelti per eseguire le trasformazioni (i manipolatori oppure i tasti *G*, *R* e *S*).
Nel caso dei manipolatori, dobbiamo selezionare l'orientamento della trasformazione tramite il menu a tendina presente nell'intestazione della vista 3D, di fianco ai pulsanti per la scelta del tipo di manipolatore (Figura 3.54). Abbiamo le seguenti possibilità (Figura 3.55).

- *Global*: i manipolatori seguono il sistema globale di coordinate.
- *Local*: i manipolatori si orientano secondo gli assi dell'oggetto (il cui orientamento è definito dai parametri di rotazione visibili nel pannello *Properties*).
- *Normal*: l'asse Z dei manipolatori corrisponderà alla normale dell'oggetto selezionato (in *Object Mode* non è molto utile).
- *View*: i manipolatori si allineeranno alla vista 3D in questo modo: Y = alto/basso, X = destra/sinistra, Z = avanti/indietro.

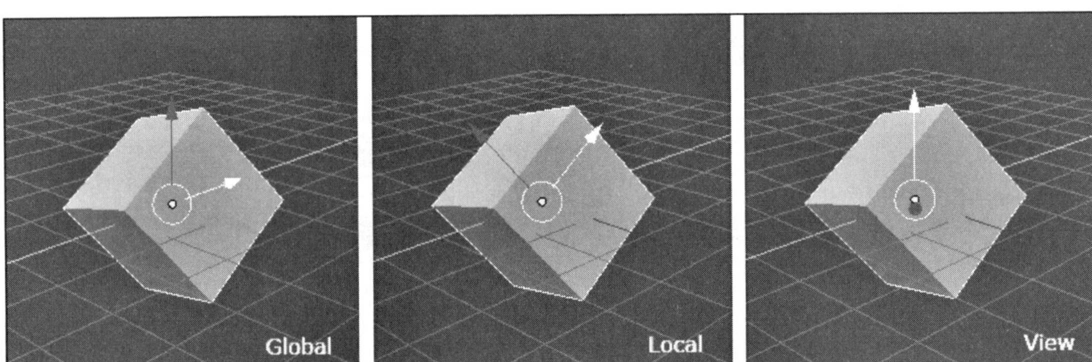

Figura 3.55
Un esempio di posizionamento dei manipolatori rispetto a un cubo ruotato, secondo i diversi spazi di trasformazione.

Nel caso delle scorciatoie da tastiera è possibile premere due volte il tasto relativo all'asse di trasformazione (per esempio G, X, X), per impiegare il sistema di coordinate locale.
Esiste infine la possibilità di impiegare un oggetto all'interno della scena come elemento da cui estrarre il sistema di coordinate. Per fare ciò è sufficiente compiere i seguenti passi.

- Selezionare l'oggetto di cui vogliamo impiegare le coordinate.
- Premere *Maiusc-Ctrl-C* e confermare la richiesta *Add and use active object*.

- Assegnare un nome all'oggetto per identificarlo nel menu *Transform Orientations*.

Nel menu *Transform Orientations* è comparsa un'altra voce, recante il nome assegnato poco prima all'oggetto.
Esistono altri due modi per specificare le *Transform Orientations* in Blender.

- Premere *Alt-Barra spaziatrice* quando il puntatore del mouse si trova nella vista 3D (si richiamerà un menu popup).
- Accedere al pannello *Transform Orientations* situato nella sidebar *Properties* e selezionare, tramite il menu a discesa, l'orientamento desiderato. Anche in questo pannello è possibile tra l'altro selezionare un oggetto per impiegarne il sistema di coordinate (sarà sufficiente selezionarlo e premere il pulsante *Create*).

Layer

Uno strumento molto importante ed efficace per mantenere ordine e controllo nella scena 3D è il gestore dei livelli (*Layer Manager*). Lo spazio della vista 3D è suddiviso in 20 livelli, nei quali è possibile spostare selettivamente gli oggetti. Questi livelli possono essere attivati e disattivati, affinché possano fare parte o meno del rendering (facendo inoltre sì che il loro contenuto sia visibile o meno nella vista 3D).
L'interfaccia per la gestione dei layer si trova nell'intestazione della vista *3D* (Figura 3.56). Facendo clic con il tasto sinistro del mouse su uno dei venti pulsanti, si renderà visibile il livello corrispondente. Per selezionare più livelli, occorre mantenere premuto il tasto *Maiusc* e fare clic sui relativi pulsanti. È possibile richiamare i diversi layer anche facendo uso dei tasti da *1* a *0* (non del tastierino numerico) per i primi dieci livelli e del tasto *Alt* più i tasti da *1* a *0* per i rimanenti 10. Per la selezione multipla vale sempre il tasto *Maiusc*.

Figura 3.56
Il selettore dei livelli, situato nell'intestazione della vista 3D.

Il pulsante , che di default è premuto, indica che i cambiamenti relativi alla visualizzazione dei layer si ripercuoteranno su tutte le viste 3D attive. Per evitare che ciò accada, premere il pulsante per disattivare la funzione.
Per spostare un oggetto su un layer, dobbiamo selezionarlo e premere il tasto *M*, richiamando un popup sul quale dobbiamo fare clic sul layer in cui vogliamo spostare l'oggetto. Una volta fatto clic sul livello, premere *OK* per confermare. Esiste la possibilità di far comparire un oggetto su più livelli contemporaneamente; per

fare ciò, dobbiamo mantenere premuto *Maiusc* mentre selezioniamo i livelli desiderati nel popup richiamato dal tasto *M*.
Un oggetto può essere spostato da un livello all'altro anche tramite il pannello *Relations*, situato nel contesto *Object* nella finestra *Properties* (Figura 3.57).

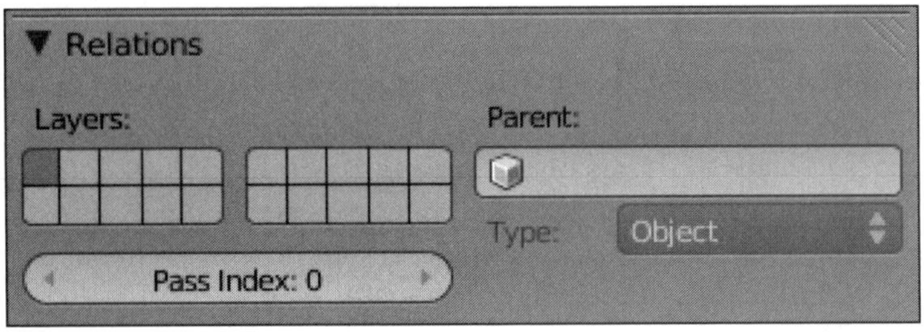

Figura 3.57
Il pannello Relations, contenente la voce Layers, tramite la quale possiamo assegnare e definire in quali livelli sarà visibile l'oggetto selezionato.

Duplicazione

La duplicazione di un oggetto si esegue selezionando uno o più elementi e premendo *Maiusc-D*. In questo modo viene creata una copia dell'oggetto, contenente a sua volta una copia dei dati della geometria, le cui proprietà, per esempio il materiale, rimangono *collegate* all'oggetto originale.
Vediamo ora tramite l'*Outliner* cosa accade duplicando il cubo della scena di default.

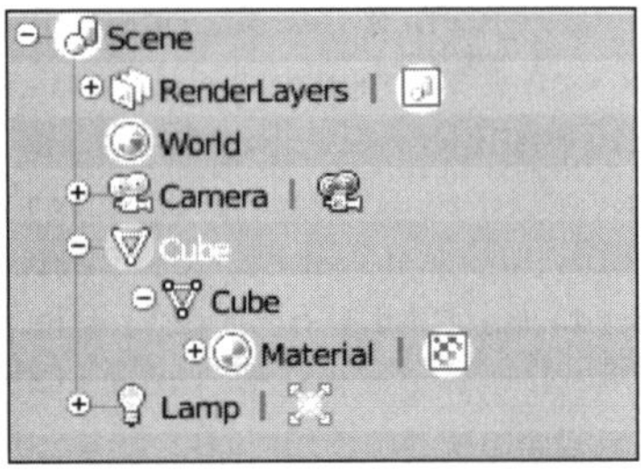

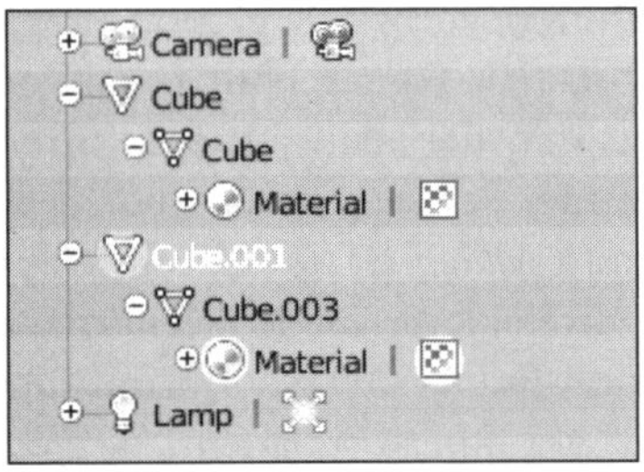

Possiamo notare che è stato creato un nuovo oggetto (*Cube.001*), contenente dei dati mesh (*Cube.003*) i quali, a loro volta contengono delle proprietà *Material* e *Tex*, che sono identiche sia nella copia sia nell'originale: ciò significa che sono condivise e una eventuale modifica sarà visibile in entrambi gli oggetti.
Per rendere indipendenti anche questi dati (prendiamo ora come esempio il materiale) sarà sufficiente raggiungere il contesto a essi relativo, in questo caso il contesto *Material*, nella finestra *Properties* e renderli *single-user* (ovvero utilizzati solo dall'oggetto in questione) premendo sul pulsante a destra del campo di testo, che indica la quantità di oggetti cui il materiale è collegato.

Questa procedura è attuabile per le texture, per le proprietà di una lampada e così via.
Per duplicare solo l'oggetto contenitore e lasciare tutti i dati condivisi con l'originale, dovremmo usare la combinazione di tasti *Alt-D*. Nel caso degli oggetti *Mesh*, *Curve* e così via anche i dati delle geometrie saranno quindi condivisi.

Parentele e Gruppi

Concludiamo questo capitolo approfondendo il tema delle relazioni costruibili tra gli oggetti. Con il termine parentela intendiamo la possibilità di creare legami tra oggetti in modo che si influenzino tra loro; ciò può risultare molto utile, per esempio, nell'animazione.
Facciamo ora un esempio pratico: per creare un legame di parentela sono necessari, come minimo, due oggetti. Dobbiamo selezionarli entrambi, tenendo presente che l'ultimo a essere selezionato sarà l'oggetto attivo e sarà gerarchicamente superiore nel momento in cui si creerà la parentela; quindi dobbiamo premere *Ctrl-P*. Questa scorciatoia richiama il menu *Set Partent To*, che, nel caso di due oggetti geometrici mesh, conterrà solo la voce *Object*.
Supponiamo di avere in una scena un oggetto *Empty* e un *Cubo* e di volerli imparentare. Prima di effettuare l'operazione l'*Outliner* apparirà come nell'illustrazione **A**. Dopo aver selezionato entrambi gli oggetti (rendendo l'*Empty* selezione attiva) e averli imparentati, la configurazione sarà quella rappresentata nell'illustrazione **B**, dove si può vedere che l'oggetto *Empty* "contiene" l'oggetto *Cube*. In questo caso si dice che l'empty è il genitore (*parent*) e il cubo è il figlio (*child*).

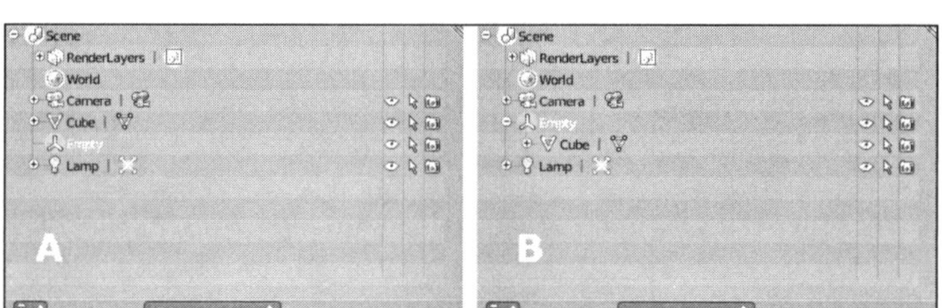

A questo punto, se effettuiamo una trasformazione dell'oggetto *Empty*, per esempio traslandolo, noteremo che anche l'oggetto *Cube* sarà traslato in modo equivalente (a partire dalla sue coordinate). Ciò accadrà anche per le operazioni di rotazione e scala.

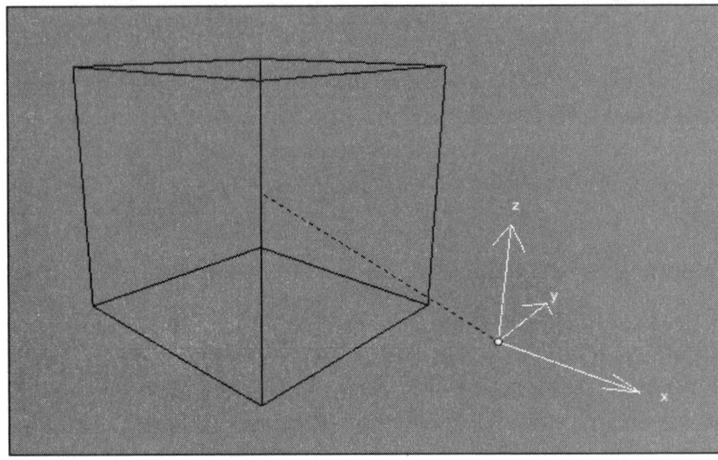

Ciò che abbiamo appena visto non è altro che il principio delle parentele: con esse è infatti possibile unire oggetti di tipi diversi, facendoli interagire, per esempio, imparentando una mesh con una curva, (le possibilità offerte saranno diverse da quelle ottenibili tra due mesh), oppure imparentando una mesh con un oggetto *Armature*. Nel corso del libro incontreremo più volte questo tipo di operazione.
L'annullamento di un legame di parentela è possibile selezionando uno degli oggetti e premendo *Alt-P*, per richiamare il menu *Clear Parent*.

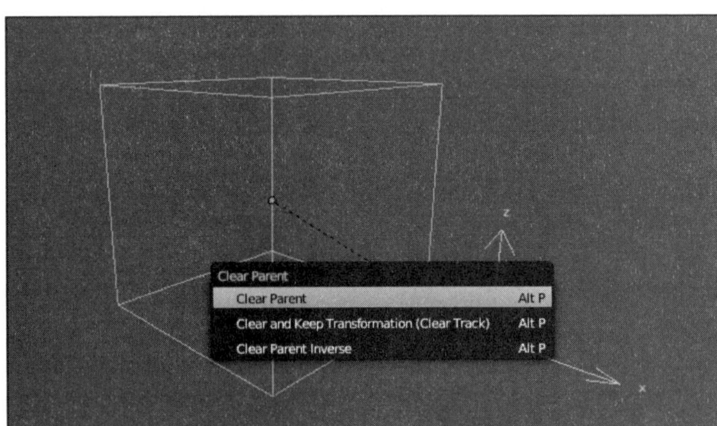

Le voci presenti in questo menu riguardano le seguenti operazioni.

- Il semplice annullamento della parentela (*Clear Parent*), riportando il figlio nelle condizioni originarie.

- L'annullamento della parentela trasmettendo al figlio le trasformazioni eseguite fino a quel momento (*Clear Track*).
- L'annullamento della parentela e il posizionamento dei figli rispetto al genitore facendo riferimento ai valori di trasformazione di quest'ultimo, applicati su scala globale (*Clear Parent Inverse*).

Conclusioni

Questo capitolo, estremamente ricco di nozioni, offre solide fondamenta per una produttiva prosecuzione della lettura. Naturalmente molti aspetti riguardanti l'interfaccia non sono neppure stati menzionati: alcuni di essi compariranno nel corso del libro, altri si scopriranno semplicemente facendo uso del software.

Capitolo 4

Modellazione

La modellazione è una parte del processo di creazione di contenuti tridimensionali e costituisce un possibile punto di partenza per l'impiego di un software 3D. Modellare significa disegnare nello spazio della vista 3D ciò che prima è stato progettato.
Quando parliamo di progetto, ci riferiamo a una fase di ricerca e sviluppo che deve essere stata svolta e completata *prima* di iniziare a lavorare con il software.
Essa può consistere nella raccolta di materiale fotografico, nella produzione di schizzi (o *concept*), nell'osservazione dei lavori frutto di altre produzioni e così via.
Non vogliamo dilungarci su concetti e metodi di progettazione, pertanto cercheremo di trasmetterne l'importanza limitandoci a affermare che è pressoché impossibile produrre qualsiasi cosa senza adeguate premesse progettuali.
Il cubo presente nella scena di default è dotato di infinite potenzialità, ma solo una lavorazione consapevole permetterà di ottenere buoni risultati.
Questo processo può essere paragonato, in molti casi, all'arte della scultura, dove inizialmente si dispone di un blocco di materia prima, che viene poi sgrezzato e cesellato fino a ottenere il risultato voluto.
In questo capitolo vedremo nel dettaglio i diversi tipi di oggetti che Blender mette a disposizione per consentirci la creazione di figure tridimensionali e successivamente tutti gli strumenti specifici da impiegare con ciascuno di essi in modo da eseguirne la modellazione.

In questo capitolo

Gli oggetti

Nel capitolo precedente abbiamo parlato di oggetti, indicandone buona parte come modificabili nello spazio 3D. Gli oggetti in questione sono: mesh, curve, superfici e testo. Ciascuno di essi è basato su diversi principi di definizione e conseguentemente sarà modificabile (editabile) in modo differente dagli altri. Vediamoli ora uno alla volta, per poi analizzare nel dettaglio gli strumenti messi a disposizione da Blender per editarli.

Mesh

Una *mesh* (letteralmente: maglia, rete) è un reticolo poligonale che definisce un oggetto nello spazio. Questo reticolo è composto da tre elementi: vertici, spigoli e facce (Figura 4.1). I vertici sono dei punti dello spazio (dotati quindi di coordinate X, Y e Z che ne determinano la posizione) e costituiscono la base per definire gli spigoli (*edges*), ovvero i segmenti che congiungono due vertici. A loro volta, gli spigoli definiscono, attraverso la propria connessione, le facce. Per definire una faccia sono sufficienti tre spigoli tra loro connessi. Ciò accade secondo il concetto geometrico per il quale tre punti possono giacere su un solo piano. Il nuovo sistema di modellazione di Blender, chiamato bMesh, offre una grande flessibilità nella creazione delle facce che possono essere create a partire da più di tre vertici.

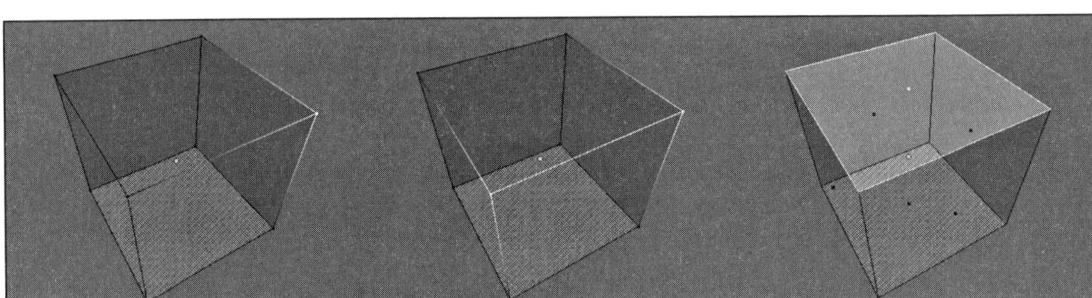

Figura 4.1
Delle tre mesh di un cubo visibili nell'illustrazione, della prima è stato selezionato un vertice, della seconda uno spigolo e della terza una faccia.

Curve

Le curve sono oggetti bidimensionali e, a differenza delle mesh (oggetti definiti da punti), sono definite da funzioni matematiche. Ciò significa che sono composte da infiniti punti. Blender mette a dispozione due tipologie di curve: Bézier e NURBS (Figura 4.2). Le curve di *Bézier* sono determinate da punti (o vertici) di controllo dotati di maniglie (*handles*), attraverso le quali passano

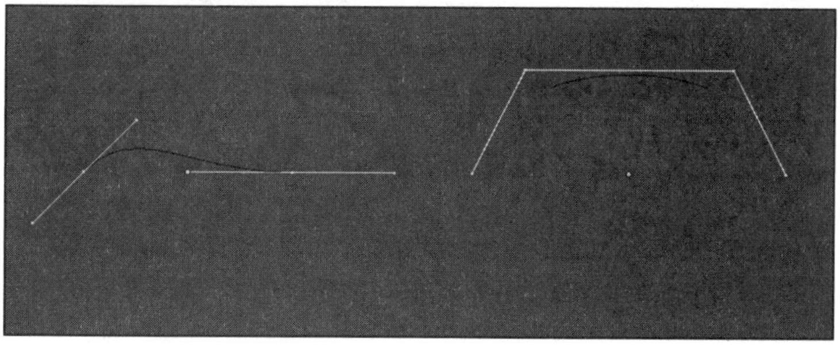

Figura 4.2
Le due curve di default disponibili in Blender: una curva di Bèzier e una NURBS.

i punti della curva stessa, mentre le *NURBS* (acronimo di Non Uniform Rational B-Splines) sono determinate da punti che attraggono i punti della curva.

Superfici

Le superfici sono oggetti tridimensionali definiti da più curve. Non vanno quindi confuse con le curve (Bézier o NURBS), che possono apparire tridimensionali grazie all'estrusione, ma rimangono delle curve. Nel caso delle vere superfici sarà possibile ottenere anche figure chiuse, come una sfera (Figura 4.3).

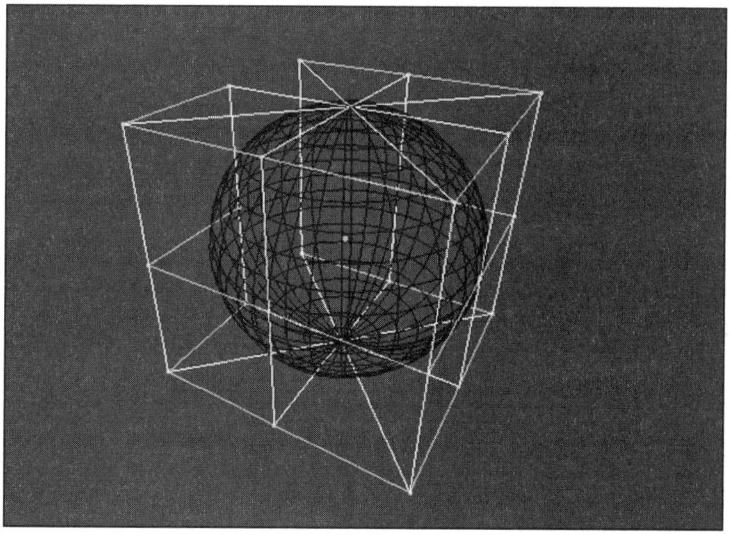

Figura 4.3
Una superficie NURBS sferica.

Testo

Anche in Blender, come in molte altre applicazioni di grafica vettoriale, è possibile creare e gestire testi. Gli strumenti messi a disposizione permettono di impostare la formattazione e l'accesso a tutti i font del sistema operativo, il tutto in uno spazio tridimensionale (Figura 4.4).

Figura 4.4
Un oggetto testo, cui è stata applicata un'estrusione.

Oggetti meta

Gli oggetti meta sono (a differenza sia delle mesh sia delle curve/superfici NURBS) delle superfici generative che variano in relazione alla presenza di altri oggetti simili nella stessa scena (Figura 4.5).

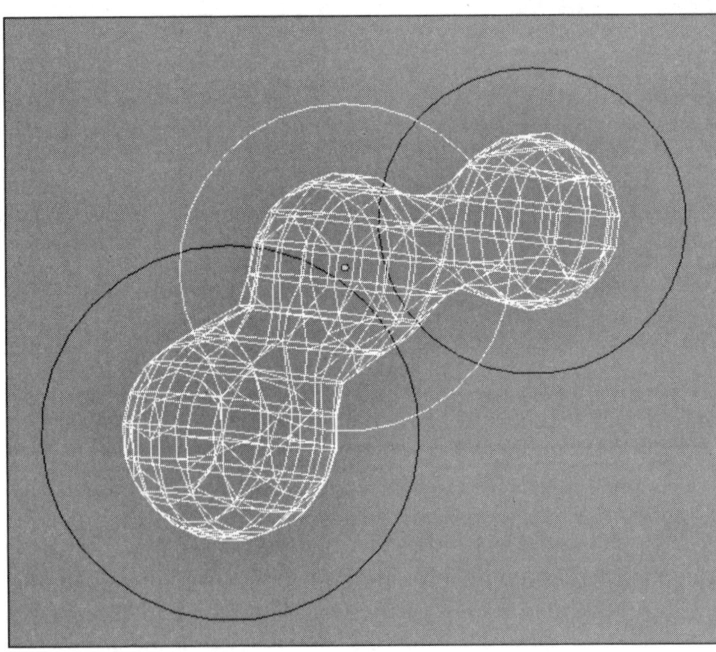

Figura 4.5
Tre metaballs interagisiscono tra loro.

Modellazione Mesh

Come precedentemente illustrato, una mesh è composta da vertici, spigoli e facce. Una disposizione accorta di questi elementi è la chiave per ottenere buoni modelli. Come si distingue un oggetto ben modellato da uno che non lo è? La risposta è ovviamente molto complessa, in quanto il modello deve essere rapportato all'uso che se ne fa (una mesh con milioni di vertici sarà difficilmente adatta a essere animata, così come a un modello composto di facce triangolari non si potrà applicare un modifier SubSurf senza avere risultati inaspettati). Cercheremo di dare indicazioni sull'impiego di diverse tecniche di modellazione più avanti, dopo aver preso visione del set di strumenti più che completo offertoci da Blender.
Per il momento osserviamo il cubo della scena iniziale. Se la scena è stata resettata (*Ctrl-N*) (Figura 4.6), esso apparirà con un contorno arancione, a indicare che attualmente è selezione attiva. Se ciò non accade, selezionare il cubo tramite un clic destro.
Per effettuare modifiche alla struttura della mesh è necessario entrare in *Edit Mode* (Figura 4.7) e visualizzare gli elementi che la compongono. Per fare ciò, dobbiamo premere il tasto *Tab* (premendolo nuovamente torneremo alla modalità oggetto) .

Figura 4.6
Il menu popup per ricaricare la scena di default.

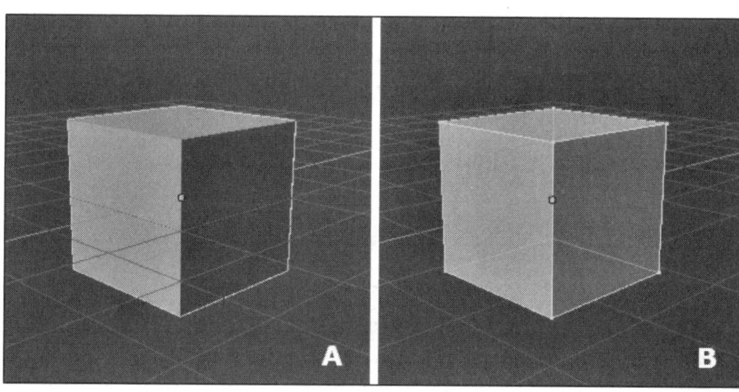

Figura 4.7
Un oggetto cubo in Object Mode (A) e in Edit Mode (B). Entrando in Edit Mode è possibile capire il tipo di oggetto, che in questo caso è una mesh.

Selezione

In Edit Mode si possono selezionare i vertici, utilizzando le medesime tecniche illustrate in object mode, ossia:

- Clic destro;
- *Maiusc*-clic destro per selezioni multiple;
- *A* per selezionare/deselezionare tutti i vertici della mesh;
- *B*-clic e trascinamento per creare un riquadro di selezione;
- *Ctrl*-clic e trascinamento.

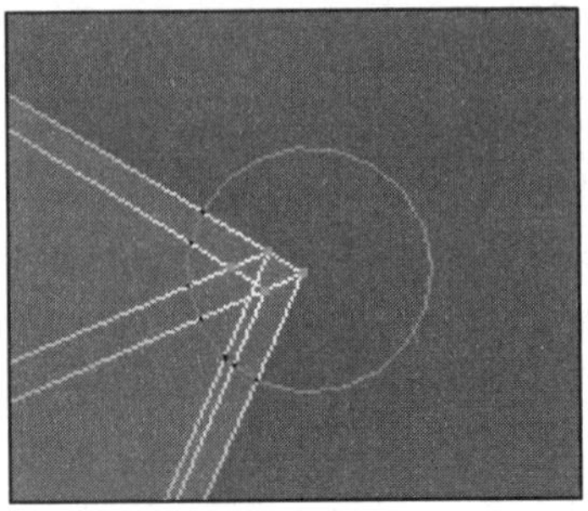

Figura 4.8
Lo strumento Brush selection.

Esistono inoltre altre due possibilità.

- Premendo per due volte consecutive il tasto *B*, si attiverà uno strumento di selezione circolare, (Figura 4.8) il cui diametro può essere incrementato o decrementato dinamicamente con la rotella del mouse. Con un clic si selezionano i vertici all'interno del cerchio; con un clic del tasto centrale del mouse li si deselezionano.
- Nel caso in cui l'oggetto che si sta editando sia composto da due mesh separate, sarà possibile selezionare quella desiderata posizionandosi sopra a essa con il puntatore del mouse, premendo successivamente il tasto *L*. *Maiusc-L* deselezionerà tutto.
- Alternativamente, basterà selezionare un vertice appartenente alla mesh desiderata a premere poi *Ctrl-L* per selezionare tutti quelli a esso collegati.

Esistono infine delle tecniche di selezione basate sulla topologia (la struttura) della mesh: è infatti possibile selezionare automaticamente gli *edge loop* e i *ring loop*. Vediamo prima di tutto cosa significano questi due termini.
Per capire cos'è un edge loop sarà sufficiente creare una *UVSphere* ed entrare in *Edit Mode*.
Selezionare ora due vertici contigui, come nell'illustrazione e successivamente scegliere la voce *Edge Loop* dal menu *Select* dell'header della vista 3D (oppure possiamo richiamare il menu *Edge Specials* con *Ctrl-E*). Questo è un edge loop: una successione continua (e chiusa) di vertici (Figura 4.9).

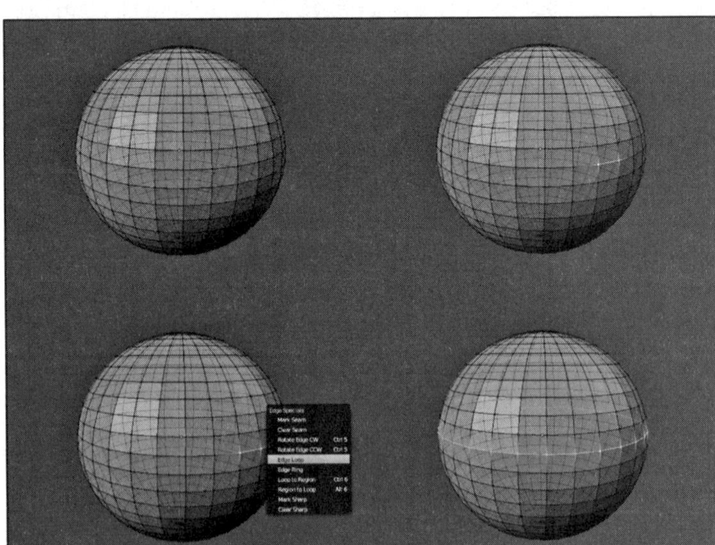

Figura 4.9
L'illustrazione mostra la sequenza di azioni per selezionare un edge loop.

Deselezionare tutti i vertici premendo *A*. Ora selezionare nuovamente due vertici adiacenti e, tramite il menu *Select*, scegliere *Edge ring*. Come si può vedere nella Figura 4.10, un *Edge ring* è una successione continua di facce in una mesh (è determinato quindi da due edge loop paralleli, con lo stesso numero di vertici) .
Ora che sono più chiari i concetti fondamentali riguardanti la struttura di una mesh, procediamo con alcune funzioni base.

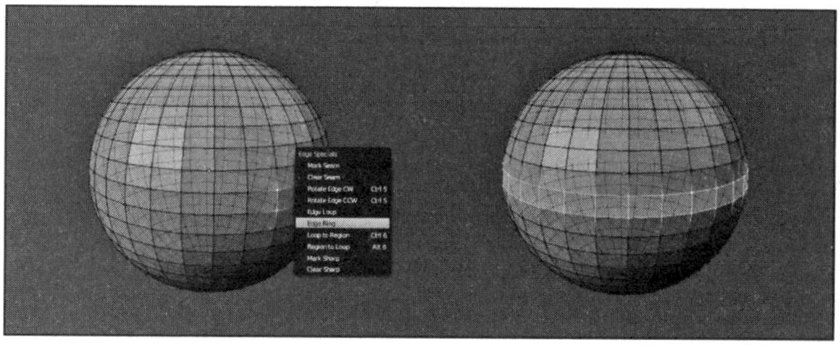

Figura 4.10
Selezione di un ring loop (notare che la selezione dei due vertici di partenza è variata rispetto alla prima illustrazione, in modo da selezionare un ring loop orizzontale).

Unione e separazione

Per unire due o più oggetti mesh in uno solo, dobbiamo selezionarli (prestando attenzione a quale oggetto desideriamo usare come selezione attiva) e premere *Ctrl-J*. Le mesh verranno associate all'oggetto attivo (eliminando gli altri oggetti).
Per separare degli elementi di una mesh e creare con essi un nuovo oggetto, dobbiamo selezionarli e premere il tasto *P*. Comparirà un menu di tre voci (Figura 4.11): scegliere la prima (*Selected*). L'elemento separato sarà automaticamente posto in modalità di traslazione, pertanto sarà necessario confermarne la posizione con un clic.
Nell'ambito della mesh sono inoltre possibili le seguenti operazioni.

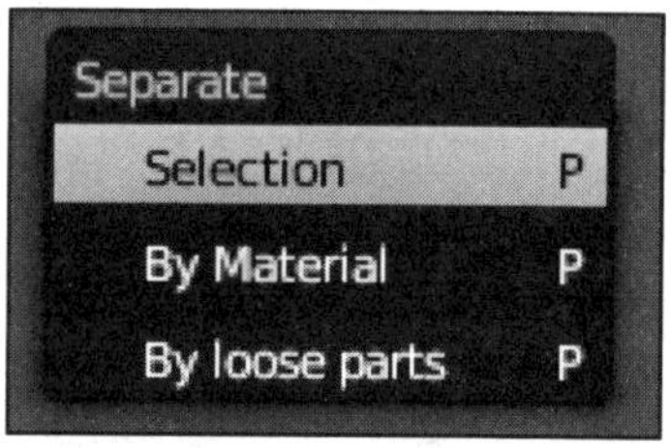

Figura 4.11
Il menu Separate, attraverso il quale possiamo separare gli elementi di una mesh dall'oggetto cui sono assegnati.

- Duplicazione di una selezione con *Maiusc-D*.
- Eliminazione di elementi sovrapposti tramite il menu *Specials*, richiamabile con il tasto *W*, selezionando la voce *Remove Doubles*.
- Fusione di più vertici in uno solo.

Approfondiamo brevemente il comando *Remove Doubles*. Esso esiste poiché, durante le operazioni di modellazione, accade spesso che vengano inavvertitamente (o consapevolmente) creati dei duplicati di elementi selezionati, i quali non subiscono poi alcuna trasformazione e rimangono quindi sovrapposti agli originali. In fase di rendering o *UVMapping* questa situazione può dare origine

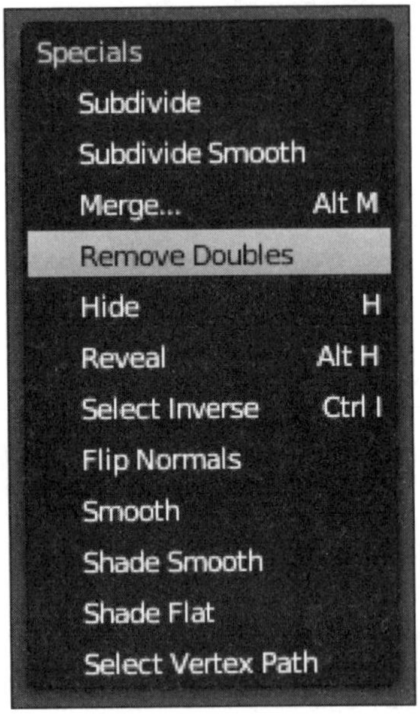

Figura 4.12
Il menu Specials, richiamabile in Edit Mode premendo il tasto W.

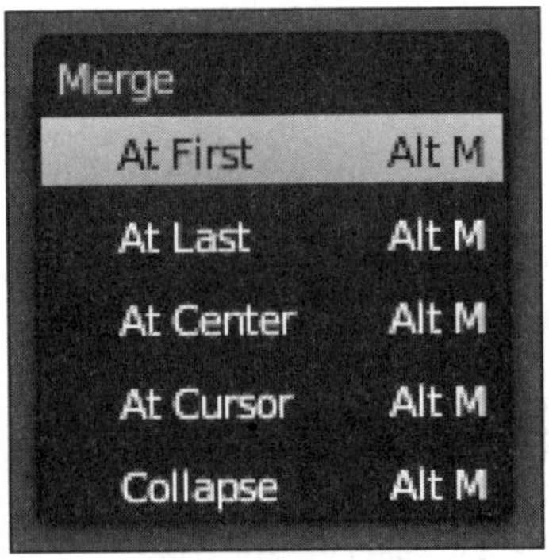

Figura 4.13
Il menu Merge, accessibile attraverso Specials (tasto W) oppure premendo Alt-M.

a problemi che possono pregiudicare la prosecuzione del lavoro. Per eliminare i vertici doppi è sufficiente selezionare tutti vertici di una mesh (oppure, tramite una box selection, selezionare tutti i vertici di un'area della mesh in cui sappiamo esserci dei duplicati) e richiamare il comando *Remove Doubles* (Figura 4.12) dal menu *Specials* (tasto *W* tenendo il cursore all'interno della vista 3D). Una volta eseguito il comando, comparirà un riquadro recante informazioni sul numero di vertici rimossi.

Il comando *Remove Doubles* può essere impostato in modo che possano essere considerati come sovrapposti anche vertici che in realtà non lo sono. Per fare ciò è necessario spostarsi nel pannello *Mesh Tools* nel contesto degli *Edit Buttons* e modificare il valore del contatore *Limit* (di fianco al pulsante *Rem Doubles*).

Per quanto riguarda la fusione di più vertici in uno solo, presentiamo ora la funzione *Merge*. Per avere un elenco completo delle possibilità offerte da questo comando, è sufficiente selezionare alcuni vertici in una mesh e premere *W* (menu popup *Specials*) e scegliere *Merge* (oppure, come indica la voce nel menu, impiegare la combinazione di tasti *Alt-M*). Comparirà un altro menu popup *Merge* (Figura 4.13), contenente le seguenti voci.

- *At First*: i vertici vengono fusi presso il primo vertice selezionato.
- *At Last*: i vertici vengono fusi presso l'ultimo vertice.
- *At Center*: i vertici vengono fusi nel punto medio tra essi.
- *At Cursor*: i vertici vengono fusi nel punto in cui si trova il cursore 3D.
- *Collapse*: fonde solamente i vertici tra loro connessi (in questo modo è possibile selezionare più parti di una mesh, non collegate tra loro, ed eseguire una sola volta il merge).

Al termine di ciascuna di queste operazioni viene visualizzato un riquadro che indica il numero di vertici rimossi nell'operazione di *merging*.

Suddivisione

Uno dei punti forti della modellazione mesh, consiste nella possibilità di aumentare selettivamente il livello di dettaglio del modello. Ciò avviene tramite il processo di suddivisione. Per svolgere questo compito esiste una funzione apposita, richiamabile premendo il tasto *W* (dopo aver selezionato in *Edit Mode* l'elemento da suddividere) e scegliendo dal menu la voce *Subdivide* (Figura 4.14).

Le opzioni relative alla suddivisione si trovano nella *Toolbar* (tasto *T* col puntatore nella vista *3D*) e sono le seguenti (Figura 4.15).

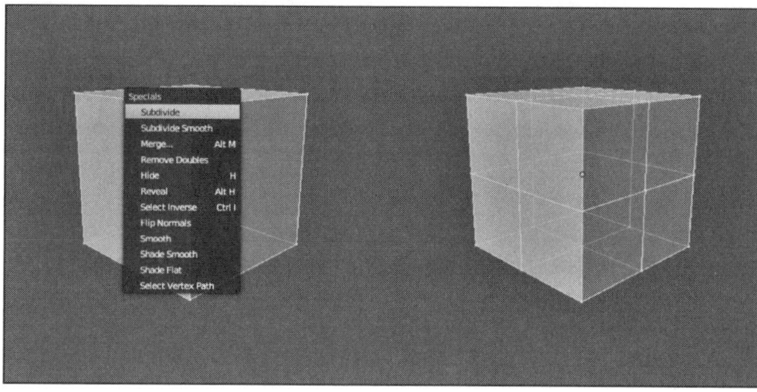

Figura 4.14
L'applicazione del comando Subdivide a una mesh cubica.

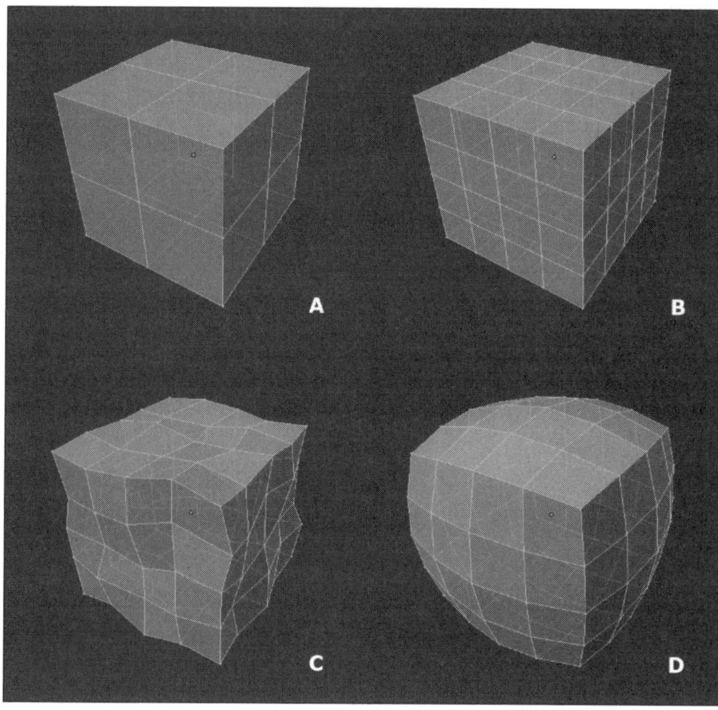

Figura 4.15
L'applicazione dei metodi di suddivisione.
Nell'immagine A è possibile osservare il cubo cui è stato appena applicato il comando di suddivisione.
In B si vede il risultato dell'aumento di suddivisioni, portando il valore del contatore Number of Cuts a 3.
In C si vede il risultato dell'incremento del valore nel contatore Fractal.
In D si può osservare il risultato dell'incremento del contatore Smoothness. Il medesimo risultato è ottenibile anche facendo uso della voce di menu Subdivide Smooth, situata nel menu Specials.

- *Number of Cuts*: permette di ripetere il comando più volte.
- *Fractal*: a partire dal numero di suddivisioni specificato, sposta leggermente i vertici in modo casuale.
- *Smoothness*: dispone i nuovi vertici in modo da creare facce continue, con spigoli poco visibili.

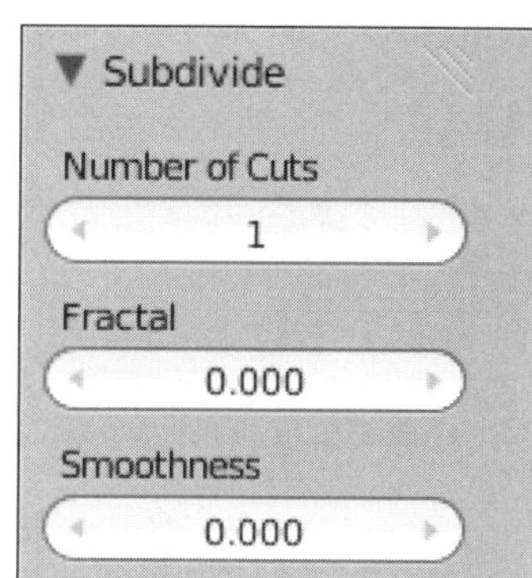

Figura 4.16
Il pannello con le proprietà del comando Subdivide, situato nella Toolbar.

Se abbiamo applicato il comando *Subdivide* (Figura 4.16) al cubo base, abbiamo notato che è stato diviso in parti uguali, ponendo un altro vertice tra i vertici che definivano gli spigoli e ponendo dei vertici anche al centro delle facce. In questo modo, la struttura del cubo

è rimasta invariata, così come i rapporti proporzionali tra le facce.
In questo modo, tuttavia, abbiamo suddiviso tutto il cubo non selettivamente. Se, per esempio, ci fosse interessato aumentare soltanto il numero di vertici lungo la sua dimensione X, ci saremmo trovati comunque con nuove suddivisioni lungo le dimensioni Y e Z.
Se avessimo voluto suddividere una faccia, allo stesso modo, avremmo potuto selezionarla e poi premere *W > Subdivide*, ma avremmo modificato la struttura delle altre facce, rendendole composte da triangoli e il risultato sarebbe stato quello visibile nella Figura 4.17.

Figura 4.17
La suddivisione errata della faccia porta alla creazione di facce triangolari nel resto della mesh.

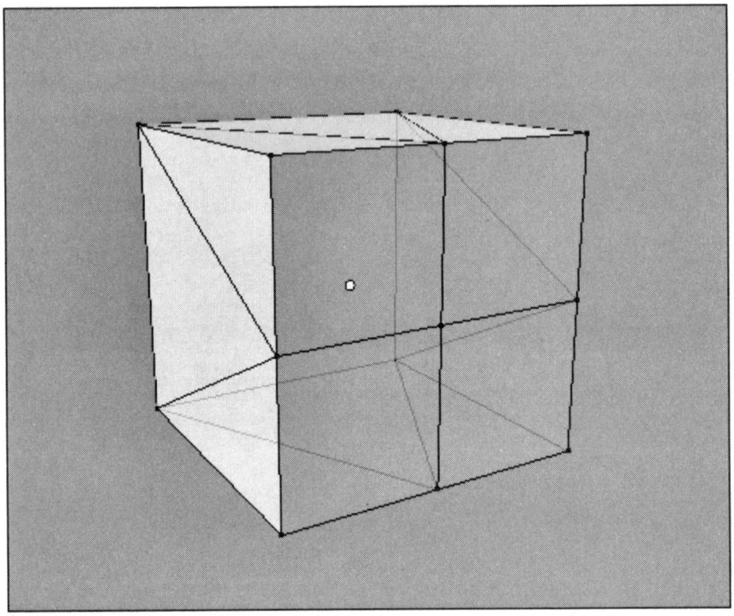

Per ottenere buoni risultati è necessario pensare in termini di *Edge Loop ed estrusioni*: in questo modo si conserverà una struttura basata su facce quadrate e sarà possibile aggiungere dettagli solo dove si desidera. Nella Figura 4.18 possiamo vedere un esempio di:

- A: suddivisione completa, la prima che abbiamo visto;
- B: suddivisione selettiva con triangoli, non ideale per mesh che verranno poi suddivise con il modifier *SubSurf*;
- C: suddivisione con edge loop.
- D: suddivisione con estrusione che vedremo nel dettaglio in seguito.

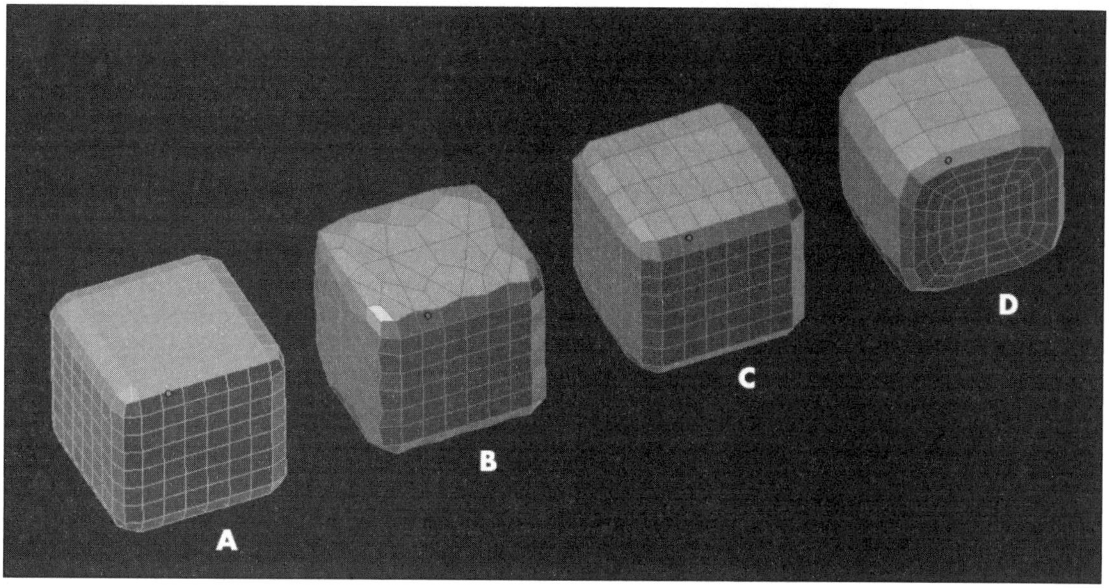

Figura 4.18
In questo esempio l'obiettivo della suddivisione era la faccia soprastante alle lettere.

Per aggiungere un *Edge Loop* occorre entrare in *Edit Mode* e premere *Ctrl-R*. Apparentemente non accadrà nulla, ma se ci si sposta con il cursore del mouse in prossimità di uno spigolo si vedrà apparire il loop di colore viola. Per confermarne la creazione basta un clic: sarà così possibile muovere il loop tra i due loop che lo contengono, lungo lo spigolo su cui abbiamo fatto clic (che è ora diventato verde), per posizionarlo dove preferiamo (Figura 4.19). Per posizionare il loop a una distanza intermedia tra i due loop che lo contengono, dovremo fare clic col tasto destro del mouse anziché quello sinistro ed esso verrà posizionato senza ulteriori richieste.

Figura 4.19
La procedura di creazione di un edge loop.

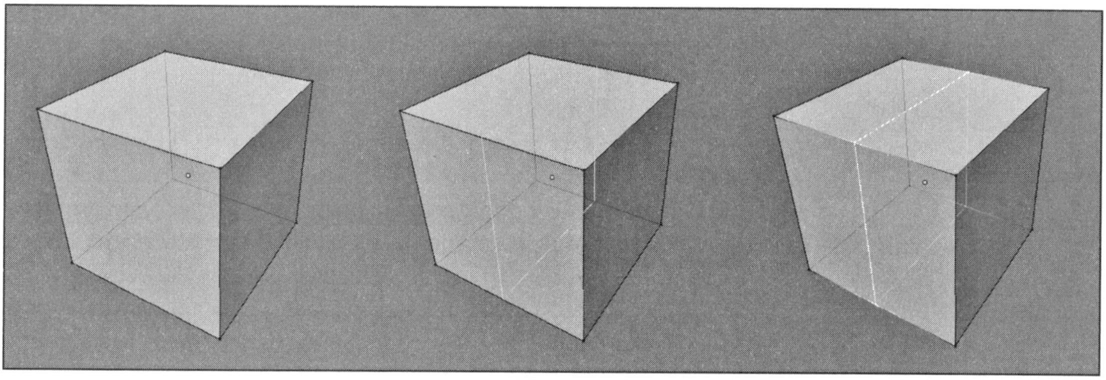

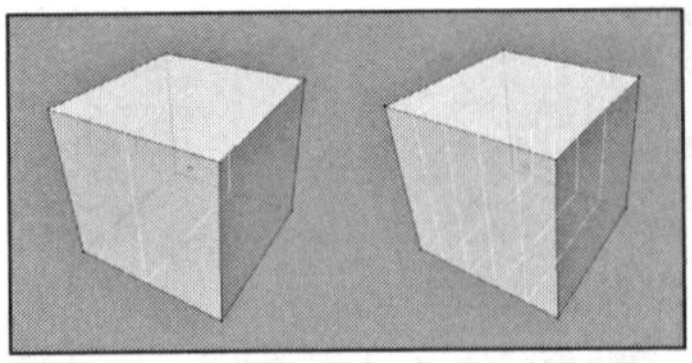

Figura 4.20
Creazione di più edge loop in una sola volta.

Se invece vogliamo creare più loop per volta, dobbiamo posizionarci con il cursore sullo spigolo desiderato (facendo apparire il loop in viola) e successivamente far scorrere la rotella del mouse verso il basso, per aumentare il numero di loop, oppure verso l'alto, per diminuirlo (Figura 4.20).

Menzioniamo ora un ulteriore metodo di selezione, molto pratico in presenza di loop. È infatti possibile selezionare un loop tenendo premuto il tasto *Alt* e facendo clic con il tasto destro del mouse su un elemento del loop (vertice o spigolo, indipendentemente dal metodo di rappresentazione impiegato). Nel caso in cui più loop passino per un vertice, sarà sufficiente fare clic più volte su di esso per visualizzare le diverse possibilità.

Un altro strumento per aggiungere vertici selettivamente è il coltello (*knife*), richiamabile tenendo premuto il tasto *K*, facendo clic con il tasto sinistro del mouse e trascinando il cursore (Figura 4.21). Tramite il menu popup che compare è possibile scegliere tra tre voci (la quarta è il comando *Loop cut*, appena illustrato).

Figura 4.21
Nell'immagine A è visibile il percorso dello strumento Knife, mentre in B ne è visibile il risultato.

Concludiamo questa prima parte sugli strumenti di selezione e suddivisione illustrando un comando utile nel caso in cui si lavori con gli edge loop, ovvero *Edge Slide*. Tramite questo comando è possibile spostare la posizione di un edge loop senza usare il comando *G*, mantenendo quindi sostanzialmente invariata la geometria della mesh.

Per attivare il comando, dobbiamo selezionare il loop desiderato (*Alt-clic destro*) e premere *Ctrl-E* per richiamare il menu popup *Edge Specials*, dove dobbiamo scegliere la voce *Edge Slide*. A questo punto sarà possibile spostare il loop, mantenendo i vertici che lo compongono ancorati agli spigoli a essi ortogonali (Figura 4.22).

Si sarà osservato che all'interno del menu *Edge Specials* sono presenti alcuni comandi precedentemente elencati e altri non menzionati: per ora non ci soffermeremo sui primi, ma invitiamo alla sperimentazione, per comprenderne gli effetti, su una semplice geometria suddivisa (come il cubo impiegato per gli esempi).

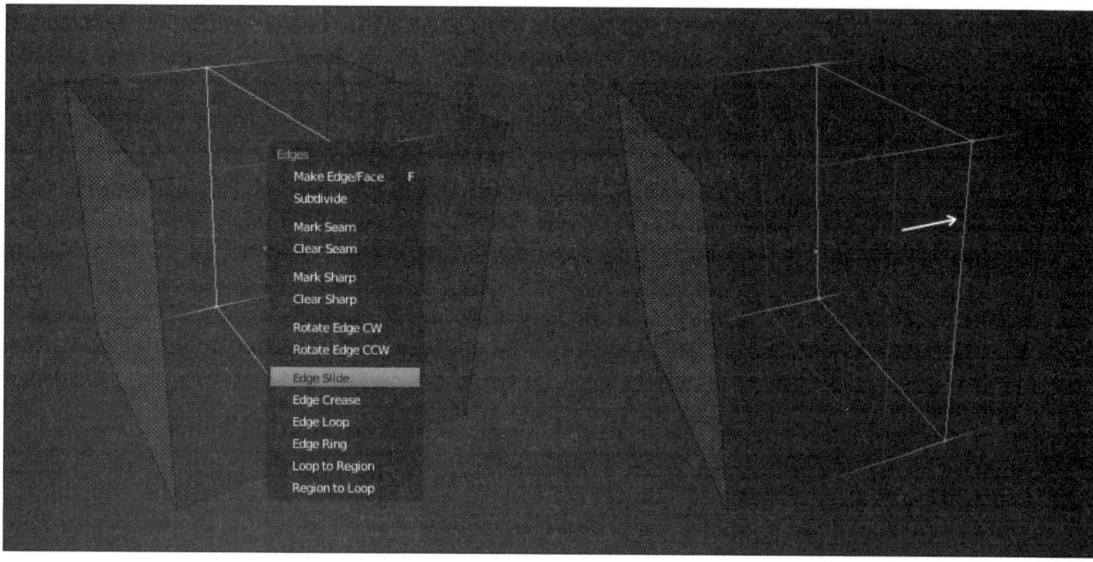

Figura 4.22
Selezione di un edge loop e spostamento dello stesso, con il comando Edge Slide.

Snap to mesh

Esistono alcuni ambiti della modellazione in cui è richiesto un certo grado di precisione (per esempio la modellazione architettonica). In questi casi, il posizionamento dei vertici deve essere privo di tolleranze. Lo strumento messo a disposizione da Blender per svolgere questo compito è lo *Snap to Mesh* (diverso dal comando Snap, richiamabile con *Maiusc-S*). *Snap to Mesh* (Figura 4.23) è attivabile tramite l'apposito pulsante nell'header della

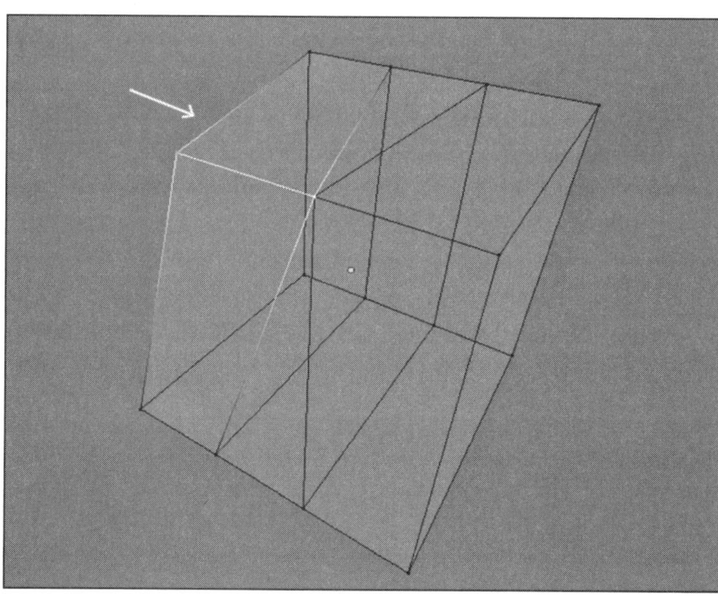

Figura 4.23
La funzione Snap to Mesh in azione.

finestra 3D e, una volta in funzione, sostituirà temporaneamente la funzione *Snap to Grid* (che consente di eseguire una trasformazione mantenendo premuto il tasto *Ctrl*), in quanto impiega la stessa combinazione di tasti, dando tuttavia un riscontro visivo differente. Nel caso di *Snap to Mesh*, infatti, dopo aver effettuato una selezione e avviato una trasformazione, se teniamo premuto *Ctrl* e ci portiamo con il puntatore del mouse sull'elemento della mesh sul quale vogliamo fare lo snap, verrà visualizzato un cerchio nel punto in cui verrà ancorato l'oggetto in trasformazione. Per confermare la trasformazione, basta fare clic; per annullare possiamo fare clic con il tasto destro del mouse oppure premere *Esc*.
La funzione *Snap to Mesh* è utilizzabile sia in *Edit* sia in *Object Mode*.
Osserviamo ora gli elementi che compaiono nell'header della finestra 3D una volta attivato lo *Snap* (Figura 4.24).

Figura 4.24
Gli elementi relativi allo snap che compaiono nell'header della vista 3D.

Align rotation: allinea l'asse Z di un elemento della mesh con la normale dell'elemento su cui facciamo lo snap (valido solo per le operazioni di traslazione). Il concetto di normale verrà illustrato a breve.

Snap element: permette di determinare quali saranno gli elementi su cui si farà lo snap, ovvero:

- *Vertex*, per i vertici;
- *Edges*, per gli spigoli;
- *Faces*, per le facce;
- *Volume*, per impiegare il volume della mesh.

Snap Mode: nel caso di una selezione composta da più di due vertici, definisce quale punto di essa sarà impiegato per applicare lo snap. Le possibilità sono le seguenti (Figura 4.25):

- *Closest*: impiega il vertice più vicino al punto dello snap;
- *Center*: impiega il centro di trasformazione attuale come punto di riferimento per lo snap (quindi è possibile fare uso del cursore 3D, per avere degli offset);
- *Median*: impiega il punto medio della selezione;
- *Active*: per applicare lo snap impiega la selezione attiva (ultimo vertice selezionato di una serie, in *Edit Mode*, oppure ultimo oggetto selezionato, in *Object Mode*).

Estrusione

Vediamo ora uno dei più semplici e potenti comandi di modellazione presenti in Blender (e in tutti i flussi di lavoro relativi alla

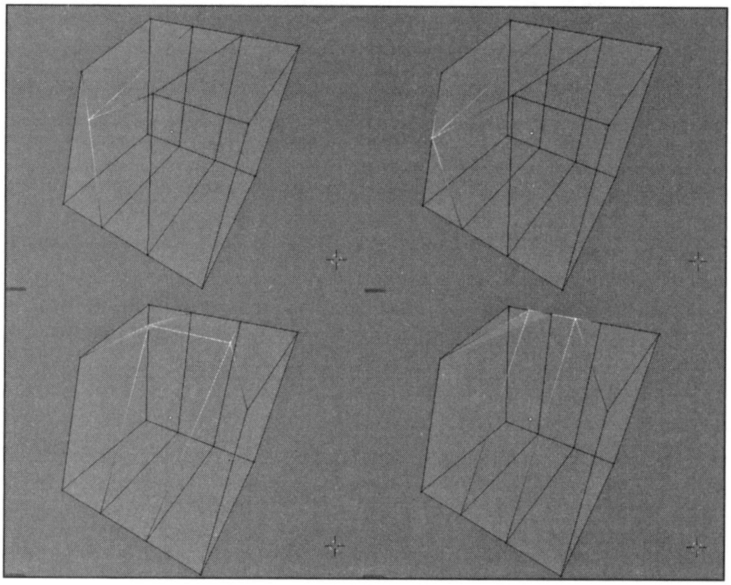

Figura 4.25
Nelle illustrazioni vengono mostrate alcune delle modalità di utilizzo dello strumento Snap to Mesh: Vertex, Center (A) Edges, Median (B).

modellazione), ossia l'*estrusione*. L'estrusione permette, per esempio, di creare un parallelepipedo a partire da un rettangolo, oppure un cilindro a partire da un cerchio (Figura 4.26) e anche di aggiungere selettivamente livelli di suddivisione a una faccia.
Non ci addentreremo nelle particolarità tecniche di questo comando (la cui semplicità cela algoritmi piuttosto elaborati), bensì ne vedremo alcuni esempi.
Partendo dalla scena di default, aggiungiamo alla scena un piano mesh (*Add Object>Mesh>Plane*). Ci troveremo automaticamente in *Edit Mode*, con tutti i vertici selezionati.

Figura 4.26
Esempi di estrusione, a partire da figure geometriche piane: un quadrato (A) e un cerchio (B). Notare che entrambe le figure sono costituite da una faccia (più facce nel caso del cerchio) e quindi, in seguito alla loro estrusione, permettono di ottenere dei solidi.

Premiamo il tasto *Alt-E*, per richiamare il menu popup *Extrude*. Sono disponibili quattro opzioni.

- *Region*: duplica la faccia e la mantiene collegata all'originale tramite spigoli (generando così 4+1 nuove superfici).
- *Individual Faces*: tratta ogni faccia selezionata come una regione individuale.
- *Only Edges*: duplica gli spigoli, ma non crea una faccia come nel caso precedente. Collega tuttavia i vertici dei nuovi spigoli ai vertici originali tramite ulteriori spigoli (generando 4 nuove facce).
- *Only Vertices*: duplica soltanto i vertici, collegandoli agli originali tramite 4 nuovi spigoli.

Per confermare la trasformazione facciamo clic. Se scegliamo la modalità di estrusione *Region*, la trasformazione di traslazione sarà vincolata alla normale della superficie estrusa (oppure, nel caso di più superfici, di una normale intermedia) (Figura 4.27).

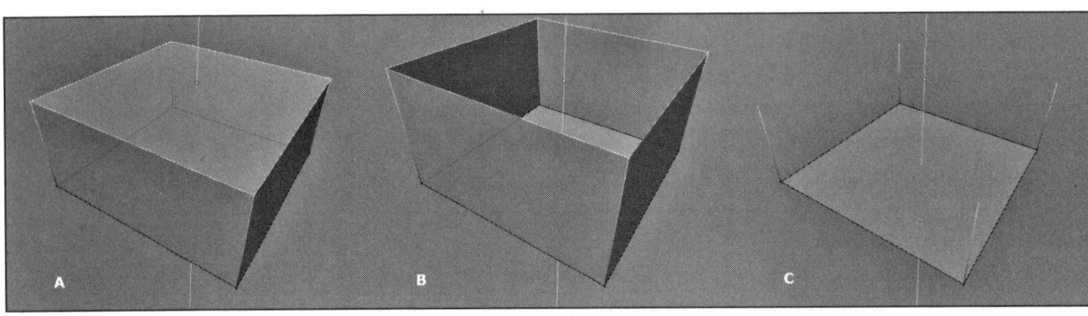

Figura 4.27
Il risultato dei tre differenti tipi di estrusione disponibili. Region (A), Only Edges (B) e Only Vertices (C).

Il comando *Extrude* è accessibile anche premendo il tasto *E* e si attiverà in relazione agli elementi selezionati: se selezioniamo uno spigolo, sarà disponibile solo *Extrude Edges*, mentre se selezioniamo uno o più vertici non collegati tra loro, si avvierà automaticamente *Extrude Vertices* senza la comparsa di alcun menu.

È possibile annullare un comando di estrusione in corso premendo il tasto *Esc*; va tuttavia tenuto presente il fatto che gli elementi estrusi saranno comunque stati duplicati e si troveranno sovrapposti a quelli originali (di fatto non saranno più facilmente individuabili). Per questo motivo, per annullare veramente l'operazione, dobbiamo terminare l'estrusione con *Esc* e poi premere *Ctrl-Z* per cancellare i duplicati.

Dal momento in cui l'estrusione è avviata (e poi eventualmente interrotta), la selezione attiva viene trasferita dagli originali ai nuovi elementi creati. Per questo motivo una trasformazione è annullabile premendo *Esc* e poi *X*.

Esiste infine un metodo di estrusione rapido, ma non particolarmente preciso: consiste nel selezionare gli elementi e poi premere *Ctrl*-clic (Figura 4.28).

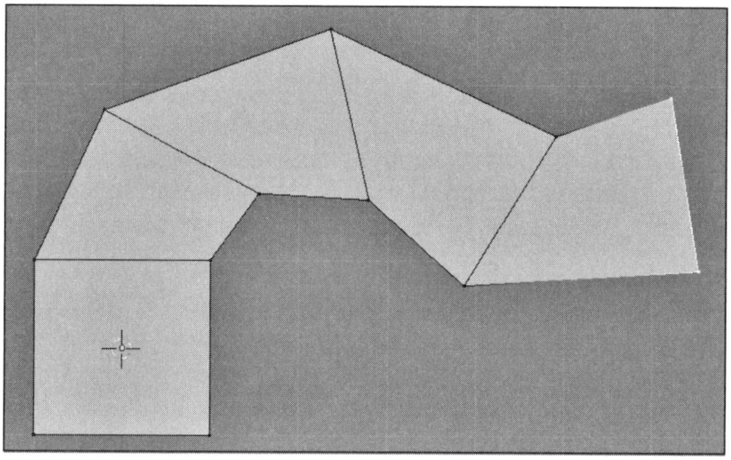

Figura 4.28
Esempio di estrusione effettuata con Ctrl-clic.

Mirror

Il comando *Mirror* (in inglese *to mirror* significa "specchiare") è impiegabile sia in *Edit* sia in *Object Mode*. Esso permette appunto di specchiare una selezione rispetto a un punto scelto (pivot) e a un asse passante attraverso di esso (X, Y o Z). Le operazioni da effettuare per fare un *mirroring* sono le seguenti.

- Selezionare un oggetto (oppure degli elementi, se ci troviamo in *Object Mode*).
- Impostare il pivot (tramite il menu *Pivot*, nell'header della finestra *3D*).
- Premere *Ctrl-M*.
- Specificare l'asse di simmetria della trasformazione (passante per il centro della trasformazione appena specificato) (Figura 4.29).

È importante ricordare che:

- il comando *Mirror* equivale alla trasformazione *Scale* impiegando come valore -1 (con il pregio di essere più intuitivo, ma con l'effetto, spesso indesiderato, di invertire le normali di un oggetto);
- il comando *Mirror* non va confuso con il modifier *Mirror* (Capitolo 5).

NOTA

Nell'angolo inferiore sinistro della finestra ***3D*** compare la richiesta di specificare l'asse di simmetria, una volta premuto ***Ctrl-M***.

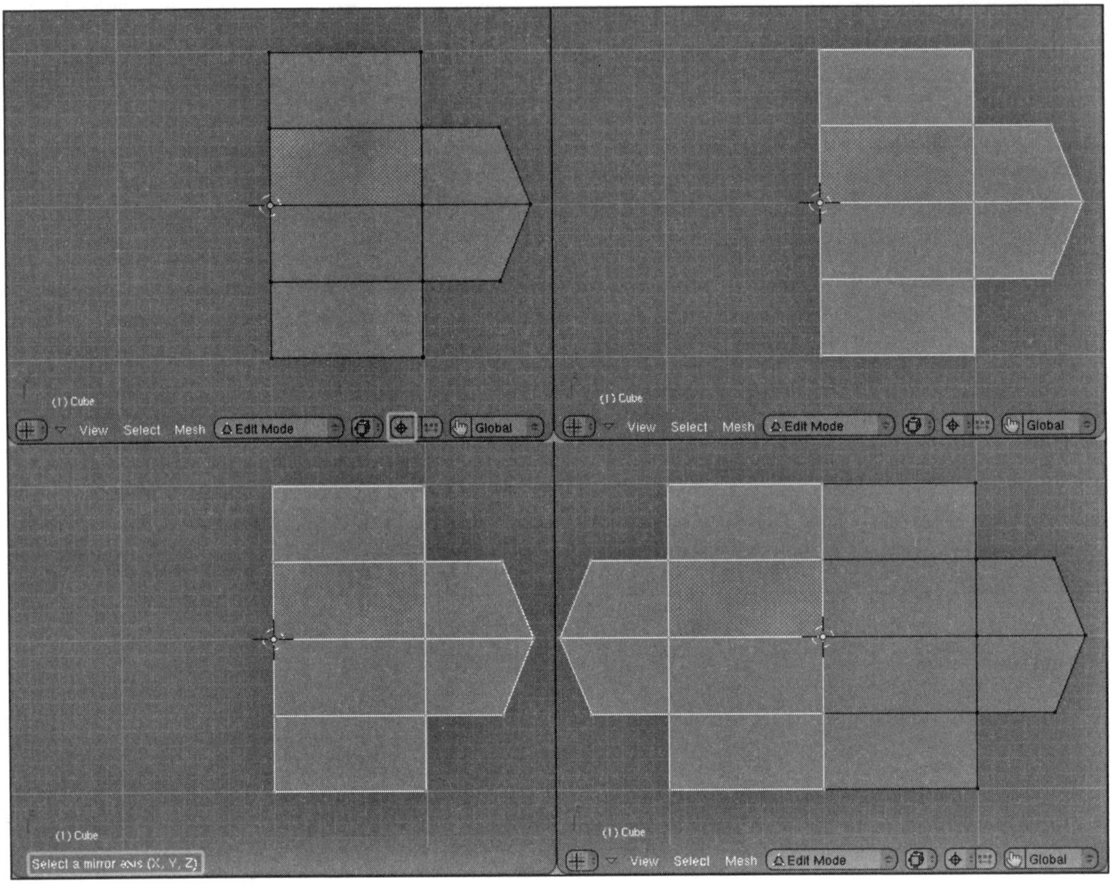

Figura 4.29
Nelle illustrazioni è mostrata la sequenza di operazioni per effettuare il mirroring.

Spin e Screw

Questi tre comandi permettono di creare solidi (o elementi) di rotazione, a partire da un profilo selezionato *in relazione alla posizione del cursore 3D* e alla vista corrente. L'attivazione delle funzioni *Spin* e *Screw* è possibile attraverso la Toolbar (Figura 4.30) nel momento in cui un oggetto mesh si trova in *Edit Mode*.

Per visualizzare il pannello *Spin* o *Screw* dobbiamo innanzitutto selezionare i vertici cui desideriamo applicare il comando e successivamente premere il pulsante relativo nel pannello *Mesh Tools*. Vediamo ora ciò che compare selezionando *Spin*.

- *Steps*: il numero di elementi duplicati da posizionare nel percorso di duplicazione.
- *Degr.* indica quanti gradi (da 0 a 360) verranno coperti nell'operazione di rivoluzione.

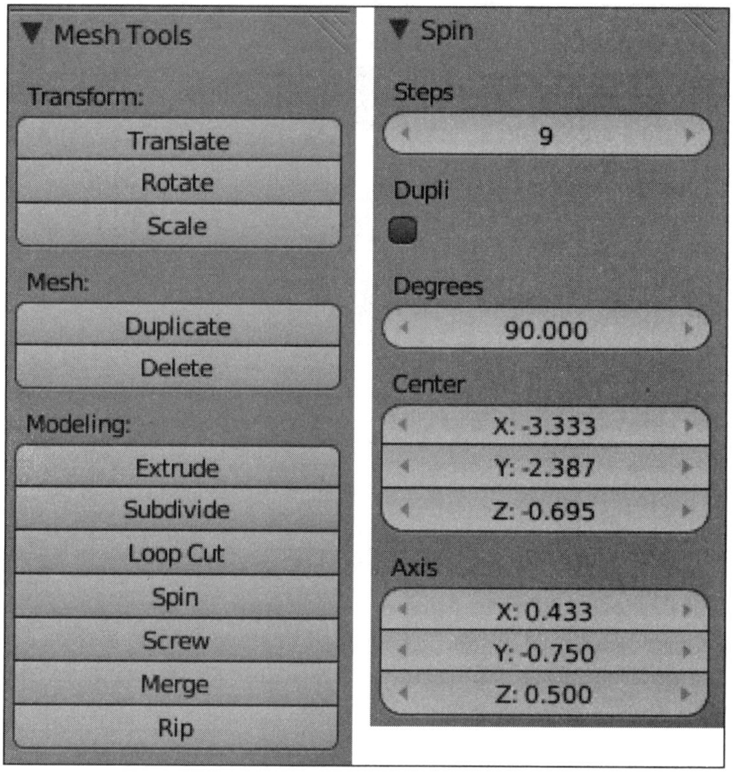

Figura 4.30
Il pannello Mesh Tools, contenente, tra gli altri, i pulsanti relativi alle opzioni Spin e Screw.

- *Dupli*: questa opzione si limita a duplicare la selezione, posizionandola secondo i parametri decisi, senza tuttavia collegare tra loro gli elementi
- *Turns*: valido solo per la funzione *Screw*, indica il numero di rivoluzioni complete da effettuare nella trasformazione.
- *Keep Original*: mantiene una copia della selezione cui abbiamo applicato il comando (e non la collega agli elementi da essa generati).
- *Clockwise*: indica il verso di rivoluzione, orario o antiorario.

Effettuiamo ora un esempio per ciascuno dei due comandi. Ecco come impiegare *Spin*. (Figura 4.31)

- Posizioniamoci in *Top View* (NumPad7), creiamo una mesh *Plane* e selezioniamone uno spigolo. Usando le funzioni di snap (*Ctrl-S*), posizioniamo il cursore 3D su di esso (A).
- Cancelliamo lo spigolo selezionato (B).
- Spostiamoci in *Front View* (NumPad7), selezioniamo i vertici rimanenti e premiamo il pulsante *Spin*.(C).

Figura 4.31
L'esecuzione di uno Spin.

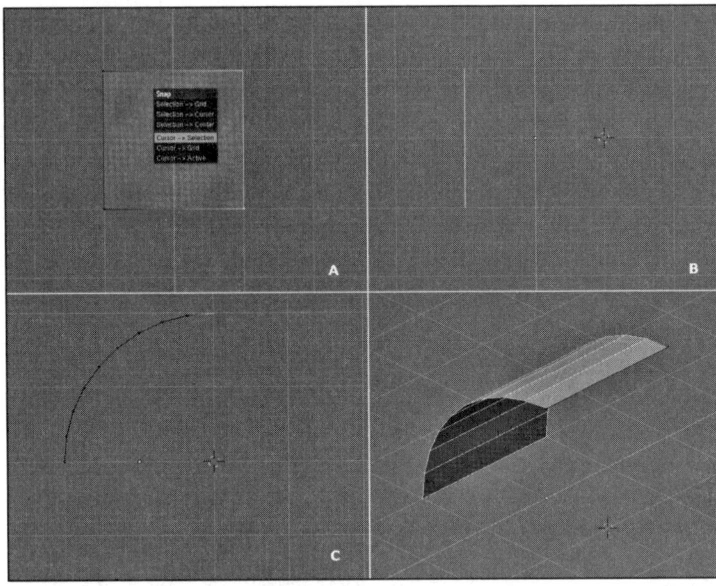

Se non sono state modificate le opzioni *Degr* e *Steps*, il risultato sarà quello visibile nell'illustrazione. Per ottenere un cilindro, sarebbe sufficiente impostare *Degr* a *360* e aumentare opportunamente il numero di *Steps*.

Se eseguiamo rivoluzioni a 360 gradi, è importante ricordare che avverrà una sovrapposizione tra gli elementi originali e gli ultimi elementi della trasformazione. Per rimuovere gli elementi sovrapposti, dobbiamo selezionare l'area in cui si trovano con *B*-clic e trascinamento e poi premere il tasto *W* > *Remove Doubles*. Un metodo ancora più efficace consiste nel cancellare la selezione attiva non appena viene applicato il comando, in quanto essa non cambia.

Poco fa, elencando i controlli dell'operatore *Spin*, è stata menzionata l'opzione *Dupl* (Figura 4.32). L'illustrazione mostra un confronto tra l'applicazione di un normale *Spin* e l'attivazione dell'opzione *Dupl* (notare come gli elementi duplicati non sono tra loro connessi).

Anche in questo caso, se volessimo effettuare rivoluzioni di 360 gradi, dovremmo ricordarci di cancellare gli elementi sovrapposti, sia tramite *Remove Doubles*, sia eliminando la selezione attiva (ovvero gli elementi originali).

Il comando *Screw* (Figura 4.33) è costituito da un'applicazione ripetitiva della combinazione di *Spin* e da una traslazione. Anche in questo caso è importante l'orientamento della vista nello spazio 3D, in quanto le coordinate della stessa verranno impiegate come riferimento e applicate al comando (questi riferimenti sono visi-

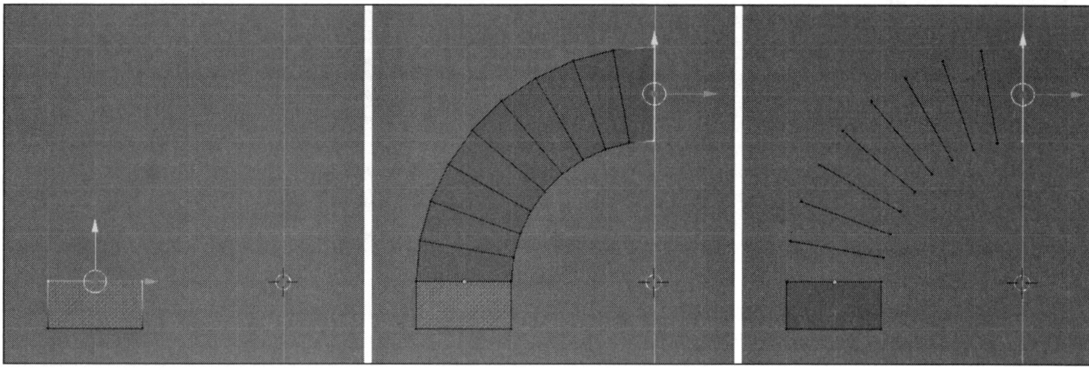

Figura 4.32
Il risultato di un'operazione di SpinDup.

bili nel pannello dell'operatore, sotto la voce *Axis*) (Figura 4.34). Per funzionare, il comando necessita di almeno un segmento, ovvero una linea aperta di vertici; impiegherà il primo e l'ultimo punto per definire l'altezza dello step di avvitamento, nonché la progressione nella disposizione dei duplicati.
Vediamo ora due illustrazioni esemplificative.
Nel primo caso, il segmento è verticale ed è alto una unità; pertanto lo step sarà di una unità e sempre regolare.
Nel secondo caso, invece, il segmento è alto mezza unità e i due estremi non sono allineati verticalmente, dando origine a una forma a vite (Figura 4.35).
Come anticipato in precedenza, possiamo utilizzare il contatore *Turns* per indicare il numero di rivoluzioni da effettuare e il contatore *Steps* per indicare il numero di suddivisioni per ciascuna di esse. Il comando *Screw* è applicabile anche in modo non distruttivo, facendo uso dell'omonimo modifier, presentato nel prossimo capitolo.

Figura 4.33
Messaggio di errore che si riceve se al momento dell'applicazione di Screw non sono stati selezionati almeno due o più vertici consecutivi.

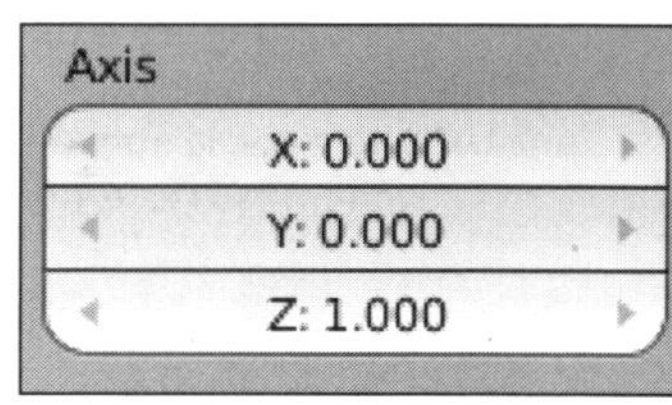

Figura 4.34
I contatori per definire gli assi lungo i quali avvengono le rotazioni dei comandi Spin e Screw.

Flip Normals: le normali

Durante la trattazione di alcuni argomenti nel presente capitolo è emerso il concetto di "normali". Proviamo ora a trovare una definizione di questa parola, non tanto come concetto geometrico, bensì tramite un riscontro visivo all'interno di Blender.
Ogni superficie definita da vertici dispone di una normale e per visualizzarla è sufficiente attivare l'opzione *Draw Normals*, situata nel contesto degli *Object Data* (mentre ci troviamo in *Edit Mode* di una mesh). Dal centro di ogni superficie, fuoriusciranno dei segmenti azzurri. In tal caso si dice che le normali sono rivolte verso l'esterno (Figura 4.36).
In pratica le normali definiscono il "davanti" e il "dietro" di una faccia (nel caso di un solido l'"interno" e l'"esterno").

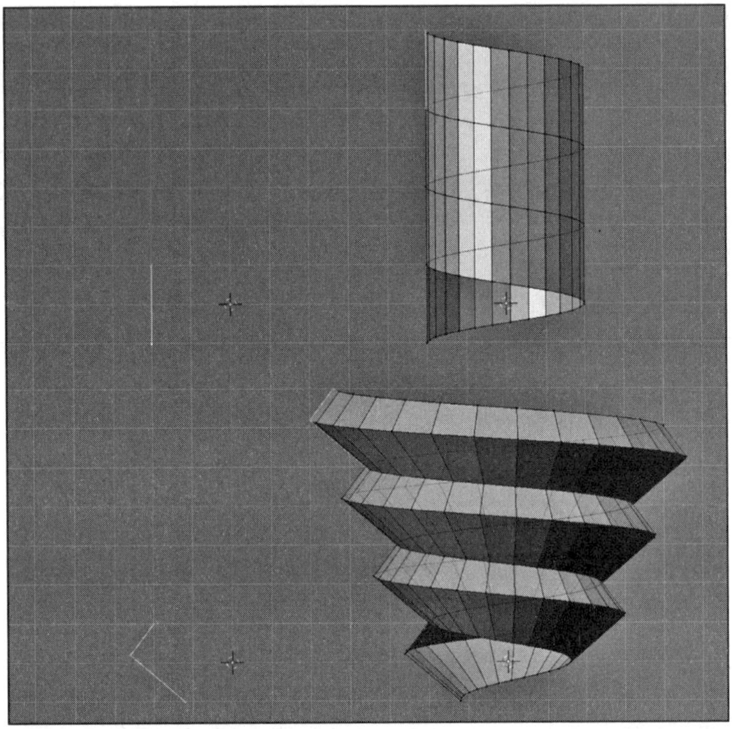

Figura 4.35
Due differenti esempi di Screw. Nel primo caso il profilo è dato da un segmento formato da due vertici, mentre nel secondo caso è dato da tre vertici.

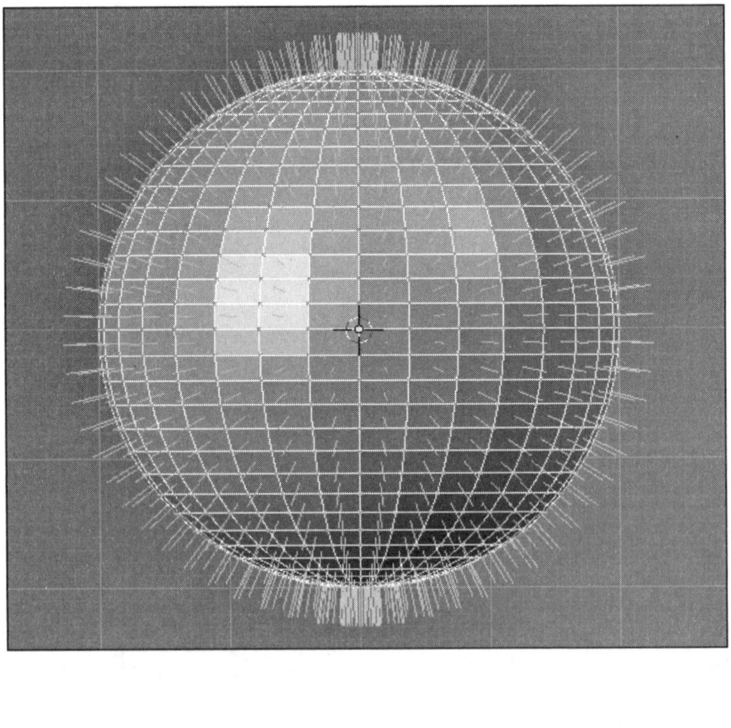

Figura 4.36
Nell'illustrazione è visibile una UVSphere con le normali rivolte verso l'esterno.

La direzione delle normali è importante per numerosi motivi tecnici riguardanti la modellazione, i materiali e il rendering. Nel seguente esempio (Figura 4.37) vediamo come cambia la visualizzazione del materiale in conseguenza alla variazione del verso di alcune normali.

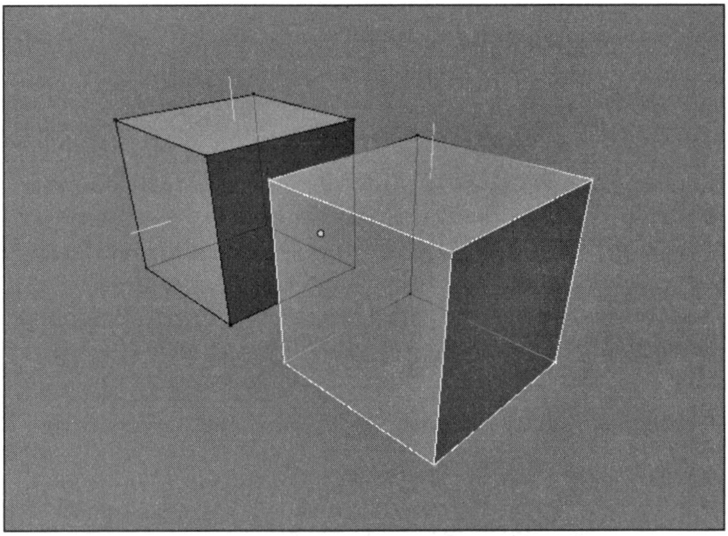

Figura 4.37
Confronto tra normali rivolte all'esterno e all'interno.
Le facce selezionate hanno le normali rivolte all'interno.

Nel processo di modellazione può accadere che le normali si invertano e si rivolgano all'interno della mesh (ciò accade, per esempio, quando si effettua un'operazione di mirroring) ed è pertanto necessario riposizionarle correttamente. Esistono due comandi in grado di fare ciò (Figura 4.38).

- *Make Normals Consistent*: attivabile premendo *Ctrl-N* dopo aver effettuato una selezione (comparirà un'opzione per definire se l'orientamento sarà verso l'interno oppure l'esterno della mesh).
- *Flip Normals*: presente all'interno del menu *Specials* (tasto *W*), oppure nel pannello *Mesh Tools* del contesto *Edit Buttons*.

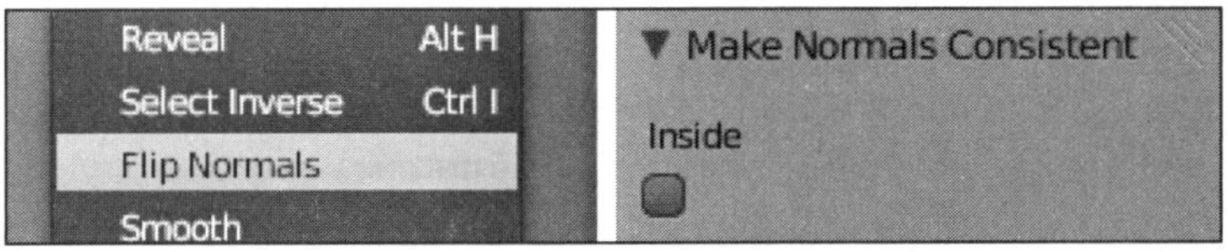

Figura 4.38
I due strumenti per ricalcolare il verso delle normali.

Quando si apprendono le tecniche di modellazione, le normali sono un elemento di cui tendiamo a dimenticarci; ciò può spesso dare origine a problematiche apparentemente inspiegabili. Invitiamo pertanto ad attribuire loro l'attenzione che meritano.

Smoothing della mesh

Fino a questo momento abbiamo lavorato con oggetti mesh, poligonali, e nei render effettuati (specialmente quelli di oggetti con molte facce) la natura "poligonale" della nostra modellazione è risultata piuttosto evidente. Cosa è necessario fare affinché la superficie di una *UVsphere* appaia "liscia" (*smooth*, in inglese)? Oppure per far sì che sia dotata di forme semplicemente più "morbide", senza che aumenti eccessivamente il numero di suddivisioni applicate?
Affrontiamo la prima problematica, presentando lo strumento *Shade Smooth*, in grado di cambiare la visualizzazione della *UVsphere* della prossima illustrazione senza modificarne la geometria (Figura 4.39).

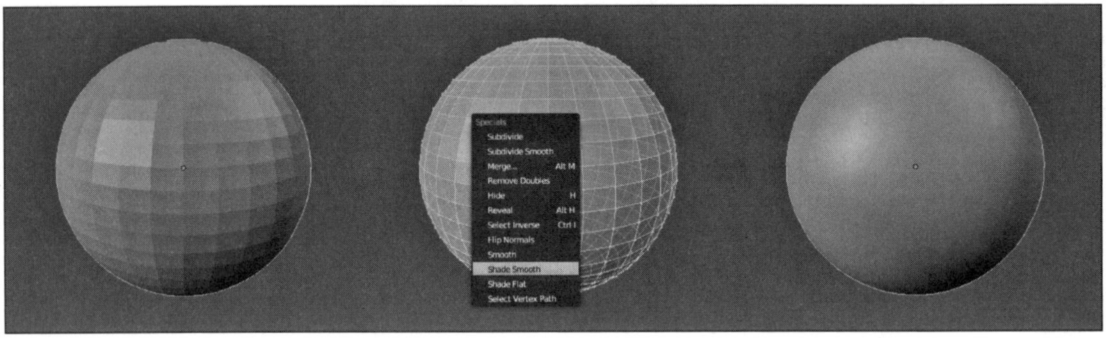

Figura 4.39
Assegnazione della modalità Shade Smooth attraverso il menu Specials, in Edit Mode.

Per impiegare *Shade Smooth*, dobbiamo entrare in *Edit Mode* e selezionare tutte le facce della mesh di cui non vogliamo visualizzare la struttura poligonale. Poi dobbiamo fare clic sul pulsante *Smooth* nel pannello *Mesh Tools* nella *Toolbar*, oppure scegliere la voce *Shade Smooth* dal menu popup *Specials* (tasto *W*). Assieme al comando *Shade Smooth* va presentato *Shade Solid*, che svolge la funzione opposta, ossia visualizza nuovamente le facce dove esse erano state rese continue da *Shade Smooth*. È possibile impiegare questi comandi in modo complementare, alternandoli svariate volte, senza che la mesh subisca alcuna modifica.
Anche se *Shade Smooth* può sembrare un'ottima risposta alla necessità di una mesh regolare, esistono eventualità in cui essa presenta dei problemi, come nella Figura 4.40.
Per ovviare a tale problematica, esiste il pulsante *Auto Smooth*, situato nel pannello *Mesh* del contesto *Object Data* (è associato a

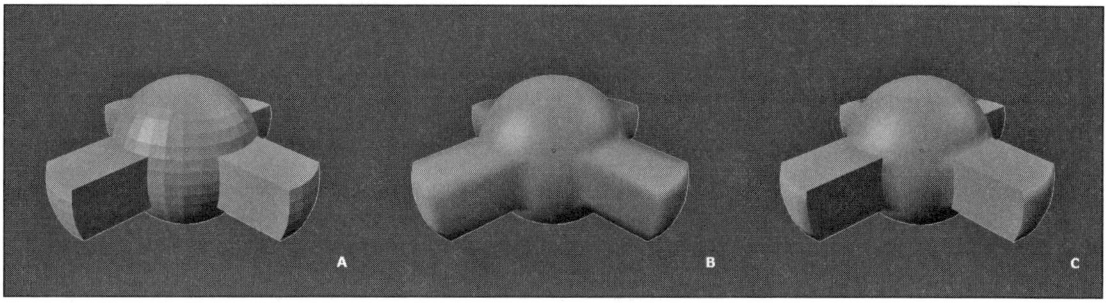

Figura 4.40
Un confronto tra mesh Shade Solid (A), Shade Smooth (B) e Auto Smooth (C).

un contatore). Tramite questo pulsante possiamo specificare quali edge rendere visibili in base all'angolo che essi formano gli uni con gli altri (l'ampiezza dell'angolo è specificabile nel contatore). La seconda domanda che ci siamo posti riguarda la possibilità di rendere la geometria stessa della mesh più "morbida" e continua. Le tecniche applicabili per ottenere questo risultato (disponibili in *Edit Mode*) sono situate nel menu *Specials*.

- *Smooth*: rende la mesh più omogenea spostando ciascun vertice verso il baricentro dei vertici a esso collegati.
- *Subdivide Smooth*: agisce come il comando *Subdivide*, ma posiziona i nuovi vertici seguendo il metodo di *Smooth* (posizionandoli sui baricentri).
- *Bevel*: rende gli spigoli meno "taglienti", aumentandone il livello di dettaglio (Figura 4.41). Si tratta di un ottimo modo per rendere più realistici gli oggetti inorganici, come possiamo osservare nell'illustrazione. Una volta attivato il comando Bevel, comparirà un contatore popup dove dovremo selezionare il livello di dettaglio/suddivisioni (*Recursion*). Successivamente dovremo specificare l'ampiezza del Bevel; infatti ai nuovi vertici verrà applicato automaticamente il comando di traslazione. Per fare ciò sarà sufficiente muovere il cursore del mouse, premendo il tasto *Ctrl* per disporre di maggiore controllo. Alternativamente possiamo inserire un valore preciso premendo la *Barra spaziatrice*, facendo apparire un altro contatore popup.

Ciascuno dei precedenti comandi, una volta applicato, modifica in modo permanente la struttura della mesh. Nella maggior parte dei casi si potrebbe desiderare più flessibilità e controllo di questi comandi; per questo motivo menzioniamo l'esistenza degli stessi come *Modifier*. Cosa sono i *Modifier*? Lo vedremo nel dettaglio nel prossimo capitolo, ma per il momento possiamo anticipare che si tratta di un sistema per applicare in modo dinamico dei comandi, preservando la struttura di base di una mesh.

Figura 4.41
Applicazione di un Bevel al cubo di default. Notare come nel rendering esso abbia un aspetto più realistico, in quanto dotato di una smussatura presente nella maggior parte degli spigoli, nella realtà.

Vediamo ora l'ultimo e il più importante metodo di *smoothing* a nostra disposizione: le superfici di suddivisione (meglio note come *Subdivision Sufaces*). Le *SubSurf* (questo è il nome abbreviato utilizzato in Blender) permettono la resa di superfici organiche complesse con l'impiego di un basso numero di vertici.

Nel momento in cui si assegna questo algoritmo a un oggetto mesh, la sua struttura (la mesh) diviene una sorta si gabbia di contenimento, che definisce una superficie continua situata all'interno di essa, la cui forma è modificabile riposizionando i vertici della mesh (Figura 4.42).

Osserviamone ora nel dettaglio il funzionamento. Per assegnare le *SubSurf* a una mesh è sufficiente selezionarla (in *Edit* oppure *Object Mode*, non c'è differenza) e scegliere *SubSurf* nel pannello *Modifiers*, nel contesto *Modifiers*. Il pannello avrà l'aspetto rappresentato nella Figura 4.43.

Il menu a tendina *SubSurf Type* presenta come voce attiva *Catmull-Clark*, indicando il tipo di algoritmo impiegato attualmente (l'alternativa è *Simple Subdiv.*, che raramente risulta utile).

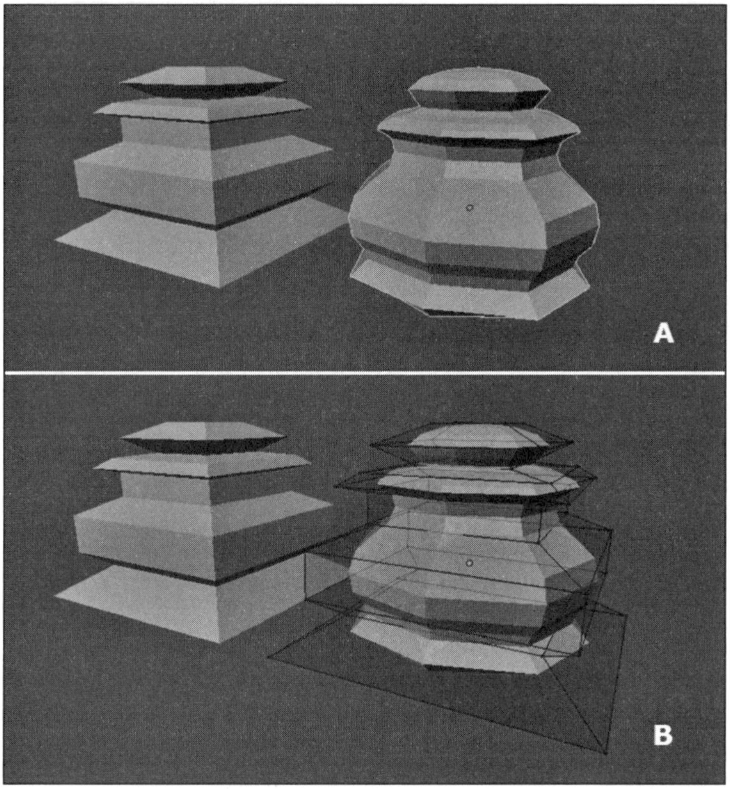

Figura 4.42
Nell'illustrazione A vediamo una semplice mesh, mentre in B possiamo osservare come la mesh sia divenuta una sorta di editing cage (gabbia di editing) della superficie al suo interno.

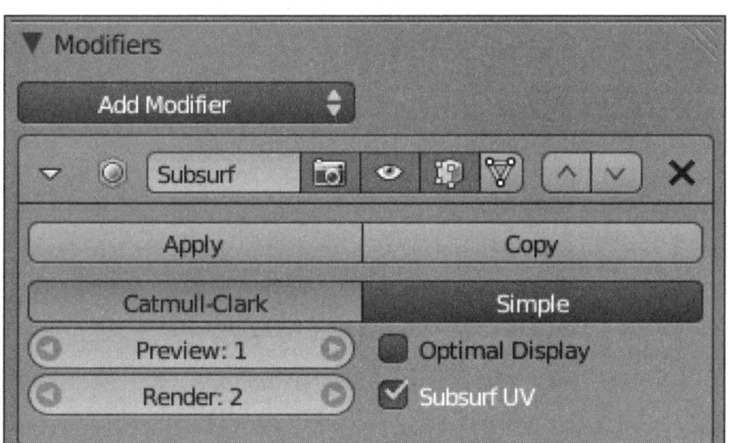

Figura 4.43
Il pannello del modifier SubSurf, situato nel contesto Modifiers.

Il contatore *Levels Preview* indica il livello di suddivisione con cui viene rappresentata la mesh nella vista 3D, mentre il contatore *Render* indica il livello con cui essa verrà effettivamente renderizzata (Figura 4.44).

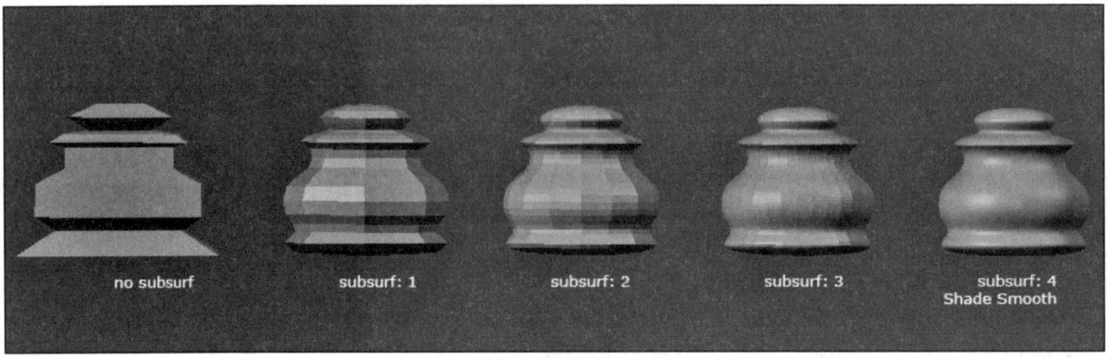

Figura 4.44
I diversi livelli di suddivisione disponibili. Nell'ultima immagine è stato impostato Shade Smooth.

Poiché *SubSurf* viene eseguito in tempo reale, richiede l'utilizzo di molto tempo di CPU; pertanto suggeriamo di impiegare un livello opportunamente basso per la previsualizzazione nell'interfaccia, mentre uno più alto per il rendering.

Il pulsante *Optimal Draw* offre una visualizzazione ottimizzata della mesh in *Object Mode*, rendendola più facilmente visibile e gestibile.

Esiste infine un pulsante di opzione che permette di applicare le *SubSurf* alla mesh durante la fase di editing. Si tratta di una possibilità utile, ma spesso fuorviante, in quando mentre si lavora non si ha più il controllo della editing cage (la mesh) vera e propria (Figura 4.45).

Figura 4.45
Confronto tra la medesima mesh con Optimal Draw disattivato (A) e attivato (B).

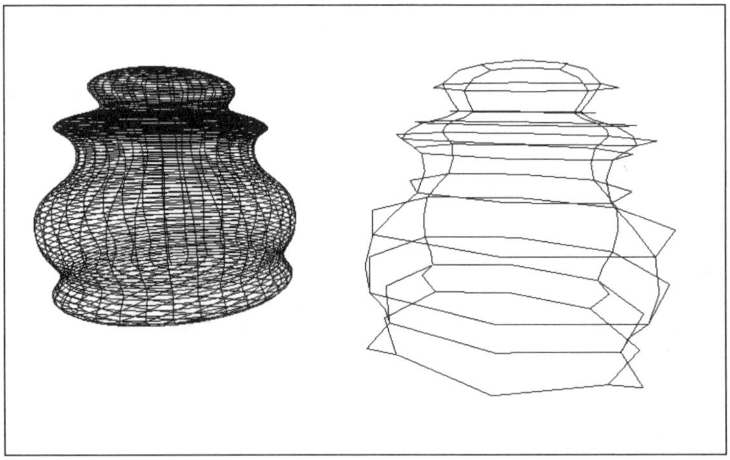

Relativamente alle *SubSurf* esistono alcune scorciatoie da tastiera.

- *Maiusc-O*: assegna/rimuove le *SubSurf* in un oggetto.
- *Maiusc-Alt-O*: attiva/disattiva la visualizzazione delle *SubSurf*.

- *Ctrl-1...4*: imposta il livello di suddivisione nella previsualizzazione (non nel rendering) delle *SubSurf*.

Siamo giunti alla conclusione di questa introduzione dedicata agli strumenti di creazione ed editing della mesh. Dopo aver affrontato tutti gli altri tipi di oggetti modellabili, torneremo a parlare di modellazione mesh, affrontando alcuni punti chiave del processo pratico di lavorazione.

Curve e superfici

Come anticipato, le curve sono oggetti al pari delle mesh, tuttavia definite non da una maglia di punti, bensì da funzioni matematiche. Questa differenza comporta vantaggi e svantaggi. Per esempio, le curve sono definite da una minore quantità di dati nel software (con un conseguente miglioramento della velocità di editing e visualizzazione); tuttavia, al momento del rendering necessitano di più tempo per essere rappresentate. Inoltre, la loro struttura (definita da punti di controllo) non è propriamente animabile con gli strumenti tipici della character animation (per esempio le *Armature*). Infine Blender non dispone di un set di funzioni tanto completo da permetterci di ottenere sempre, in modo semplice e rapido, ciò che è possibile realizzare con la modellazione poligonale.
Vediamo ora gli aspetti principali di curve e superfici e i relativi strumenti in Blender.
Innanzitutto ricordiamo che in Blender abbiamo a disposizione due tipi di curve: *Bézier* e *NURBS* (Figura 4.46). Le prime sono definite per *interpolazione* attraverso i punti di controllo, le seconde per *attrazione* ai punti di controllo. Un'ulteriore differenza tra questi due tipi di curve sta proprio nei punti di controllo e nelle possibilità che essi offrono.

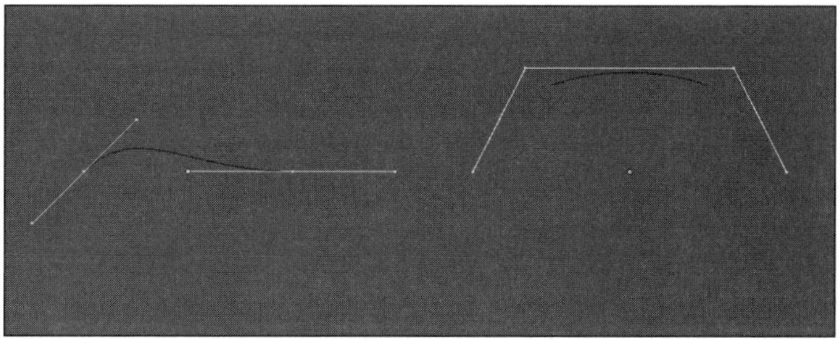

Figura 4.46
Confronto tra una curva di Bèzier e una curva NURBS.

Bézier

Le curve di Bézier sono utili per disegnare oggetti sostanzialmente bidimensionali (come loghi o lettere) e sono presenti (non come oggetti di modellazione) anche nel sistema di animazione di Blender per gestire l'interpolazione delle trasformazioni (ulteriori informazioni al riguardo si trovano al Capitolo 9).

Per aggiungere una curva di Bézier, dobbiamo posizionarci con il puntatore del mouse nella vista 3D, premere *Maiusc-A* per richiamare la toolbox e scegliere *Add* > *Curve* > *Bezier Curve*.

Come nel caso di una mesh, ci troveremo automaticamente in *Edit Mode* e potremo osservare i seguenti elementi.

- I vertici: i punti attraverso i quali passa la curva.
- Le maniglie: (*handles*) coppie di punti collegate a ogni vertice (Figura 4.47), che modificano il percorso della curva in base al loro posizionamento.

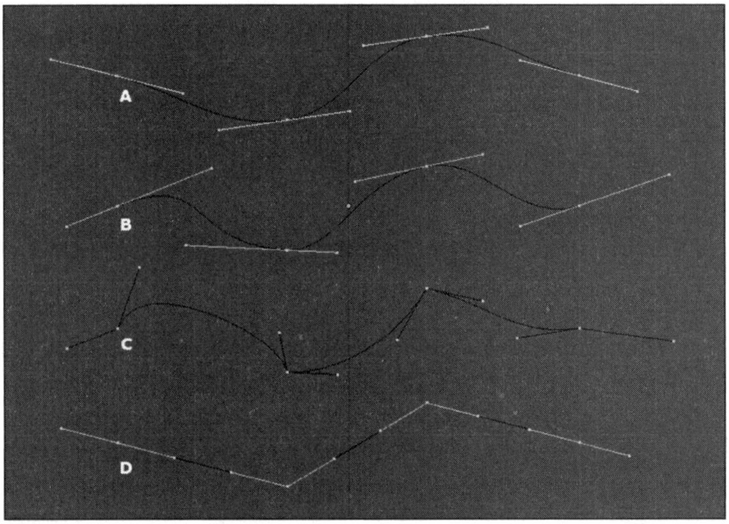

Figura 4.47
Differenti tipi di maniglie applicati a una curva di Bèzier. Maniglie automatiche (A), maniglie allineate (B), libere (C) e maniglie vettore (D).

I vertici presentano un certo numero di somiglianze con i vertici delle mesh: possono subire modifiche proporzionali (attivabili con la combinazione di tasti *Alt-O*) durante le trasformazioni, possono essere duplicati, separati, estrusi e così via facendo sempre uso dei comandi già noti.

Le maniglie, oltre a essere trasformabili allo stesso modo dei vertici, possono essere impostate in diversi modi, comportando importanti modifiche alla struttura della curve.

Nota

Selezionando un vertice, vengono automaticamente selezionate entrambe le sue maniglie; pertanto potremo cambiare la tipologia di entrambe in un solo passaggio.

- *Maiusc-H*: maniglie automatiche. Lunghezza e posizionamento delle maniglie vengono impostati automaticamente da Blender.
- *H*: maniglie libere/allineate. Nel caso delle maniglie libere, sarà possibile spostarle autonomamente in qualsiasi direzione, mentre nel caso delle maniglie allineate, i loro opposti saranno sempre, appunto, allineati.
- *V*: maniglie vettore. Le maniglie punteranno automaticamente al vertice precedente/successivo.

NURBS

Le curve NURBS (Non Uniform Rational B-Spline) agiscono secondo il principio attrattivo, ovvero i vertici (*control points*) attraggono a loro i punti della curva, senza che essa vi passi necessariamente attraverso. A differenza delle curve di Bézier, le NURBS dispongono di un set di parametri più ampio, che ne permette un controllo ancora maggiore. (Figura 4.48) Creiamo ora una curva di esempio (*Maiusc-A Add > Curve > NURBS Curve*) per visualizzarne alcuni (Figura 4.49).
Come si può vedere nell'illustrazione, la curva NURBS è controllata da una serie di vertici tra loro connessi, i quali non dispongono di maniglie. La curva appena creata, inoltre, non parte da uno di questi vertici, bensì da un punto apparentemente casuale nello spazio. Naturalmente questo punto non è affatto casuale, bensì determinato dal calcolo dei valori di influenza di ciascun vertice nei confronti della curva; questi valori di definizione sono chiamati *Knot* (nodi).

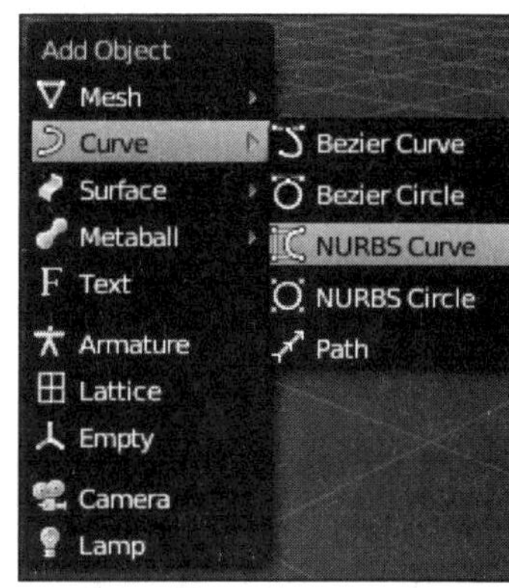

Figura 4.48
La voce di menu NURBS Curve presente nel menu Add Object.

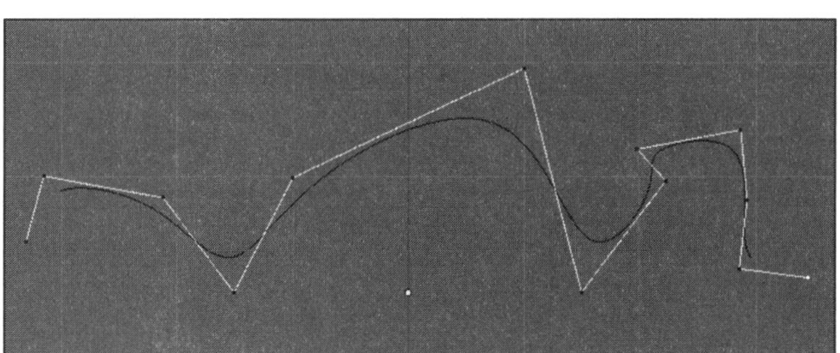

Figura 4.49
Una curva NURBS nella vista 3D.

In questo caso il *Knot* è *Uniform*; se invece desiderassimo che la curva partisse e terminasse esattamente presso il primo e l'ultimo punto della serie di vertici, dovremmo specificare il *Knot* come *Endpoint*. È possibile fare ciò nel pannello *Active Spline* del contesto *Object Data* (Figura 4.50).

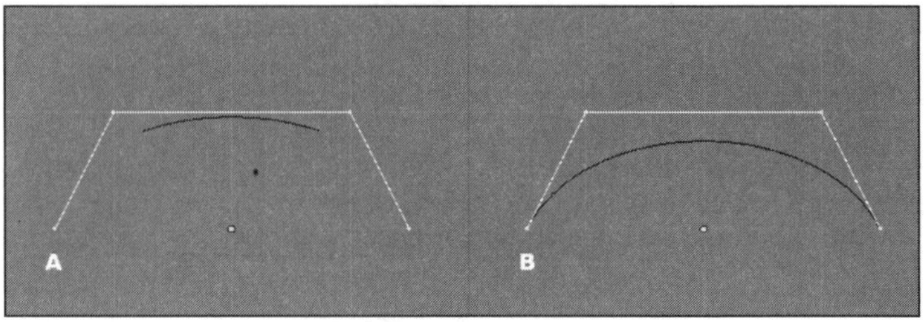

Figura 4.50
Confronto tra Knot Uniform (A) ed Endpoint (B).

Un'ulteriore impostazione riguarda il valore del contatore *Order* (che va da 2 a 6): esso determina il grado della curva, ossia il livello generale di influenza che i punti di controllo hanno su di essa. Nel caso in cui si abbiamo meno di 5 punti di controllo, non sarà possibile impostare un *Order* di 5 o 6.

Comandi comuni

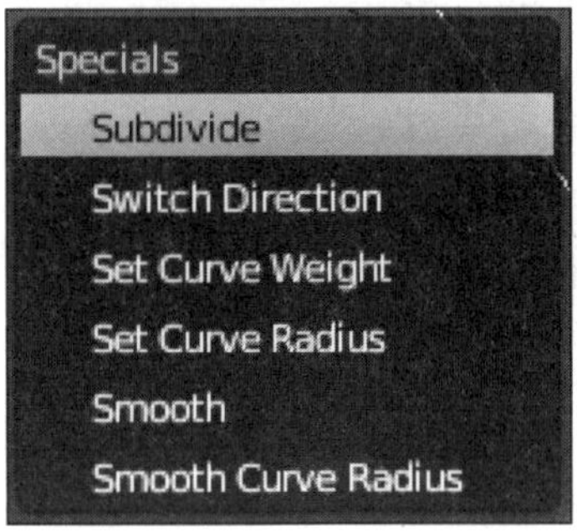

Figura 4.51
Il menu Specials, richiamato durante l'editing di una curva.

Vediamo ora una serie di comandi identici sia nel caso delle curve Bèzier sia delle NURBS.

- Tasto *E* (oppure *Ctrl-clic*): aggiunge alla curva un nuovo control point, ma solo nel caso in cui sia selezionato il primo o l'ultimo vertice.
- Tasto *C*: rende una curva aperta o chiusa, congiungendone gli estremi.
- Tasto *X*: richiama un menu popup con il quale possiamo eliminare un control point (mantenendo intatta la successione degli altri punti); oppure, nel caso in cui sia selezionato un segmento, lo cancella, interrompendo la successione dei vertici; oppure, infine, cancella tutta la curva.
- Tasto *W*: richiama il menu popup *Specials* (Figura 4.51), con comandi relativi alle curve, come per esempio *Subdivide*, per suddividere uno o più segmenti, *Switch Direction*, per invertire la direzione di una curva, *Smooth* (che svolge la stessa funzione nel contesto della mesh) e così via.
- Tasto *F*: permette di congiungere gli estremi di due curve distinte (Figura 4.52).

Tornando al contesto *Object Data*, vediamo ora il contenuto del pannello *Shape*.

- *Preview*: imposta il livello di suddivisione nel rappresentare una curva. Le curve, in senso astratto, sono composte da infiniti punti; tuttavia il software, a fini illustrativi, ne impiega un numero finito e talvolta insufficiente.

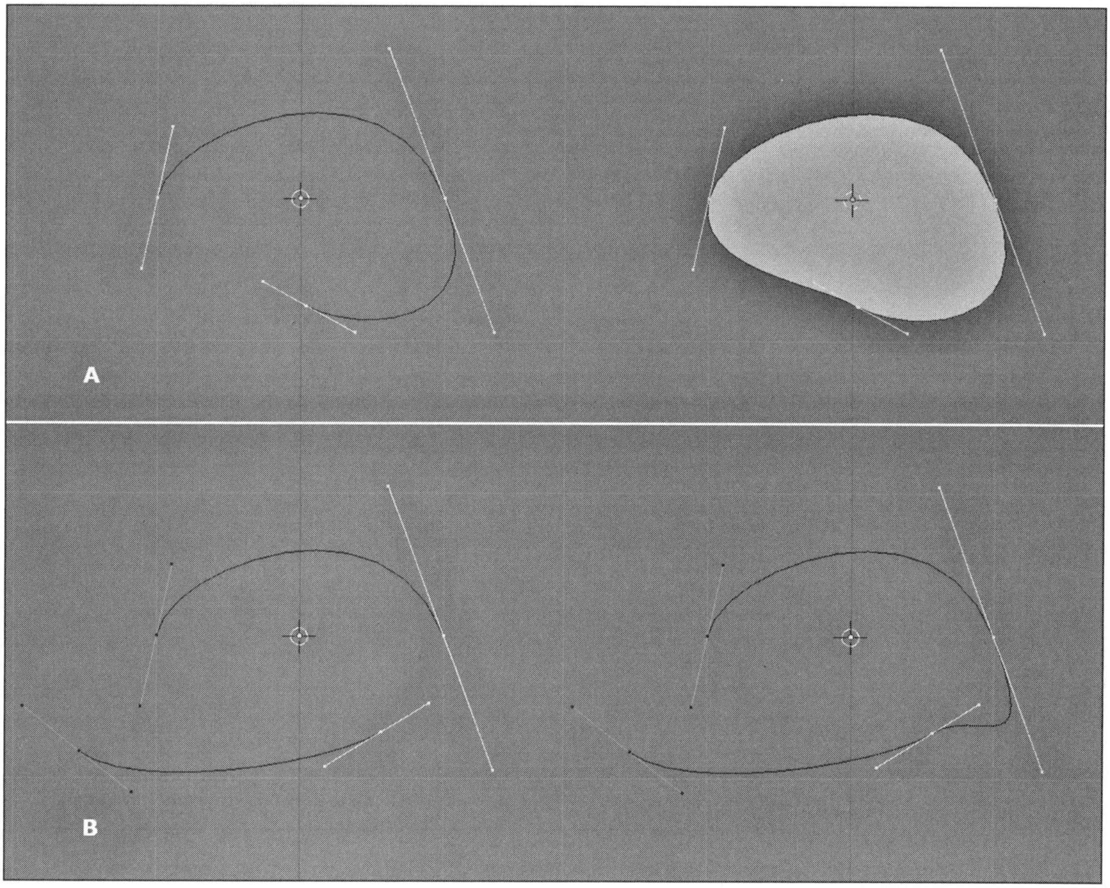

Figura 4.52
Apertura e chiusura di una curva premendo il tasto C (immagine A). Congiungimento dei vertici di due curve separate premendo il tasto F (immagine B).

- *Render*: la stessa impostazione di *Preview*, valida per il rendering. Se lasciata a 0 viene preso in considerazione *Preview*.
- *Back* e *Front*: indicano se, nel caso di estrusione, le due estremità del profilo vanno lasciate aperte oppure vanno chiuse.
- *2D/3D*: permette la traslazione dei vertici in tutte e tre le dimensioni oppure solo in due dimensioni (Figura 4.53).

Proseguiamo infine con il pannello *Geometry*.

- *Extrusion*: (Figura 4.54) indica il valore di estrusione del profilo (nel caso in cui non stiamo sfruttando un campo *BevOb* sottostante).
- *Bevel Depth*: allo stesso modo del comando *Bevel* nel sistema mesh, indica di quanto vanno smussati gli spigoli del solido estruso (Figura 4.55).
- *Bevel Resolution*: il livello di dettaglio applicato al *Bevel*.

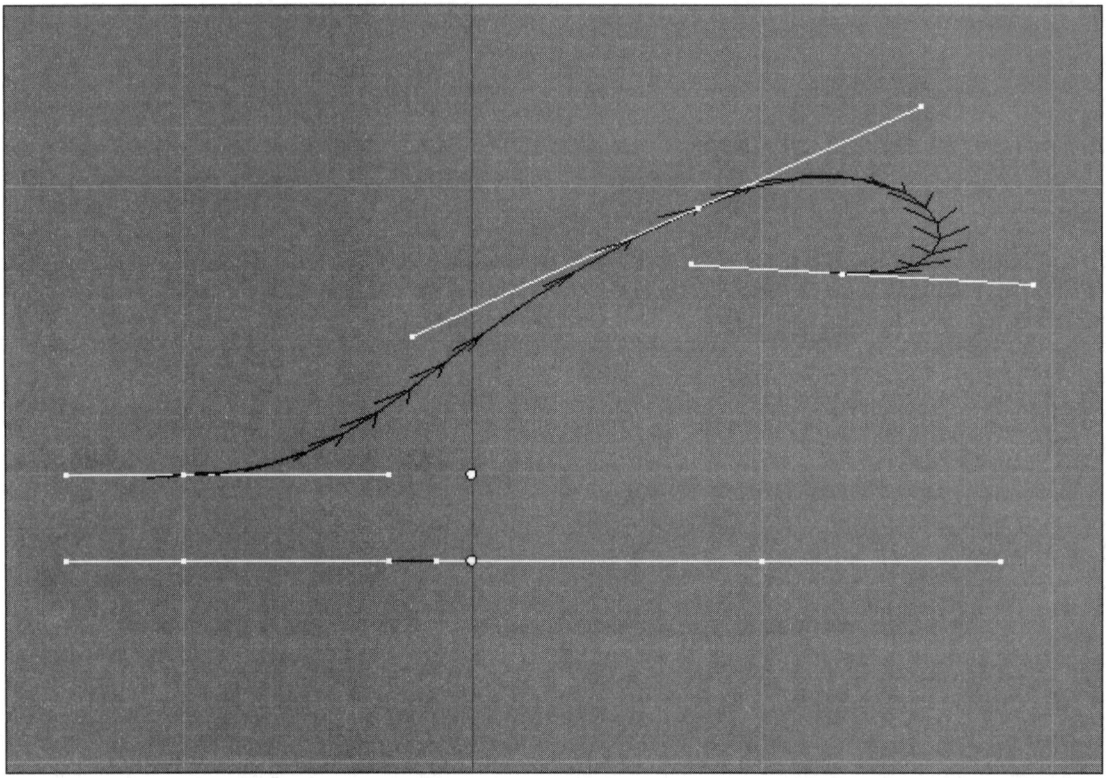

Figura 4.53
Esempio di curva 3D e 2D.

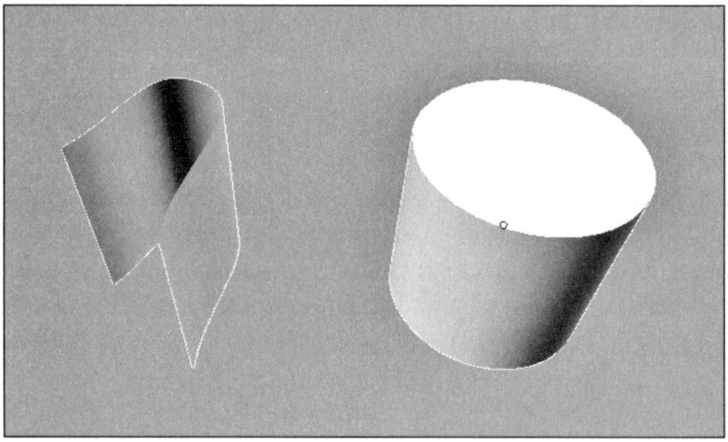

Figura 4.54
Estrusione di una curva aperta e di una curva chiusa.

- *Bevel Object*: questo campo permette di assegnare un'altra curva presente nella scena come elemento guida su cui eseguire l'estrusione (Figura 4.56).
- *Taper Object*: questo campo permette di specificare una curva aperta come parametro per gestire dinamicamente lo spessore

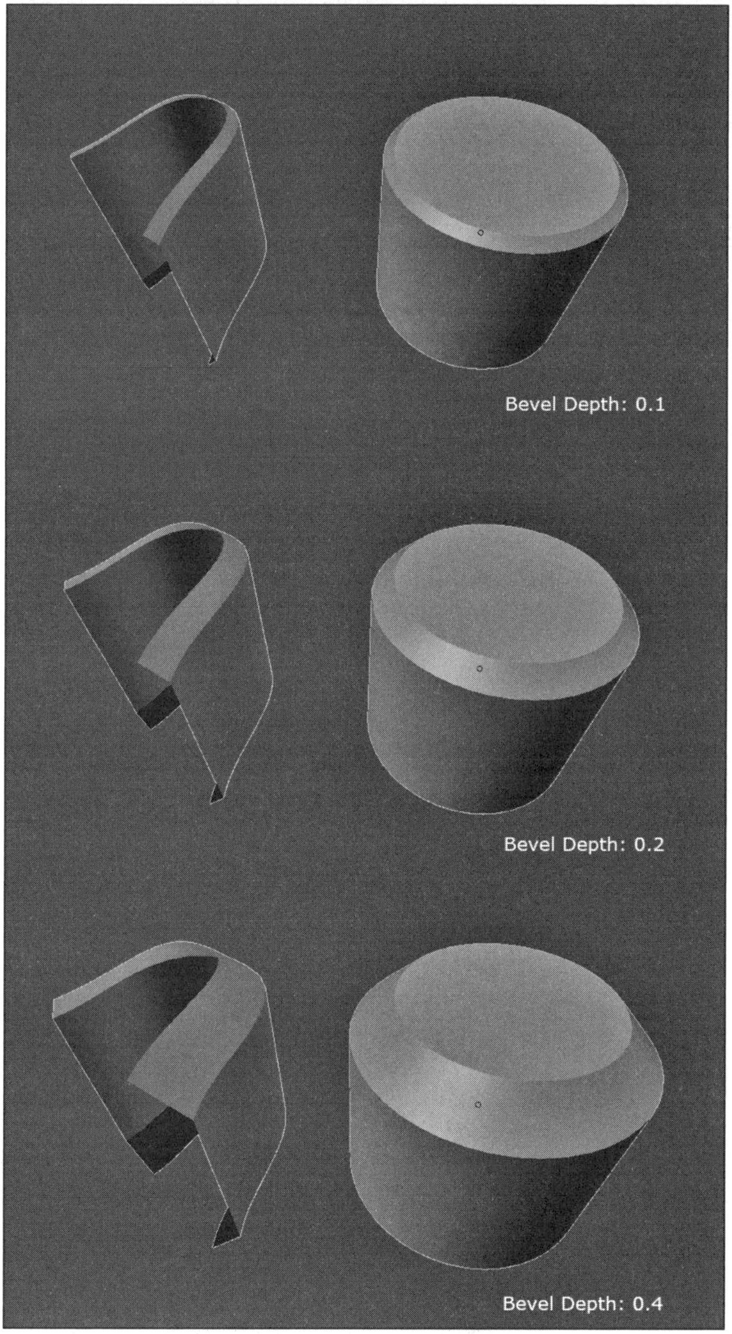

Figura 4.55
Differenti livelli di Bevel applicati a una curva estrusa.

del *Bevel*. Il parametro viene generato a partire dalla posizione dei punti di controllo in relazione al centro dell'oggetto (Figura 4.57).

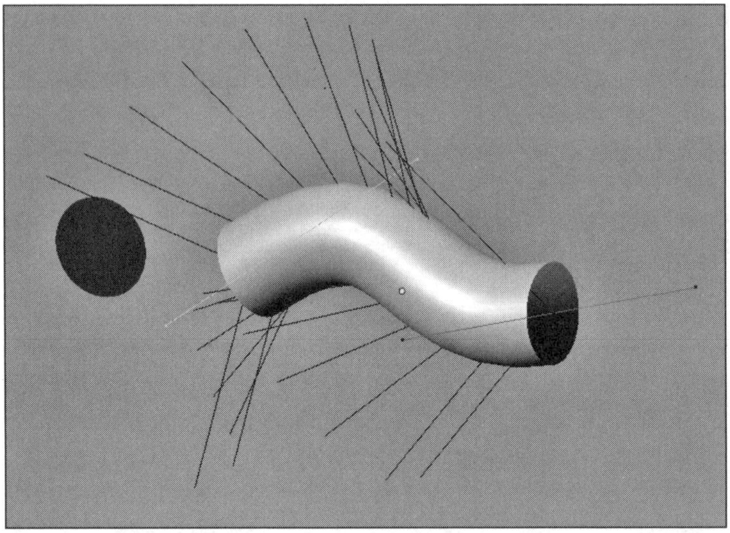

Figura 4.56
Il cerchio, chiamato CircleCurve, viene estruso lungo la curva, chiamata Curve. Affinché ciò accada è necessario specificare CircleCurve come BevOb nei parametri di Curve e, soprattutto, impostare la curva come 3D.

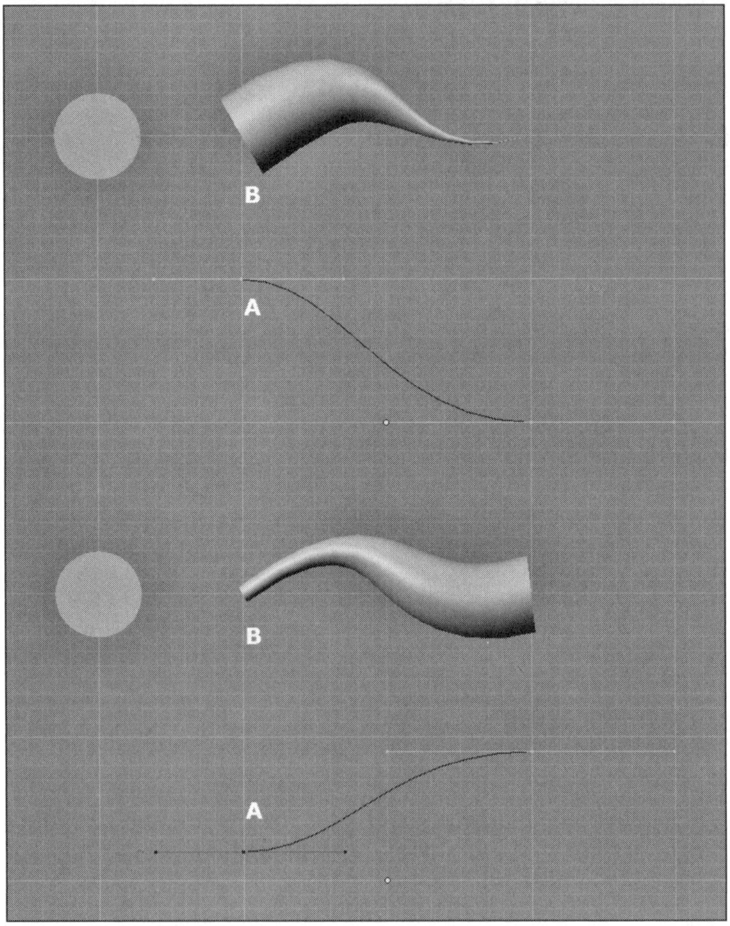

Figura 4.57
Applicazione di un taper a una curva cui è stato assegnato un profilo di estrusione. Notare come al variare della posizione dei vertici della cruva Taper (A), cambi la forma della curva target (B).

Altre possibilità

Le curve risultano utili per alcuni altri scopi, che vedremo in seguito, come, per esempio, la distorsione di una mesh, la creazione di un percorso da far seguire a un oggetto animato e così via.

Superfici

Presentiamo ora un'estensione delle curve NURBS, ovvero le superfici. Se osserviamo il menu per l'aggiunta di un oggetto, possiamo notare che, anche nell'ambito delle superfici come nell'ambito *Curve*, è possibile creare l'oggetto NURBS *Curve* (Figura 4.58).
Esiste tuttavia una fondamentale differenza tra questi due tipi di curva, apparentemente identici: le superfici sono predisposte per essere realmente tridimensionali, controllate da una "gabbia" o da una rete di punti (vedi Figura 4.59) e, di conseguenza, anche le curve possono diventare superfici, per mezzo dell'estrusione o di un'operazione di *joining* (*Ctrl-J*) .
A parte questa differenza, osserviamo come sia possibile suddividere la griglia di controllo, gestire *Uniform* ed *Endpoint* allo stesso modo delle curve NURBS, per concentrarci infine sull'operazione appena accennata di *joining*.

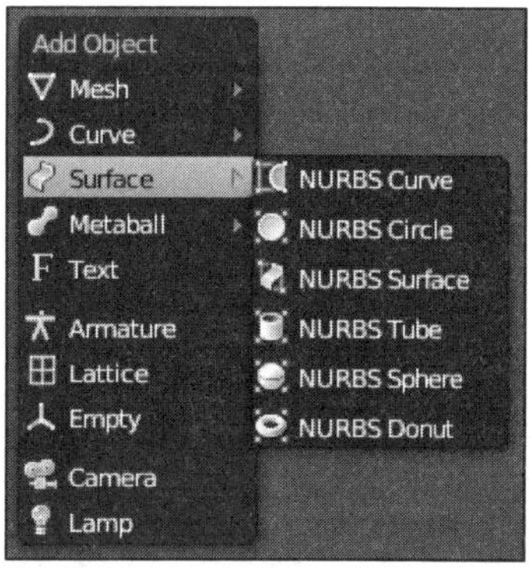

Figura 4.58
Le voci di menu per aggiungere un oggetto NURBS Surface.

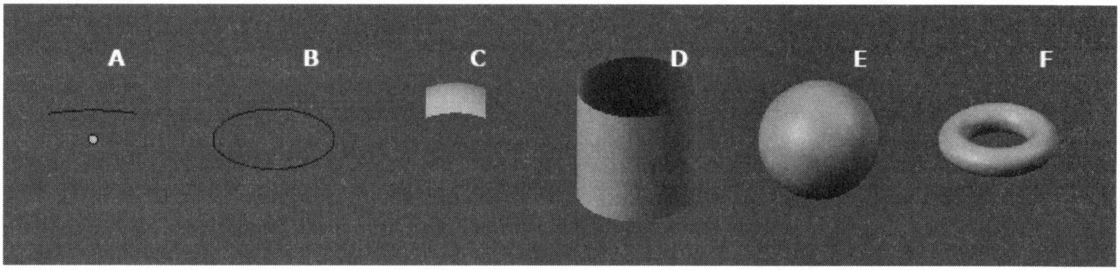

Figura 4.59
Diversi tipi di oggetti NURBS Surface: Curva (A), Cerchio (B), Superficie (C), Tubo (D), Sfera (E), Toro (F).

Si tratta di un'azione possibile soltanto se stiamo lavorando con le superfici NURBS. Essa presuppone l'esistenza di due curve, con uguale numero di punti di controllo, poste in prossimità l'una dell'altra. Una volta selezionate, dopo aver premuto il tasto *F*, sarà possibile ottenere la superficie data dal congiungimento di entrambe le curve (Figura 5.60).
Terminiamo qui la nostra trattazione delle curve precisando che per animare e deformare una superficie NURBS è necessaria una preventiva conversione della NURBS in poligoni, perdendo quindi tutte le sue proprietà caratteristiche.

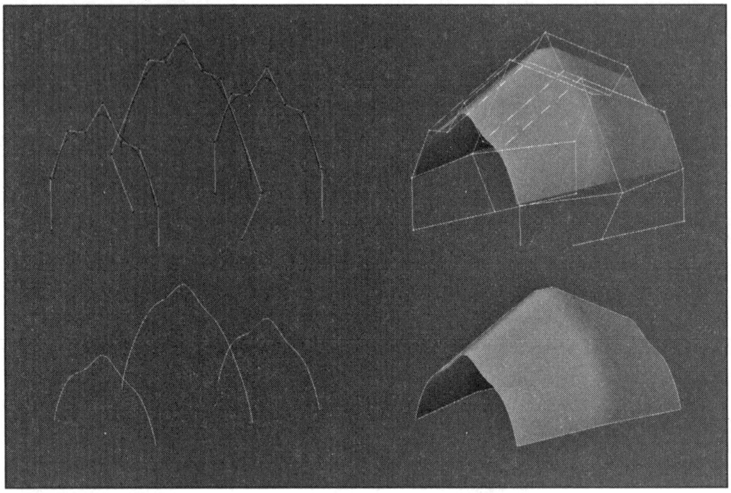

Figura 4.60
Sequenza di joining di più curve NURBS, in modo fa formare una superficie.

Figura 4.61
La voce di menu Text nel menu Add Object.

Testo

In Blender è possibile creare ed editare testi, attribuendo loro la maggior parte delle proprietà disponibili per gli oggetti curva. Per aggiungere un oggetto *Text*, dobbiamo richiamare la toolbox e scegliere *Add Object* > *Text* (Figura 4.61).
Le modifiche possono essere effettuate sia nella vista 3D, sia nell'apposito contesto *Text*, reso disponibile al momento di selezione di un oggetto testo.

Editing

All'interno della vista 3D il testo può essere traslato, scalato, ruotato e trasformato come un qualsiasi altro oggetto. Premendo il tasto *Tab*, invece, non si accede ai punti di controllo delle curve che formano le lettere, bensì è possibile editare il testo stesso (vedi illustrazione). Nell'ambito di questa specifica *Edit Mode* (Figura 4.62) è possibile copiare (*Ctrl-C*), incollare (*Ctrl-V*), tagliare (*Ctrl-X*) il testo, ma solo rimanendo all'interno di Blender. Non è infatti possibile incollare del testo direttamente a partire da un'applicazione esterna; per fare ciò è necessario aprirlo con l'editor testi di Blender e copiare da esso i contenuti desiderati.
Spostandoci ora al contesto *Text ed*, osserviamo i pannelli in esso presenti.

Figura 4.62
Un oggetto testo tridimensionale e la sua versione in Edit Mode.

Shape Text

I contenuti di questo pannello (Figura 4.63) riguardano i parametri delle curve che definiscono il testo e sono in buona parte gli stessi del pannello *Shape* del contesto *Curve*.

- *Caps*: le due opzioni *Front* e *Back* stabiliscono (se le curve del testo vengono estruse) la chiusura o meno dei profili anteriore e posteriore (vedi Figura 4.64).
- *Resolution*: questi contatori permettono di definire il livello di dettaglio delle curve (*Preview* indica la suddivisione nella vista 3D, mentre *Render* indica quella in fase di rendering).

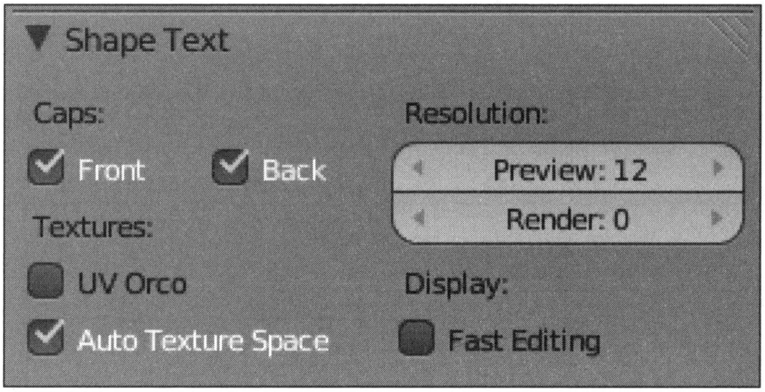

Figura 4.63
Il pannello Shape Text.

Figura 4.64
Un esempio di testo estruso, con diverse opzioni di Caps.

Geometry

Questo pannello (Figura 4.65) contiene le medesime opzioni disponibili nel suo omonimo situato nel contesto *Curve*. Con i parametri *Modification* sarà possibile estrudere e gestire la larghezza del testo selezionato, con *Bevel* si creeranno eventuali smussi. Con *Bevel Object* sarà invece possibile specificare una curva che possa fungere da profilo per lo smusso, mentre con *Taper* se ne stabilirà il profilo di sviluppo.

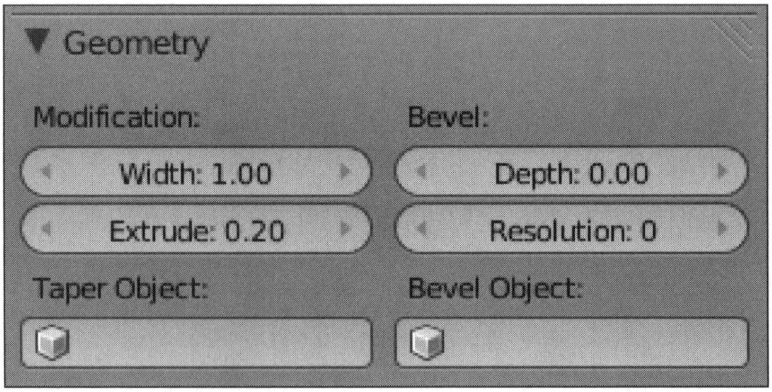

Figura 4.65
Il pannello Geometry.

Font

Il pannello *Font* (Figura 4.66), riguarda solo gli oggetti *Text* e permette, come suggerisce il nome, di determinare il font con cui un testo viene rappresentato e alcune proprietà dello stesso.

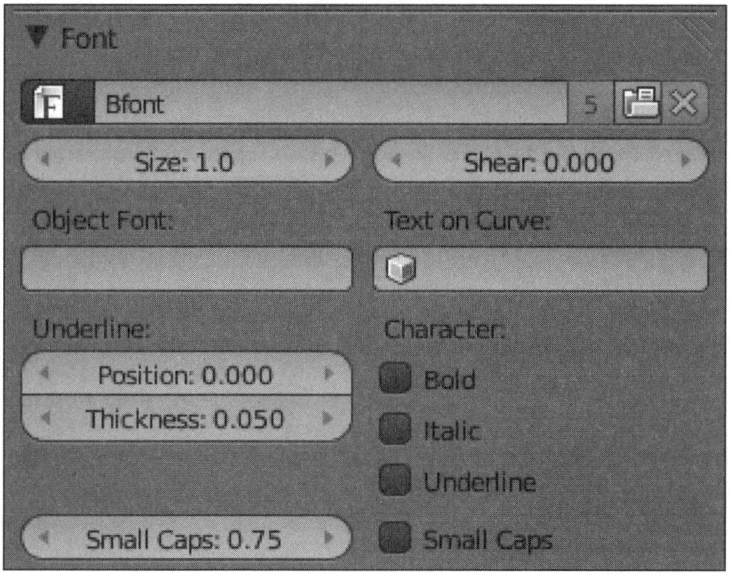

Figura 4.66
Il pannello Font.

Il campo *Font* (che di default presenta un font integrato in Blender) permette di navigare tra i file del sistema per scegliere il font appropriato. Tramite l'interfaccia di caricamento sarà sufficiente selezionare il font e premere il pulsante *Open* (Figura 4.67).

Figura 4.67
L'interfaccia per scegliere e caricare un Font all'interno di Blender.

A seconda del sistema operativo utilizzato, i font installati e disponibili si troveranno in percorsi diversi. In Windows sono situati in *C:\Windows\Fonts*, in Mac OS X possono trovarsi in */Library/Fonts* oppure */Users/*nomeutente*/Library/Fonts*, in Linux in */usr/lib/fonts*, */usr/local/share* oppure */usr/share/local*.

Una volta caricato un font, sarà possibile variarne la dimensione tramite *Font Size* e l'inclinazione delle lettere (per ottenere un effetto corsivo) tramite *Shear*.
Il campo *Text on Curve* permette di scegliere un oggetto curva presente nella scena, facendo sì che il font si posizioni automaticamente su di essa, seguendone l'andamento (Figura 4.68).

Figura 4.68
Diversi esempi di font e applicazioni di parametri dell'omonimo pannello.

Paragraph

In questo pannello vengono gestiti i seguenti aspetti relativi agli elementi del testo e alla disposizione del testo stesso (Figura 4.69).

- *Align*: l'allineamento del testo, se disposto su più righe. Le opzioni sono le seguenti.
  - *Left*: allinea a sinistra (rispetto al centro dell'oggetto *Text*).
  - *Center*: allinea al centro.
  - *Right*: allinea a destra.
  - *Justify*: testo giustificato (gli spazi bianchi vengono dilatati per permettere il riempimento completo di ogni linea).
  - *Flush*: testo dilatato (tutti i caratteri, spazi bianchi inclusi, sono equidistanti, a riempire interamente ogni riga). Queste ultime due voci presuppongono l'esistenza di uno o più *TextFrame*, di cui presenteremo il significato a breve.
- *Spacing*: la spaziatura tra lettere (*Character*), parole (*Word*) e righe di testo (*Line*).

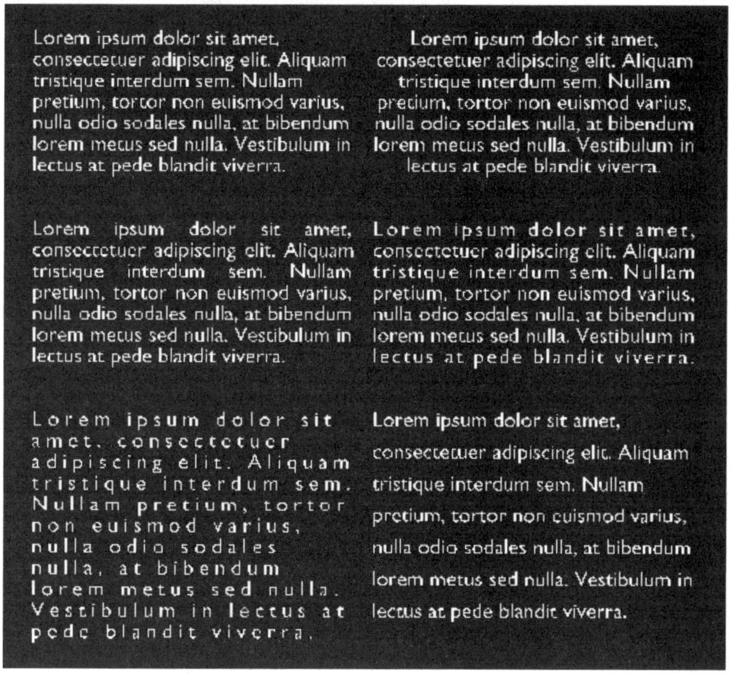

Figura 4.69
Testo disposto in paragrafi.

- *Offset*: la distanza, lungo le coordinate X e Y, dal centro dell'oggetto.

Vediamo infine uno strumento accennato poco fa ed estremamente utile per la gestione e la strutturazione di testi lunghi più di qualche riga: le *Text Boxes*. *Text Boxes* (che letteralmente significa *scatole di testo*) permette di definire un riquadro, all'interno del quale il testo viene disposto e limitato. Se il testo è più lungo di quanto il riquadro possa contenere, fuoriuscirà, oppure sarà possibile farlo proseguire all'interno di un altro riquadro. Tutte le opzioni e i comandi per effettuare queste operazioni si trovano nel pannello *Text Boxes* (Figura 4.70).

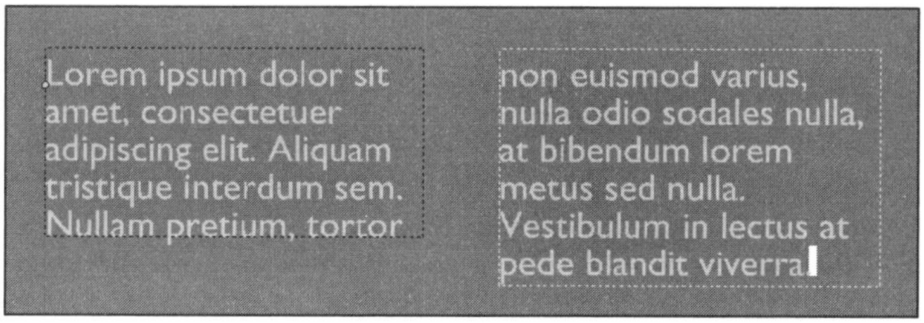

Figura 4.70
Esempio di impiego delle Text Boxes.

Oggetti Meta

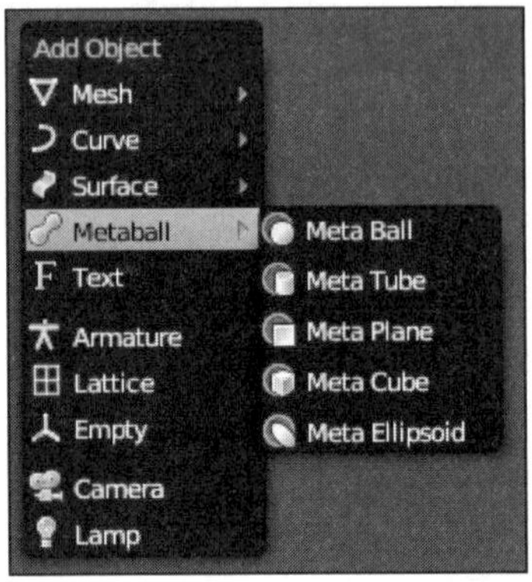

Figura 4.71
Il menu per l'aggiunta di un oggetto meta.

Prima di avviarci alla conclusione di questo capitolo, presentiamo l'ultimo tipo di oggetti modellabili in Blender, le cui caratteristiche differiscono completamente da tutto quanto visto fino a ora. Stiamo parlando degli oggetti *Meta* (Figura 4.71), ovvero oggetti che non sono definiti da vertici o control point (curve e superfici), bensì da espressioni matematiche pure. In altre parole sono superfici implicite, che vengono calcolate e messe in relazione tra loro da operazioni logiche additive (AND) o sottrattive (OR). Questi oggetti sono presenti in Blender da molto tempo e venivano impiegati per ottenere particolari effetti visivi o come base per la modellazione quando non erano disponibili tecnologie più moderne come la fluidosimulazione o lo sculpting.
Nella Figura 4.72 vediamo un esempio di interazione tra oggetti meta e in particolare tra tre sfere, due delle quali hanno un valore di influenza positivo, mentre una (non visibile) ha influenza negativa. Da questa immagine possiamo dedurre che gli oggetti meta esercitano influenza gli uni sugli altri e che se questa influenza è positiva noteremo degli effetti di attrazione, mentre se è negativa noteremo repulsione.

Figura 4.72
Metaballs nella vista 3D.

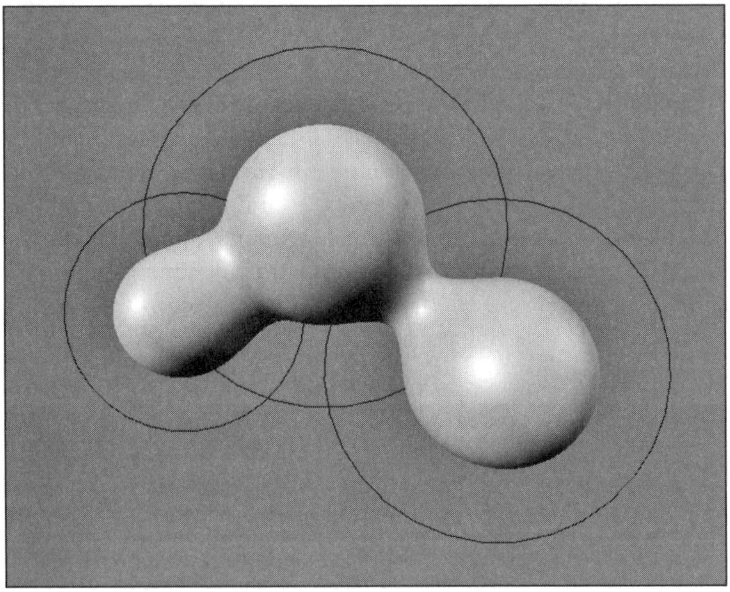

Vediamo ora con ordine gli oggetti *Meta* che è possibile aggiungere a una scena 3D (Figura 4.73).

- *Ball*: una sfera, alla cui base si trova un punto (A).

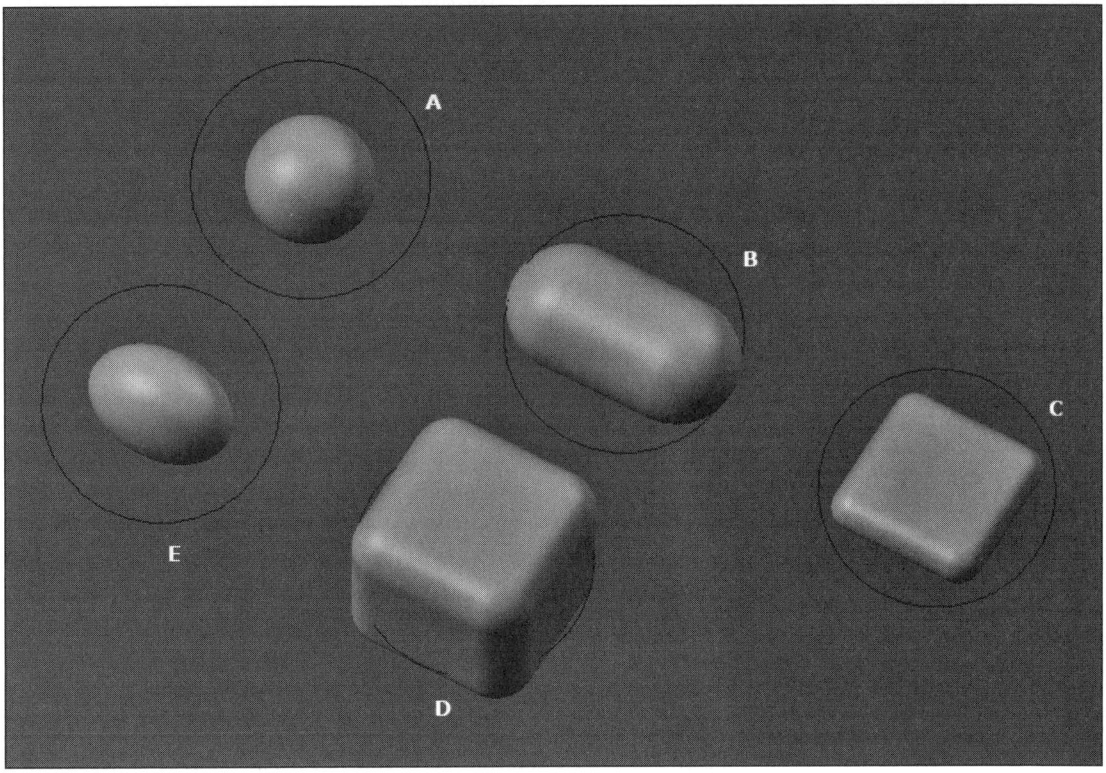

Figura 4.73
Gli oggetti meta che possono essere aggiunti in una scena.

- *Tube*: un cilindro, alla cui base si trova una linea (B).
- *Plane*: un piano, alla base di una struttura planare (C).
- *Cube*: un cubo, generato da una volumetria cubica (D).
- *Ellipsoid*: una sfera allungata, generata da una geometria sferica (E).

Come si può vedere, oltre al nome dell'oggetto abbiamo elencato l'origine matematica di ciascuno. È importante saperlo poiché a oggetti con caratteristiche di origine diverse corrisponderanno parametri di editing e proprietà differenti.

Prima di concludere questo argomento, osserviamo come si comportano gli oggetti *Meta* all'interno dello spazio 3D e come è possibile modificarli.

A scopo esemplificativo, prenderemo in considerazione, nella maggior parte dei casi, oggetti *Meta Ball* (Figura 4.74).

Osserviamo come appare un oggetto prima in *Object* e poi in *Edit Mode*. Nonostante gli oggetti *Meta* non siano propriamente editabili, dispongono di una *Edit Mode*, all'interno della quale è possibile aggiungere altri elementi *Meta* (che quindi saranno parte dello stesso oggetto, come delle mesh multiple) e, soprattutto,

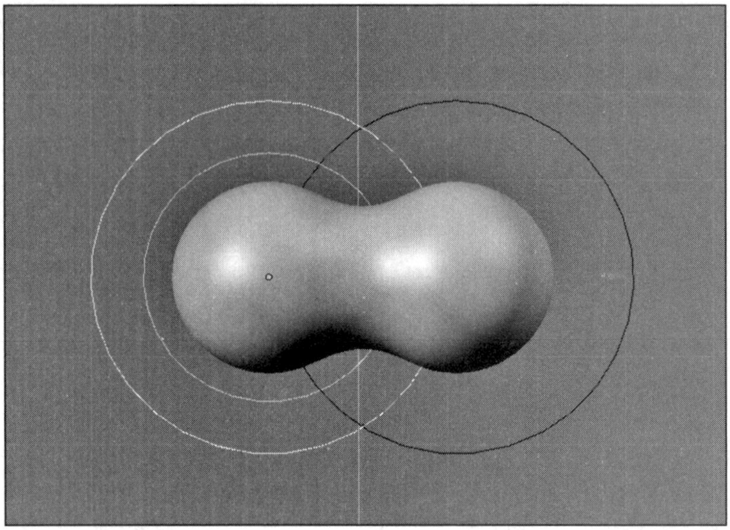

Figura 4.74 Oggetti Meta in Edit e Object Mode.

modificare le dimensioni dell'anello di colore verde di cui ogni oggetto dispone (visibile solo in *Edit Mode*). Questo anello determina il livello di riempimento dello spazio definito dall'anello rosso, che serve invece a selezionare e trasformare un elemento *Meta*, quando ci si trova in *Edit Mode*.
Passiamo ora all'analisi del contesto *Meta*, disponibile nella finestra dei pulsanti, quando viene selezionato un oggetto *Meta* nella vista *3D*. Il contesto contiene due pannelli: *Metaball*, che definisce le proprietà e le impostazioni di visualizzazione nello spazio 3D e nel rendering degli oggetti, e *Active Element*, disponibile solo in *Edit Mode*, che mostra le proprietà relative all'elemento selezionato (Figura 4.75).

Metaball

Ecco le voci presenti in questo pannello.

- *Resolution*: il livello di risoluzione con cui viene mostrato l'oggetto *Meta* e gli effetti delle sue interazioni con altri oggetti *Meta*, nella vista 3D (*View*) e nel rendering (*Render*). Più basso sarà il valore inserito nei contatori, maggiore sarà il dettaglio, nonché il tempo di rendering e il calo prestazionale del computer nel mostrare gli oggetti nella vista 3D (Figura 4.76).
- *Settings*: il valore *Treshold* indica il livello di interazione tra gli oggetti. Più alto sarà il valore, minore l'attrazione reciproca (e le dimensioni degli oggetti stessi).
- *Update*: il metodo di aggiornamento dell'interfaccia, nel visualizzare gli oggetti *Meta*. Trattandosi di oggetti definiti ma-

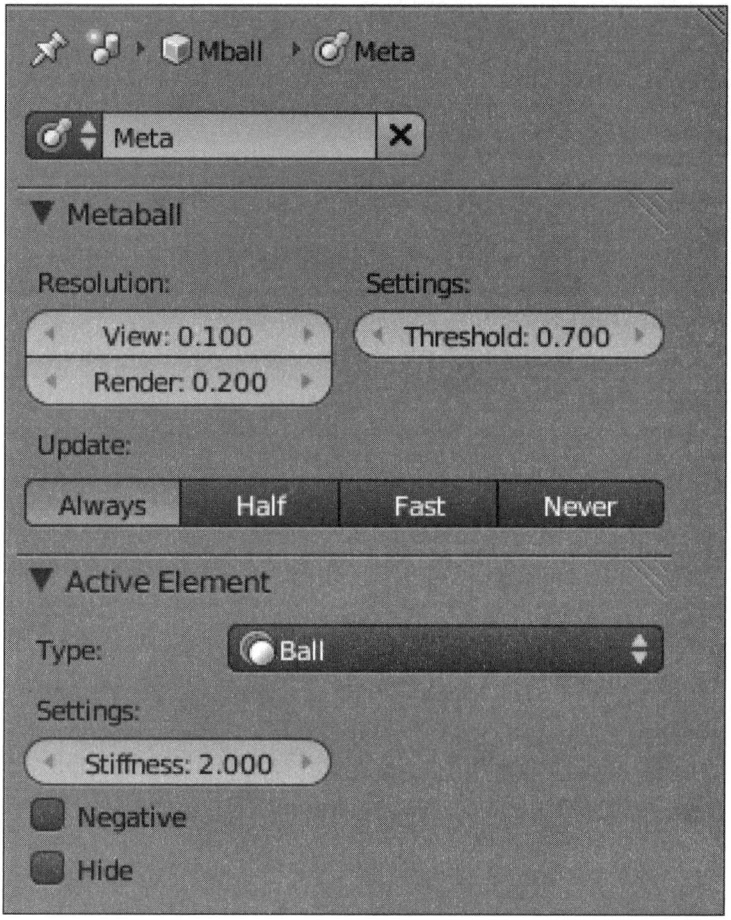

Figura 4.75
Il contesto Meta Object.

tematicamente, essi richiedono poca memoria, ma molta potenza di calcolo per essere rappresentati. Per ottimizzare le prestazioni è quindi possibile scegliere tra *Always* (aggiorna sempre le visualizzazione al livello di definizione impostato in Resolution), *Half* (durante le modifiche, mostra gli oggetti a una risoluzione dimezzata), *Fast* (durante le modifiche, non visualizza gli oggetti, ma solo gli anelli di influenza) e *Never* (non mostra mai gli oggetti nell'interfaccia).

Active Element

Una volta entrati in *Edit Mode*, sarà possibile accedere alle voci di questo pannello.

- *Type*: questo menu a discesa permette di scegliere il tipo di oggetto *Meta* da assegnare all'elemento. Ciò significa che un elemento *Meta* non possiede una sorta di mesh unica, bensì

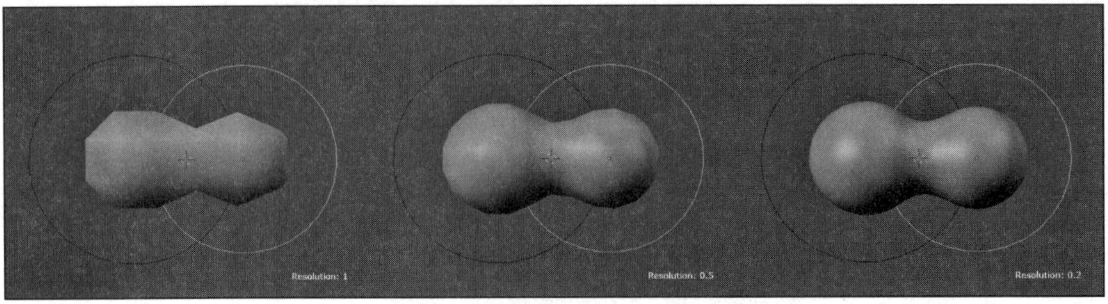

Figura 4.76
I risultati ottenuti con diverse impostazioni dei valori di Resolution.

può essere impostato diversamente in qualsiasi momento. Le possibilità sono: *Ball*, *Tube*, *Plane*, *Cube* ed *Ellipsoid*.

- *Size*: a seconda dell'elemento scelto, sotto questa voce compariranno i contatori per specificare le dimensioni lungo i diversi assi. Nel caso di un oggetto *Ball* non comparirà nulla, in quanto basato su un punto; nel caso di un oggetto *Plane*, compariranno le dimensioni X e Y; nel caso di *Cube* comparirà anche Z e così via
- *Settings*: sotto quest'ultima voce è possibile definire il livello di riempimento (*Stiffness*) dell'oggetto *Meta*, operazione svolgibile anche nella vista 3D, intervenendo sull'anello verde di un elemento. Sono presenti inoltre due opzioni: *Negative* rende negativa l'influenza dell'elemento (facendolo scomparire) e *Hide* mantiene l'influenza positiva, ma fa scomparire ugualmente l'elemento.

Capitolo 5

I modifier

In questo capitolo

- Interfaccia
- I modifier Generate
- I modifier Deform
- Conclusioni

I modifier (modificatori) costituiscono un sistema di modifica non distruttiva di un oggetto. Attraverso di essi sarà quindi possibile attivare e ricombinare in modo dinamico una serie di comandi, per poi eventualmente attribuire in via definitiva le trasformazioni apportate.
I modifier si assegnano e gestiscono nel pannello *Modifiers*, che si trova all'interno del contesto *Edit Buttons*. Il pannello apparirà solo se in quel momento è stato selezionato un oggetto mesh, curva, superficie, testo o lattice. Inoltre l'elenco dei modifier disponibili varierà a seconda del tipo di oggetto selezionato.
I modifier (Figura 5.1) permettono anche l'attivazione e lo svolgimento di alcune specifiche funzionalità di Blender, per esempio la simulazione di fluidi e la creazione di particelle, fumo, tessuti e così via.

Interfaccia

L'interfaccia dei modifier, raggiungibile attraverso il pulsante  situato nell'intestazione della finestra dei pulsanti (una volta selezionato l'oggetto appropriato) cambia a seconda della voce scelta dal menu, presentando di volta in volta gli elementi relativi a ciascun comando. Tuttavia alcuni pulsanti e l'impostazione generale dei pannelli rimangono uguali. Osserviamo ora, a titolo esemplificativo, il modifier *SubSurf*, identificandone gli elementi (Figura 5.2).
Il modifier è simile a un pannello e dispone di un'intestazione e di un'area di opzioni.

- Il triangolo  permette di "collassare" l'area di opzioni, rendendo visibile solo l'intestazione.

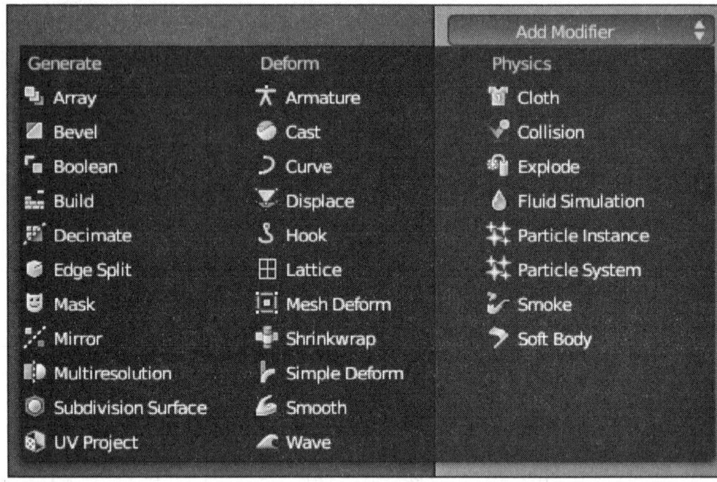

Figura 5.1
Il menu a discesa, richiamato dal pulsante Add Modifier.

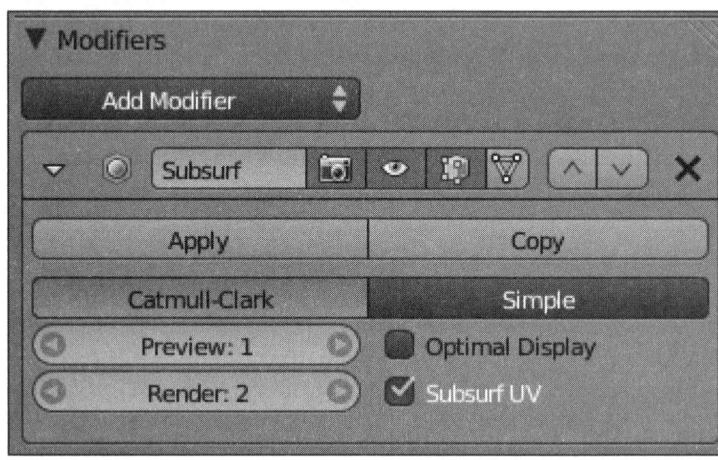

Figura 5.2
Il pannello Modifiers con il modifier SubSurf attivato.

- Il campo di testo, in questo caso recante il testo *Subsurf*, permette di assegnare un nome all'istanza del modifier, per renderlo più facilmente individuabile quando si lavora con più modifier.
- Il pulsante rende visibili gli effetti del modifier durante il rendering.
- Il pulsante ne rende visibili gli effetti nella vista 3D.
- Il pulsante ne rende visibili gli effetti in edit mode, ma solo nel caso di alcuni modifier.
- Il pulsante applica, visivamente, non fisicamente, il modifier alla mesh in edit mode. In questo modo è possibile avere un controllo più preciso delle trasformazioni, a discapito di una visione reale della mesh.

- I pulsanti spostano il modifier all'interno dello stack (più avanti in questo capitolo si troveranno maggiori informazioni al riguardo).
- Il pulsante rimuove il modifier.

Spostandosi nell'area delle opzioni, troviamo i due pulsanti *Apply* e *Copy* che premettono rispettivamente di applicare in via definitiva alla mesh gli effetti del modifier (eliminando poi il modifier stesso) e di creare un duplicato del modifier alla base dello stack. Gli altri pulsanti ed elementi presenti riguardano invece i modifier stessi, pertanto saranno trattati in seguito.

Affrontiamo ora un concetto importante per capire il funzionamento dei modifier: lo stack. Il termine *stack*, in inglese, sta a indicare una sequenza verticale di elementi (letteralmente, una *pila*). In Blender, i modifier vengono disposti in uno stack e il loro ordine determinerà il modo con cui essi interagiranno tra loro. Lo stack va letto dall'alto verso il basso, poiché questo è l'ordine con cui i modifier vengono applicati all'oggetto. Vediamo un esempio (Figura 5.3).

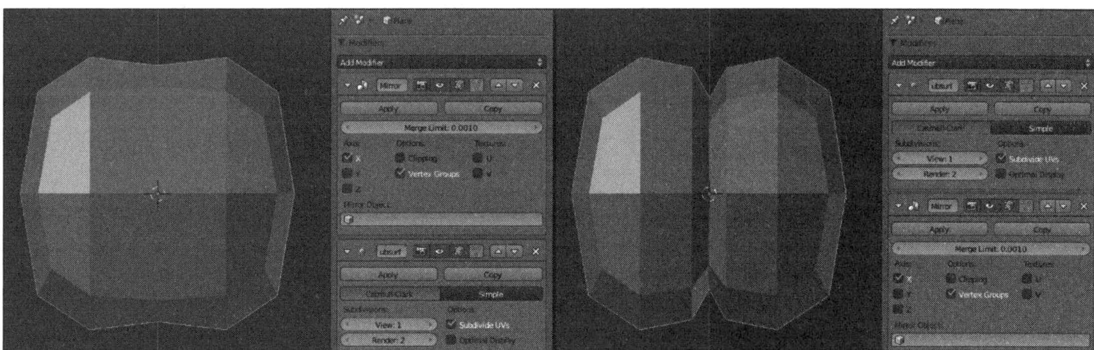

Figura 5.3
Confronto tra diversi ordini di applicazione dei modifier Sub-Surf e Mirror.

Nel primo caso viene applicato prima il modifier *Mirror* e successivamente il modifier *SubSurf*; nel secondo caso accade il contrario: i risultati sono decisamente differenti.

Tramite i pulsanti è possibile far scorrere in alto o in basso i modifier secondo le necessità imposte dalla modellazione; nel caso dell'esempio, la scelta più sensata sarebbe stata quella di utilizzare prima *Mirror* e poi *SubSurf*, per avere una maggiore continuità nell'applicazione dell'algoritmo *SubSurf* sull'edit cage.

Iniziamo ora l'analisi dei principali modifier messi a disposizione da Blender; alcuni di essi consistono semplicemente in una trasposizione di comandi già visti, soprattutto per quanto riguarda la modellazione. I modifier vengono collocati all'interno di tre grandi categorie del menu *Add Modifier*: *Generate*, *Deform* e *Physics*.

I modifier Generate

Fra i modifier *Generate* troviamo *Array*, *Bevel*, *Boolean*, *Build*, *Decimate*, *Mirror* (specchia) e *SubSurf*, strumenti che rendono possibile una vasta gamma di operazioni incidendo sulla geometria dell'oggetto. Qualora si applichi un modifier a un oggetto di altro tipo, per esempio una curva, alcune voci del menu *Add Modifier* semplicemente non saranno visibili.

Array

Il termine *array* in italiano significa "ordine", "schieramento", "disposizione". Effettivamente il modifier *Array* (Figura 5.4) permette di ottenere, a partire da un oggetto, il numero desiderato di istanze (copie), posizionabili a una distanza (offset) determinata. Questo modifier risulta utile nella creazione di scene complesse, ricche di copie dello stesso elemento (per esempio la platea di un teatro, una staccionata, una pavimentazione e così via), oppure nella creazione di opere animate astratte.

Figura 5.4
Il modifier Array.

Vediamo ora il pannello e le relative opzioni.

- Il menu *Fit Type* permette di scegliere la lunghezza dell'array. Vedremo il significato di ciascuna voce in seguito; per il momento manteniamo attivo *Fixed Count*.
- *Count*: indica il numero di elementi facenti parte dell'array (incluso l'oggetto di partenza).
- *Constant Offset*: assegna un valore (misurato in unità di Blender) di traslazione a ciascun duplicato, rispetto all'oggetto precedente, sugli assi *X*, *Y* e *Z*.
- *Relative Offset*: assegna un valore di traslazione *X*, *Y* e *Z* in riferimento alle dimensioni della bouning box dell'oggetto.

- *Merge*: attivando questa opzione, i vertici degli oggetti duplicati che si trovano alla distanza specificata tramite il contatore sottostate verranno fusi.
- *Add Offset Object*: specificando un oggetto, è possibile assegnare le trasformazioni di traslazione, rotazione e scala che vengono applicate agli oggetti dell'array. Trattandosi di un oggetto, sarà possibile anche animarlo, ottenendo array dinamici oppure array circolari.
- *First Last*: si attiva solo se merge viene abilitato. Permette la fusione dei vertici della prima copia con quelli dell'ultima copia (nel caso di un array circolare).
- *Start Cap / End Cap*: permettono di specificare un altro oggetto da porre all'inizio e alla fine dell'array.

Torniamo ora alle opzioni disponibili nel menu *Fit Length*. Una di esse, *Fixed Count*, è già stata esaminata. Passiamo quindi a *Fixed Length* e *Fit to Curve Length*: in entrambi i casi non si potrà più determinare direttamente il numero di oggetti creati, bensì lo spazio (distanza) che essi dovranno coprire. Nel primo caso verrà creato un numero di oggetti sufficiente a coprire la distanza specificata nel contatore, mentre nel secondo caso si dovrà assegnare un oggetto curva (precedentemente aggiunto alla scena), la cui lunghezza verrà presa come valore di riferimento. Sarà quindi possibile creare array con un numero di elementi variabile, in quanto la lunghezza della curva può essere cambiata, animandola (con degli hook, per esempio).

Bevel

Bevel (Figura 5.5) permette di applicare il comando Bevel per ottenere lo smusso degli angoli di una mesh. I parametri impostabili sono i seguenti.

- *Width*: questo contatore imposta le dimensioni del bevel (in *Blender Units*).

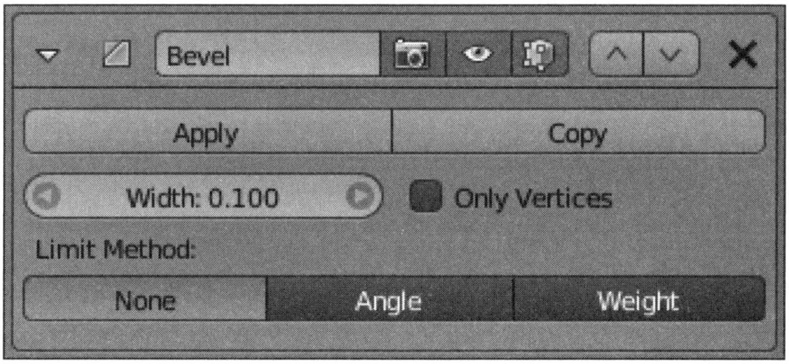

Figura 5.5
Il modifier Bevel.

- *Only Vertices*: questo pulsante attiva o disattiva l'assegnazione del bevel solo ai vertici della mesh.

Viene inoltre messo a disposizione il *Limit Method*, ovvero il limite entro il quale il bevel verrà applicato alla mesh.

- *None*: nessun limite, tutta la mesh subirà il bevel.
- *Angle*: fa comparire un contatore, tramite il quale si specifica l'angolo minimo che due facce adiacenti devono avere affinché all'edge che le congiunge venga assegnato un bevel.
- *Weight*: permette l'impiego del peso dei vertici per determinare l'assegnazione del bevel (vengono resi visibili altri tre pulsanti per scegliere quale peso dei vertici tenere in considerazione per determinare il bevel)

Boolean

Questo modifier permette lo svolgimento delle operazioni booleane di unione, differenza e intersezione fra solidi. Le operazioni booleane (in Blender) consistono nella messa in relazione di due oggetti mesh "solidi" che si compenetrano, i cui volumi vengono combinati secondo delle regole logiche al fine di ottenere un terzo solido. Vediamo ora un esempio per ciascuno dei tre casi possibili in Blender. Nella prima illustrazione vengono mostrati i solidi di partenza, mentre nelle altre tre appaiono i risultati delle operazioni (Figura 5.6).

L'applicazione del modifier *Boolean* (Figura 5.7) può avvenire, oltre che dal menu a tendina del pannello *Modifiers*, anche premendo il tasto W all'interno della vista 3D in *Object Mode*; in questo caso sarà necessario avere selezionato entrambe le mesh da combinare. In tal caso comparirà un menu popup di sei voci: le prime tre riguarderanno l'esecuzione del comando in modo diretto, ovvero creando un terzo oggetto solido a partire dai due selezionati (senza eliminarli); le altre permetteranno l'assegnazione del modifier all'oggetto attivo, specificando come oggetto complementare nel pannello del modifier il primo oggetto selezionato (non attivo).

Osservando il modifier *Boolean* si notano due soli elementi.

- Il menu a tendina *Operation* che consente di scegliere l'operazione booleana da effettuare.
- Il campo *Object* nel quale si deve specificare l'oggetto complementare per svolgere l'operazione.

Le operazioni booleane possono generare mesh con un alto numero di vertici (Figura 5.8) che talvolta possono risultare poco precise. Suggeriamo pertanto di svolgere più tentativi nel caso di

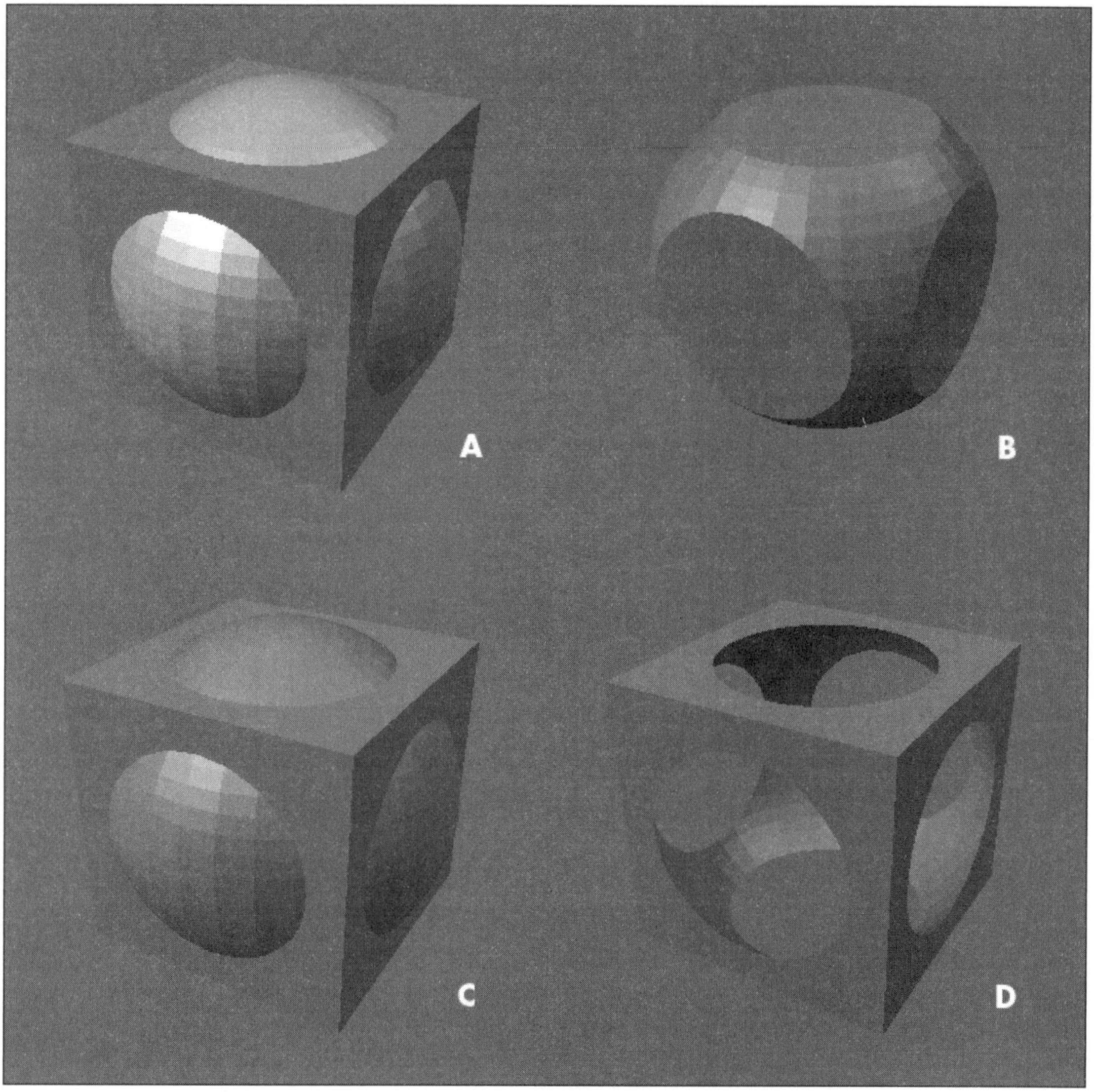

Figura 5.6
I differenti tipi di operazioni booleane disponibili in Blender.
A: i due solidi di partenza,
B: Subtract, C: Add, D: Difference.

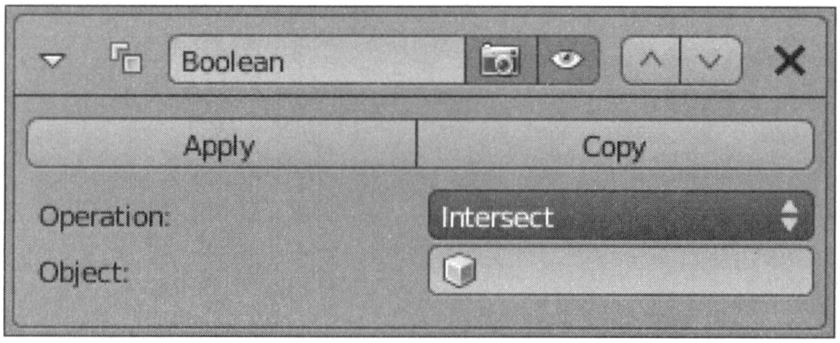

Figura 5.7
Il modifier Boolean.

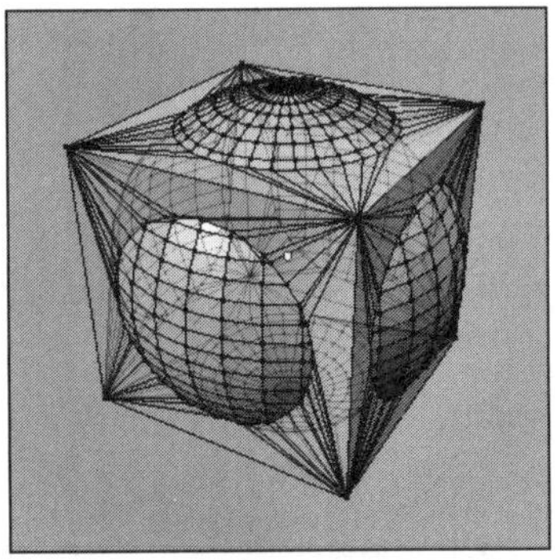

Figura 5.8
La mesh risultante dall'operazione di somma, mostrata in precedenza.

un'operazione che coinvolga oggetti complessi e di impiegare il modifier *Decimate* (presentato più avanti).

Build

Build (Figura 5.9) è un modifier differente rispetto a quelli presentati finora, in quanto la sua applicazione non comporta alcuna modifica alla mesh, bensì l'animazione di comparsa delle sue facce. Gli elementi del pannello sono i seguenti (Figura 5.10).

- *Start*: imposta il frame di partenza dell'animazione.
- *Lenght*: imposta la durata, in frame, dell'animazione di comparsa.
- *Randomize*: rende casuale l'ordine di comparsa degli elementi (che altrimenti seguirebbero l'ordine di creazione).
- *Seed*: determina il grado di casualità con cui compariranno gli elementi adiacenti.

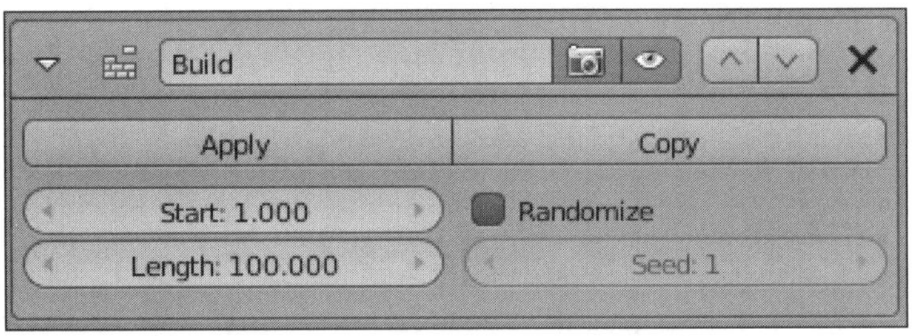

Figura 5.9
Il modifier Build.

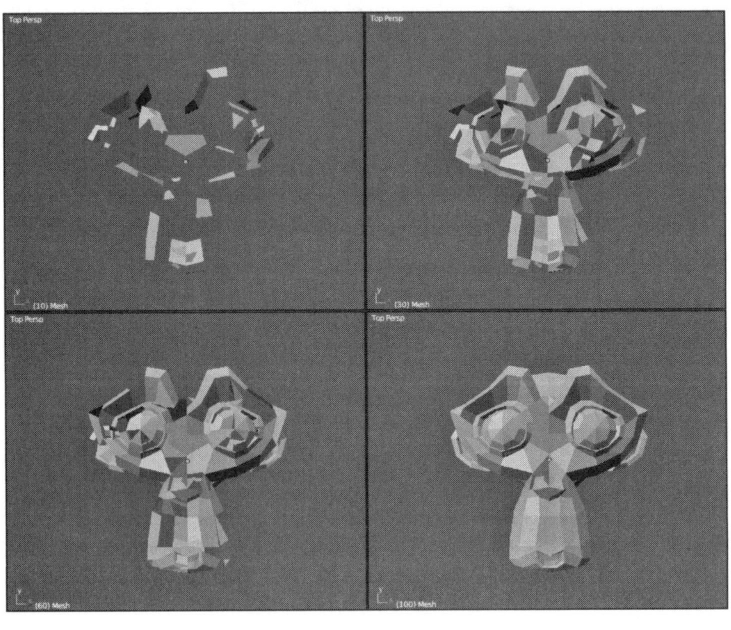

Figura 5.10
Immagini tratte dall'animazione ottenuta impiegando il Build Modifier su una mesh.

Decimate

Il modifier *Decimate* permette di ridurre il numero di facce di una mesh complessa, senza modificarne in modo sensibile l'aspetto. Risulta utile nel caso di mesh fortemente suddivise, mesh complesse risultanti da operazioni booleane e così via (Figura 5.11). L'utilizzo di questo modifier (Figura 5.12) non è ovviamente consigliato nel caso in cui si stia lavorando con mesh accuratamente modellate o preparate per l'animazione, poiché, oltre a modificare il numero di vertici che compongono un oggetto, il modifier renderà triangolari tutte le facce quadrate della mesh.

NOTA

Gli effetti del modifier *Decimate* non sono visibili in *Edit Mode*.

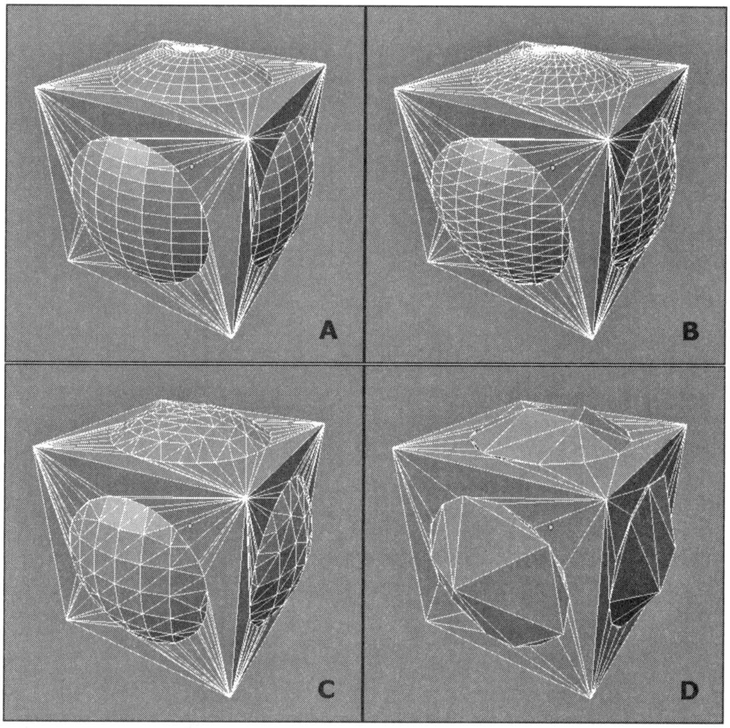

Figura 5.11
Il Decimate Modifier, applicato alla mesh risultante da un'operazione booleana di somma, con Ratio uguale a 1 (A), 0.8 (B), 0.5 (C) e 0.2 (D).

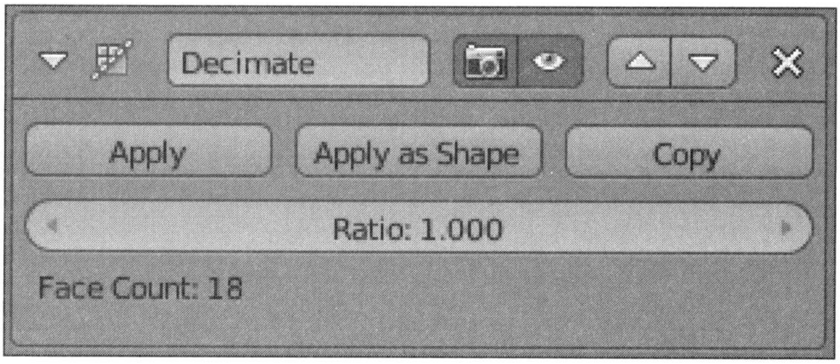

Figura 5.12
Il modifier Decimate.

I parametri del modifier *Decimate* sono i seguenti.

- *Ratio*: indica la percentuale (*1* = 100%, *0* = 0%) di facce da mantenere dopo l'applicazione del modifier. Avvicinandosi progressivamente allo 0 si potrà verificare una sostanziale modifica della struttura della mesh, fino alla totale scomparsa di ogni elemento. Si può fare un buon uso del modifier *Decimate* individuando l'ultimo livello di semplificazione prima che intervengano modifiche strutturali. Fra breve verrà presentato un esempio riguardante questo aspetto.
- *Face count*: indica il numero di facce di cui disporrà la mesh, una volta applicato il modifier.

Mirror

Il modifier *Mirror* (Figura 5.13) svolge la stessa funzione del comando *Mirror*, mantenendo tuttavia invariato l'elemento di partenza e creando un duplicato. In questo modo è possibile modellare oggetti simmetrici creandone solo metà e visualizzandone le modifiche in tempo reale.

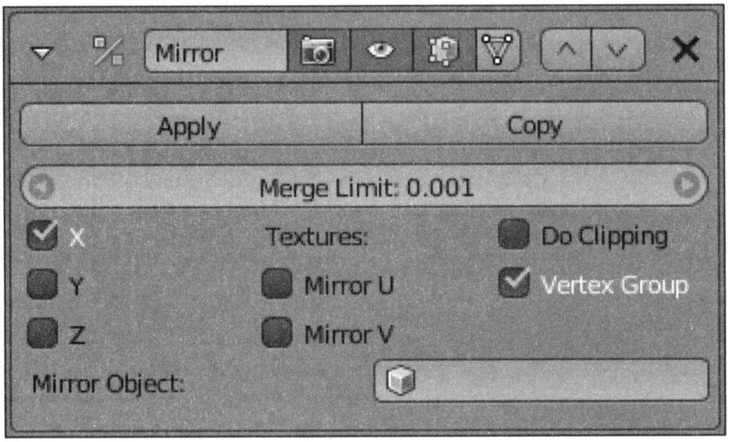

Figura 5.13
Il modifier Mirror.

Le opzioni disponibili nel pannello del modifier sono le seguenti.

- *Merge Limit*: la distanza alla quale i vertici della mesh di partenza si devono trovare rispetto all'asse di simmetria specificato per essere fusi con quelli della mesh specchiata.
- *X*, *Y* e *Z*: gli assi lungo i quali effettuare il *mirroring*. Il punto di origine di questi assi è il centro dell'oggetto.
- *Do Clipping*: questa opzione fa sì che i vertici della mesh originale non possano oltrepassare l'asse di simmetria, rendendo inoltre impossibile lo spostamento dei vertici che si trovano su

uno di essi. L'unico modo per spostare nuovamente i vertici al di fuori degli assi consiste nel disattivare temporaneamente *Do Clipping*.

Le due opzioni collocate sotto la voce *Textures* riguardano invece la modalità di *mirroring* di eventuali texture applicate alla mesh (maggiori dettagli sulle texture vengono forniti nel Capitolo 7). Il campo *Mirror Object* permette di specificare un oggetto presente nella scena, il cui centro verrà impiegato come origine delle coordinate per il mirroring, in sostituzione alle coordinate globali.

SubSurf

Il funzionamento del modifier *SubSurf* (Figura 5.14) è stato illustrato nel capitolo precedente. Ne presentiamo solamente un'immagine e un breve riepilogo dei controlli.

- *Subdivision Type*: scelta dell'algoritmo di suddivisione. *Catmull-Clark* (tradizionale) e *Simple Subdiv.* (effettua solo una suddivisione della mesh).
- *Preview*: il livello di suddivisione all'interno di visualizzazione nell'interfaccia.
- *Render*: il livello di suddivisione in fase di rendering.
- *Optimal Display*: ottimizza la visualizzazione della mesh suddivisa.
- *Subsurf UV*: usa il subsurf per determinare le coordinate UV.

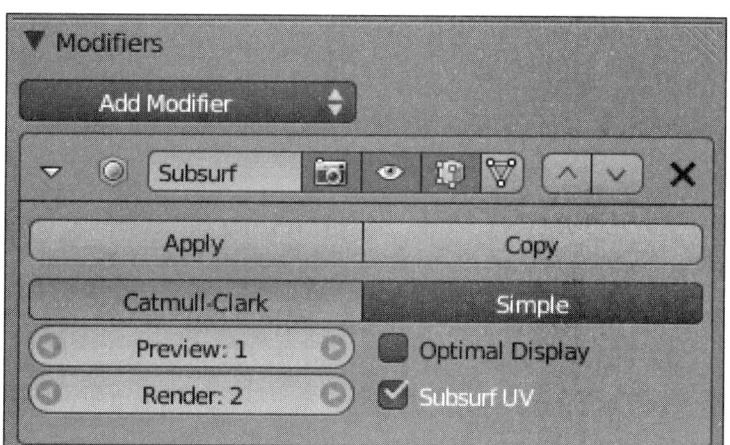

Figura 5.14
Il modifier SubSurf.

Screw

Nel capitolo precedente si è anticipato che questo modifier permette di svolgere la stessa operazione, l'avvitamento, in modo più interattivo e non distruttivo. Ora vediamone i comandi.

- *Axis*: dropdown che permette la scelta dell'asse delle coordinate locali dell'oggetto lungo le quali effettuare l'avvitamento.
- *AxisOb*: in questo campo è possibile specificare un altro oggetto presente nella scena, il cui asse delle coordinate locali verrà impiegato in sostituzione a quello originale.
- *Screw*: determina la lunghezza dell'avvitamento, in unità di Blender.
- *Object Screw*: distattiva il valore del contatore *Screw* e determina la lunghezza dell'avvitamento in base alla posizione dell'oggetto specificato nel campo *AxisOb* (come nel caso del comando *Screw* visto nel capitolo sulla modellazione). Nel caso in cui non sia stato specificato un oggetto in *AxisOb*, l'opzione non sarà disponibile.
- *Angle*: angolo di avvitamento.
- *Steps* e *Render Steps*: rispettivamente il numero di passi (e quindi di copie dell'oggetto avvitato) presenti nella vista 3D e visibili durante il rendering. Nel caso di superfici continue, maggiore sarà il numero, migliore sarà la continuità della superficie.
- *Calc Order* e *Flip*: sono opzioni avanzate riguardanti gli oggetti mesh.
- *Iterations*: è il contatore con cui indicare il numero di ripetizioni dell'avvitamento.

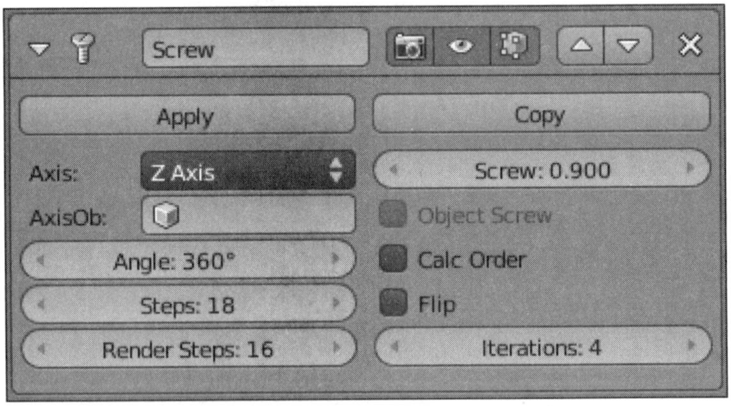

Figura 5.15
Il modifier Screw.

I modifier Deform

Passiamo ora ai modifier *Deform*, il cui scopo, come suggerisce il nome, è la deformazione di un oggetto.

Armature

Il modifier *Armature* (Figura 5.16) permette l'associazione di un oggetto "armature" a un altro oggetto. Tramite una armature si è grado di controllare e animare in modo preciso i vertici della mesh, oppure i differenti oggetti che compongono un gruppo. Tale tecnica viene impiegata in prevalenza nella character animation dove, sia visivamente, sia funzionalmente, la armature può essere associata a uno scheletro. Maggiori dettagli al riguardo verranno forniti nel Capitolo 9, dedicato all'animazione.
Gli elementi specifici del modifier sono i seguenti.

- *Object*: permette di specificare l'oggetto armature da associare per la deformazione.
- *Vertex Group*: permette di definire un gruppo limitato di vertici che subirà l'influenza dell'armature.
- *Invert*: inverte l'influenza dei vertici definiti tramite *VGroup*.
- *Bind To:* opzioni per definire la connessione tra l'*Armature* e l'oggetto cui viene assegnato il modifier.
- *Deformation:* opzioni avanzate per definire il metodo di deformazione di un oggetto mesh.

In generale, le funzioni appena elencate non possono essere facilmente comprese e applicate se non si impiegano effettivamente una mesh e un'*Armature*. Si farà riferimento a questo modifier nel Capitolo 9.

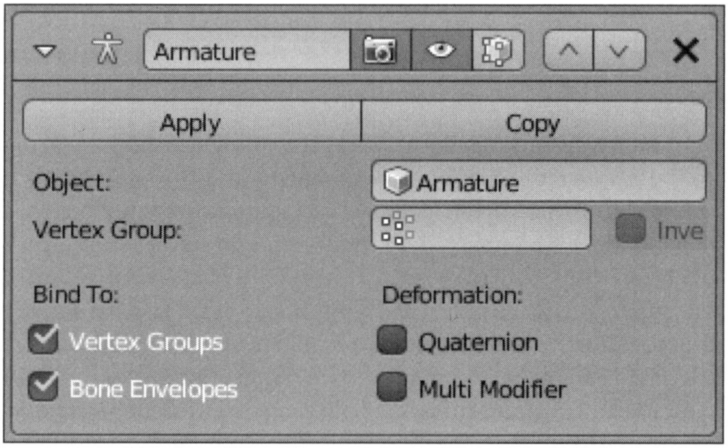

Figura 5.16
Il modifier Armature.

Smooth

Anche questo modifier ripropone il comando *Smooth* (Figura 5.17) del menu *Specials* in *Edit Mode*, rendendo gli angoli tra facce

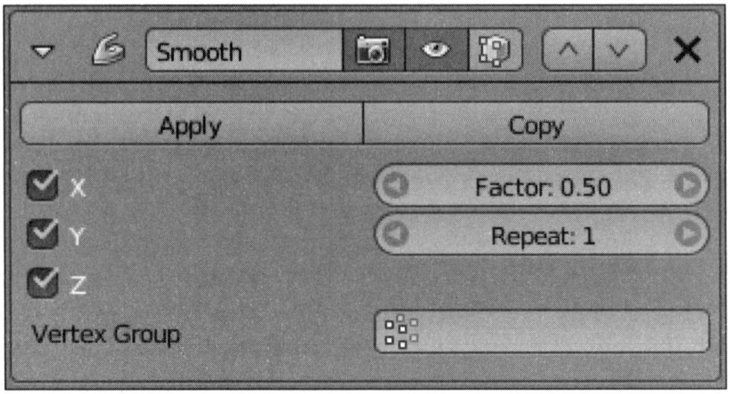

Figura 5.17
Il modifier Smooth.

adiacenti il più possibile ottusi, ma offrendo maggiore controllo. Tutto sarà più chiaro osservando le opzioni.

- *X*, *Y* e *Z*: abilitano/disabilitano il modifier in direzione degli assi indicati.
- *Factor*: determina il livello di smoothing, in una scala di valori dove *0* ha effetto nullo, mentre *0.5* equivale al comando *Smooth* del menu *Specials*. Questa scala può tuttavia estendersi oltre, sia in positivo sia in negativo.
- *Repeat*: indica il numero di ripetizioni del comando (come se lo si applicasse più volte tramite il menu *Specials*).
- *VertexGroup*: permette di definire un gruppo di vertici all'interno della mesh, che subirà gli effetti dello *Smooth*, lasciando inalterati gli altri elementi.

Hook

NOTA

Se la struttura della mesh varia quanto a numero di vertici (cancellazione o aggiunta), sarà necessario applicare nuovamente l'hook.

Un *hook modifier* (o meglio un *hook*, che in inglese significa "gancio") è un oggetto che viene imparentato a uno o più vertici di una mesh, curva o superficie, in *Edit Mode*. In questo modo è possibile pendere il controllo della mesh in modo simile a una armatura o una shape key (concetti che verranno chiariti più avanti).
È possibile assegnare un vertice a più hook; in tal caso, un sistema di pesi (valori) permetterà di determinare il livello di influenza che ciascun hook eserciterà sul vertice o sui vertici in comune. Gli hook nascono soprattutto come oggetti per effettuare animazione, infatti sono animabili, come ogni altro oggetto dello spazio 3D, e grazie al loro legame di parentela attribuito in *Edit Mode* con gli elementi di un oggetto, trasferiscono l'animazione anche su di essi.

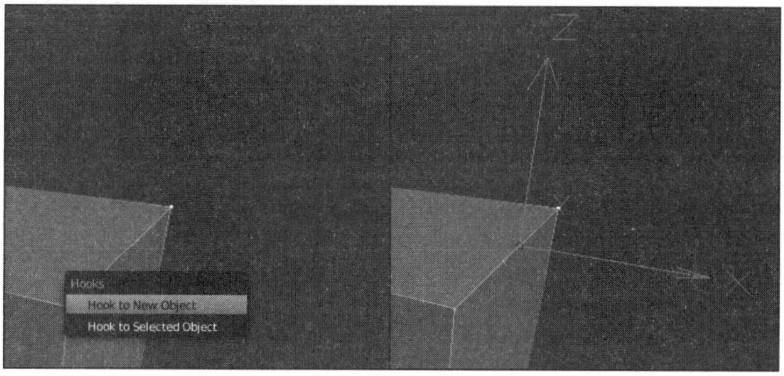

L'assegnazione e la gestione di un hook può avvenire in due modalità complementari (a differenza delle operazioni booleane).

- In *Edit Mode*, selezionando i vertici che si desiderano controllare e premendo *Ctrl-H*.
- Assegnando un modifier *Hook* (ciò è possibile sia in *Edit Mode*, sia in *Object Mode*).

NOTA

È possibile selezionare un oggetto mentre ci si trova in ***Edit Mode*** di un altro oggetto, impiegando ***Ctrl***-tasto destro del mouse.

Nel primo caso comparirà il menu popup *Hooks*, che propone le opzioni *Add New Empty* e *Add To Selected Object*.
Il fatto che entrambe le voci inizino con "*Add*", si riferisce al fatto che questi comandi aggiungeranno all'oggetto un nuovo hook; ciò che segue la parola *Add* indica quale sarà l'oggetto hook.

- *New Empty*: si tratterà appunto di un *empty*, che si posizionerà nel punto medio della selezione cui si assegna l'hook.
- *To Selected Object*: previa selezione di un altro oggetto, lo si specificherà come oggetto per effettuare l'*hooking*.

Una volta assegnato un hook a uno o più elementi, se si richiama nuovamente il menu *Hooks* (*Ctrl-H*) si noteranno quattro nuove voci (Figura 5.18).

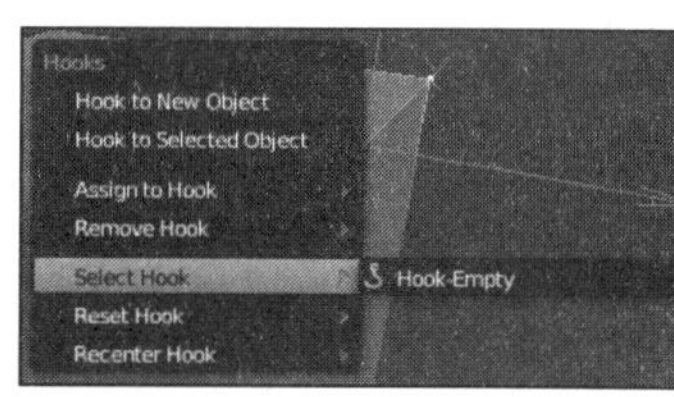

Figura 5.18
Il menu Hooks, richiamato dopo che alla mesh è stato assegnato almento un hook.

- *Remove*: carica un altro menu tramite il quale si possono rimuovere selettivamente gli hook assegnati a un elemento.
- *Reassign*: carica un menu che mostra gli hook assegnati all'oggetto. Facendo clic su un menu, si imparenta la selezione allo stesso.
- *Select*: seleziona i vertici associati a un determinato hook (selezionabile nel menu popup che compare).
- *Clear Offset*: reinizializza l'influenza che ha un hook associato ai vertici selezionati.

Nel caso dell'aggiunta di un modifier, i comandi appena elencati saranno raggiungibili all'interno del relativo pannello. Nel caso del modifier vengono aggiunte ulteriori funzionalità al comando, non accessibili direttamente dai menu della vista 3D.

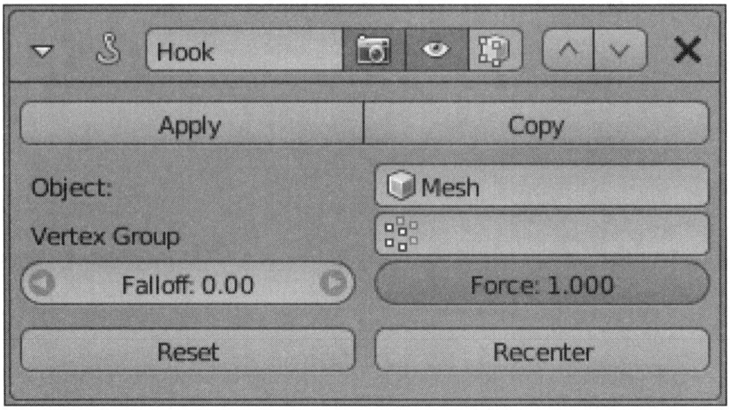

- *Falloff*: indica la distanza di influenza dell'hook. Attribuendo un valore superiore a *0* sarà possibile ottenere un effetto simile a quello dell'editing proporzionale.
- *Force*: nel caso in cui più hook vengano assegnati a uno o più vertici, questa opzione permette di determinare il loro livello di influenza sui vertici.
- *Object*: il nome dell'oggetto che fa da hook.
- *Reset*: reinizializza la struttura della mesh, lasciando l'hook nella sua posizione.
- *Recenter*: sposta il centro dell'hook nel punto in cui si trova il cursore 3D.
- *Select* (disponibile solo in *Edit Mode*): seleziona i vertici influenzati dall'hook.
- *Reassign* (disponibile solo in *Edit Mode*): assegna all'hook i vertici selezionati.

Curve

Questo modifier applica una deformazione a un oggetto, mettendolo in relazione con una curva. Le opzioni disponibili non sono molte (Figure 5.19 e 5.20).

- *Object*: il nome della curva che si desidera impiegare per la deformazione.
- *Vertex Group*: il nome del gruppo di vertici dell'oggetto che deve essere influenzato dalla curva (facoltativo).
- *Deform Axis - X, Y, Z, -X, -Y* e *-Z*: gli assi (relativi all'oggetto cui viene applicato il modifier) lungo i quali avverrà la deformazione, in relazione alla deformazione della curva.

Figura 5.19
Una mesh deformata tramite una curva.

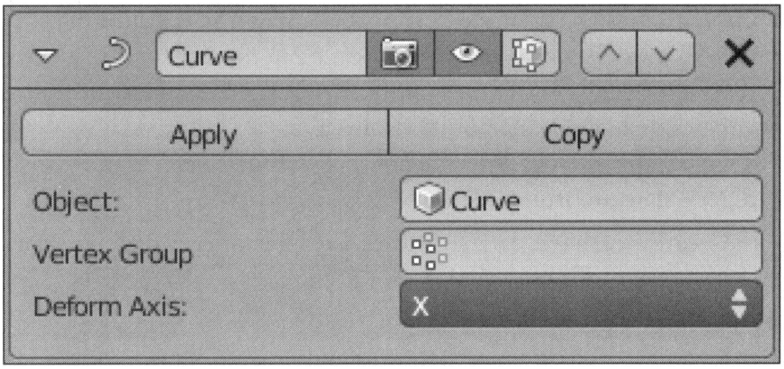

Figura 5.20
Il pannello del modifier Curve e una sua applicazione.

Lattice

Questo modifier non svolge alcuna funzione specifica di per sé. Semplicemente mette in relazione un oggetto (prenderemo come esempio una mesh) con un oggetto chiamato *lattice* (Figura 5.21). Il lattice è un oggetto non renderizzabile costituito da una gabbia di vertici, il cui numero e la cui distribuzione sono editabili nell'apposito pannello *Lattice* nel contesto di editing. Mettendo in relazione un qualsiasi oggetto con un lattice, è possibile trasferire all'oggetto le modifiche fatte al lattice, senza dover intervenire direttamente su di esso (Figura 5.22).

Figura 5.21
Il modifier Lattice.

Figura 5.22
Un Lattice in azione.

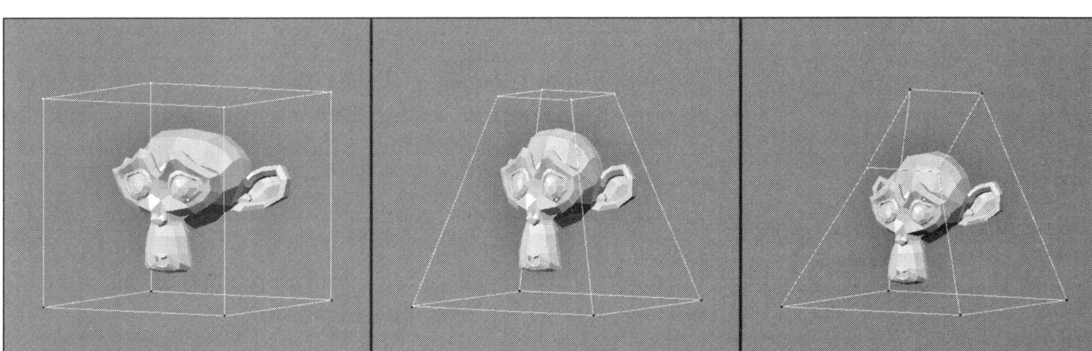

L'impiego di oggetti lattice comporta vantaggi in termini di semplicità di modellazione, in quanto non è più necessario intervenire direttamente sulla mesh, per apportare deformazioni strutturali e la qualità delle deformazioni è molto alta.

Per far sì che un modifier *Lattice* possa funzionare è necessario svolgere le seguenti operazioni.

- Creare l'oggetto da modificare (in questo caso un cubo fortemente suddiviso).
- Creare l'oggetto lattice.
- Cambiare la scala dell'oggetto lattice, assicurandosi che sia in grado di contenere l'oggetto da deformare.
- Suddividere il lattice tramite l'apposito pannello (presentato in seguito).
- Assegnare un modifier *Lattice* all'oggetto da deformare e specificare il nome dell'oggetto lattice nel campo *Object*.

Poco fa abbiamo detto che è possibile gestire la suddivisione del lattice all'interno dell'apposito pannello (raggiungibile tramite il pulsante nell'intestazione della finestra *Properties*). Vediamo ora gli elementi in esso contenuti.

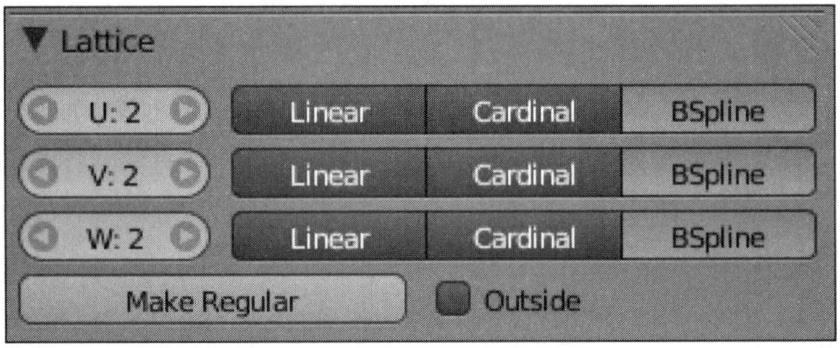

U, *V* e *W* indicano il sistema di coordinate del lattice (sono come X, Y e Z, soltanto dotate di un altro nome). Il numero a esse associato determina il numero di suddivisioni lungo quella dimensione.

I pulsanti *Linear*, *Cardinal* e *BSpline* indicano i metodi di interpolazione tra i punti di suddivisione lungo un asse e significano rispettivamente che verrà eseguita un'interpolazione *lineare*, *cardinale* o *B-Spline*.

Il pulsante *Make Regular* modifica la struttura del lattice, facendo in modo che sia composta da cubi dalle dimensioni equivalenti.

L'opzione *Outside* rende visibili (e tiene presente nel calcolo delle deformazioni) solo i vertici esterni del lattice.

NOTA

Non è possibile effettuare modifiche ai parametri del pannello ***Lattice*** se ci si trova in ***Edit Mode*** del lattice.

Wave

Siamo giunti all'ultimo modifier, il cui principio è simile a quello di *Build*. Si tratta infatti di un modifier in grado di animare l'oggetto cui viene assegnato, come se si trattasse di un'onda (Figura 5.23). La direzione di propagazione dell'onda è costituita dagli assi *X* e *Y*; prendiamo visione delle numerose opzioni del pannello (Figura 5.24).

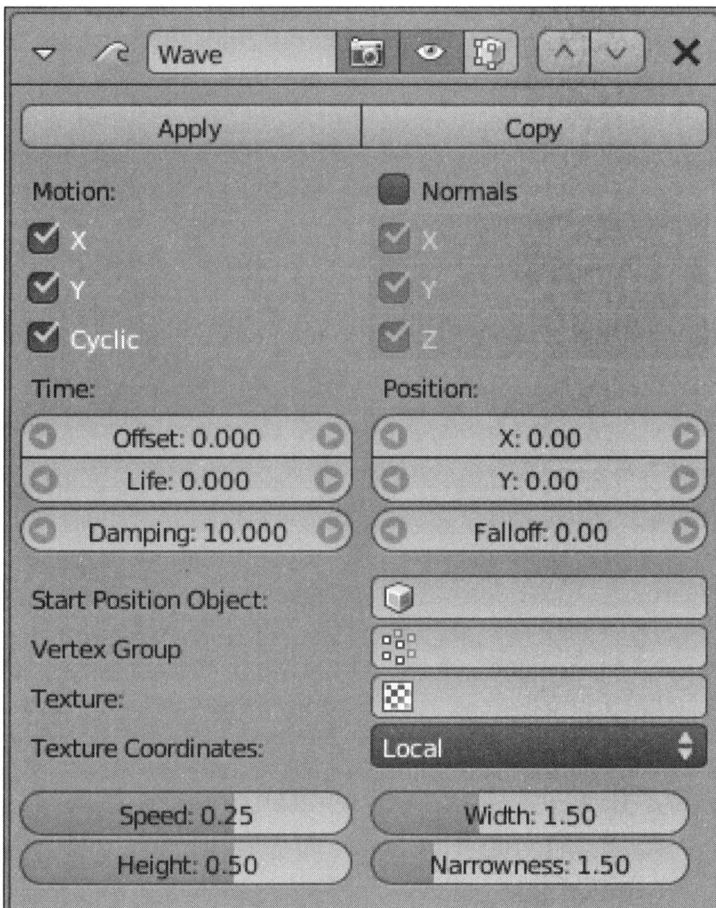

Figura 5.23
Il modifier Wave.

- *X* e *Y*: permettono di specificare gli assi lungo i quali si propagherà l'onda.
- *Cyclic*: rende ciclica l'onda (altrimenti l'animazione avverrebbe una volta soltanto).
- *Normals* (funziona solo con oggetti mesh): impiega la normale delle facce come "asse Z" dell'onda.

NOTA

Nel prossimo capitolo verranno presentati maggiori dettagli riguardo l'applicazione di texture a un oggetto e gli effetti ottenibili.

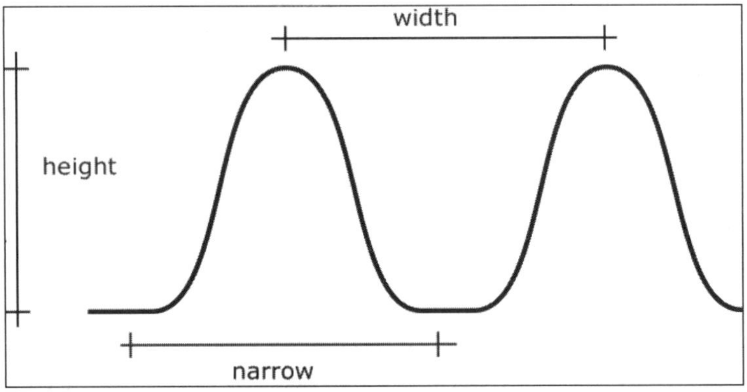

Figura 5.24
Illustrazione dei termini impiegati nel pannello del Wave Modifier per definire l'onda.

- *Time*: il frame della scena in cui deve iniziare l'animazione.
- *Life*: il numero di frame per cui si desidera sia estesa l'animazione (*0* = infinito)
- *Damping*: il periodo di inerzia dell'onda (se viene specificato un valore per *Life*).
- *Position - X* e *Y*: valori di traslazione del punto di origine dell'onda, a partire dal centro dell'oggetto.
- *Start Position Object*: permette di specificare un oggetto come punto di origine dell'onda
- *Vertex Group*: il gruppo di vertici che si vuole venga influenzato dal modifier.
- *Texture*: tramite una specifica texture è possibile specificare quali parti dell'oggetto si vogliono sottoporre all'influenza del modifier.
- *Texture Coordinates*: un menu a tendina che permette di determinare il sistema di coordinate da impiegare per l'applicazione della texture appena menzionata.
- *Speed*: la velocità dell'onda, misurata in unità/frame.
- *Height*: l'altezza dell'onda, misurata in unità.
- *Width*: la distanza (misurata in unità), tra i picchi di due onde diverse (esistono se l'opzione *Cyclic* è attivata). Questo valore va determinato tenendo in considerazione *Narrowness*.
- *Narrowness*: la larghezza complessiva del periodo di un'onda.

NOTA

I valori di ***Speed***, ***Height***, ***Width*** e ***Narrowness***, espressi in unità di Blender, seguono i valori di trasformazione dell'oggetto. Se esso viene scalato (e la trasformazione non viene applicata) e raddoppia di dimensioni, anche i valori dell'onda raddoppiano.

Conclusioni

In questo capitolo abbiamo preso confidenza con una serie di strumenti che offrono una straordinaria flessibilità (grazie alle innumerevoli possibilità di modifica e combinazione) nel processo creativo e che si prestano molto bene a un uso sperimentale. Nonostante possa sembrare difficile trovare un'applicazione pratica a modifier come *Build*, *Curve* o *Wave*, capiterà sicuramente un'occasione in cui si riveleranno insostituibili.

Capitolo 6

Luce e ombra

In questo capitolo

- **Illuminazione naturale**
- **Illuminazione artificiale**
- **Le luci**
- **Le ombre**
- **Point**
- **Area**
- **Spot**
- **Hemi**
- **Sun**
- **Altre tecniche di illuminazione**
- **Conclusioni**

L'illuminazione costituisce un aspetto di vitale importanza per la creazione di immagini 3D. Concettualmente la si può collocare nell'ambito del processo di rendering, anche se allo stesso tempo si trova in stretta relazione con la definizione di materiali e texture di un oggetto.

Molto spesso, chi si avvicina al mondo della computer grafica tende a sottovalutare l'importanza di una buona illuminazione, in quanto la nostra esperienza quotidiana ci porta a pensare che per illuminare una scena sia sufficiente anche una sola sorgente luminosa. Nel mondo reale ciò accade ma, come sappiamo, i computer non sono in grado di simulare nativamente la realtà. Questo fatto comporta un vantaggio e uno svantaggio.

- Lo svantaggio è costituito dal fatto che per ottenere un'illuminazione fotorealistica dobbiamo avere approfondite conoscenze delle tecniche di illuminazione, rendering e creazione dei materiali all'interno del nostro software (Blender, come qualsiasi altro software).
- Il vantaggio è che possiamo andare oltre il fotorealismo, creando immagini stilizzate o concettuali, oppure cercando il sottile equilibrio tra questi due mondi.

Proviamo ad andare oltre al concetto di fotorealismo. Indipendentemente dal tipo d'immagine che vogliamo realizzare (che sia un oggetto, un personaggio in movimento, un ambiente e così via), dobbiamo averne in mente un'idea il più possibile definita, andando oltre il semplice pensiero riguardante le sue caratteristiche morfologiche e concentrandoci sul punto di osservazione. Come comportarsi quindi? Qual è il giusto approccio al problema dell'elaborazione di un'immagine da noi percepita come tridimensionale, per giungere a una inequivocabilmente bidimensionale?

Questo problema non esiste solo nel mondo virtuale della computer grafica. Esiste anche nella realtà: si chiama fotografia.

Il termine fotografia va inteso nel senso più generico del termine, slegato dal medium di destinazione (CCD, rullino fotografico, pellicola cinematografica) e incentrato su concetti come composizione e illuminazione. Questi aspetti costituiscono un argomento teorico estremamente ampio, che esula parzialmente dalle nostre trattazioni e costituisce uno degli esempi più chiari del rapporto (e della differenza) tra software/strumento e arte. La conoscenza dei parametri di ogni lampada presente in Blender non ci permetterà necessariamente di realizzare un'immagine interessante, se non disponiamo di alcune conoscenze fondamentali sulle tecniche di illuminazione. A tale scopo presentiamo alcuni esempi, confrontando il posizionamento e le proprietà delle sorgenti luminose con l'immagine risultante (Figura 6.1).

Illuminazione naturale

Con *illuminazione naturale* intendiamo le condizioni luminose di situazioni a noi ben note, nella vita quotidiana, per esempio la luce del sole a mezzogiorno, quella che giunge all'interno di una stanza dotata di ampie finestre, quella (molto debole) della volta celeste durante la notte e così via.

Se consideriamo il sole come sorgente luminosa (sia in ambienti esterni sia in interni) possiamo dire che esso produce un'illuminazione variabile a seconda delle condizioni meteorologiche: in una giornata coperta, vi sarà un effetto di marcata diffusione (illuminazione omogenea, quasi priva di ombre), mentre con il cielo sereno, saranno presenti ombre molto marcate (il tutto secondo il trascorrere delle ore di una giornata). Sempre parlando delle ombre, possiamo dire che quelle proiettate dagli oggetti illuminati dalla luce solare diretta sono tra loro parallele, in quanto, data la grande distanza che separa la terra dal sole (e le dimensioni del sole rispetto alla terra), i raggi del sole possono essere approssimativamente considerati paralleli.

Illuminazione artificiale

Una seconda categoria di sorgenti luminose è costituita dalle luci artificiali (lampadine, fari e così via). In tal caso le fonti di illuminazione sono puntiformi oppure direzionali, offrendo la possibilità di creare immagini più espressive, dato il basso livello di diffusione luminosa, che lascia più spazio alle ombre.

Le caratteristiche illustrate finora sono riproducibili all'interno di un software 3D come Blender (come detto in precedenza, stia-

Figura 6.1
Le due immagini esemplificano due diversi tipi di illuminazione.
A: sole, raggi paralleli;
B: luce puntiforme.

mo parlano del *motore di rendering* del software); esiste tuttavia un aspetto fondamentale riguardante i calcoli di un'illuminazione la cui resa risulta estremamente problematica: l'illuminazione diffusa. Quando nella realtà la luce colpisce un oggetto, esso (a seconda delle proprietà fisiche della sua superficie) ne assorbe una parte, mentre il resto viene respinto e inizia a viaggiare in direzione approssimativamente opposta a quella di provenienza (per la precisione con angolo pari e verso opposto a quello della superficie colpita), colpendo e quindi illuminando oggetti che inizialmente non erano illuminati.

La tecnica per rendere questo fenomeno è chiamata *Global illumination* e attualmente non è disponibile all'interno di Blender in modo nativo, ma solo attraverso motori di rendering esterni, come Luxrender (`www.luxrender.net`). Un breve approfondimento al riguardo è disponibile alla fine di questo capitolo.

Prima di iniziare un'introduzione alle fondamentali tecniche di illuminazione, per poi passare a descrivere gli strumenti relativi alla luce, introduciamo due termini inerenti l'argomento tramite la Figura 6.2.

Nell'illustrazione è possibile notare la presenza due tipi di ombra: l'ombra propria, ossia la parte di oggetto che non viene colpita dalla luce e quindi rimane in ombra, e l'ombra portata, cioè la parte di spazio che non può essere colpita dalla luce in quanto si trova dietro all'oggetto.

Tecniche di illuminazione

Vediamo ora le tecniche di illuminazione più comuni, (impiegate spesso in uno studio fotografico o in un teatro) e i risultati con esse ottenibili. In alcuni casi queste tecniche sono volte a simulare un'illuminazione naturale; in altri casi consistono in una pura e astratta manipolazione della luce, volta a suscitare sensazioni nella mente dell'osservatore.

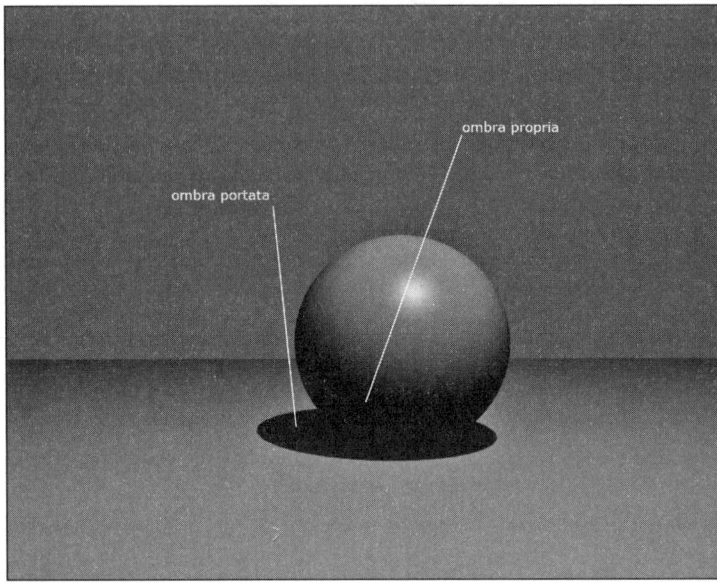

Figura 6.2
Esempio di ombra propria e ombra portata.

Illuminazione a tre punti

Questa tecnica è sicuramente una delle più semplici ed efficaci, e quindi una delle più utilizzate. Grazie ad essa è possibile ottenere un'ottima resa dei volumi di un oggetto, illuminando in modo realistico anche l'ambiente circostante. Il principio di questa tecnica viene usato soprattutto per i ritratti fotografici e per il rendering di prodotti, oggetti e così via.

Come il nome suggerisce, per illuminare la nostra scena faremo uso di tre lampade. Ciascuna di esse ha un nome convenzionalmente assegnato.

- *Key light* (luce chiave): la luce principale, che mette in risalto le superfici più importanti del soggetto.
- *Fill light* (luce di riempimento): permette di evitare l'effetto di "appiattimento" del soggetto che si avrebbe altrimenti, definendone al meglio i volumi e attenuando le ombre della luce chiave. La luce di riempimento deve avere un'intensità minore della luce chiave, altrimenti il suo effetto benefico svanirebbe, facendoci tornare alla situazione di partenza. Un altro scopo tipico della fill light nella computer grafica è quello di simulare il rimbalzo della luce emessa dalla key light, come avviene in modo naturale nella realtà.
- *Back light* (retroilluminazione): serve a marcare il distacco tra il soggetto e lo sfondo. Nella maggior parte dei casi la necessità di questa luce è relativa. Risulta utile invece nei particolari casi in cui si dispone di un soggetto scuro su sfondo altrettanto scuro.

Per quanto riguarda il posizionamento delle luci, esse vanno disposte in modo complementare, come si può vedere nella Figura 6.3. Intuitivamente, l'ordine di disposizione è lo stesso con cui sono state presentate le lampade.

Illuminazione direzionale

Passiamo ora all'illuminazione direzionale. Le immagini che seguono mostrano un soggetto illuminato da una singola lampada, posizionata in diversi punti rispetto al soggetto stesso. Questi punti sono piuttosto estremi, per rendere gli esempi più chiari.
Le tecniche di illuminazione direzionale vengono impiegate molto spesso in campo teatrale, in quando permettono di ottenere immagini contrastate e drammatiche. Esistono fondamentalmente tre modi per illuminare un soggetto e ciascuno di essi porta a diversi risultati (Figura 6.4).

- Dall'alto (a pioggia): crea un'atmosfera incombente e misteriosa, mettendo in risalto solo alcuni tratti del soggetto.
- Dal basso: completamente innaturale, contribuisce alla creazione di un'atmosfera sinistra ed evocativa.

NOTA

Si sarà notato che viene posto molto accento sulla luce riflessa dalle superfici. Si tratta in effetti di uno degli aspetti che conferiscono realismo e naturalezza al soggetto, come se lo si stesse osservando in condizioni ottimali alla luce del sole.

Figura 6.3
Illuminazione a tre punti.
A: Key light; B: Fill light;
C: Back light.

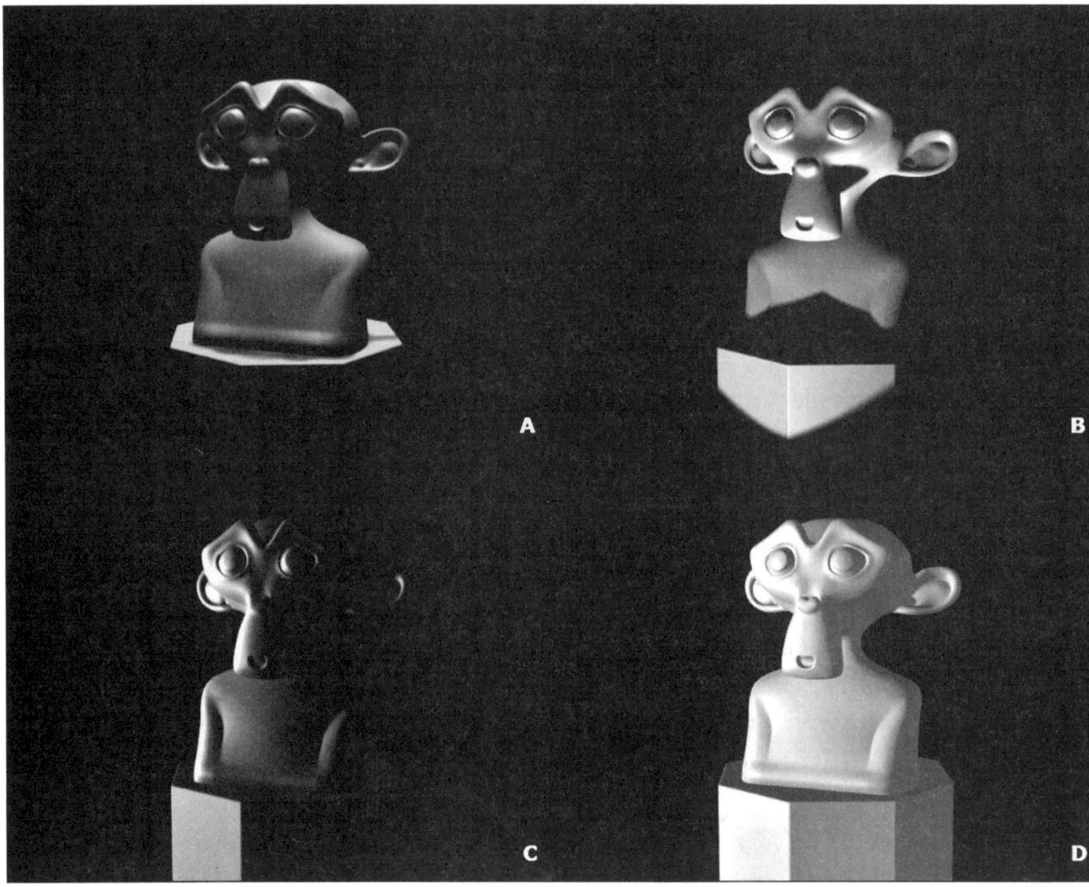

Figura 6.4
Tre differenti tipi di illuminazione. A: pioggia; B: dal basso; C: taglio; D: illuminazione a tre punti.

- Di lato (taglio): permette di ottenere l'effetto più drammatico, in quanto mette in risalto le linee essenziali del soggetto, facendone emergere il volume dell'oscurità.

Naturalmente tutte le tecniche indicate possono essere tra loro combinate al fine di ottenere il risultato desiderato e creare la giusta atmosfera. A tale proposito continuiamo il nostro percorso analizzando un altro aspetto della luce: il colore.

I colori della luce

Questa sezione costituisce una brevissima introduzione al significato e all'uso dei colori della luce. Riguardo a questo argomento è possibile effettuare innumerevoli approfondimenti cercando in una libreria testi o manuali di fotografia, tecniche cinematografiche, tecniche di illuminazione, pittura e così via.
Iniziamo dicendo che *la luce non è bianca*. Essa, infatti, *tende* al bianco, ma dispone sempre di una dominante proveniente da una

progressione cromatica che si estende dal blu (il punto dello spettro elettromagnetico la cui frequenza visibile è la più alta, vicina all'ultravioletto) al rosso (il punto dello spettro elettromagnetico la cui frequenza visibile è la più bassa, vicina all'infrarosso). Osservando questa dominante è possibile determinare la *temperatura colore* della luce, anticipando che ciò non avviene come ci si potrebbe aspettare intuitivamente. Più una luce tende al rosso o al giallo (e appare calda), più la sua temperatura colore è bassa, mentre più tende al verde e all'azzurro, più la sua temperatura è alta.
Un esempio significativo è costituito dal sole. In un mezzogiorno estivo non riusciamo a sopportarne la vista (anche se intuiamo che la sua luce è di un giallo estremamente chiaro e brillante) e possiamo sentirne il calore bruciante sulla pelle, mentre al tramonto possiamo osservarlo diventare sempre più rosso e spento, senza più sentirne il calore.
Come nota conclusiva a questa introduzione, invitiamo a osservare con attenzione le opere fotografiche, cinematografiche e pittoriche, poiché in queste arti la luce prende vita e racconta qualcosa che possiamo imparare.

NOTA

La temperatura colore si misura in gradi Kelvin (K) e lo spettro a noi visibile si estende da circa 2000 K a 16000 K. La luce di una lampadina a incandescenza da 100W ha una temperatura di circa 2900 K; la luce del sole a mezzogiorno ha una temperatura di circa 5400 K e la luce del cielo va dai 10000 K ai 18000 K.

Le luci

Vediamo ora l'insieme di strumenti messi a disposizione da Blender per creare effetti di illuminazione, ovvero le lampade.
Prima però è bene sapere che esistono due ulteriori aspetti che riguardano la resa dell'illuminazione: le caratteristiche di un materiale (il suo comportamento rispetto alle sorgenti luminose) e il motore di rendering impiegato.
Questi due aspetti sono affrontati in capitoli specifici. Per ora ci concentreremo sulle lampade, cioè gli oggetti in grado di emettere luce, posizionabili nello spazio 3D. Successivamente parleremo di altre tecniche di illuminazione, come per esempio l'ambient occlusion e la GI (Global Illumination).

Le lampade

Per aggiungere una lampada a una scena, si deve usare il menu *Add* (*Maiusc-A*), scegliendo una voce del menu *Add Object* > *Lamp* (Figura 6.5). In questo menu sono presenti i cinque diversi tipi di lampade messi a disposizione da Blender.

- *Point*: una semplice lampada puntiforme/omnidirezionale.
- *Spot*: una luce direzionale.

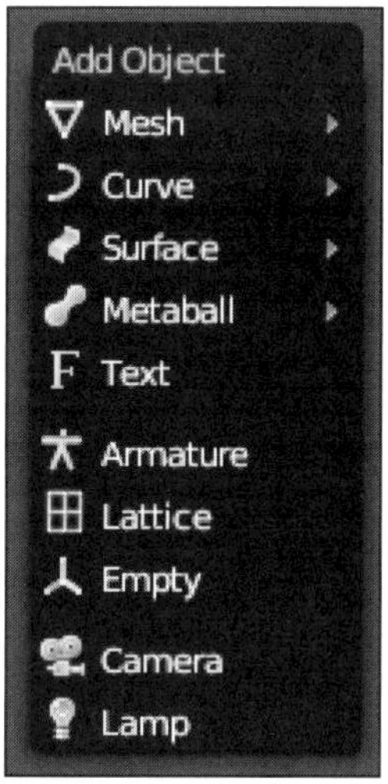

Figura 6.5
La voce Lamp, all'interno del menu Add Object.

- *Area*: una sorgente luminosa costituita da una superficie, anziché da un punto.
- *Hemi*: simula una sorgente luminosa molto grande, come se una cupola emisferica (hemi) avvolgesse gli oggetti della scena.
- *Sun*: simula una luce puntiforme situata a grande distanza (sole).

Tutto ciò che riguarda i parametri di impostazione e gestione delle lampade è situato nei contesti *Light* e *Texture* (Figura 6.6).

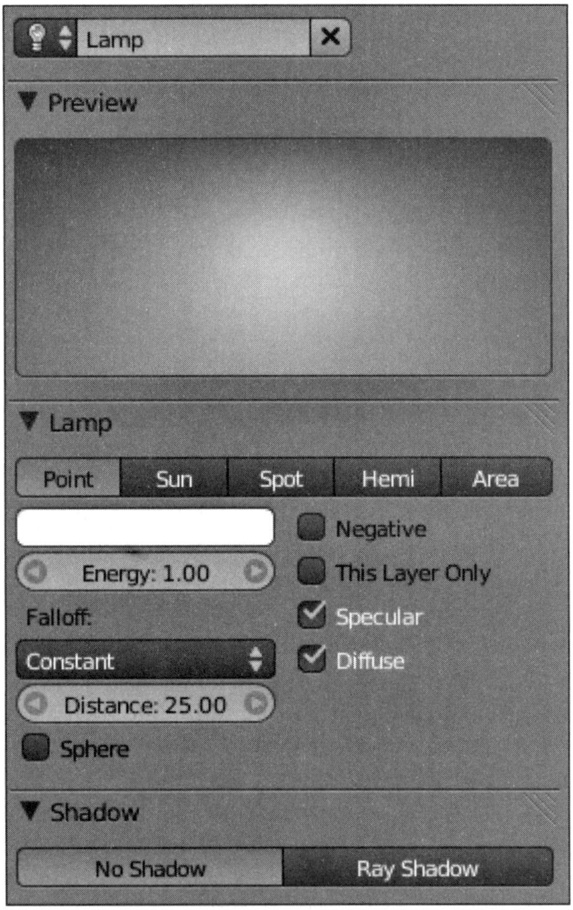

Figura 6.6 Alcuni pannelli presenti nel contesto Light.

Il pannello *Preview* fornisce un'anteprima dell'effetto di illuminazione prodotto dalla lampada, mentre il pannello *Lamp* permette di cambiarne il tipo, attraverso cinque pulsanti recanti il nome delle rispettive lampade.
Anche le proprietà relative alla modalità di illuminazione di una lampada si trovano nel panello *Lamp*. Presentiamone ora due, comuni a tutti i tipi di lampada.

- *Light Color*: il colore della luce (impostabile tramite la tavolozza).
- *Energy*: l'intensità della luce.

Esiste un altro parametro, presente solo nelle lampade *Point*, *Spot* e *Area*: *Distance*, ovvero la distanza dal centro della lampada entro cui l'intensità della luce si dimezza (Figura 6.7).

È necessario puntualizzare che *Distance* deve essere considerato in relazione a un altra variabile: il *falloff*. Il falloff si determina tramite il menu a tendina chiamato *Falloff* e il suo scopo è quello di definire il decadimento dell'intensità luminosa nello spazio. Le spiegazioni che si trovano dietro i nomi *Constant*, *Inverse Square*, *Inverse Linear* e *Lin/Quad Weighted* sono piuttosto tecniche e complesse; pertanto ci limiteremo a fornire degli esempi rappresentativi (Figura 6.8).

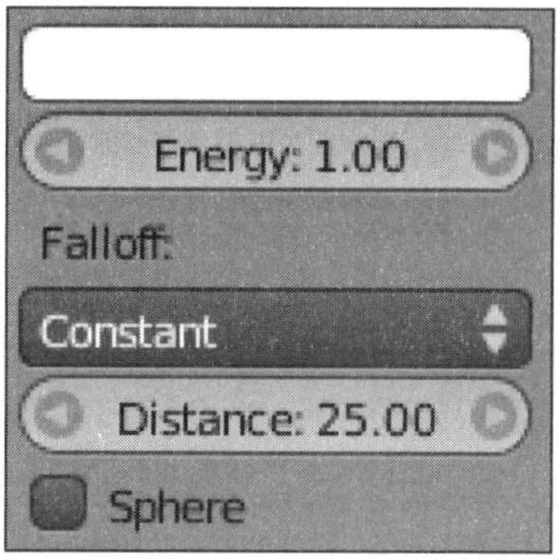

Figura 6.7
I parametri comuni a tutti i tipi di lampada.

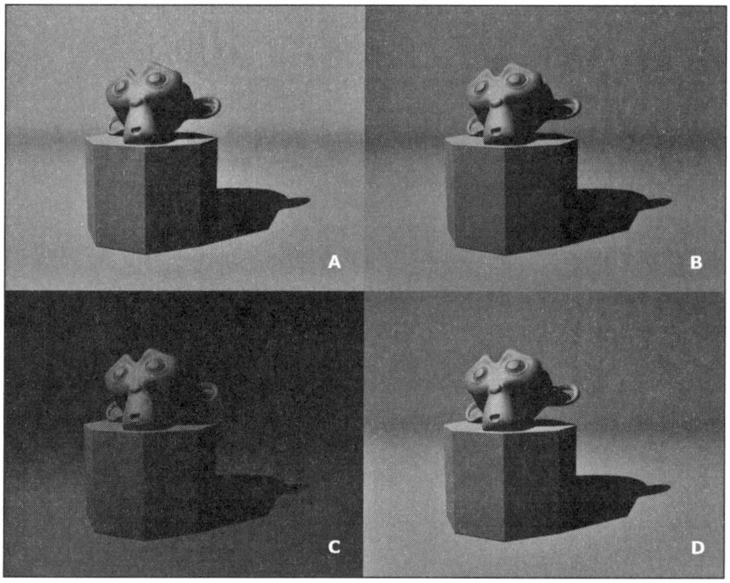

Figura 6.8
Il risultato dell'applicazione di diversi tipi di falloff a una lampada Point che illumina un scena comune. A: Constant; B: Inverse Linear; C: Inverse square; D: Lin/Quad weighted (consiste in una combinazione di B e C).

Una delle voci presenti nel menu *Falloff* si chiama *Custom Curve*. Scegliendola, comparirà un nuovo pannello nel contesto, chiamato *Falloff Curve*, con il quale è possibile definire una curva tramite i consueti e appositi strumenti. In questo modo si raggiunge un livello di controllo molto alto dell'emissione luminosa della lampada, raggiungendo anche risultati non fisicamente possibili (Figura 6.9 e 6.10).

Per concludere questa introduzione sulle lampade e sulla luce da esse emessa, presentiamo le opzioni, sempre nel pannello *Lamp*, che determinano le modalità di interazione tra la luce e i materiali degli oggetti presenti nella scena.

Figura 6.9
Un esempio di illuminazione con falloff di tipo Custom Curve.

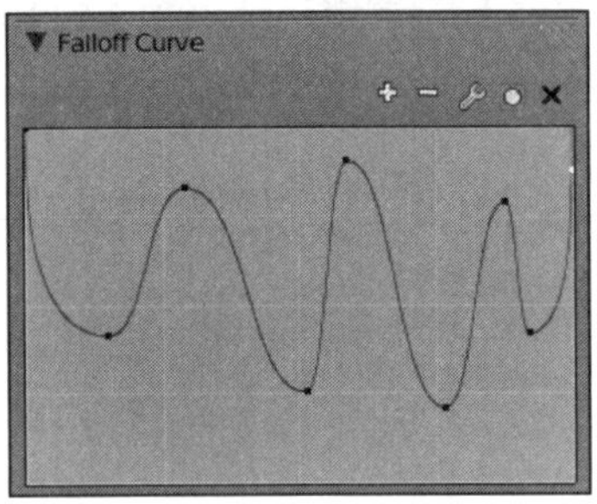

Figura 6.10
Il pannello Falloff Curve.

- *Negative*: permette di sottrarre luce (anziché emettere) dagli oggetti illuminati. Ciò può accadere solo se altre sorgenti luminose sono già attive.
- *This Layer Only*: verranno illuminati solo gli oggetti che si trovano sullo stesso layer della lampada.
- *Specular*: permette alla lampada di creare l'effetto di riflessione (vedi Capitolo 7).
- *Diffuse*: permette alla lampada di creare l'effetto di diffusione (vedi Capitolo 7)

Le ombre

Passiamo ora alla controparte naturale delle luci: le ombre. Nella realtà questi due elementi sono inscindibili, pertanto, per ottenere immagini dotate di credibilità (che non significa necessariamente realismo) nella grafica 3D è necessario considerarle ugualmente inseparabili (Figura 6.11).
Blender mette a nostra disposizione un buon numero di strumenti per gestire le ombre. Questi strumenti permettono il raggiungimento di diversi obiettivi, per esempio quello del realismo dell'immagine, della velocità di rendering, dell'accuratezza nella resa.
La creazione delle ombre può avvenire solo se, nell'ambito della scena, vengono soddisfatte alcune condizioni. Per esempio, il motore di rendering deve essere abilitato al calcolo delle ombre, i materiali devono essere impostati affinché possano proiettare e

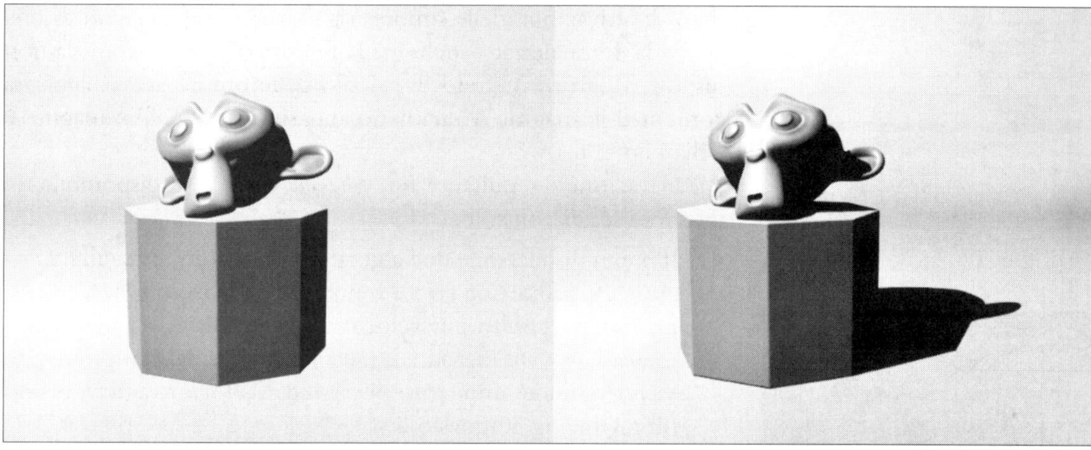

Figura 6.11
La differenza tra queste due immagini è costituita dall'assenza di ombre nella prima.

ricevere ombre e così via. La tipologia di ombra che verrà emessa si determina invece nel pannello *Shadow* (Figura 6.12).
I diversi tipi di lampade possono emettere fondamentalmente due tipi di ombre (le lampade *Spot* possono produrle entrambe, mentre le lampade *Hemi* non ne producono alcuna): *ombre raytraced* (*Raytraced Shadows*) e *ombre mappate* (*Buffered Shadows*).Vedremo le caratteristiche di queste ombre a breve, ma prima diamo un rapido sguardo alle opzioni comuni a tutti i tipi di lampade in grado di proiettare ombre (*Hemi*, quindi, non è inclusa).

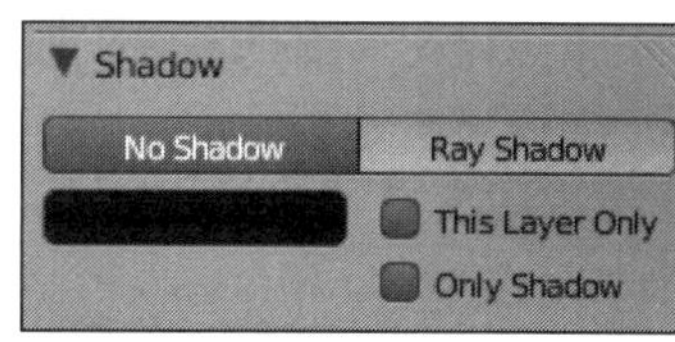

Figura 6.12
Il pannello Shadow.

- *This Layer Only*: solo gli oggetti che si trovano sullo stesso livello della lampada potranno proiettare l'ombra.
- *Only Shadow*: viene visualizzata solo l'ombra proiettata dall'oggetto, senza che esso venga illuminato (è quindi necessaria almeno un'altra sorgente luminosa che svolga questo compito, se desideriamo vedere l'oggetto).
- *Shadow color*: determina il colore dell'ombra, che di default è nera.

Passiamo ora al confronto tra *Raytraced* e *Buffered Shadows*.

Raytraced Shadows

Le *Raytraced Shadows* (Figura 6.13) costituiscono un metodo di calcolo delle ombre estremamente preciso, ma oneroso in termini di durata del rendering. Ombre di questo tipo possono essere proiettate da lampade di tipo *Point*, *Spot*, *Area* e *Sun*.
Affinché il calcolo delle ombre avvenga, è necessario attivare le opzioni *Shadows* e *Ray Tracing* nel pannello *Shading* del contesto *Render* e premere il pulsante *Ray Shadow* nel pannello *Shadow* nel contesto *Lamp* (dopo aver selezionato la lampada). Lo

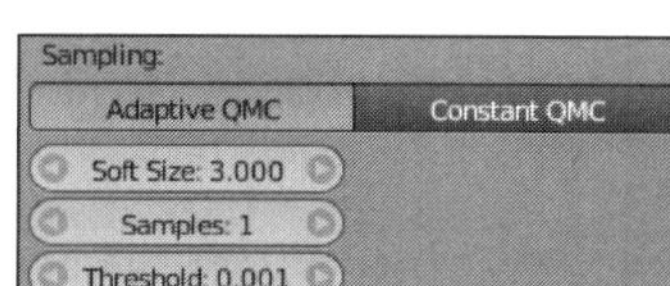

Figura 6.13
Il pannello Ray shadow.

stato di attivazione delle ombre (sia *Raytraced* sia *Buffered*) di una lampada è visualizzato anche nella finestra 3D. Se la lampada non dispone di alcun metodo di calcolo delle ombre attivo, apparirà come nell'immagine **A** altrimenti apparirà come nell'immagine **B** della Figura 6.14.

All'attivazione del pulsante *Ray Shadow* viene reso disponibile un ulteriore set di controlli.

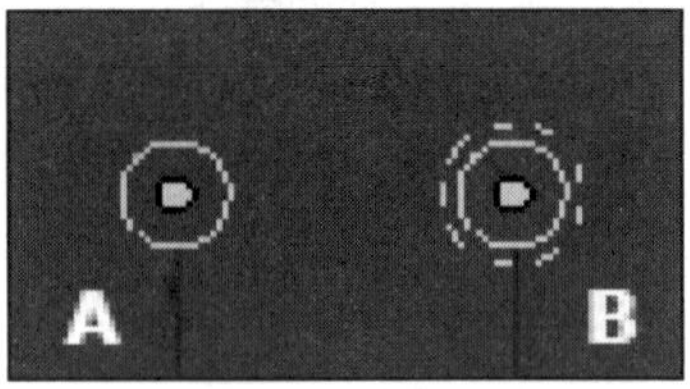

Figura 6.14
Nell'illustrazione A vediamo una lampada la cui luce non produrrà ombre, mentre nell'illustrazione B è stato attivato uno dei relativi metodi calcolo.

- Il menu di selezione dell'algoritmo di calcolo di tracing: *Linear QMC* (uniforme e molto preciso) e *Adaptive QMC* (meno preciso, ma molto più veloce). La sigla QMC sta per *Quasi-Monte-Carlo*, un metodo di raccolta casuale dei campioni, non esclusivamente impiegato per la luce, da fornire agli algoritmi (di raytracing, in questo caso).
- *Samples*: determina il numero di campionature per pixel da effettuare, da passare poi agli algoritmi *Linear* o *Adaptive QMC*.
- *Soft Size*: determina l'ampiezza dell'area di "penombra" immediatamente esterna al bordo dell'ombra. Non determina invece il livello di definizione che essa deve avere; a questo provvedono i due parametri precedentemente illustrati.
- *Treshold* (attivo solo in *Adaptive QMC*): permette di indicare all'algoritmo (con valori da 0.000 a 1.000) quando considerare un'area in luce oppure in ombra e di conseguenza eseguire o meno i calcoli di tracing.

Poiché nomi e valori di questi parametri risultano piuttosto criptici, nella Figura 6.15 proponiamo una tabella comparativa degli effetti prodotti da alcune combinazioni di valori. Invitiamo a un'ulteriore sperimentazione per acquisire maggiore familiarità con le lampade e le ombre.

Buffered Shadows

Le *Buffered Shadows* rappresentano una soluzione molto rapida al calcolo delle ombre, in quanto comportano un uso meno intenso del processore. D'altro canto necessitano di molta più memoria delle *Raytraced Shadows*. Il principio di funzionamento non è basato sul calcolo delle superfici esposte o meno alla sorgente luminosa (raytracing), bensì su un sistema che impiega le lampade come punti di vista per determinare se un oggetto è visibile (e quindi illuminato) o meno (in ombra) e la sua distanza, definendo l'intensità dell'ombra. Questa tecnica è genericamente chiamata *shadow mapping*, in quanto consiste nella generazione di una mappa d'ombra, anziché nel calcolo dei percorsi della luce (con le relative aree d'ombra).

Figura 6.15
Tabella comparativa dei parametri delle Raytraced Shadows.

L'unica lampada in grado di produrre questo tipo di ombre è lo *Spot*, pertanto ne illustreremo i parametri in una sezione specifica. Dopo un'introduzione alle proprietà comuni a tutte le lampade e ai diversi tipi di ombra da esse generate, vediamo nel dettaglio le proprietà specifiche di ciascuna di esse.

Point

Come anticipato, la lampada di tipo *Point* è omnidirezionale ed è visualizzata nello spazio 3D come appare nell'illustrazione rappresentata nella Figura 6.16.
Point è il tipo di lampada più elementare messo a disposizione da Blender e le sue proprietà e impostazioni di luce e ombra possibili sono già state illustrate nei paragrafi precedenti (Figura 6.17).

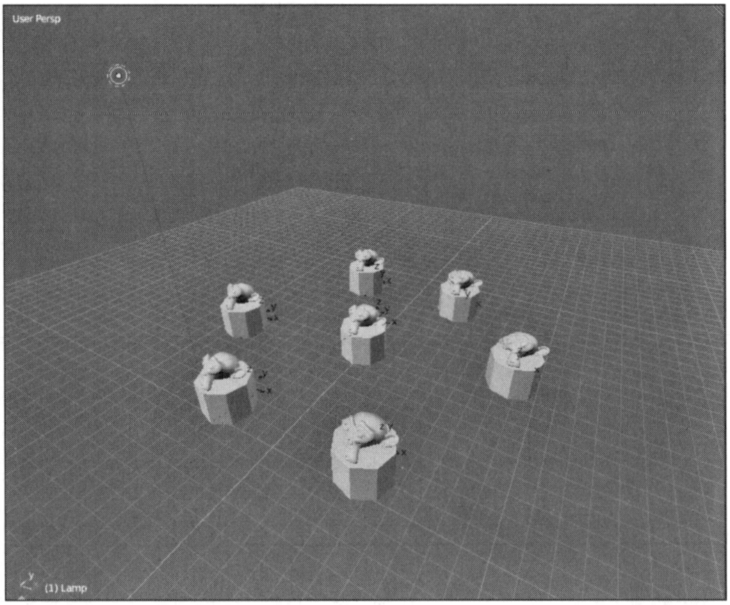

Figura 6.16
Una vista della lampada Point, all'interno della finestra 3D.

Figura 6.17
Effetto della lampada su una scena che illumineremo con le diverse lampade nel corso del capitolo.

Area

La lampada *Area* (Figura 6.18) presenta alcune differenze rispetto a *Point*: innanzitutto consiste in una superficie e non in un punto; secondariamente non emette luce in modo radiale, bensì a raggi paralleli; infine, non dispone di un controllo per determinare il falloff. Al posto dell'omonimo menu a tendina si trova invece il menu *Shape*, con il quale si determina la forma dell'area, che può essere quadrata o rettangolare. Il controllo sottostante al menu permette di specificare le dimensioni dei lati. L'unica impostazione modificabile relativa alla dispersione della luminosità dello spazio consiste nello slider *Gamma*.

Figura 6.18
La lampada Area nella scena di confronto.

Anche nel caso del pannello *Shadow and Spot* possiamo individuare delle differenze: i contatori per controllare gli algoritmi di raytracing sono soltanto due, ovvero *Samples* e *Treshold*, mentre *Soft Size* viene omesso (ciò accade perché la lampada consiste in una superficie, mentre il calcolo delle soft shadows richiede un punto singolo). Per ottenere risultati paragonabili alle soft shadows, viene messa a disposizione una nuova voce nel menu di selezione dell'algoritmo di tracing: *Constant jittered*. *Constant jittered* disabilita anche il controllo *Treshold* (Soglia), facendo comparire i pulsanti *Umbra*, *Dither* e *Jitter* e lasciando al suo posto il contatore *Samples* (Figura 6.19).

Nelle illustrazioni della Figura 6.20 possiamo osservare il comportamento di una lampada *Area* al variare dell'intensità di *Gamma* (pannello *Lamp*) e successivamente al variare delle opzioni di *Constant jittered* nel pannello *Shadow*.

NOTA

Per ottimizzare i tempi di rendering consigliamo di impostare un numero di Samples basso e di fare uso delle opzioni Dither e Noise.

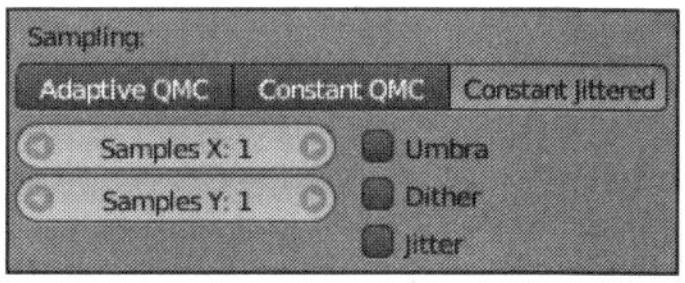

Figura 6.19
I controlli aggiuntivi del pannello Area.

Figura 6.20
Confronto della diffusione delle ombre a partire da diverse impostazioni di una luce Area.

Spot

Quella delle lampade *Spot* è la tipologia più complessa, in quanto offre la maggiore flessibilità sia in termini di luce, sia in termini di ombra. La struttura di una lampada *Spot* è costituita da un punto di emissione della luce e del cono all'interno del quale essa si propaga (Figura 6.21).

Il pannello *Lamp* presenta le proprietà comuni elencate in precedenza, fatta eccezione per il contatore *Dist*, il quale permette di determinare l'altezza (o, meglio, la lunghezza) del cono luminoso. È possibile cambiare questo valore direttamente all'interno della vista 3D accedendo al menu *Lamp Tools*, richiamato dal tasto *W*.

Poiché le lampade *Spot* dispongono di una forma più complessa delle altre, nel contesto *Lamp*, se viene selezionato uno *Spot*, compare, tra gli altri, anche un pannello *Spot Shape*, che permette di definire la forma della lampada. In particolare, l'ampiezza dello spot esterno (*Size*, misurato in gradi, da 0 a 180) e di quello interno (*Blend*, misurato proporzionalmente rispetto a *Size*). Quest'ultimo determina lo spazio entro il quale la luce degrada dal centro (più luminoso) dello *Spot* verso l'esterno, non illuminato. Puntualizziamo che questi parametri riguardano solamente i bordi dello *Spot*, non quelli delle ombre proiettate dagli oggetti (Figura 6.22).

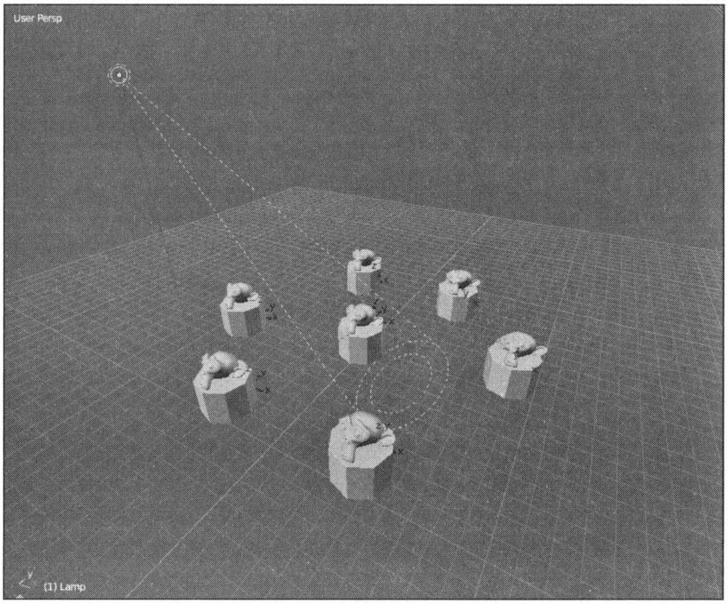

Figura 6.21
Una lampada spot.

Anche il parametro *Size* è modificabile all'interno della vista 3D tramite il menu *Lamp Tools* (tasto *W*).
Il terzo controllo è lo slider *HaloInt* (intensità halo), utile per determinare la densità di un'illuminazione volumetrica. Affronteremo questo parametro e la relativa opzione in un secondo momento. Infine, sempre nel medesimo pannello, esistono due opzioni.

- *Square*: rende quadrata anziché circolare la forma dell'illuminazione spot.
- *Halo*: attiva l'illuminazione volumetrica (affrontata più avanti) .

Una buona parte delle opzioni caratteristiche delle lampade *Spot* si trova nel pannello *Shadow* (Figura 6.23). Per quanto riguarda la tipologia di ombra che esse faranno produrre agli oggetti esistono tre possibilità.

- *No Shadow*: nessuna ombra.
- *Buffer Shadow*: ombre mappate.
- *Ray Shadow*: ombre raytraced.

Figura 6.22
L'ilustrazione mostra le immagini ottenute usando diversi valori di Blend a parità di Size.

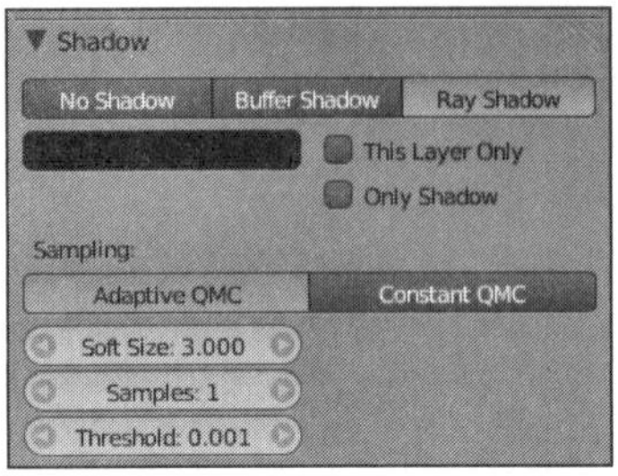

Figura 6.23
Il pannello Shadow.

Nel caso delle raytraced shadows (pulsante *Ray Shadow*) le opzioni specifiche rimangono le stesse già illustrate per le lampade *Lamp*. Per quanto concerne le buffered shadow, invece, veniamo a contatto con un set di strumenti e un sistema di funzionamento della lampada molto diverso.

Le buffered shadow permettono di ottenere risultati in tempi talvolta molto minori rispetto al raytracing, a discapito di una maggiore semplicità d'uso (Figura 6.25). Attivando le buffered shadow vedremo apparire il pannello *Shadow* come nell'illustrazione (Figura 6.24).

Figura 6.24
Il contenuto del pannello Shadow una volta attivate le Buffered Shadows.

Sorvoliamo le opzioni comuni (colore dell'ombra, possibilità di proiettare ombre offerta solo agli oggetti sul medesimo layer della lampada e possibilità di proiettare solo l'ombra, senza illuminare l'oggetto) e osserviamo i pulsanti *Buffer Type*. Questi pulsanti determinano i metodi di calcolo dell'ombra, richiamando a loro volta ulteriori opzioni. I metodi *Classical* e *Classical-Halfway* sono molto simili tra loro (il secondo è una versione parzialmente ottimizzata del primo ed è impiegabile nella maggior parte dei casi), mentre il metodo *Irregular* offre funzionalità più limitate (le soft shadows non sono possibili), ma con la precisione del raytracing.

Figura 6.25
La scena comune illuminata da una Spot Lamp.

Classical e Classical-Halfway

Un primo menu a discesa reca il nome *Filter Type* e permette di scegliere tra tre metodi il filtering, ovvero i calcoli da effettuare per "interpolare" i risultati ottenuti nella proiezione dell'ombra. I metodi sono i seguenti.

- *Box*: il più semplice e meno preciso.
- *Tent*: impiegabile nella maggior parte dei casi, tiene maggiormente conto dei pixel circostanti durante il calcolo del filtering.
- *Gaussian*: si adatta bene alle alte risoluzioni, in quanto calcola in modo estremamente preciso l'interpolazione.

Le impostazioni direttamente relative all'ombra sono le seguenti (Figura 6.26).

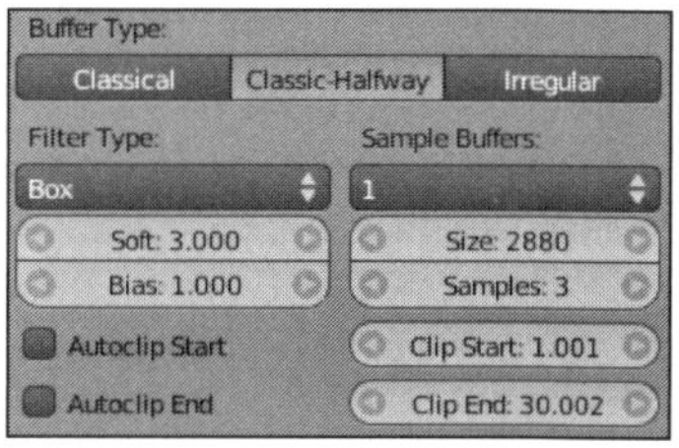

Figura 6.26
Le opzioni offerte dai metodi Classical e Classical-Halfway, nel pannello Shadow.

- *Soft*: le dimensioni dell'area da considerare durante il filtering (il valore va da 1 a 100).
- *Bias*: semplicisticamente parlando, permette di determinare il punto a partire dal quale un'ombra proiettata sarà visibile. Ciò risulta utile per evitare eventuali imprecisioni date dal buffering (Figura 6.27).
- *Size*: determina le dimensioni della mappa d'ombra (*shadow map*, in inglese). Poiché la mappa è quadrata, è disponibile un singolo parametro. La mappa viene generata a partire dal punto di vista dello *Spot*, come se si trattasse di una camera.

La risoluzione della mappa va da 512 a 10240 pixel. Maggiore sarà la risoluzione, maggiore la qualità dei bordi delle ombre e maggiore la quantità di memoria richiesta.

Figura 6.27
Un confronto tra i risultati al variare del parametro Bias.

NOTA

Per posizionare accuratamente uno spot, in modo da sfruttare al meglio la superficie della mappa d'ombra, consigliamo di selezionarlo e impostarlo come camera attiva (*Ctrl-0*), ottenendone così il punto di vista. Una volta effettuati gli aggiustamenti necessari, basterà premere *Alt-0* per reimpostare la *Camera* come camera attiva. Sempre per ottenere la migliore qualità dell'ombreggiatura, suggeriamo di ridurre le dimensioni dello spot al minimo indispensabile per contenere l'oggetto e la sua ombra (Figura 6.28).

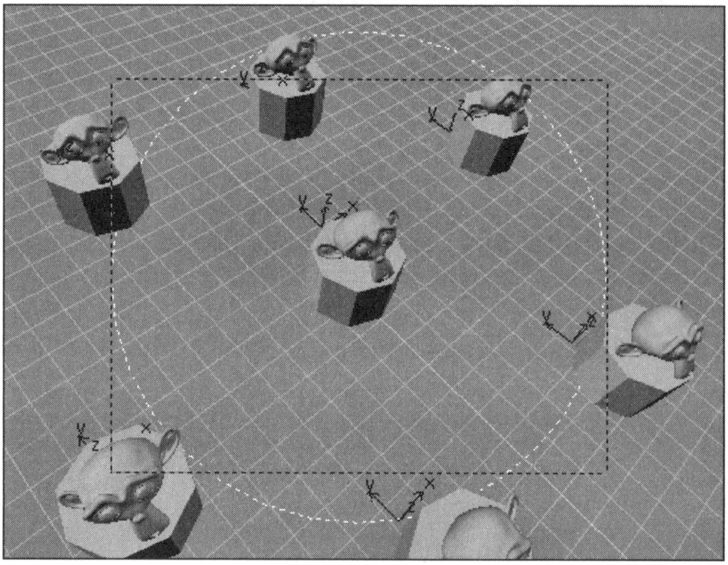

Figura 6.28
La vista 3D, osservata da una Spot Lamp impostata come camera attiva (Ctrl-0).

- *Samples*: il numero di volte (da 1 a 16) che un'area del bordo dell'ombra verrà campionata. Maggiore è il numero, maggiore sarà la qualità (e il tempo di rendering).
- *Sample Buffers*: si tratta di un'opzione molto specifica, da cambiare solo nel caso in cui si abbia a che fare con oggetti molto piccoli, sottili e animati (per esempio peli o fili d'erba). I valori possibili sono *1* (valore predefinito), *4* (impiega quattro volte la memoria normalmente necessaria per il calcolo della mappa) e *9* (nove volte la quantità di memoria) (Figura 6.29).

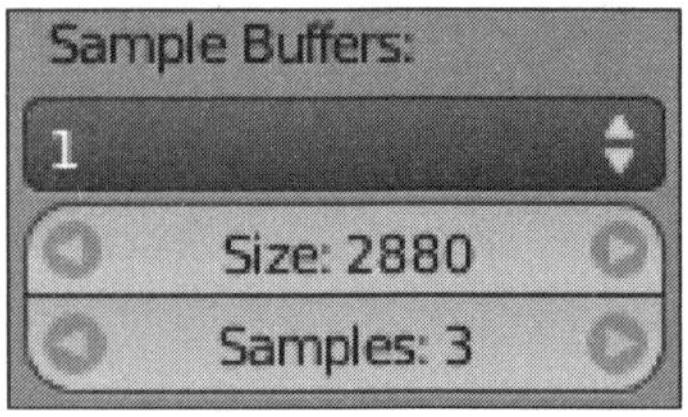

Figura 6.29
I parametri di Sample Buffers.

Irregular

Nel caso in cui si impieghi un *Buffer Type Irregular*, sarà possibile impostare solo il valore *Bias*, poiché le altre opzioni non vengono tenute in considerazione. *Irregular* produce infatti ombre nitide, prive di soft shadowing.
Giungiamo ora agli ultimi parametri del pannello *Shadow*, ovvero *Clip Start* e *Clip End*. Essi sono di vitale importanza per il funzionamento delle buffered shadows, vediamo ora in che modo (Figura 6.30).

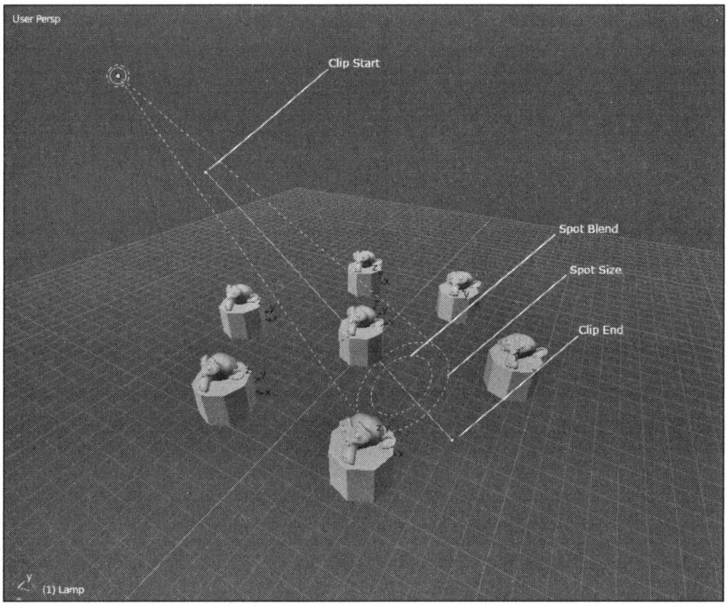

Figura 6.30
Schema di una Spot Lamp, cui sono state attivate le Buffered Shadow e che pertanto dispone di Clip Start e Clip End.

Si sarà notato che l'oggetto lampada Spot cambia leggermente nel momento in cui si attivano le buffered shadows, facendo comparire un segmento nel mezzo del cono (vedi illustrazione). I due estremi di questo segmento indicano il punto di partenza (*Clip Start*) e di conclusione (*Clip End*) per il calcolo della *Shadow Map*. Come si può intuire, maggiore sarà la distanza tra i due estremi, maggiori dovranno essere le dimensioni della shadow map per ottenere dei risultati nitidi. Osserviamo ora tramite alcuni esempi come si possono facilmente ottenere risultati diversi alla variazione di *Clip Start* e *Clip End* (Figura 6.31).
Esistono infine le due opzioni *Autoclip Start* e *Autoclip End*, le quali, se attivate, disabilitano i parametri manuali, generandoli automaticamente.

NOTA

Il metodo illustrato in precedenza per rendere temporaneamente lo ***Spot*** un oggetto camera al fine di posizionarlo correttamente, è altrettanto utile per controllare il funzionamento del parametro ***Clip End***; sarà come lavorare con il parametro ***Clip End*** di una vera Camera.

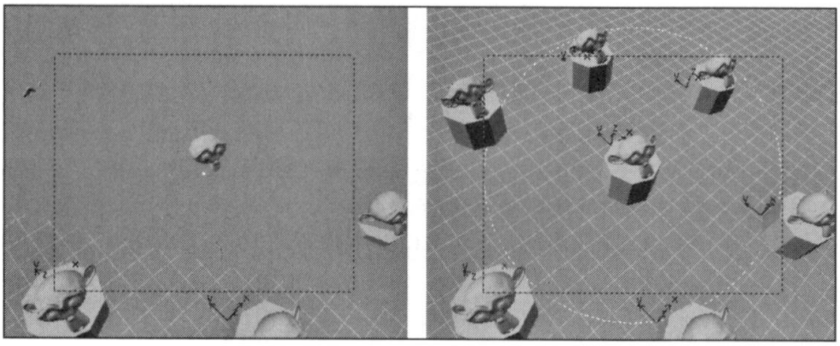

Figura 6.31
Confronto di due configurazioni di Clip End. Nel primo caso il limite è troppo vicino, causando una visualizzazione irregolare.

Volumetric halo

Le lampade *Spot* dispongono di un'altra proprietà specifica: la possibilità di emettere luce volumetrica. La luce volumetrica (*volumetrics*, in lingua inglese) è visibile nel mondo reale quando, per esempio durante un concerto, vediamo i raggi luminosi che illuminano il palcoscenico. Ciò accade perché l'aria non è perfettamente trasparente, ma popolata da piccole particelle che riflettono la potente luce emessa dai fari, rendendone visibile il percorso (Figura 6.32).

Figura 6.32
Esempio di halo lamp.

L'opzione *Halo* presente nel pannello *Spot Shape* serve proprio a simulare questo effetto. Una volta attivata sarà possibile determinarne l'intensità attraverso il contatore *Intensity*, i cui valori vanno da *0* (nessun effetto) a *5* (massima intensità, la luce appare pressoché solida).

Nel caso in cui si faccia uso delle buffered shadows, sarà possibile inoltre ottenere delle ombre volumetriche, tramite il contatore *Step* che comparirà sotto *Intensity*. Il valore da *Step*, che va da *0* a *12*, determina la precisione con cui l'ombra volumetrica verrà visualizzata (Figura 6.33). Indicativamente un valore intermedio (circa *6,7*) è sufficientemente preciso e al contempo veloce da calcolare.

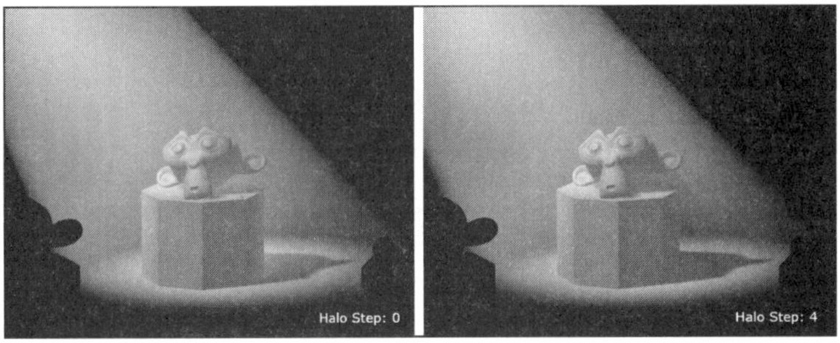

Figura 6.33
Esempio di ombra volumetrica (disponibile esclusivamente con Buffered Shadows).

Hemi

Le *Hemi* (Figura 6.34) sono lampade direzionali, il cui scopo è proiettare una luce uniforme, in modo da simulare l'effetto di una cupola luminosa in grado di avvolgere la scena. Una lampada *Hemi* appare, all'interno della vista 3D, come nell'illustrazione. Ciò che è importante tenere sotto controllo, allo stesso modo delle lampade *Sun* (che vedremo fra breve), è la posizione del segmento tratteggiato, indicante la direzione della luce.

Figura 6.34
Una lampada Hemi all'interno della vista 3D.

Tralasciando le consuete opzioni comuni nel pannello *Lamp*, facciamo notare che questo tipo di lampada non dispone del pannello *Shadow*, in quanto è l'unica a non proiettare ombre. Per questo motivo, se desideriamo ottenere risultati credibili, è indispensabile impiegarla assieme ad altre lampade che possano proiettare ombra (Figura 6.35).

Figura 6.35
Illuminazione della scena comune con una lampada Hemi.

Data la vocazione estremamente "spaziale" di questa lampada, ne esemplifichiamo un utilizzo assieme alla lampada *Sun*, che vediamo ora.

Sun

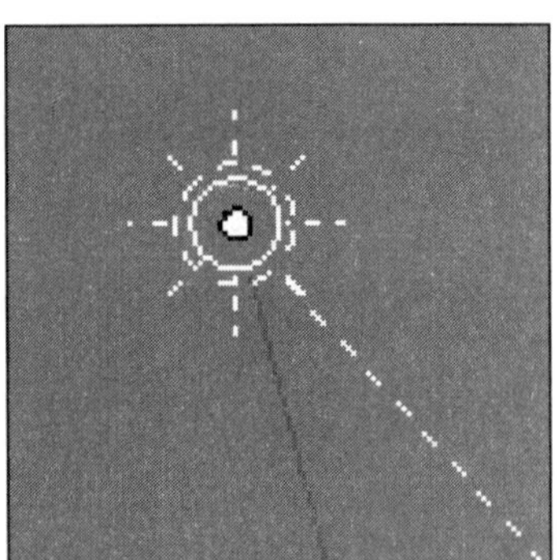

Figura 6.36
Una lampada Sun.

Lo scopo di questa lampada (Figura 6.36) è quello di simulare una sorgente luminosa i cui raggi siano paralleli, come nel caso del sole (Figura 6.37). Per questo motivo, l'unico parametro che ha senso modificare è la rotazione (che cambia quindi la direzione dei raggi, indicata dal segmento tratteggiato).
Le proprietà del pannello *Lamp* sono già note, l'unica differenza consiste nel fatto che non è possibile determinare il falloff. Anche nel caso del pannello *Shadow*, le opzioni sono quelle comuni.
La peculiarità di questa lampada non si trova quindi nelle ordinarie proprietà *Lamp* e *Shadow*, bensì in un pannello unico e specifico: *Sun/Sky*. Tramite *Sun/Sky* è possibile assegnare ulteriori attributi alla sorgente luminosa e determinare l'effetto che essa

Figura 6.37
Una lampada Sun illumina la scena comune.

ha sull'ambiente circostante. Alcuni parametri di questo pannello presuppongono un'approfondita trattazione teorica, pertanto li eviteremo, elencando solo le opzioni più intuitive. Ecco ora le più significative.

- *Sky*: abilita/disabilita l'influenza della lampada *Sun* sui parametri di *World*, determinando i colori del cielo.
- *Atmosphere*: abilita/disabilita l'influenza della lampada *Sun* sui parametri di *World*, determinando le proprietà dell'atmosfera.
- *Turbidity*: determina l'effetto di foschia tipico dei vasti paesaggi, con valori da *1* a *30*. Il colore del cielo progredirà da un azzurro chiaro a un arancio-rosato.
- *Blend mode*: la modalità con cui il colore del cielo si fonde con quello del mondo.
- *Horizon*: i due contatori *Brightness* e *Spread* definiscono la luminosità e l'ampiezza dell'orizzonte.
- *Sun*: i tre contatori *Brightess*, *Spread* e *Back Light* determinano rispettivamente luminosità e dimensioni del sole e l'effetto di aura luminosa intorno ad esso.

Altre tecniche di illuminazione

All'inizio di questo capitolo abbiamo parlato del comportamento della luce nella realtà e delle grandi differenze che ci sono con quello della luce generata al computer attraverso le tecniche di raytracing. Tuttavia le lampade non sono l'unico modo per generare illuminazione: ne esistono anche altri, in grado di fornire risultati molto realistici a discapito, come spesso accade, dei tempi di rendering. Vediamo ora un esempio, l'*ambient occlusion*, che impiega la tecnica del raytracing in un modo diverso da quello trattato finora con le lampade.

Ambient Occlusion

Questa tecnica, il cui nome viene talvolta abbreviato in *AO*, funziona attraverso l'approssimazione del concetto di luce ambientale diffusa (la classica luce di un giorno nuvoloso, dove il sole non è visibile e non proietta alcuna luce diretta). In tal caso non si dispone di una luce puntiforme o direzionale, ma la luce viene fatta provenire in modo omogeneo da tutte le direzioni, tenendo in considerazione gli oggetti tra loro vicini o in contatto, che la faranno risultare attenuata, creando aree di ombra o "sporco". Questo tipo di illuminazione è concettualmente simile a quello impiegato dalla *Global Illumination* (che accenneremo in seguito), tuttavia estremamente semplificato.
Nell'illustrazione sottostante vediamo il confronto fra tre scene: la prima è illuminata da una lampada *Point*, la seconda fa uso della *Ambient Occlusion* e la terza le impiega entrambe. Dato questo confronto è importante sottolineare che si può trarre il massimo beneficio dalla *Ambient Occlusion* se alla scena viene aggiunta anche una lampada: l'*AO* produce infatti una luce piuttosto eterea, estremamente (irrealisticamente) neutra, che necessita di ombre più marcate in almeno una direzione (Figura 6.38).

Figura 6.38
Confronto tra illuminazione AO (A), Point (B) e AO + Point (C).

Procediamo ora alla pratica *AO* in Blender. Essendo l'*AO* un sistema di illuminazione globale, non viene considerata come oggetto, bensì come impostazione del mondo. Sarà quindi possibile attivarla gestirla all'interno del pannello *Ambient Occlusion* nel contesto *World* (Figura 6.39).

In seguito all'opzione di attivazione o disattivazione del pannello troviamo due pulsanti, *Raytrace* e *Approximate*, che permettono di definire il metodo di calcolo della *AO*. Intuitivamente, *Raytrace* è la versione più precisa e lenta, mentre *Approximate* è l'opposto (risultando quindi molto utile durante la fase di setup dei valori). Vediamo ora le proprietà comuni a entrambe le modalità e successivamente confrontiamo le differenze.

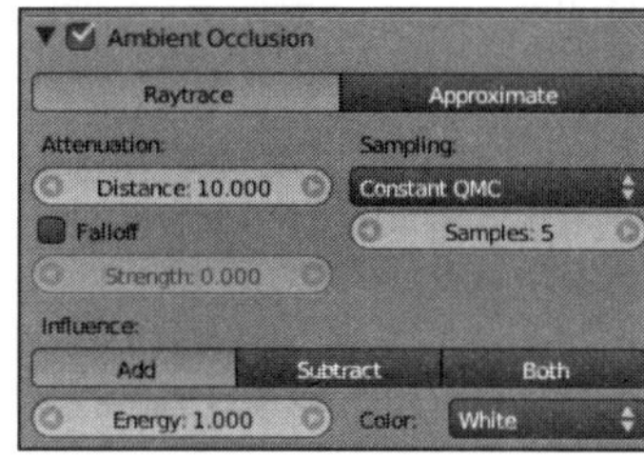

Figura 6.39
Il pannello Ambient Occlusion, situato nel contesto World.

Attenuation

L'attenuazione dell'effetto di ombreggiatura che si genera tra facce a contatto. Maggiore sarà il valore inserito nel contatore *Distance*, maggiore sarà l'effetto di sfumatura tra l'area "ombreggiata" e quella in luce. Un'ulteriore impostazione può essere fatta tramite l'attivazione dell'opzione *Falloff* e del contatore *Strength*. La Figura 6.40 fornisce un esempio dell'impiego di diversi valori e dei risultati conseguenti.

NOTA

Per poter osservare gli effetti della *AO* è necessario avere abilitato il raytracing nelle opzioni di rendering, nel contesto ***Render***.

Influence

Queste opzioni determinano l'influenza che l'*AO* avrà sulla scena (Figura 6.41). Sono presenti tre pulsanti.

- *Add*: aggiunge luci e ombre alla scena.
- *Subtract*: sottrae luci e ombre alla scena (necessita di un'altra fonte luminosa per fornire risultati visibili).
- *Both*: entrambe le voci precedenti (aumenta il contrasto della scena).

L'illustrazione mostra in modo più chiaro queste funzioni. Esistono inoltre due parametri.

- *Energy*: questo contatore determina il livello di energia luminosa generato dalla *ambient occlusion* (ovvero quanto sarà visibile il colore della luce sugli oggetti).
- *Color*: permette appunto di scegliere il colore della luce, tra tre valori: bianco, *Sky Color* (determinato nel pannello *World*, alla tavolozza *Horizon Color*) e *Sky Texture* (una texture assegnata al mondo).

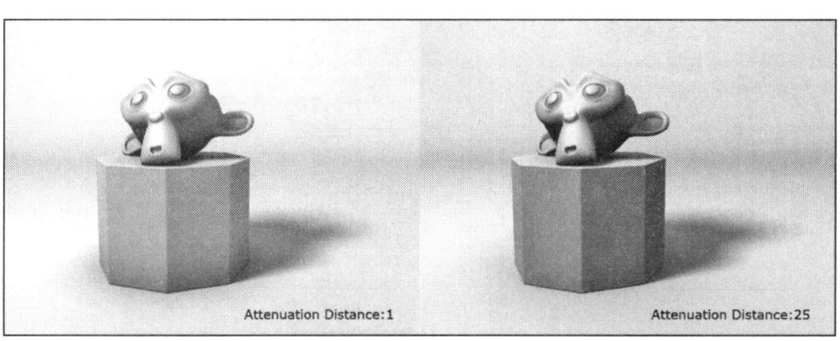

Figura 6.40
I due rendering mostrano la variazione del parametro Distance e dei valori di Attenuation, nel pannello Ambient Occlusion.

Figura 6.41
I tre rendering mostrano l'attivazione dei seguenti tipi di Influence: A (Add), B (Subtract) e C (Both). Nella scena è attiva una lampada Point, altrimenti l'illustrazione B sarebbe completamente nera.

Sampling

La differenza tra *Raytrace* e *Approximate AO* è data dal contenuto di questa sezione. Impiegando il metodo *Raytrace* compariranno i seguenti elementi.

- Il menu *Sample Methods*, che offre la scelta di uno dei tre algoritmi di raytracing (*Constant QMC*, *Adaptive QMC* e *Constant Jittered*).
- Il contatore *Samples*, che determina il numero di raggi tracciati e tenuti in considerazione nel calcolo (maggiore è il numero, migliore è il risultato e più lungo è il tempo di rendering).

Se passiamo invece alla modalità *Approximate*, disponiamo di altri controlli.

- *Error*: il livello di approssimazione del calcolo (più basso sarà il valore, maggiore il tempo richiesto per il rendering).
- *Pixel Cache*: riduce il numero di raggi calcolati, mantenendoli in memoria e interpolandone i valori.
- *Correction*: parametro di correzione per superfici adiacenti (nel caso in cui le zone di ombra o di sporco risultino errate).

Ecco infine alcune illustrazioni (Figura 6.42) riguardanti il variare dei parametri della *Approximate AO* (con un confronto dei tempi di rendering della *Raytrace AO*).

Figura 6.42
Approximate AO e Raytrace AO.

Global Illumination e altri motori di rendering

Ciò che in computer grafica è difficile ottenere non consiste tanto nell'effetto di diffusione della luce sul materiale, bensì nelle *conseguenze* di questa diffusione.
Calcolare effettivamente il percorso di un raggio luminoso, includendo i successivi rimbalzi e le progressive attenuazioni dovute ai materiali colpiti, richiede algoritmi molto complessi, disponibili solitamente solo in appositi motori di rendering. Grazie ad essi è possibile creare immagini indistinguibili dalla realtà, ma al prezzo di tempi di calcolo estremamente lunghi.
La Global Illumination costituisce un sistema di calcolo in grado di simulare in modo estremamente realistico questo processo. Attualmente questo sistema è in corso di integrazione nel motore di rendering di Blender e sarà disponibile nel programma a partire dalle prossime versioni. La GI è attualmente uno dei metodi più utilizzati come base per l'illuminazione di scene 3D per gli effetti visivi e l'animazione.
Un caso di ricerca del realismo ancora più estremo è costituito dalla previsualizzazione architettonica e progettuale. In questo ambito viene spesso fatto uso dei motori di rendering unbiased, come Luxrender, Yafaray, Maxwell Render, Fryrender, Octane e così via. Questi motori fanno uso di modelli fisici più raffinati, che permettono una qualità senza compromessi, a patto di avere a disposizione tempi più o meno biblici.

Conclusioni

Dopo aver svolto questa ampia panoramica, invitiamo a non farsi scoraggiare dai primi tentativi di illuminazione, che solitamente non danno troppe soddisfazioni. Suggeriamo inoltre di utilizzare come punto di partenza gli schemi di illuminazione presentati durante l'introduzione, ricordando che sono impiegati anche nel mondo reale e garantiscono buoni risultati.
Un ultimo consiglio riguarda la ricerca. Per quanto concerne questo tema, esistono infiniti spunti sia nell'ambito della fotografia sia in quello del cinema, tanti quanti sono e sono stati i cineasti e i fotografi che hanno fatto la storia di queste arti. Si tratta solo di sviluppare un occhio critico, da affinare mentre si guarda un film o una fotografia.

Capitolo 7

Materiali e Texture

In questo capitolo

- **Materiali**
- **Texture**
- **UV mapping**
- **Altre tecniche**
- **Conclusioni**

Nella realtà, i materiali sono considerati diretto attributo di un oggetto; pertanto, molti oggetti sono associati a un preciso materiale. Se pensiamo a un bicchiere, lo immaginiamo di vetro, se pensiamo a un cucchiaio, sarà di acciaio, plastica o legno. Se pensiamo alla carrozzeria di un'automobile ci verrà in mente un metallo ricoperto da un'elegante vernice, lucida come uno specchio. Nella computer grafica, il processo di definizione di una forma o di un oggetto è completamente separato dall'attribuzione di un materiale allo stesso.

Quello della definizione dei materiali è un processo estremamente creativo e l'esperienza gioca un ruolo di fondamentale importanza per ottenere i risultati desiderati in tempi ragionevoli. Questo capitolo riguarda buona parte degli strumenti disponibili in Blender per creare materiali e copre, con alcuni esempi rappresentativi, i casi più comuni.

Nella seconda parte del capitolo parleremo di texture e di UV mapping, ovvero degli strumenti e delle tecniche per associare al modello proprietà molto specifiche, che vanno oltre una preventiva definizione della superficie geometrica.

Materiali

L'attribuzione e la gestione delle proprietà di un materiale avviene in buona parte all'interno del contesto *Material* nella *Properties Window*. Per prenderne visione è necessario aver selezionato un oggetto cui possa essere attribuito un materiale: mesh, superficie NURBS, curva (a patto che sia estrusa, quindi visibile in fase di rendering), oggetto meta e testo.

Nel caso della scena di default (*Ctrl-N*), se selezioniamo il cubo e ci spostiamo nel contesto *Material*, possiamo notare che esso dispone già di un materiale. Questo si può capire sia dalla grande quantità di pulsanti presenti nel contesto, sia, in particolare, dalla lista dei materiali attribuiti all'oggetto, in alto nel pannello.

Questa lista (Figura 7.1) è molto importante, in quanto permette di attribuire, tramite il pulsante (+), uno o più materiali a un oggetto (parleremo di attribuzione multipla verso la fine del capitolo) e di rimuoverli tramite il pulsante (-). Verifichiamo ora cosa accade se premiamo il pulsante (–): la lista si svuota e tutti i panelli presenti nel contesto scompaiono. L'oggetto ora non dispone più di un materiale. Effettuando un rendering potremo osservare che, anche in assenza di materiale, l'oggetto è visibile ugualmente, dotato di un colore grigio non dissimile da quello del materiale appena cancellato.

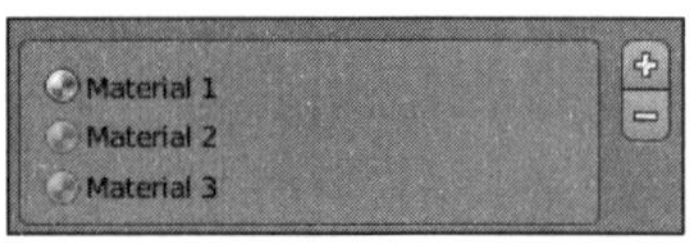

Figura 7.1
La lista dei materiali attribuiti.

Attribuiamo all'oggetto un materiale premendo il pulsante (+) e notiamo che il contesto non è tornato come prima, ma sono comparsi solo altri quattro elementi. Ciò è accaduto perché i pulsanti (+), (–) e la lista dei materiali servono unicamente a tenere traccia del numero di materiali attribuiti all'oggetto e non ad assegnarli, e solo attraverso l'assegnazione un materiale può essere renderizzato.

Assegnare un materiale

L'assegnazione di un materiale può avvenire in due modi.

- Premendo il pulsante , che visualizza la lista dei materiali presenti all'interno del file di progetto aperto, per scegliere la voce desiderata (Figura 7.2).
- Premendo il pulsante *Add New*, che crea invece un nuovo materiale, le cui proprietà di base sono quelle del materiale del cubo della scena di default.

Per quanto riguarda la prima scelta possibile, è opportuno ricordare il chiarimento sulla gestione dei materiali in Blender fatto nell'introduzione all'interfaccia. I materiali sono proprietà separate dagli oggetti e pertanto possono essere attribuiti/collegati a più oggetti; nel caso in cui vengano scollegati dall'oggetto, continuano a esistere nella lista dei materiali. L'unico modo per eliminare definitivamente un materiale consiste nello scollegarlo da ogni oggetto, in modo che rimanga *privo di utenze* (questa è la terminologia usata da Blender) e poi ricaricare il progetto. Il materiale verrà quindi eliminato al momento della chiusura del file.

Prima di premere uno dei due pulsanti 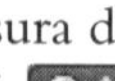 oppure *Add New*, osserviamo gli altri due pulsanti comparsi nel momento in cui abbiamo aggiunto il materiale con (+). Per capirne l'utilità dob-

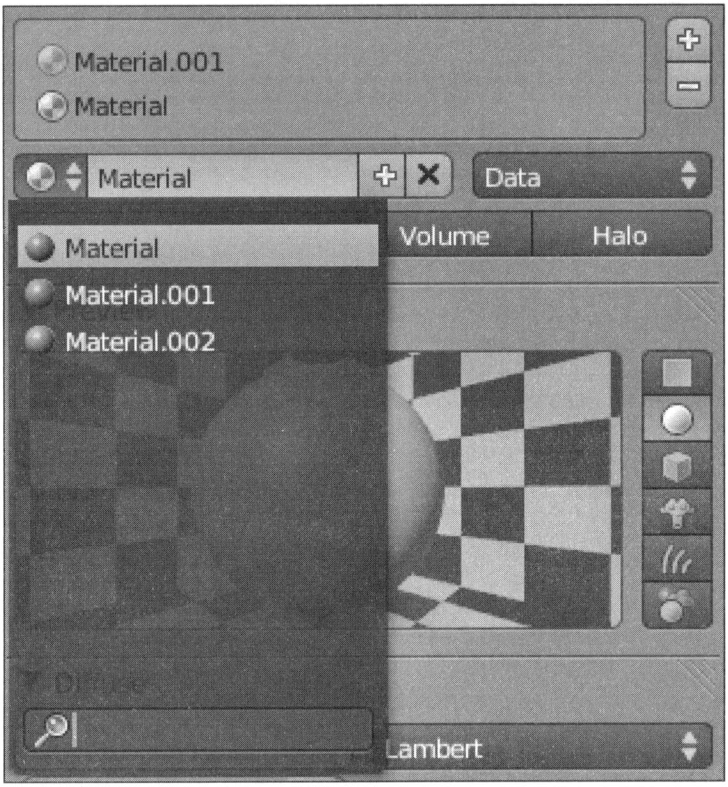

Figura 7.2
La lista dei materiali attribuiti.

biamo ricordare la differenza tra oggetto e dati: l'oggetto è un contenitore all'interno del quale possiamo trovare dei dati, ovvero una mesh, una curva, una superficie e così via. Ecco cosa accade invece nel caso dell'aggiunta di materiali (Figura 7.3).

- *Object*: permette l'attribuzione all'oggetto, indipendentemente dai dati in esso contenuti.
- *Data*: attribuisce il materiale direttamente ai dati. Se questi dati, per esempio una mesh, verranno inclusi come istanza in un altro oggetto, essi preserveranno il materiale attribuito.

Solitamente la scelta attiva di default è *Data* e suggeriamo di attenersi a essa.

Procediamo ora con la creazione del materiale, premendo il pulsante *Add New*. Al suo posto compare un campo di testo recante il nome del materiale, *Material.001*. Seguendo lo standard di nomenclatura progressiva di Blender, secondo il quale ai nomi uguali viene assegnata una desinenza numerica progressiva a tre cifre, *Material* è il materiale cancellato, ma ancora esistente, *Material.001* è il materiale appena creato, *Material.002* è il prossimo materiale che verrà creato e così via.

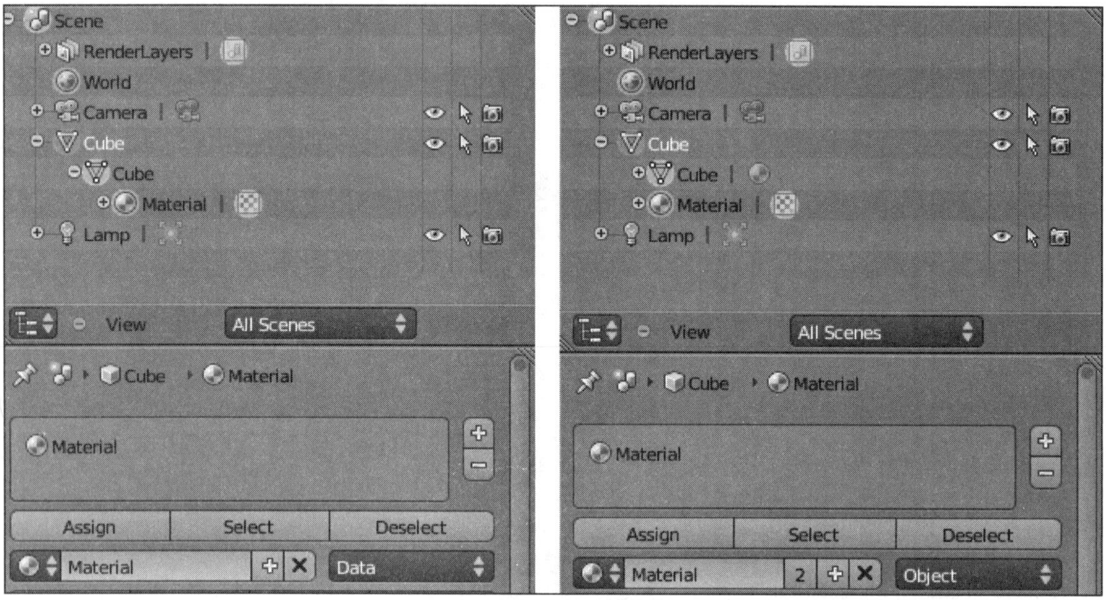

Figura 7.3
Confronto tra due materiali attribuiti in modalità Data e Object in un Outliner.

Sono inoltre visibili altri due pulsanti.

- svolge la stessa funzione di *Add New*.
- permette di scollegare il materiale dall'oggetto.

Se premiamo invece il pulsante possiamo osservare la lista dei materiali attribuibili all'oggetto, notando che ora ne sono presenti due: *Material* e *Material.001*, momentaneamente identici. Premendo o l'uno o l'altro li riassegnamo all'oggetto.

Figura 7.4
Il campo di ricerca nel menu a discesa di selezione.

In fondo alla lista è presente un campo di ricerca (Figura 7.4), indicato dalla lente d'ingrandimento, che permette di ricercare il materiale desiderato, utile quando la lista comincia a essere molto popolata. Anche in questo caso, come per la maggioranza dei campi di testo, è disponibile la funzione di completamento a *Tab*: iniziando a digitare le prime lettere del nome cercato e premendo il tasto *Tab*, se il nome è presente nella lista, le lettere rimanenti verranno aggiunte automaticamente. Se più nomi hanno le stesse iniziali, vengono visualizzati tutti e dovremo procedere manualmente a specificare altre lettere per restringere la ricerca.

Esiste infine un altro metodo per attribuire un materiale a un oggetto e consiste nel creare un collegamento con un oggetto esistente. È possibile fare ciò all'interno della vista *3D* dopo aver selezionato due oggetti (prestando sempre attenzione a quale sarà quello attivo, poiché il suo materiale verrà attribuito a tutti gli elementi collegati), premendo *Ctrl-L* e scegliendo dal menu *Make Links* la voce *Materials*.

Sotto i pulsanti per l'assegnazione del materiale si trovano quattro pulsanti selettori, che determinano il tipo di materiale e di conseguenza il contenuto dei pannelli sottostanti.

- *Surface*: renderizza l'oggetto come un solido (rendendone visibili le superfici).
- *Wire*: renderizza solo gli edge visibili in modalità *Wireframe* nella vista *3D*, attribuendo loro le proprietà del materiale.
- *Volume*: renderizza l'oggetto come un volume (possibile solo nel caso di oggetti chiusi).
- *Halo*: funziona solo con oggetti mesh, in quanto ne visualizza i vertici facendoli apparire come particelle luminose.

Per il momento ci concentreremo sul primo (*Surface*), che permette l'attribuzione di proprietà al materiale, nel modo che più comunemente si desidera.
Iniziamo ora l'analisi dei pannelli che compaiono una volta attribuito un materiale.

Preview

Questo primo pannello (Figura 7.5) ha lo scopo fondamentale di fornire un'anteprima accurata del materiale, delle relative texture e delle proprietà di trasparenza e riflessione, così come apparirà una volta renderizzato (l'immagine viene infatti prodotta con il motore di rendering di Blender).

Figura 7.5
Il pannello Preview.

Sono disponibili sei opzioni ciascuna indicata in relazione all'oggetto cui si sta applicando il materiale nella vista *3D*.

- *Flat XY Plane*: utile per previsualizzare le texture.
- *Sphere*: per oggetti dotati di superfici curve.

- *Cube*: per oggetti dotati di spigoli.
- *Monkey*: esemplifica la conformazione di un oggetto complesso.
- *Hair strands*: se stiamo lavorando con filamenti (erba, pelo e così via).
- *Large sphere with sky*: utile nella resa delle riflessioni.

Nel caso di *Sphere*, *Cube*, *Monkey* e *Hair*, lo sfondo è costituito da un angolo formato da tre piani dalla superficie quadrettata, il cui scopo è quello di rendere visibile la trasparenza e la riflettività di un materiale, ed eventualmente le sue proprietà di distorsione. *Large sphere with sky* simula invece la presenza di un cielo sullo sfondo (Figura 7.6).

Figura 7.6
I sei diversi tipi di oggetto anteprima nel pannello Preview.

Diffuse

Il pannello *Diffuse* (Figura 7.7) contiene la metà delle impostazioni più importanti per la definizione delle proprietà del materiale (l'altra metà si trova nel prossimo pannello, *Specular*). Tramite queste proprietà possiamo definire infatti il colore e soprattutto il modello di shader da impiegare. Il termine shader (non propriamente traducibile in lingua italiana) indica semplicemente il modo che ha il materiale di reagire alla luce e di rendere il passaggio da un punto completamente illuminato a uno in ombra. In Blender esistono diversi shader, volti a simulare il comportamento dei materiali più comuni nella realtà, affiancati inoltre da altri più adatti alla resa di effetti speciali.

Vediamo ora le voci presenti nel pannello.

- *Color*: il colore di base del materiale. Facendo clic sul rettangolo verrà caricata una tavolozza (*swatch*) per scegliere il colore con un altro clic (sarà inoltre possibile specificarlo in valori RGB, HSV ed esadecimali).
- *Intensity*: il livello di diffusione luminosa prodotto dal materiale.

Figura 7.7
Il pannello Diffuse.

- *Diffuse Shader Model*: il metodo di resa della diffusione luminosa sulla superficie. In Blender esistono cinque possibilità; le vedremo prima singolarmente e poi in un'illustrazione comparativa.

Lambert

Si tratta dello shader di default. Non è dotato di particolari proprietà e premette di ottenere una morbida degradazione da punti luce a punti ombra.

Oren-Nayar

Questo shader permette di riprodurre in modo migliore le microscopiche irregolarità presenti sulla superficie di quasi ogni materiale. Il contatore *Roughness* serve appunto a determinare il livello di irregolarità (Figura 7.8).

Figura 7.8
Variazioni del parametro Roughness dello shader Oren-Nayar: A = 0,1; B = 0,5; C = 1,0; D = 3,1.

Toon

Toon appartiene alla categoria degli shader fisicamente non accurati. Il suo scopo è quello di fornire un risultato simile a quello delle illustrazioni bidimensionali colorate a campitura dei fumetti. Le aree di luce saranno pertanto molto omogenee e ben distinte dalle altrettanto omogenee aree di ombra.
Esistono due parametri (Figura 7.9) specifici per questo shader.

- *Size* determina l'ampiezza delle aree illuminate.
- *Smooth* determina l'ampiezza della transizione tra aree di luce e aree d'ombra: valori da *0* (transizione molto marcata), a *1* (transizione molto morbida).

Figura 7.9
Variazione dei parametri Size e Smooth nello shader Toon: (A) Size = 0.7, Smooth = 0.5; (B) Size = 1, Smooth = 0.0; (C) Size = 1, Smooth = 0.1; (D) Size = 0.2, Smooth = 0.1.

Minnaert

Questo shader consiste sostanzialmente in una reimplementazione dello shader *Lambert*. La sua caratteristica aggiunta è il parametro *Darkness*, che permette di gestire in modo più flessibile la diffusione nelle zone di luce. Se *Darkness* viene lasciato a *1*, il risultato sarà identico all'applicazione di un *Lambert*.

Fresnel

Nel calcolo della diffusione, uno shader *Fresnel* non tiene in considerazione soltanto l'angolo che si crea tra il piano del punto di vista e la superficie illuminata dell'oggetto, ma aggiunge ai calcoli anche l'angolo di incidenza della luce sulla superficie dell'oggetto.

In particolare, più parallelamente giungeranno i raggi rispetto alla normale di una superficie, minore sarà la diffusione; al contrario, più perpendicolari saranno i raggi, maggiore sarà la diffusione. Per controllare meglio l'effetto di questo shader sono presenti due parametri.

- *Fresnel*: l'intensità dell'effetto Fresnel applicato all'oggetto.
- *Factor*: l'indice di fusione dell'effetto con il colore di base del materiale.

Presentiamo ora alcuni esempi indicativi, al variare dei valori di *Fresnel* e *Factor* (Figura 7.10).

Figura 7.10
Variazioni dei parametri dello shader Fresnel.
(A) Fresnel = 2, Fac = 2;
(B) Fresnel = 2, Fac = 3;
(C) Fresnel = 3, Fac = 2;
(D) Fresnel = 3, Fac = 3.

Una tabella comparativa dei risultati degli shader si trova in Figura 7.11. Questa tabella non può dirsi tuttavia completa, in quanto viene impiegato sempre il medesimo *Specular Shader*. Definiremo il significato di *specular highlight* e vedremo le tipologie di *Specular Shader* presenti in Blender nel prossimo paragrafo, al termine del quale ripresenteremo la tabella completa.

Specular

Ancora una volta è difficile proporre una traduzione italiana di questo termine, la cui versione completa è *Specular Highlight Shaders*. Innanzitutto è necessario non farsi ingannare dal termine *Specular*, il quale non è per nulla riferito al fenomeno di riflessione caratteristico degli specchi (questo argomento verrà affrontato

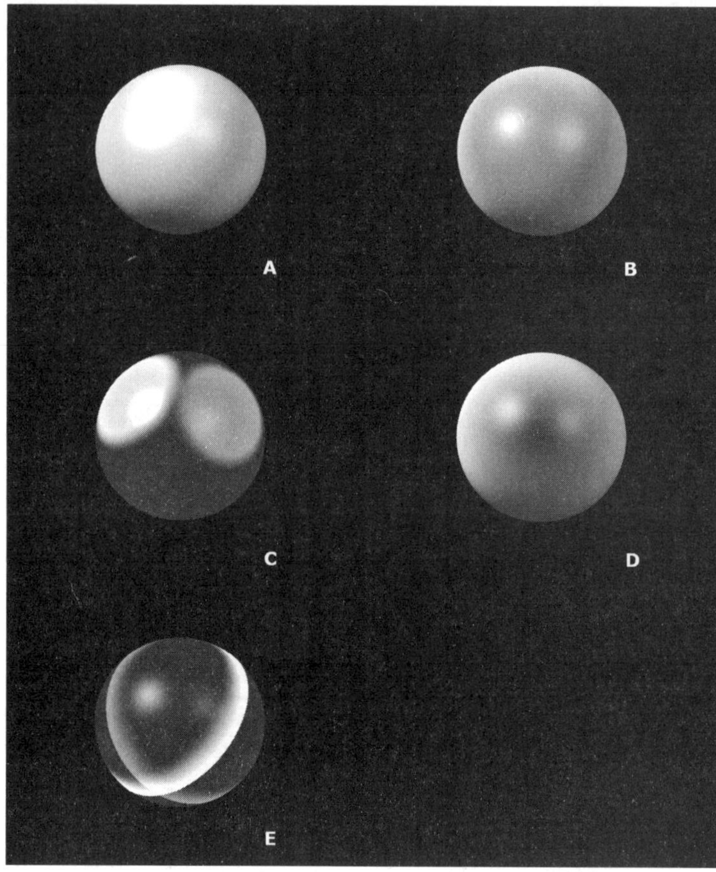

Figura 7.11 Tabella comparativa dei differenti shader disponibili: A = Lambert; B = Oren-Nayar; C = Toon; D = Minnaert; E = Fresnel.

NOTA

L'effetto della riflessione delle alte luci, a differenza di quello di diffusione appena affrontato, dipende dalla posizione dell'osservatore.

in seguito, parlando per l'appunto di riflessioni), bensì riguarda il noto fenomeno della formazione di un punto di massima luminosità (o alta luce, questo il termine corretto in italiano, in riferimento a highlight) su una qualsiasi superficie in grado di riflettere la luce (sottolineiamo ancora una volta, non creando riflessioni speculari) (Figura 7.12).

Spesso questi due fenomeni non sono facilmente distinguibili, tuttavia è possibile impiegare il seguente metodo per avere le idee più chiare: più la superficie del materiale sarà liscia, regolare e priva di imperfezioni, più sarà visibile la riflessione delle alte luci. Per esempio, una palla da biliardo è talmente liscia da creare anche un effetto di riflessione speculare; d'altro canto, più la superficie sarà ruvida e irregolare, più prevarrà la riflessione diffusa. Veniamo ora al pannello *Specular* (Figura 7.13) e osserviamone il contenuto.

- *Color*: il colore dello *Specular*. Normalmente va lasciato bianco, a meno che non vogliamo ottenere particolari effetti visivi.
- *Intensity*: permette di gestire la quantità di luce effettivamente riflessa. Questo contatore si estende da *0* = nessuna riflessione

Figura 7.12
Differenza tra Diffuse e Specular.

a *1* = massima riflessione. La luminosità della massima riflessione è in realtà superiore a quella effettivamente possibile (che è *0.5*): ciò serve semplicemente a permettere un maggiore controllo del materiale.

- *Shader*: come nel caso del *Diffuse* è possibile scegliere tra cinque differenti metodi di calcolo dello *Specular*. Vediamoli ora individualmente.

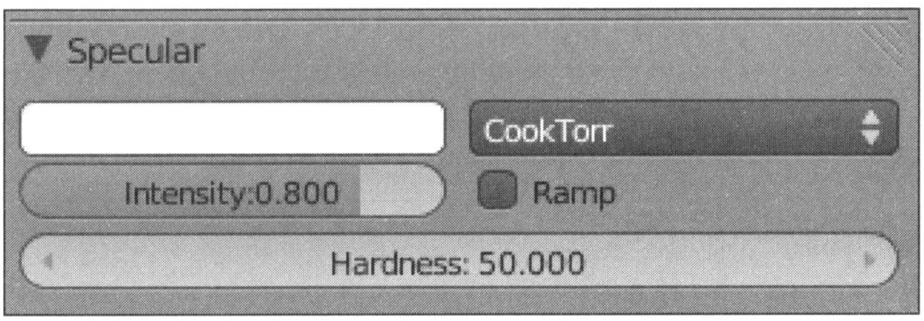

Figura 7.13
Il pannello Specular.

CookTorr

Il nome esteso di questo shader è *Cook-Torrance* e lo si può considerare una versione evoluta dello shader *Phong* (segue a breve). Si adatta particolarmente alla resa di superfici organiche o inorganiche piuttosto lisce, come la plastica e il cuoio.
Il parametro *Hardness* determina la dimensione della riflessione (Figura 7.14).

Phong

Phong è uno dei primi metodi di shading messi a punto nella storia della computer grafica. Si tratta di uno shader estremamente semplice, anch'esso dotato solo di un controllo *Hardness* per determinare le dimensioni della riflessione, che si adatta bene alla resa di materiali metallici.

Figura 7.14
Variazioni del parametro Hardness nello specular shader CookTorr.

Blinn

Blinn aggiunge un controllo *IOR* (Index Of Refraction, indice di rifrazione) al consueto *Hardness*, permettendo un maggiore realismo. Nel caso di *Blinn* il punto di riflessione delle alte luci può avere un diametro molto più ridotto rispetto a *Phong* e *CookTorr*.

Toon

Questo shader viene solitamente coordinato con il *Diffuse Toon*. È in grado di produrre (in modo simile a *Diffuse*) un punto luminoso estremamente definito, modificabile tramite le consuete opzioni *Size* (dimensioni del punto luminoso) e *Smooth* (morbidezza dei bordi del punto luminoso).

WardIso

Quest'ultimo shader risulta utile nella creazione di materiali plastici o metallici e dispone di un parametro, *Slope*, che permette di definire in modo molto dinamico il punto di luce (Figura 7.15).

Dopo aver presentato tutti gli shader *Diffuse* e *Specular* di Blender, vediamoli insieme in una tabella comparativa (Figura 7.16). Tutte le immagini sono state renderizzate a partite dal medesimo setup di illuminazione. Inoltre in ciascuna immagine vengono specificate le impostazioni degli shader applicati.

Ramps

Si sarà notato che in entrambi i pannelli *Specular* e *Diffuse* è presente anche un'opzione *Ramp*. Attivandola, renderemo disponibile, per ciascuno di essi, il set di controlli per svolgere operazioni di "rampa" (questo è il nome della funzione matematica su cui si basano gli algoritmi). Poiché il nome non risulta particolarmente descrittivo, vediamo nella Figura 7.17 questi controlli e l'effetto che hanno su *Diffuse* e *Specular*.

Figura 7.15
Definizione delle dimensioni del punto luce in WardIso.

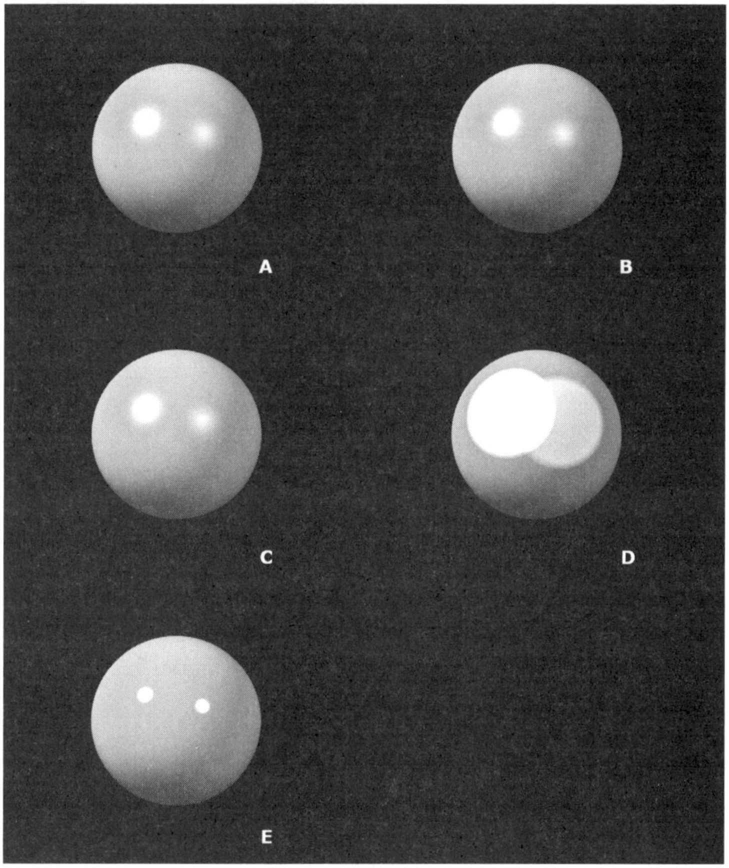

Figura 7.16
Tabella comparativa dei parametri di Specular shading.
A = CookTorr, B = Phong, C = Blinn, D = Toon, E = WardIso.

L'elemento più importante di questo contesto è il riquadro contenente la rampa, all'interno del quale si trovano degli elementi chiamati *color stop*. Essi possono essere creati premendo il pulsante *Add*, selezionati con un clic (oppure tramite il contatore soprastante al riquadro, recante dei numeri interi) e cancellati premendo il pulsante *Delete*. Possono infine essere spostati all'interno del riquadro tramite un trascinamento, oppure usando il contatore *Pos*.

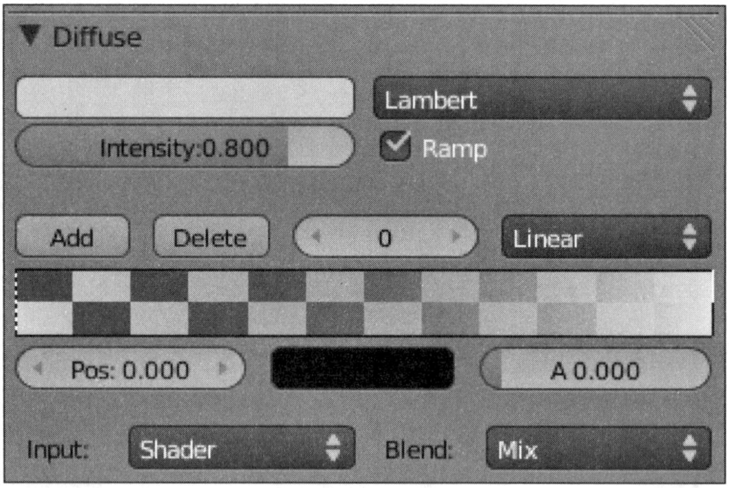

Figura 7.17
Il contesto Ramp appena attivato.

La funzione dei color stop è quella di creare una componente cromatica aggiuntiva da associare agli shader *Diffuse* o *Specular*. È possibile partire da un solo color stop, fino ad arrivare a molti, creando progressioni di colori che si manifesteranno a seconda dell'influenza esercitata sullo shader.
Le caratteristiche di un color stop sono definite dai tre parametri rimanenti.

- Il menu a discesa *Interpolation* determina il passaggio tra il colore di uno stop e l'altro.
- Il riquadro per la scelta del colore richiama una tavolozza.
- Il cursore *A* definisce il livello di opacità del colore.

Infine sono presenti i due menu a discesa *Input* (quale valore impiegare come input per l'applicazione della rampa) e *Blend* (con quale metodo di fusione applicare la rampa) (Figura 7.18).

Shading

Le opzioni contenute in questo pannello (Figura 7.19) riguardano lo shader in generale, a prescindere dalle sue proprietà *Specular* e *Diffuse*.

- *Emit*: aumenta la luminosità dell'oggetto, come se emettesse luce.
- *Ambient*: la quantità di colore che il materiale riceverà dall'ambiente circostante.
- *Translucency*: la luminosità dell'effetto di diffusione (*Diffuse*) sui bordi della parte non rivolta alla camera di un oggetto.

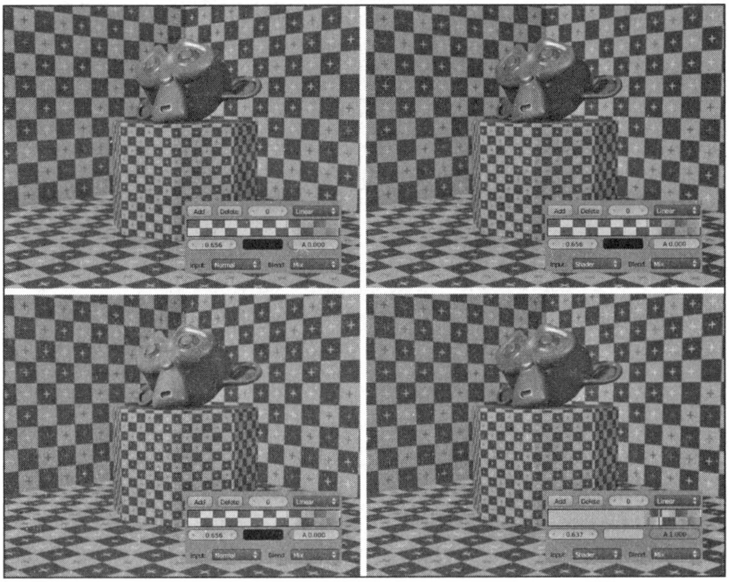

Figura 7.18
Alcuni esempi di ramp applicati a un modello comune.

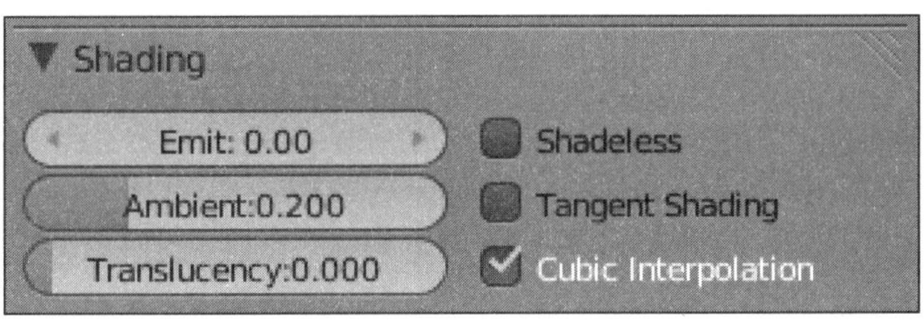

Figura 7.19
Il pannello Shading.

- *Shadeless*: rende il materiale insensibile alle luci e ombre presenti nella scena (Figura 7.20).
- *Tangent Shading*: calcola in modo differente la diffusione della luce su una superficie, al fine di ottenere particolari effetti in combinazione con il filtro antistropico (maggiori chiarimenti in seguito).
- *Cubic interpolation*: calcola i valori di diffusione del materiale, impiegando un metodo in grado di rendere più morbidi i passaggi tra le zone di luce e le zone d'ombra dell'oggetto (Figura 7.21).

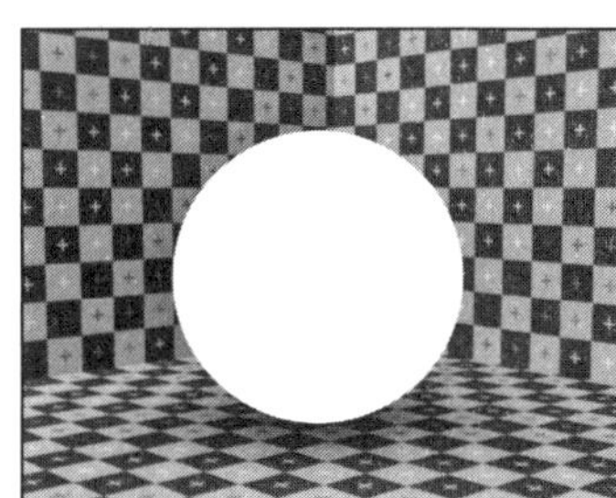

Figura 7.20
Un oggetto con materiale shadeless.

Dopo aver preso visione di pressoché ogni opzione possibile nell'ambito della creazione dei punti di luce e ombra di un materiale, prepariamoci ad affrontare altri tre temi importanti che ne riguardano l'aspetto, ovvero: la trasparenza, la riflettività e lo scattering (termine inglese che tratteremo più avanti). Per ognuno di essi esiste un apposito pannello, situato sempre nel contesto *Material*.

Figura 7.21
Applicazione del parametro Cubic Interpolation (B), confrontato con il risultato di default (A).

Per essere in grado di vedere i risultati delle operazioni svolte nei primi due pannelli (*Ray Mirror* e *Transparency*) è necessario abilitarne il calcolo tramite le relative opzioni presenti nel pannello *Shading* all'interno del contesto *Render*. Per accedere alle opzioni dei singoli pannelli è necessario invece attivarli tramite l'apposita opzione situata sopra ognuno di essi.

Transparency

Introduciamo brevemente il concetto di trasparenza: un oggetto è trasparente quando è, almeno in parte, attraversabile dalla luce. Ciò che si vede attraverso un oggetto trasparente può apparire più o meno distorto a seconda della conformazione dell'oggetto stesso e del suo materiale (Figura 7.22).

Figura 7.22
Il pannello Transparency con I paramentri Z Transparency e Raytrace alternativamente attivati.

In Blender è possibile rendere la trasparenza di un oggetto in due diversi modi (Figura 7.23), rappresentati dai pulsanti *Z Transparency* e *Raytrace*. Il primo metodo visualizza ciò che si trova dietro l'oggetto trasparente impiegando l'alpha buffer, ovvero mostrando esattamente lo sfondo, come se l'oggetto stesso non esistesse. Il secondo metodo, più complesso, impiega il raytracing per definire gli effetti rifrazione, tipici degli oggetti trasparenti (e non visibili impiegando *Z Transparency*) .

Figura 7.23
Nell'immagine A la trasparenza è ottenuta utilizzando Z Transparency, mentre in B si fa uso di Raytrace.

Queste due modalità dispongono di alcuni parametri comuni.

- *Alpha*: trasparenza complessiva del materiale.
- *Specular*: trasparenza complessiva delle alte luci del materiale.
- *Fresnel*: questo parametro funziona in modo simile all'analogo presente nel pannello *Ray Mirror*, ossia determina, in base all'incidenza dell'angolo visivo sulla superficie dell'oggetto, la quantità di materiale che appare trasparente e quella che appare opaca (Figura 7.24).
- *Blend*: determina quanto il valore di *Fresnel* influenza il materiale.

Figura 7.24
Variazioni dei parametri Specular e Fresnel.

Attivando la modalità *Raytrace* vengono visualizzate ulteriori opzioni.

- *IOR*: questa sigla sta per Index Of Refraction (indice di rifrazione). I valori del parametro *IOR* si estendono da *1* a *3* e permettono di simulare il percorso della luce attraverso il materiale, offrendoci una visione più o meno distorta degli oggetti che si trovano dietro a esso.
- *Filter*: permette la fusione dell'effetto di trasparenza con il colore dello shader *Diffuse* del materiale (*0* = nessuna fusione, *1* = è visibile solo il colore).
- *Limit*: oggetti il cui spessore risulti maggiore di questo valore (*0* = disattivato) verranno considerati e renderizzati come opachi (Figura 7.25).
- *Falloff*: determina la modalità di assorbimento della luce da parte del materiale trasparente.

Figura 7.25
Impiego del parametro Limit per simulare lo spessore di un oggetto.

- *Depth*: il numero massimo di rifrazioni (passaggi della luce attraverso il materiale trasparente) possibili. Superato questo valore, il materiale verrà renderizzato come opaco.
- *Gloss*: in modo simile al parametro visto nel pannello *Ray Mirror*, permette la resa di una trasparenza non perfetta, offrendo la possibilità di "sfocare" ciò che si vede attraverso l'oggetto, sulla base di un campionamento i cui parametri sono *Treshold* (determina quali elementi contribuiscono al campionamento) e *Samples* (la quantità di campioni).

Indice di rifrazione

Anche in questo caso è necessario ricordare che ottenere la trasparenza è un processo piuttosto costoso in termini di tempi di rendering; pertanto è opportuno prestare sempre attenzione ai parametri impostati, come, per esempio, *Depth* e *Gloss*, i quali possono allungarne drasticamente la durata.

Nonostante tutte le voci appena viste siano importanti per determinare l'aspetto di un materiale trasparente, ve ne è una particolarmente rilevante: l'indice di rifrazione (*IOR*). Questo indice determina l'effetto di rifrazione, caratteristico di ciascun materiale, in quanto dipendente dalla sua densità. La densità non costituisce tuttavia l'unico parametro che contribuisce alla determinazione dell'indice di rifrazione; anche temperatura e pressione hanno una certa influenza (Figura 7.26).

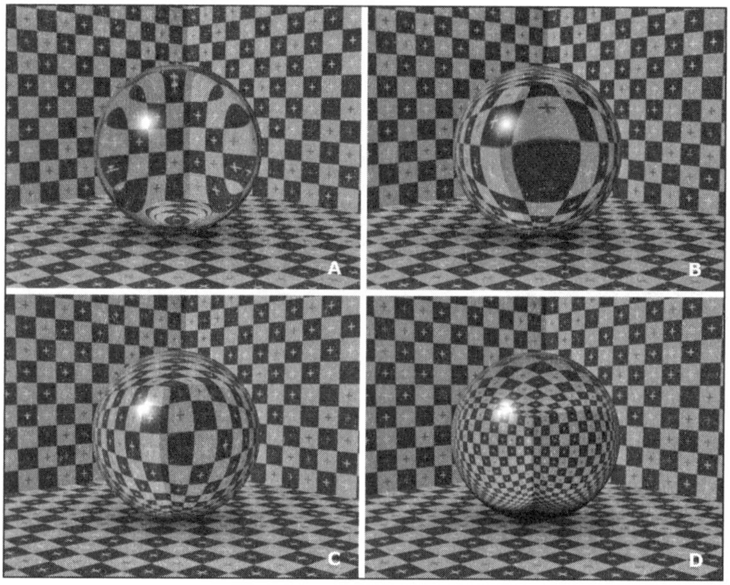

Figura 7.26
Diversi IOR applicati allo stesso oggetto.
(A) IOR = 1,05;
(B) IOR = 1,45;
(C) IOR = 2,1;
(D) IOR = 2,40.

Poiché nella computer grafica non è possibile tenere conto di questi aspetti, ci si limita all'impiego degli indici di rifrazione corretti (misurati scientificamente in condizione standard). Se stiamo cercando il fotorealismo o comunque il realismo, possiamo impiegare i valori della tabella sottostante, riguardanti i materiali più comuni.

- Aria: 1
- Acqua: 1,33
- Diamante: 4.41
- Ambra: 1.55
- Acqua ghiacciata: 1,31
- Sale: 1,51
- Plastica PET: 1,57
- Vetro: 1,7
- Silicone: 4,0

Trasparenza delle ombre

Rimane da affrontare il grado di trasparenza delle ombre proiettate da oggetti trasparenti o semitrasparenti. Finora, infatti, nella maggior parte degli esempi si sarà notato che gli oggetti proiettano un'ombra completamente nera, come se fossero solidi (Figura 7.27).

Per risolvere questo problema è necessario spostarsi nel pannello *Shadows* e attivare l'opzione *Receive Tranparent*, prestando attenzione a non aver selezionato il materiale trasparente, bensì quello dell'oggetto su cui viene proiettata l'ombra (Figura 7.28).

Figura 7.27
Ombra completamente opaca e ombre trasparenti.

Figura 7.28
Il parametro Receive Tranparent, da attivare nel caso in cui si desideri la trasparenza delle ombre.

Mirror

I parametri di questo pannello permettono di definire un materiale in modo che sia in grado di riflettere il mondo a esso circostante. Il computer è in grado di calcolare senza problemi i riflessi in una scena, tuttavia, trattandosi di un processo molto preciso e non approssimabile è necessario fare uso delle tecniche di raytracing che richiedono un forte uso della CPU. Quando si affronta la realizzazione di oggetti specchianti è bene essere preparati a dedicare più tempo del consueto alla fase di rendering; proprio per questo motivo, è altrettanto importante ottimizzare il più possibile questo calcolo, evitando ogni spreco di risorse inutili.

L'ottimizzazione e l'impostazione sono applicabili tramite i seguenti parametri (Figura 7.29).

- *Reflectivity*: rende il materiale più o meno in grado di riflettere l'ambiente circostante (*0* = nessun riflesso, *1* = specchio).
- Il rettangolo (bianco di default) serve per determinare il colore delle riflessioni sull'oggetto, richiamando una tavolozza.
- *Fresnel*: determina il livello di percezione della riflessione in rapporto alle normali fra l'oggetto e il punto di vista della camera. Minore è il valore, maggiormente visibile sarà il riflesso; maggiore il valore (il massimo è *5*) minore sarà la visibilità. In particolare potremo individuare la riflessione sui bordi dell'oggetto (Figura 7.30).

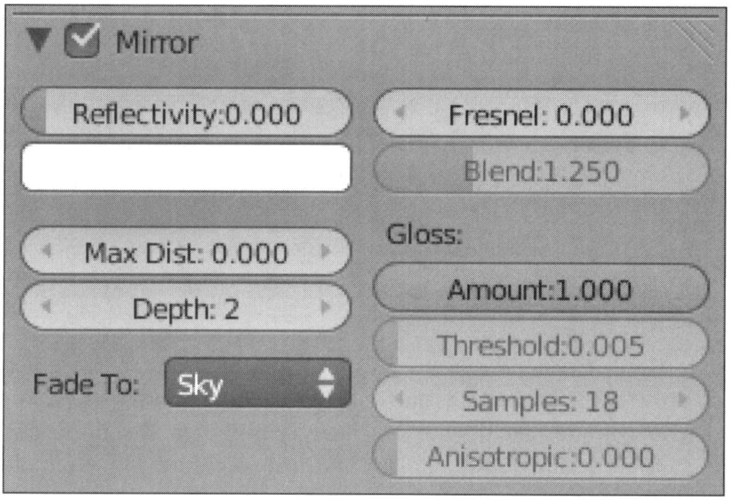

Figura 7.29
Il pannello Mirror, il cui contenuto è attivabile o disattivabile tramite l'apposita checkbox.

Figura 7.30
Variazioni del parametro Fresnel.

- *Blend*: controlla il livello di fusione tra le aree riflettenti e quelle non riflettenti di una superficie.
- *Gloss*: determina il livello di definizione dell'immagine riflessa nell'oggetto. Se il valore del cursore *Amount* è *1* (il massimo possibile), la riflessione sarà perfettamente definita, ma se vogliano simulare superfici a specchio non perfettamente lucide (magari consumate dall'usura), dovremo semplicemente ridurre il valore, sbloccando automaticamente i prossimi tre parametri. Questi parametri riguardano la modalità con cui Blender effettua la campionatura degli elementi che circondano l'oggetto riflettente, per definire l'immagine riflessa su di esso (Figura 7.31).
- *Threshold*: la soglia entro la quale vengono escluse dal calcolo della riflessione sfocata le campionature che apportano un'influenza all'immagine riflessa inferiore al valore dato.
- *Samples*: il numero di campionature da compiere. Maggiore sarà il numero, migliore il livello di dettaglio (a discapito dei tempi di rendering).

Figura 7.31
Confronto tra superfici con diversi valori di Gloss.

- *Antistropic*: applica alla riflessione un filtraggio antistropico (*0* = nessun effetto visibile, *1* = massimo effetto), deformandola lungo la tangente di ciascuna superficie. Se impiegato insieme all'opzione *Tangent Shading* presente nel pannello *Shading* fornisce l'effetto satinato caratteristico di alcune lavorazioni del metallo.
- *Max Dist*: il numero di *Blender Units* rispetto alla camera entro le quali calcolare la riflessione degli oggetti. Superato questo valore, la riflessione sfuma in un colore che può essere scelto tramite il menu che si trova sotto il parametro *Depth*: *Fade to Sky Color* sfuma nel colore del cielo (parametro del contesto *World*) e *Fade to Material Color* sfuma nel colore del materiale.
- *Depth*: questo parametro è di vitale importanza per ottimizzare i calcoli del raytracing. Determina, nel caso in cui due oggetti specchianti in una scena si trovino riflessi l'uno nell'altro, il numero di volte che è necessario calcolarne la riflessione (che teoricamente sarebbe infinita) (Figura 7.32).

Figura 7.32
Il variare di Depth influenza il numero di riflessioni reciproche di questi oggetti.

Environment Map

Prima di proseguire con gli altri pannelli, una puntualizzazione riguardante la possibilità di ottenere riflessioni anche senza fare uso del raytracing. Per fare ciò esiste una tecnica chiamata *Environment Map* (in italiano, mappa dell'ambiente - circostante) che funziona ponendo una camera virtuale nella stessa posizione in cui si trova l'oggetto riflettente ed effettuando un rendering "grandangolare" a 360 gradi (ottenendo un'immagine, la cui risoluzione va specificata), il quale viene poi "mappato" sull'oggetto, di fatto simulando la riflessione.
Non approfondiremo questa tecnica in quanto piuttosto laboriosa e limitante in termini di gestione dell'effetto di riflessione. Tuttavia essa merita di essere menzionata, data la sua velocità di rendering, talvolta molto superiore.

Subsurface Scattering

Questo è il terzo e ultimo pannello riguardante le proprietà aggiuntive dei materiali, quello per simulare il *Subsurface Scattering* (*SSS*), di cui ora spieghiamo il significato. Il termine *Scattering* (in fisica) si riferisce alla dispersione della radiazione luminosa che colpisce una superficie (in effetti abbiamo già incontrato questo nome parlando degli shader *Diffuse*), mentre il termine *Subsurface* si riferisce all'ambito in cui avviene questo fenomeno: sotto una superficie.
Nel mondo reale ciò si verifica quando una luce colpisce un oggetto la cui superficie non è sufficientemente opaca da rifletterla completamente; quindi la luce penetra leggermente, dando vita a un fenomeno di diffusione *sotto* la superficie. È il caso di moltissimi materiali come la cera, il marmo, la pelle e svariati tipi di frutta, solo per fare alcuni esempi.
Nella computer grafica il *Subsurface Scattering* è un ingrediente importante per ottenere verosimiglianza nei rendering.
Per fare uso del *Subsurface Scattering* (Figura 7.33) in Blender è necessario abilitarne il calcolo nelle opzioni di rendering (ma è abilitato di default) e attivare l'opzione nell'intestazione dell'omonimo pannello che si trova nel contesto *Material*. Precisiamo che, data la natura del fenomeno reale (che presuppone volumi solidi), il calcolo del Subsurface Scattering è frutto di simulazioni e i tempi di rendering aumenteranno notevolmente di conseguenza.

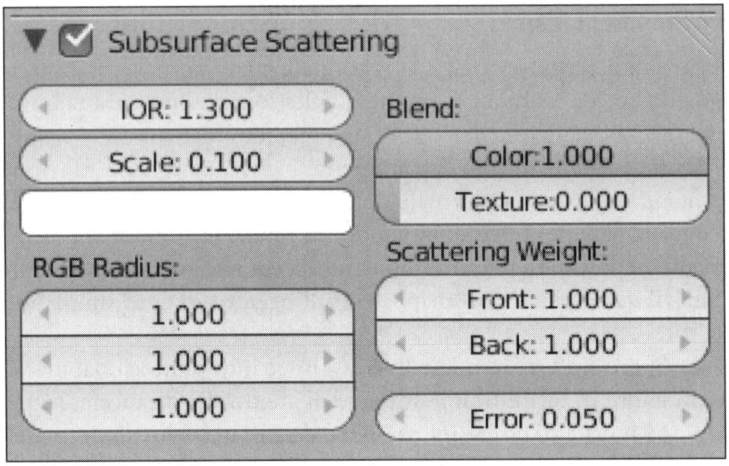

Figura 7.33
Il pannello Subsurface Scattering.

Una volta abilitato il *Subsurface Scattering* sarà possibile accedere alle opzioni del pannello. Vediamole.

- *IOR*: definisce l'indice di decadimento di una luce incidente alla superficie. Un valore più alto indica una maggiore densità e aumenta il decadimento (Figura 7.34).

Figura 7.34
Variazioni del parametro IOR.

- *Scale*: di fondamentale importanza per la riuscita dell'effetto, permette di definire le dimensioni dell'oggetto in unità Blender (1 unità = 1 mm).
- Il riquadro bianco premette di scegliere il colore dell'effetto di scattering.
- *Color Blend*: questo cursore determina quanto il colore scelto nel riquadro soprastante si fonderà con quello dello shader *Diffuse*.
- *Texture Blend*: il livello di fusione fra la texture superficiale e lo shading dello scattering.

- *Front*: determina il livello di scattering di una superficie illuminata frontalmente, ovvero la quantità di luce che, una volta colpito l'oggetto, viene diffusa.
- *Back*: determina uno degli effetti più caratteristici del *Subsurface Scattering*, ovvero la quantità di luce che colpisce un oggetto da dietro (parte non visibile) e lo attraversa, illuminandone anche la parte frontale (visibile).
- *RGB Radius*: altrettanto importanti, questi tre valori determinano il punto di uscita della luce (divisa in tre componenti RGB) sulla superficie, dopo essere stata diffusa sotto di essa. Disponendo di tre parametri distinti sarà quindi possibile ottenere una distribuzione più controllata dell'effetto.
- *Error Tolerance*: controlla la precisione dell'algoritmo in base al numero di campionature della superficie effettuate. Più basso è il valore, maggiore sarà la precisione (il valore di default *0.050* è un buon valore). Per ottenere velocemente un'anteprima dell'effetto è possibile aumentare il valore fino a 1, ignorando il grande quantitativo di artefatti che verranno a crearsi.

Per acquisire dimestichezza con i parametri di questo pannello è opportuno dedicarsi alla creazione di quanti più materiali possibili, partendo dai più semplici, prestando particolare attenzione alla scelta del colore dello scattering, alla scala dell'effetto, ai valori di *RGB Radius* e ai valori illuminazione e retroilluminazione.

Nella Figura 7.35 vengono mostrati due materiali facenti uso del *Subsurface Scattering*.

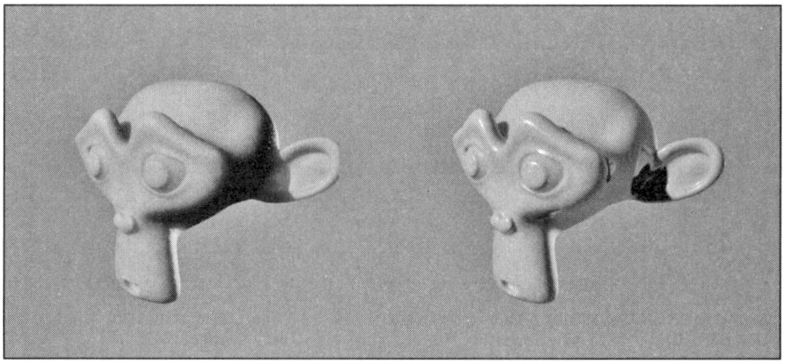

Figura 7.35
Alcuni esempi di materiali facenti uso del Subsurface Scattering.

Strands

Abbiamo terminato la trattazione riguardante i materiali per superfici. Se proseguiamo con l'osservazione dei pannelli presenti nel contesto *Material*, incontriamo *Strands* (filamenti, in italiano), le cui opzioni permettono il rendering, per l'appunto, di materiali composti da filamenti. Questo argomento è strettamente legato alle tecniche di generazione dei filamenti stessi, che esula da questo capitolo e tratteremo nel Capitolo 10; perciò ignoreremo temporaneamente questo pannello, per affrontarlo in un momento più opportuno.

Options

Proseguendo il nostro percorso attraverso i pannelli per la definizione dei materiali, incontriamo *Options*, che rende possibile determinare alcuni aspetti riguardanti il comportamento del materiale appena definito con *Diffuse* e *Specular* (Figura 7.36).

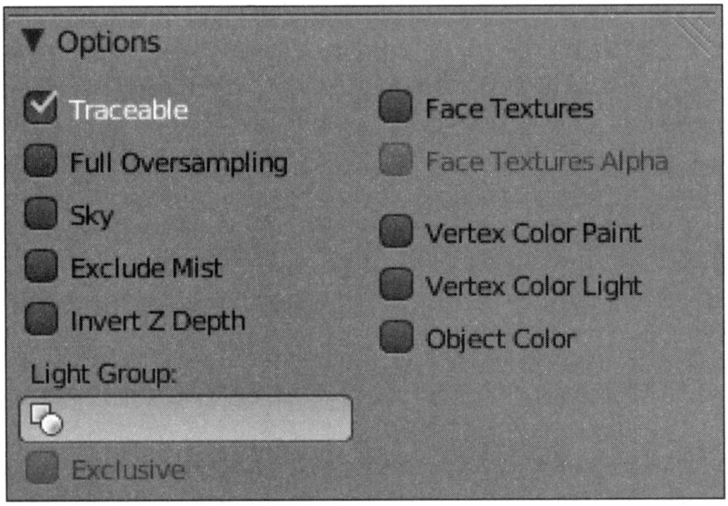

Figura 7.36 Il pannello Options.

Le opzioni sono le seguenti.

- *Traceable* (attivo di default): include nell'eventuale calcolo del raytracing il materiale e l'oggetto cui il materiale è applicato.
- *Full Oversampling*: scavalca le opzioni di oversampling impostate nel contesto *Render* e obbliga il motore di rendering a usare il sampling più alto (*16*).
- *Sky*: renderizza il materiale attribuendo un valore *alpha = 0*, ovvero rendendolo completamente trasparente. Ciò che sarà visibile attraverso di esso, tuttavia, sarà solo il colore *World*, definito nel contesto *World*. Se questa opzione viene attivata, tutte le altre potranno considerarsi escluse.
- *Exclude Mist*: permette di escludere il materiale dall'effetto di foschia (*Mist*) attivabile nel contesto World.

- *Invert Z Depth*: si tratta di un'opzione avanzata che permette di renderizzare le facce di un oggetto secondo un ordine inverso rispetto alla norma. Ciò risulta utile solo in casi particolari che, per il momento, non affronteremo.
- *Face Textures*: il colore del materiale non viene preso in considerazione e al suo posto viene impiegata una mappa UV precedentemente applicata come texture immagine. (maggiori informazioni sul significato di mappa UV a seguire).
- *Face Textures Alpha* (reso disponibile dall'attivazione di *Face Textures*): utilizza come texture immagine gli eventuali valori alpha dell'immagine della mappa UV applicata.
- *Light Group*: questo campo di testo permette di specificare un gruppo di luci che illumineranno il materiale, evitando l'influenza da parte di qualsiasi altra sorgente luminosa.
- *Exclusive* (opzione attivabile solo se viene specificato un gruppo di luci): rende il gruppo specificato esclusivo per il materiale; in pratica le luci appartenenti al gruppo non illumineranno altro che gli oggetti cui è stato attribuito quel materiale.

Shadow

Il pannello *Shadow* (Figura 7.37) raccoglie tutte le opzioni relative alla gestione delle ombre.

- *Receive*: rende l'oggetto in grado di ricevere ombre (le ombre di altri oggetti potranno essere proiettate su di esso).
- *Receive Transparent*: premette all'oggetto di ricevere ombre trasparenti o semitrasparenti proiettate da altri oggetti (Figura 7.38).
- *Shadows Only*: mantiene visibili solo le aree in ombra dell'oggetto, rendendone il resto trasparente.
- *Cast Only*: non renderizza l'oggetto (ombre portate incluse) ma soltanto l'ombra da esso proiettata.
- *Casting Alpha*: si tratta di un parametro considerato solo nel caso in cui nella scena si faccia uso di una *Spot Lamp* con un *Irregular Shadow Buffer* (vedi capitolo precedente). Determina l'opacità dell'ombra proiettata.
- *Cast Buffer Shadows* (attivo di default): premette all'oggetto di proiettare ombra se illuminato con una lampada *Spot* che faccia uso delle *Buffered Shadows*.
- *Buffer Bias*: relativamente a *Cast Buffer Shadows*, moltiplica l'intensità dell'ombra tracciata.

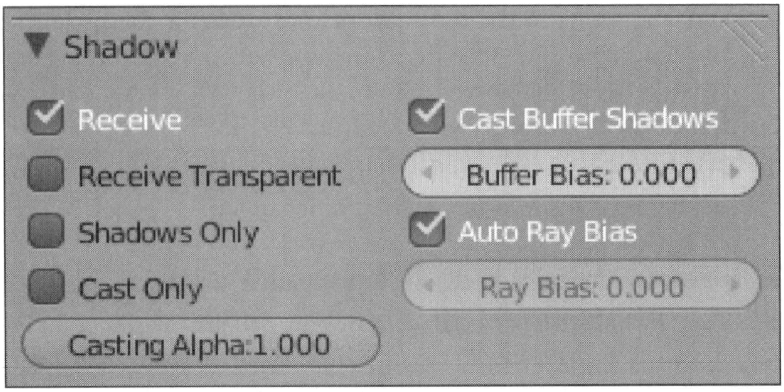

Figura 7.37
Il pannello Shadow.

Figura 7.38
Il parametro Receive Transparent rende una superficie in grado rappresentare l'ombra proiettata da un oggetto trasparente.

- *Auto Ray Bias*: evita errori nella visualizzazione di superfici lisce nel caso in cui si faccia uso del raytracing e di uno *Specular* di tipo *Phong*.
- *Ray Shadow Bias*: questo contatore non è modificabile se *Auto Ray* è attivato. Premette di gestire manualmente la correzione dell'errore citato sopra.

Materiali Multipli

Terminata questa presentazione del contesto *Material*, affrontiamo un ultimo argomento, quello dei materiali multipli. Infatti, parti della stessa mesh possono disporre di materiali differenti.

L'attribuzione di più materiali, possibile con oggetti mesh, è piuttosto semplice e si svolge all'interno del contesto *Material*, subito sotto la lista dei materiali collegati all'oggetto. Questa operazione deve avvenire mentre ci si trova in *Edit Mode*, poiché è necessario lavorare con gli strumenti di selezione degli elementi (Figura 7.39).

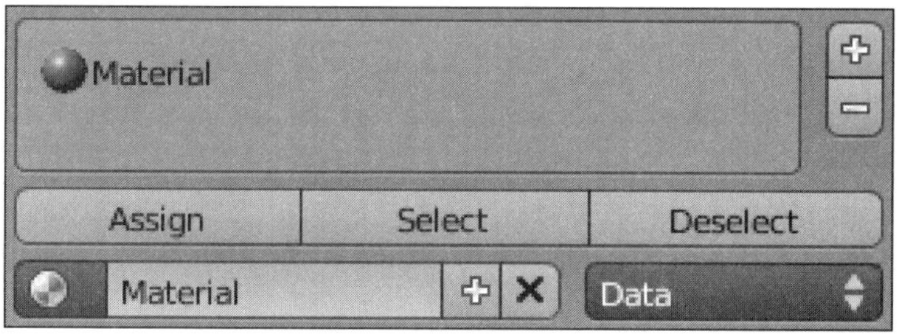

Figura 7.39
La lista dei materiali e i pulsanti sottostanti.

Il procedimento è il seguente.

- Aggiungiamo un altro materiale alla lista tramite il pulsante (sarà semplicemente una copia del materiale già esistente), in modo da disporre di due materiali, momentaneamente identici.
- Selezioniamo uno dei due materiali della lista e attribuiamo un nuovo materiale tramite il pulsante situato di fianco al campo del nome del materiale (alternativamente scegliamo un materiale precedentemente creato, tramite la lista).
- Se non lo abbiamo già fatto, portiamoci in *Edit Mode*. Sotto la lista dei materiali compariranno tre pulsanti: *Assign*, *Select* e *Deselect*.
- Selezioniamo l'ultimo materiale aggiunto alla lista (assicurandosi che abbia almeno un colore *Diffuse* diverso rispetto all'altro).
- Selezioniamo nella mesh nella vista 3D almeno una faccia.
- Premiamo il pulsante *Assign*, per attribuire il materiale a quella selezione.
- Se nella vista 3D è impostata un'anteprima *Shaded* potremo già notare il cambiamento (Figura 7.40).

In questo modo è possibile attribuire tanti materiali quante sono le facce di un oggetto. Ciò che non è possibile fare è attribuire più di un materiale a una faccia, poiché ogni volta che la selezioniamo e premiamo il pulsante *Assign*, la "sottraiamo" alla precedente attribuzione.

Figura 7.40
Alcuni passaggi della sequenza di azioni necessarie per attribuire più di un materiale alla mesh.

Per avere una migliore visione di quale materiale è attribuito a quali facce possiamo usare i pulsanti *Select* (seleziona le facce cui il materiale selezionato nella lista è stato attribuito) e *Deselect* (le deseleziona).

Per il momento possiamo considerare terminata la trattazione dei materiali. Quelle che abbiamo visto finora sono quasi tutte le opzioni disponibili per la resa delle superfici, mentre abbiamo tralasciato la modalità wire, i volumi, i filamenti e gli halo.
Volendo infine dare uno sguardo d'insieme a tutto il processo di creazione di un materiale, possiamo dire che è frutto della combinazione più o meno sequenziale delle opzioni offerte dai pannelli del contesto *Material*. Esiste tuttavia un altro modo per creare e gestire i materiali: i *nodi*. Si tratta di un sistema che impiega esattamente gli stessi strumenti offerti dai pannelli, ma ne permette la visualizzazione in un ambiente diverso (il *Node Editor*), offrendo possibilità strutturalmente non ottenibili con la configurazione del contesto standard.
Poiché si tratta di un tema piuttosto ampio e avanzato, lo presenteremo in un capitolo a parte, dove saranno trattati, oltre ai materiali, la generazione di texture e il sistema di compositing di Blender.

Texture

Il termine texture si riferisce all'insieme di variazioni cromatiche e morfologiche che qualsiasi materiale presente nella realtà possiede. In molti casi esse possono essere considerate parte del materiale, in altre, imperfezioni dello stesso. In ogni caso sono necessarie per definirne l'identità, dato che, finora, siamo riusciti ad attribuirgli "soltanto" un colore omogeneo e definirne il comportamento nei confronti della luce.
Le texture sono un concetto dato per scontato nell'ambito del nostro processo percettivo: se pensiamo a un materiale come il legno, ne immaginiamo le venature e le variazioni cromatiche; se osserviamo la nostra pelle, notiamo una quantità incredibile di dettagli; se pensiamo a una roccia, ne immaginiamo le crepe, la ruvidità e così via. In generale possiamo quindi dire che le texture costituiscono un livello maggiore di dettaglio, che permette di differenziare un materiale dall'altro, non solo per la presenza di un motivo (in inglese *pattern*) riconoscibile, ma anche per l'influenza esercitata sulle proprietà di riflessione della luce del materiale stesso (Figura 7.41).
Tecnicamente, nella computer grafica, le texture vengono applicate alla superficie di un materiale e ne influenzano lo shading. Oltre che per la questione riguardante la definizione dei materiali stessi, nel 3D le texture sono indispensabili anche per altri scopi.

Figura 7.41
Esempi di texture.

- *Raffigurare immagini*: se disponiamo di una scena all'interno della quale deve essere visualizzata una fotografia, un'illustrazione, una scrittura (le pagine di un libro, per esempio) e così via.
- *Aggiungere dettaglio*: non sempre è opportuno aumentare il livello di un modello incrementandone il numero di vertici, anzi, tale situazione, oltre un certo grado, è da evitarsi. In alcuni casi, per esempio l'aggiunta di "sporco", la modellazione non può essere di alcuna utilità. Le texture possono venire in aiuto per rappresentare superfici che dispongono di dettagli molto irregolari (lo sporco), allo stesso modo di superfici suddivise in modo regolare (una pavimentazione, i mattoni di un muro e così via).

In Blender, le texture sono suddivise in due grandi gruppi: le *texture immagini*, che come elemento fondamentale hanno un'immagine (che deve essere fornita dall'utente) e le *texture procedurali*, che vengono interamente generate dal computer sulla base di un vasto numero di modelli matematici.

Il sistema di gestione e attribuzione delle texture è piuttosto simile a quello dei materiali; ciò significa che anch'esse possono essere condivise tra più oggetti contemporaneamente e anch'esse vengono assegnate attraverso un sistema a lista.

Una differenza importante è costituita dal fatto che senza materiale le texture non possono esistere. Se infatti si cancellano tutti i materiali dalla lista dei collegamenti di un oggetto, si vedrà sparire il pulsante che attiva il contesto *Texture*, nell'intestazione della *Buttons Window*.

Iniziamo ora l'esplorazione degli elementi presenti nel contesto *Texture*, non prima di aver selezionato un oggetto dotato di materiale (oppure dopo avergliene attribuito uno).

Contesto Texture

Inizialmente il contesto si presenta vuoto, a eccezione di un'area (simile alla lista materiali del contesto *Material*), che contiene diciotto icone ▦. Queste icone rappresentano i canali texture. Ciascuno di essi potrà contenere una texture, la quale interagirà con le texture soprastanti e con il materiale (Figura 7.42). L'interazione con il materiale è chiamata *mapping* (mappatura).
Se abbiamo selezionato un canale che non contiene alcuna texture, verranno visualizzati i seguenti pulsanti (le cui funzioni sono le medesime del contesto *Material*) .

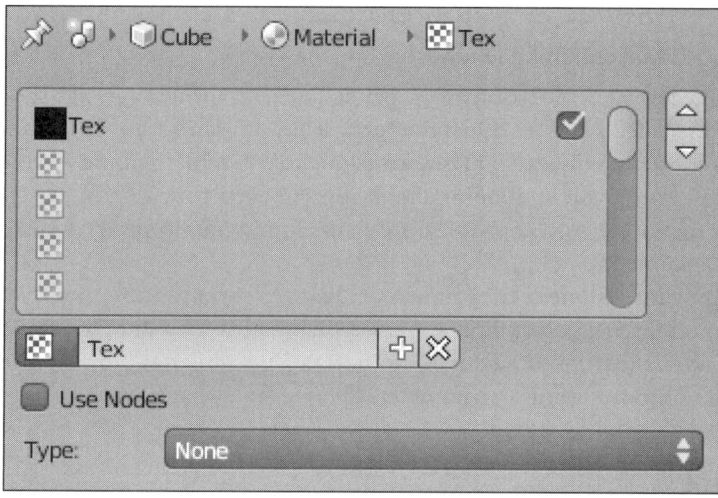

Figura 7.42
Il contesto Texture, privo di Texture.
Notare la tickbox che determina o meno l'applicazione della texture al materiale (e la sua inclusione nel calcolo delle influenze tra i diversi canali), nonché i pulsanti per fare scorrere la texture in alto o in basso nella lista.

- ▦ Attiva il menu a discesa contenente le texture già presenti nel progetto.
- *Add New* crea una nuova texture.

Se è stata assegnata una texture potranno apparire alternativamente o una vasta quantità di pulsanti e parametri (che affronteremo più avanti), oppure un semplice menu a discesa, chiamato *Type*. Questo menu permette di scegliere il tipo di texture. Prima di esaminare le singole opzioni, vediamo cosa accade all'aggiunta di una texture di esempio: *Clouds*.

Interfaccia

Innanzitutto compare un pannello intitolato *Preview*, che offre un'anteprima della texture (Figura 7.43). Sotto di esso troviamo tre pulsanti.

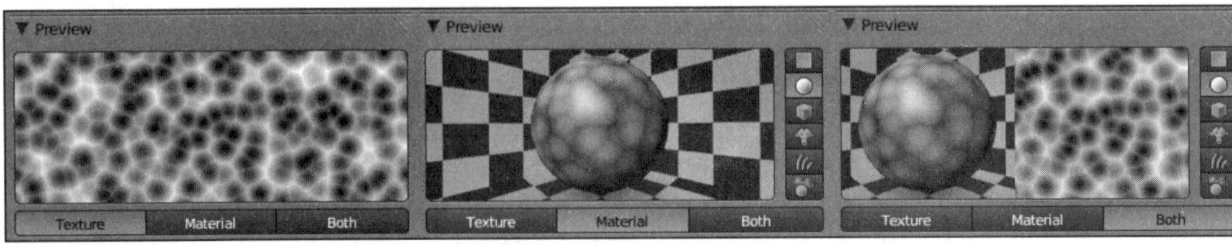

Figura 7.43
Il pannello Preview mostra le diverse anteprime ottenute premendo i tre pulsanti.

- *Texture* (attivo di default): mostra l'anteprima della texture su un piano.
- *Material*: mostra un'anteprima della texture applicata al materiale secondo la modalità di anteprima scelta nel pannello *Preview* del contesto *Material* (piano, sfera, cubo e così via).
- *Both*: entrambe le modalità appena viste.

Successivamente compare il pannello *Clouds* (Figura 7.44), specifico della texture. Quando verrà scelto un altro tipo di texture dal menu a discesa, sarà questo pannello a cambiare nome e contenuto (talvolta potranno anche apparire altri pannelli), mentre il panello *Preview* e i prossimi tre pannelli resteranno invariati nelle funzionalità.

Il primo di questi tre pannelli è *Colors*. Al suo interno è possibile modificare i colori di una texture (ma se è in scala di grigi, come tutte le texture procedurali, ciò non sarà possibile), la luminosità e il contrasto tramite i parametri *Multiply RGB* e *Adjust*.

Figura 7.44
I pannelli Clouds e Colors (con l'opzione Ramp attiva).

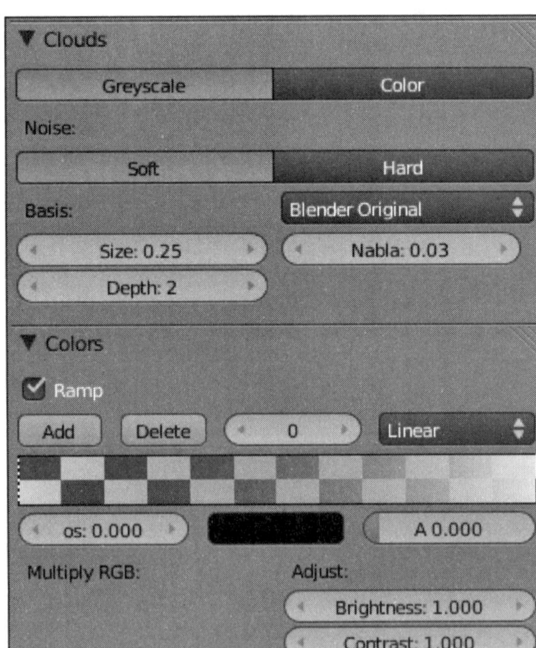

L'opzione *Ramp* attiva invece la *Colorband* per definire fasce cromatiche complesse in grado di svilupparsi all'interno della texture. Poiché questa funzionalità è completamente identica a quella vista nel contesto *Material*, rimandiamo alla relativa sezione, dove è già stata trattata.
A differenza dei controlli *Multiply RGB*, tramite *Ramp* è possibile attribuire una colorazione alle texture procedurali, disponendo oltretutto di un grande controllo sulle sfumature e sui livelli di fusione.
Il secondo pannello è chiamato *Mapping* (Figura 7.45) e consente di determinare la modalità di applicazione della texture alle superfici dell'oggetto. Ecco i parametri.

- *Coordinates*: il sistema di coordinate da impiegare per mappare la texture. A seconda delle esigenze, un sistema è preferibile all'altro.
  - *Global*: usa le coordinate globali della scena. In tal caso, se l'oggetto è animato, si vedrà chiaramente che la texture rimarrà statica, in quanto ancorata a un sistema di riferimento diverso da quello dell'oggetto stesso.
  - *Object*: impiega un altro oggetto, del quale prende il sistema di coordinate (e le relative trasformazioni), per posizionare la texture in un punto preciso. Data la relativa precisione di questo metodo, solitamente lo si usa per posizionare texture di piccole dimensioni. L'oggetto ideale per effettuare questo posizionamento è l'*Empty*.
  - *UV*: l'UV mapping è il sistema di attribuzione e posizionamento di una texture più preciso. Si basa sull'attribuzione di un set di due coordinate (UV) a ciascun vertice dell'oggetto, che viene "schiacciato", o più correttamente, "scucito" su un piano di lavoro. In questo modo è possibile accedere in modo planare a ogni faccia dell'oggetto. Si tratta di un meto-

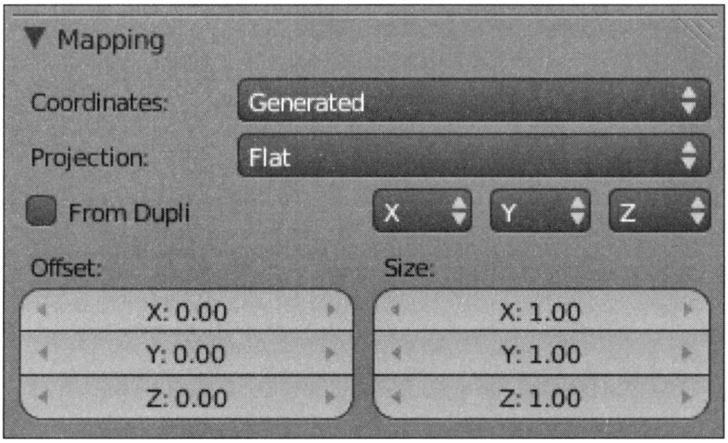

Figura 7.45
Il pannello Mapping.

do molto importante, pertanto lo tratteremo in un paragrafo apposito alla fine di questo capitolo.

- *Generated* (impostazione di default): la modalità solitamente impiegata quando si lavora con texture procedurali, in quanto fa uso del sistema di coordinate dell'oggetto.
- *Strand*: impostazione specifica per quando si lavora con filamenti.
- *Sticky*: una sorta di coordinate UV, il cui calcolo deve essere abilitato nel contesto *Mesh*. Permette di ottenere una visualizzazione fissa della texture sull'oggetto, dal punto di vista della camera.
- *Window*: usa le coordinate della finestra di rendering. La texture sarà fissa in un punto dell'immagine e l'oggetto la riceverà nel momento in cui si troverà nel medesimo punto.
- *Normal*: genera le coordinate a partire dalle normali delle facce di un oggetto, premettendo quindi di ottenere effetti speciali, dipendenti dal punto di osservazione dell'oggetto stesso.

Figura 7.46
Differenti sistemi di coordinate.

- *Reflection*: si tratta di un parametro specifico per il lavoro con le *Environment Map*. Analizza i vettori delle riflessioni di un oggetto per generare un sistema di coordinate.

- *Projection*: dopo aver definito le coordinate, è necessario determinare il modo in cui la texture (oggetto bidimensionale) verrà fisicamente applicata/proiettata sulla superficie dell'oggetto (tridimensionale) come si può vedere nella Figura 7.47. Il menu offre quattro possibilità.
  - *Flat* (piano): concepito per la proiezione di texture su un piano, se utilizzato con geometria tridimensionale, applicherà correttamente la texture a una faccia, estendendo alle altre i pixel più esterni della stessa.
  - *Cube* (cubo): da impiegare in presenza di oggetti sostanzialmente privi di superfici curve.
  - *Tube* (tubo): metodo utile per mappare (senza troppa distorsione) immagini sulla superficie di oggetti cilindrici o tubolari. Funziona in modo corretto su superfici curve.

Figura 7.47
Nelle illustrazioni possiamo vedere un confronto dei diversi metodi di mappatura applicati ai solidi che rappresentano.

- *Sphere* (sfera): nasce per la mappatura su superfici sferiche, curve o organiche. Utilizzabile in sostituzione a *Tube*.
- I controlli rimanenti sono costituiti da tre menu a discesa, recanti ciascuno le opzioni *X*, *Y*, *Z* e *None*, chiamati *X*, *Y* e *Z Mapping*, che permettono di specificare le coordinate da tenere in considerazione durante la mappatura e, per ciascuna coordinata, la direzione dello sviluppo della texture.
- *Offset*: tramite i contatori *X*, *Y* e *Z* è possibile specificare un offset (spostamento) relativo al sistema di coordinate, solitamente per posizionare più accuratamente le texture immagine.
- *Size*: sempre tramite i contatori *X*, *Y* e *Z*, è possibile specificare le proporzioni della texture. A prima vista questo sistema risulta poco intuitivo, in quanto, per aumentare le dimensioni di una texture, occorre ridurre il valore di default, anziché aumentarlo. Tuttavia questo metodo è logico se si pensa che *Size* non è riferito alla texture, ma allo spazio che essa ha a disposizione sull'oggetto (Figura 7.48).

Nota

Nel caso della mappatura UV, questi tipi di proiezione non verranno tenuti in considerazione, data la diversa natura di applicazione della texture.

Figura 7.48
Variazione del parametro Size.

Analizziamo ora l'ultimo pannello rimasto, tramite il quale si decide l'effetto che la texture avrà sul materiale. A seconda del tipo di texture, potremo ottenere effetti diversi: alcune texture recano informazioni riguardanti il colore, altre possiedono dati relativi alla trasparenza, altre ancora contengono vettori delle normali (generati dalla texture) e così via.
Se l'immagine presente in una texture è in scala di grigi, può essere impiegata per uno scopo particolare: l'*intensity mapping*. Questa tecnica fa uso dei valori della scala di grigi dell'immagine per creare una corrispondenza tra essi e l'effetto di un parametro della mappatura sul materiale. Fra poco presenteremo un esempio chiarificatore (Figura 7.49).
Il pannello *Influence* (Figura 7.50) è diviso in contesti tematici. Per esempio, sotto *Diffuse* sono raccolte quattro opzioni (e i relativi cursori) che influenzano i parametri *Diffuse* del materiale.

Figura 7.49
Esempio di Intensity Mapping per il valore Reflectivity del pannello Mirror.

- *Intensity*: determina l'influenza della texture sui parametri del contesto.
- *Color*: visibilità del colore (e del *Ramp*) attribuito alla texture.
- *Alpha*: il livello di influenza che la texture esercita sull'opacità del materiale.
- *Translucency*: il livello di influenza sul parametro *Translucency*.

Sotto *Specular* troviamo gli elementi relativi allo shader *Specular*.

- *Intensity*: influenza la riflettività dello shader.
- *Color*: influenza il colore.
- *Hardness*: influenza il parametro *Hardness*.

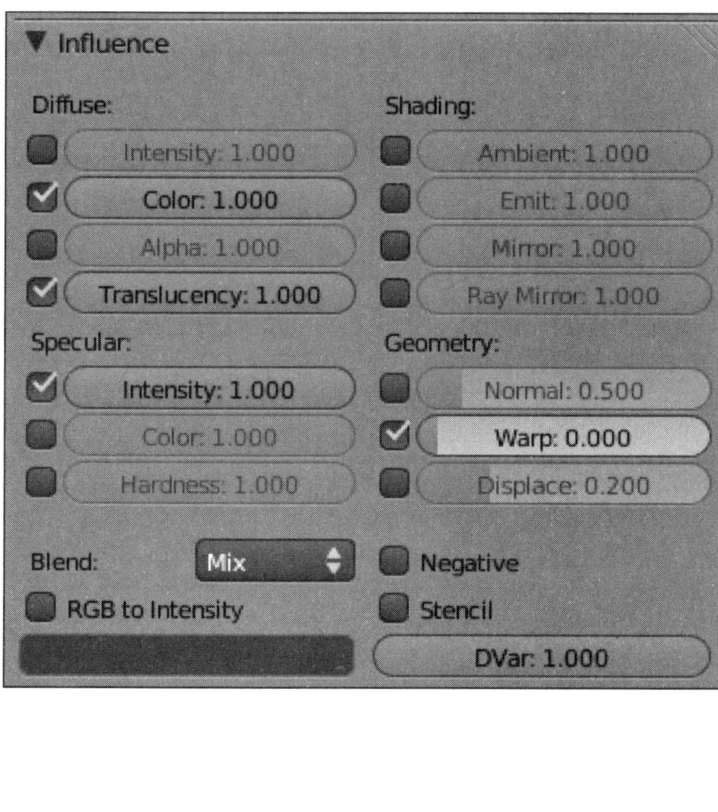

Figura 7.50
Il pannello Influence.

Per quanto riguarda la voce *Shading*, invece, i parametri determinano la modalità di influenza dei valori della texture sui seguenti elementi.

- *Ambient*: influenza sul colore *Ambient*.
- *Emit*: influenza sull'*Emit* del materiale.
- *Mirror*: nero = mirror 100%, bianco = mirror 0%.
- *Ray mirror*: nero = mirror 100%, bianco = mirror 0%.

Geometry raggruppa i parametri riguardanti l'effetto della mesh sulla geometria.

- *Normal*: si tratta di un parametro molto importante, in quanto permette di ottenere il cosiddetto "Bump Mapping", ovvero un incremento del livello di dettaglio nella geometria, senza in realtà modificarla (Figura 7.51).
- *Wrap*: permette a una intensity map di distorcere le coordinate delle texture successive nella lista.
- *Displace*: influenza la disposizione (displacement) dei vertici. Questo parametro funziona propriamente nel caso in cui si faccia uso di una *Displacement Map*, ovvero di una particolare immagine in scala di grigi il cui contenuto genera una corrispondenza nella geometria (altamente suddivisa) di una mesh, modificandola.

Figura 7.51
I risultati dell'applicazione di diversi valori al parametro Normal.

Infine incontriamo i filtri canale, ossia le impostazioni relative alle proprietà della texture, in relazione agli altri canali.

- *Blend*: il metodo di fusione della texture.
- *Negative*: inverte i colori della texture (utile se la texture è in bianco e nero).
- *Stencil*: permette di usare la texture come se fosse una maschera in un software di grafica o fotoritocco.
- *RGB to Intensity*: converte un'immagine a colori in una in bianco e nero e la usa come *intensity texture*, influenzando i

valori degli altri parametri in base alla disposizione delle aree bianche e nere.

- Tavolozza colori: se la texture dispone dell'opzione *Color* attiva, il colore scelto in quest'ambito verrà mappato sui valori in bianco e nero iniziali (nero = opacità colore 100%, bianco = opacità colore 0%).
- *DVar*: nel caso in cui si stia usando una *intensity texture*, determina l'influenza che alcune opzioni hanno sui relativi parametri nel contesto *Material*. Per esempio, se il valore *Emit* nel contesto *Material* è *0* e viene attivata l'opzione *Emit* nel gruppo *Shading* del pannello *Influence* (contesto *Texture*) con valore *1* e anche *DVar* è uguale a *1*, allora l'*Emit* sul materiale (filtrato attraverso la texture) sarà *1* (Figura 7.52).

Figura 7.52
Impiego di una intensity map per definire l'Emit di un materiale. Al variare del parametro Dvar, varia l'influenza della mappa. Da sinistra verso destra, il valore di Emit è pari ad 1, 0.3 e 0.

Terminata l'analisi delle opzioni comuni a tutte le texture, presentiamo ora individualmente le texture procedurali. Prima di iniziare, tuttavia, chiariamo alcuni concetti fondamentali e illustriamone le propriteà condivise.

Texture procedurali

Le texture procedurali (*procedural textures*) sono generate matematicamente e ciò comporta alcune conseguenze interessanti (Figura 7.53).

- Vengono create interamente all'interno del software, pertanto non c'è bisogno di importare alcun riferimento esterno (immagini o altro).
- Sono *seamless*, ossia prive di punti di discontinuità visibili (ricoprono l'oggetto in modo uniforme indipendentemente dalla disposizione delle facce).
- Infine si adattano alle modifiche della mesh. Ciò significa che se viene effettuata un'operazione booleana tra due mesh, le nuove superfici create saranno sempre caratterizzate dalla texture procedurale.

Figura 7.53
Esempio di texture procedurale.

Tutte le texture procedurali (a parte *Blend*, *Noise* e *Magic*) dispongono di due parametri comuni.

- *Nabla*: funge da moltiplicatore per il valore delle opzioni *Normal* e *Displace* del pannello *Influence*.
- *(Noise) Basis*: le texture procedurali si dicono *noise-based*, ovvero basate su *rumore* (inteso come principio di casualità). Il rumore può essere generato a partire da diversi algoritmi, con risultati differenti, visibili nella Figura 7.54 (la texture generata è di tipo *Clouds*). L'impostazione di default è *Blender Original*, ma deve essere cambiata seguendo le esigenze del materiale.

Per la maggior parte delle texture, i risultati visibili nel pannello *Preview* sono in bianco e nero: in questo modo è possibile usarle come intensity map.
Vediamo ora le texture procedurali a nostra disposizione.

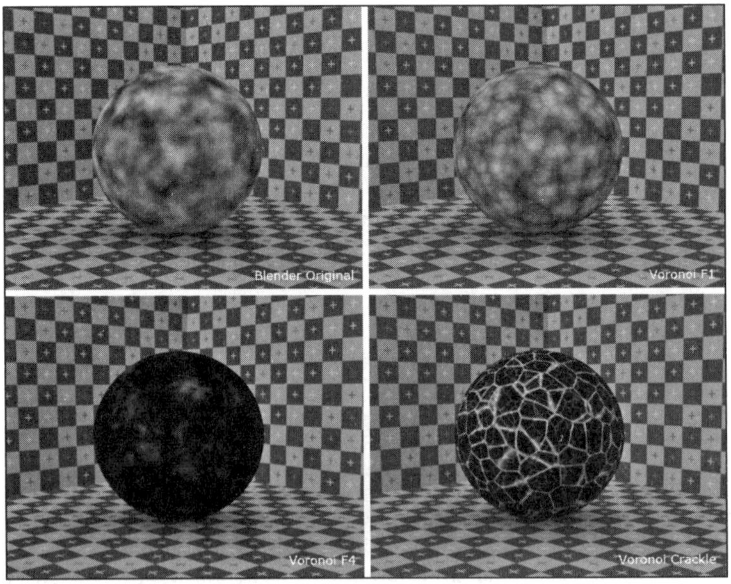

Figura 7.54
Differenti impostazioni di Noise per una texture Cloud.

Clouds

Questa texture dall'aspetto evanescente risulta utile nella creazione di materiali come il fumo o le nuvole (*clouds*, per l'appunto) (Figura 7.55).

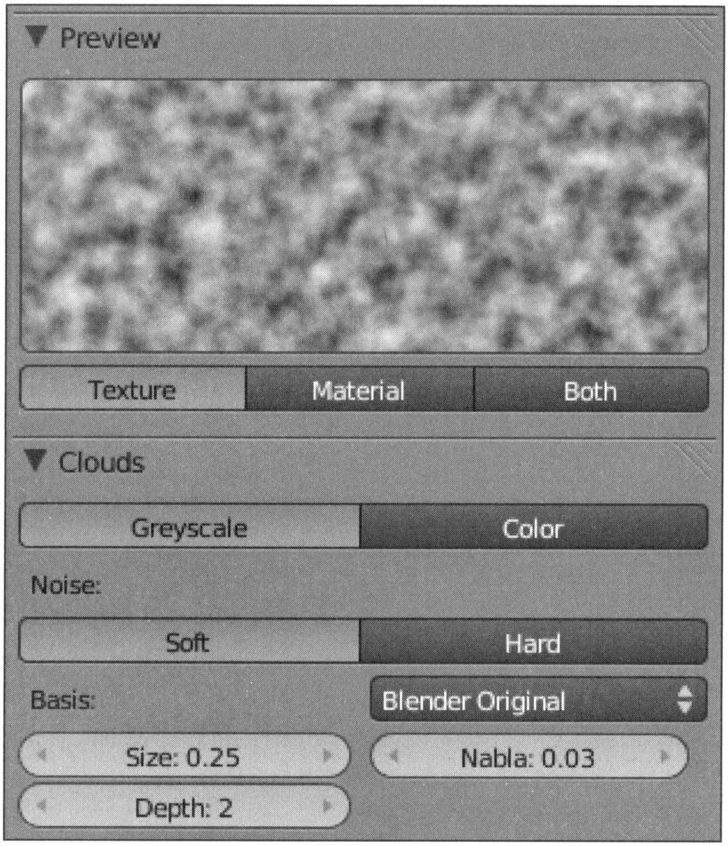

Figura 7.55
Il pannello Clouds.

Data la sua discreta omogeneità e ricchezza di dettaglio, trova applicazione anche nel bump mapping. Le opzioni disponibili sono le seguenti (Figura 7.56).

- *Grayscale*: texture in scala di grigi.
- *Color*: texture a colori.
- *Soft/Hard noise*: il contrasto del rumore.
- *Size*: dimensioni del rumore.
- *Depth*: il livello di dettaglio nel calcolo della texture. Poiché questo parametro può allungare notevolmente i tempi di rendering è opportuno scegliere il livello adatto (per esempio in relazione alla distanza da cui verrà osservata la texture).

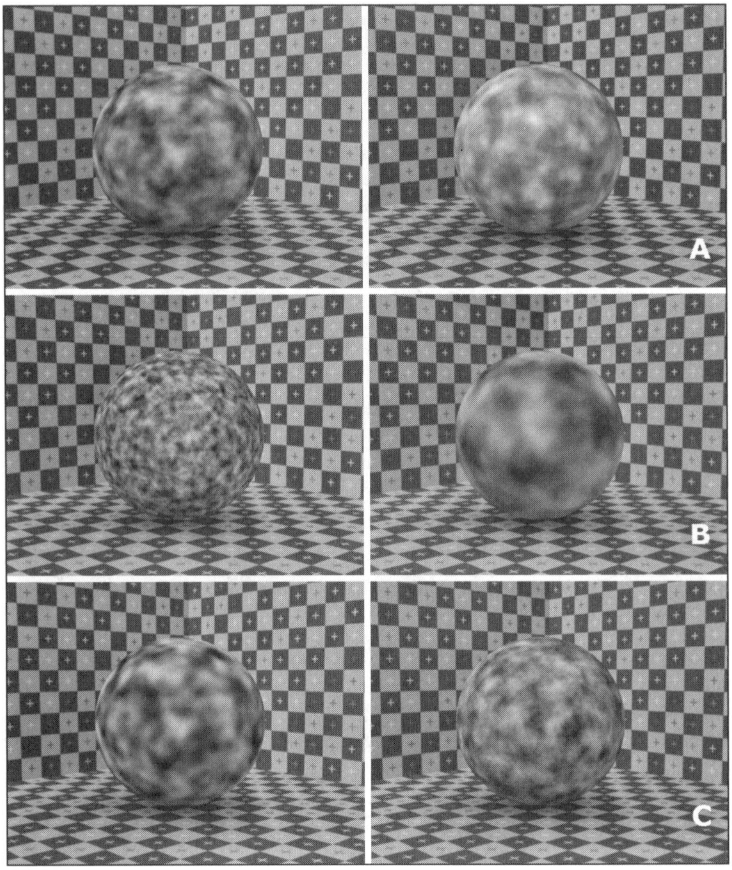

Figura 7.56
Color e Grayscale (A), Soft e Hard Noise (B), Size e Depth (C).

Wood

Impiegata per materiali che, come il legno, possiede venature lineari e piuttosto regolari (Figura 7.57). Questa texture si presenta come intensity map; le impostazioni sono le seguenti.

- *Sine / Saw / Tri*: la funzione da impiegare nella generazione dei passaggi di gradazione (bianco-nero-bianco) tra una venatura e l'altra.
- *Bands*: venature lineari.
- *Rings*: venature concentriche.
- *BandNoise*: venature lineari, con un rumore che le rende irregolari.
- *RingNoise*: venature concentriche, con rumore.
- *Noise (Soft/Hard)*: il livello del rumore da applicare quando usiamo *BandNoise* o *RingNoise*.
- *Size*: dimensioni della matrice di generazione del rumore.

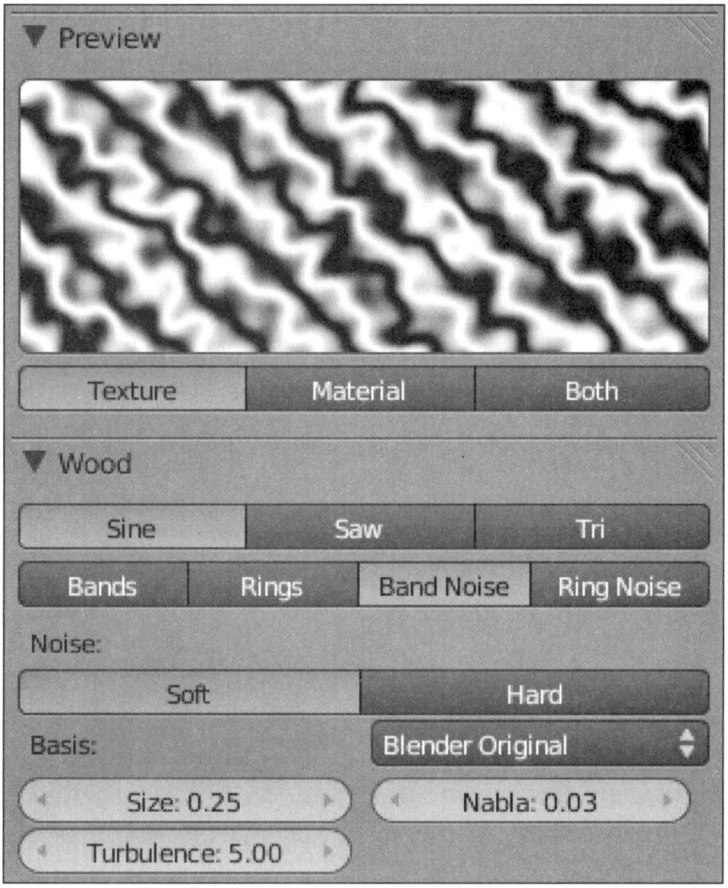

Figura 7.57
Il pannello Wood.

- *Turbulence*: sempre nel caso di *BandNoise* e *RingNoise*, un ulteriore controllo del livello di turbolenza e rumore delle bande (Figura 7.58).

Nella creazione di motivi lineari, questo tipo di texture si presta molto bene a essere combinata con l'effetto *Ramp* del pannello *Colors*.

Figura 7.58
Variazioni sui parametri di Wood.

Marble

Marble, specificamente volta a riprodurre la struttura e le venature irregolari del marmo, genera anch'essa soltanto una *intensity map* (Figure 7.59 e 7.60). Ecco le sue opzioni.

- *Soft / Sharp / Sharper*: il modello di definizione della texture.
- *Sin / Saw / Tri*: allo stesso modo della texture *Wood*, determinano la funzione di interpolazione bianco-nero-bianco.
- *Noise (Soft/Hard)*: il livello di rumore da applicare (funziona con tutte le impostazioni).
- *Size*: scala dell'input del rumore.
- *Depth*: livello di definizione delle venature.
- *Turbulence*: turbolenza e rumore delle venature.

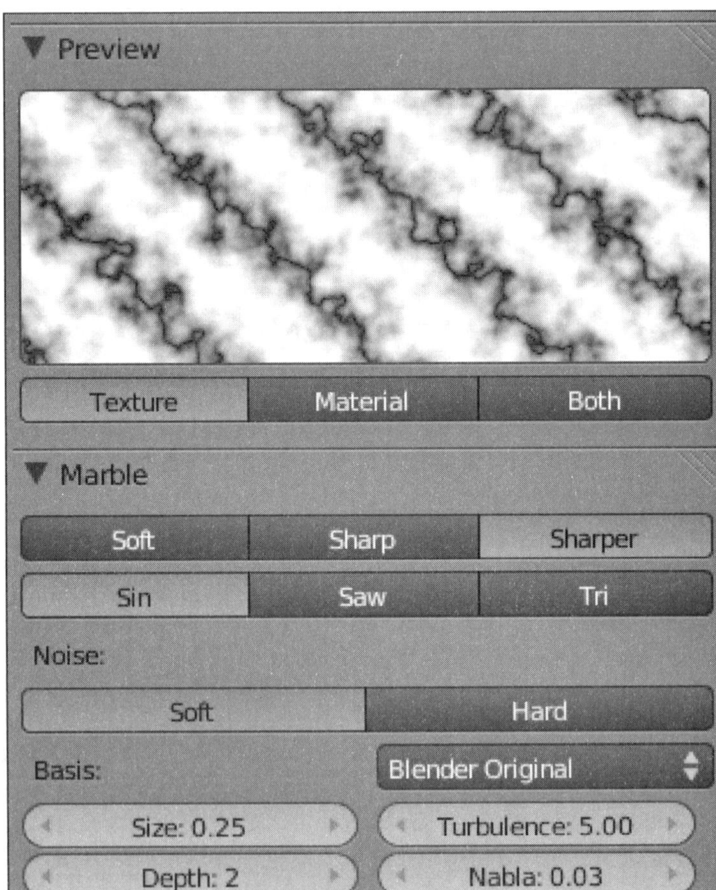

Figura 7.59 Il pannello Marble.

Figura 7.60
Esempi di Marble.

Magic

Genera un'immagine a colori (RGB), utilizzabile per effetti speciali, motivi astratti o decorativi. Si tratta di una texture dalla semplice gestione (Figura 7.61).

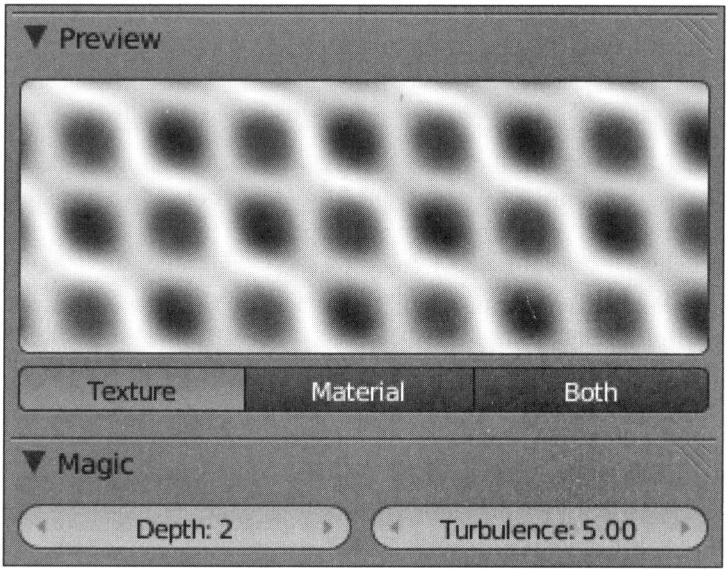

Figura 7.61
Il pannello Magic.

- *Depth*: dettaglio della texture (aumentando il valore, aumentano gli intrecci, nonché la varietà nella distribuzione dei colori).
- *Turblence*: può essere inteso quasi come un valore di scala, in quanto cambia la visualizzazione del numero di elementi del pattern.

Blend

Questa texture (Figura 7.62) è molto importante, in quanto può essere impiegata come maschera per gestire la fusione di altre tex-

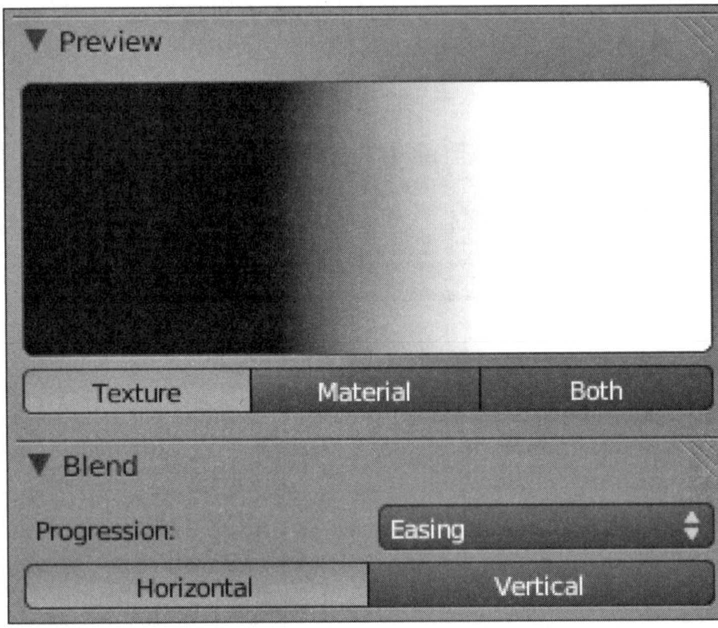

Figura 7.62
Il pannello Blend.

ture nello stesso materiale (opzione *Stencil* nel pannello *Influence*). Per avere un controllo maggiore della sfumatura è possibile usare *Ramps* del pannello *Color*, ricordando (se si vuole usare la texture come intensity map) di attivare l'opzione *RGB to Intensity* nel pannello *Influence*. Le opzioni di questa texture sono due.

- *Progression*: la progressione/forma della sfumatura, che può essere *Linear* (lineare), *Quadratic* (segue una funzione quadratica), *Easing* (non lineare), *Diagonal* (diagonale), *Sphere* (appare radiale, come una sfera), *Quadratic Sphere* (stesso principio di *Sphere*, tuttavia impiegando una progressione quadratica), *Radial* (progressione circolare, radiale).
- *Flip Axis*: "capovolge" la progessione generata, facendola apparire ruotata di 90 gradi.

Stucci

Utile per la resa di superfici dalla consistenza granulosa (Figure 7.63 e 7.64). Il suo output è impiegabile per bump mapping oppure intensity map. Le impostazioni sono le seguenti.

- *Plastic*: classico effetto *Stucci*.
- *Wall in / Wall out*: simulazione di granulosità in alto/bassorilievo (con un effetto stucco, da cui deriva il nome di questa texture).
- *Noise (Soft/Hard)*: il contrasto applicato al risultato del modello (*Stucci*, *Wall in* oppure *Wall out*).

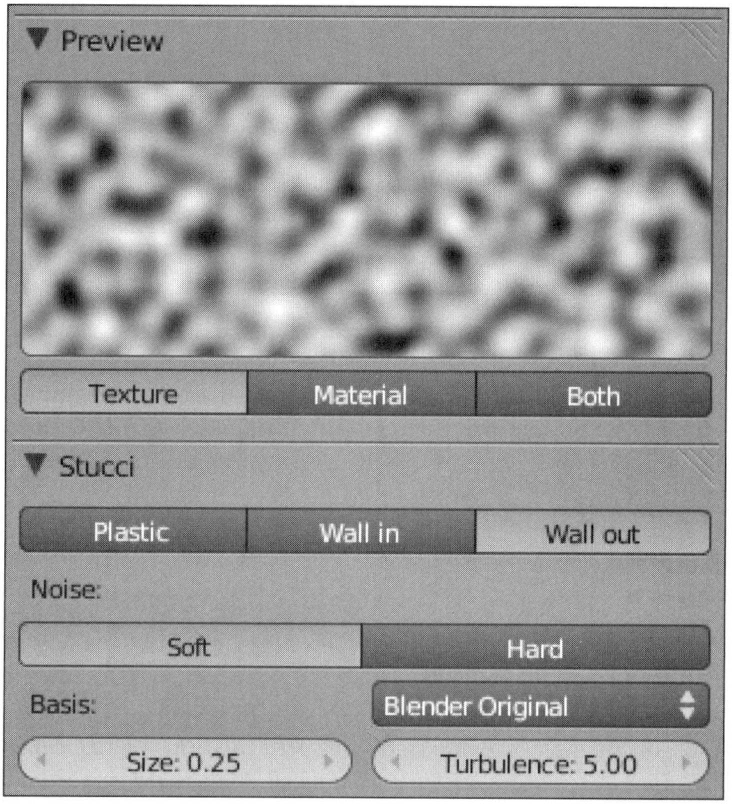

Figura 7.63
Il pannello Stucci.

Figura 7.64
Esempi di applicazione di Stucci.

- *Size*: dimensioni della mappa di input della texture.
- *Turbulence*: livello di distorsione e rumore nella texture.

Noise

Abbiamo già parlato alcune volte di *Noise* (rumore), applicato agli algoritmi di generazione delle texture procedurali, e ora lo presentiamo in una texture piuttosto particolare, che consiste semplicemente ed esclusivamente in esso (Figura 7.65).

Figura 7.65
Confronto tra Noise e Clouds.

Noise non dispone di alcun pannello di proprietà, in quanto viene generato casualmente a ogni rendering (nel caso di un'animazione la texture apparirà pertanto animata). Nel caso si desideri un noise "stabile" durante l'animazione, consigliamo piuttosto la texture *Clouds*.

Musgrave

Questa è una delle texture più flessibili messe a disposizione da Blender. (Figura 7.66) Il suo output è una intensity map, mentre le opzioni sono le seguenti.

- *Type*: menu a tendina che permette di scegliere fra vari algoritmi per la generazione del pattern (*fBM*, *Hetero Terrain*, *Hybrid Multifractal*, *Ridged Multifractal*, *Multifractal*) di cui sono visibili le anteprime nelle illustrazioni.
- *Dimension*: risulta essere un controllo del contrasto generale della texture, con un conseguente aumento del livello di dettaglio (in realtà controlla il rapporto tra i livelli generati dall'algoritmo).
- *Lacunarity*: scala le variazioni del pattern generate dall'algoritmo e disposte in livelli (nello spazio della stessa texture). Minore è il valore, maggiormente i livelli verranno scalati.
- *Octaves*: il numero di volte che il pattern viene duplicato e sovrapposto all'originale (seguendo le modalità specificate in *Dimension* e *Lacunarity*).

I prossimi tre parametri sono disponibili solo per gli algoritmi di generazione *Hybrid Multifractal*, *Ridged Multifractal* ed *Hetero Terrain*.

- *Offset*: un livello di aggiustamento in grado di spostare il punto base da cui partire per la generazione di bump map; aumentando il valore, la mappa apparirà più in bassorilievo (più bianco nella intensity map), riducendolo, apparirà l'inverso (più nero nella intensity map).
- *Gain*: rinforza i punti di bianco, aggiungendo dettaglio alla texture.

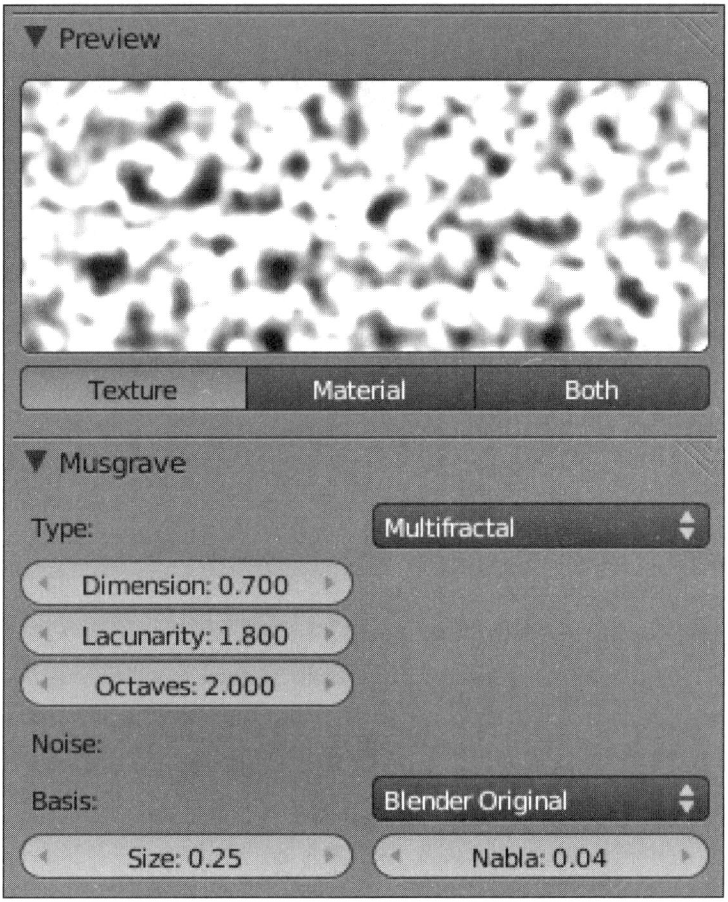

Figura 7.66
Il pannello Musgrave.

- *Intensity*: funziona in modo simile a *Gain*, impiegando tuttavia una soglia diversa.

Ecco ora qualche esempio di ciò che è possibile ottenere con questo tipo di texture (Figura 7.67).

Voronoi

Anche questa texture è piuttosto complessa e si presta alle più disparate tipologie di materiali, dai più sintetici ai più organici. I nomi delle opzioni e dei relativi parametri non sono particolarmente significativi per un utente non esperto, in quanto si tratta di una texture piuttosto complessa e avanzata (Figura 7.68).

Semplifichiamo quindi il nostro approccio agli elementi presenti nel pannello, proponendo qualche illustrazione di anteprima in più. Premettiamo che si tratta di una texture che genera un sistema di celle, impiegabile come intesity map o immagine RGB (Figura 7.69).

Figura 7.67
Variazioni della texture Musgrave.

- *Distance metric*: il menu a discesa permette di scegliere l'algoritmo desiderato per definire la distanza tra le celle.
- *Coloring*: le quattro modalità di coloring, determinano il tipo di mappatura cromatica dell'immagine. *Intensity* mostra come valori in bianco nero le suddivisioni delle celle, *Position* le mostra a colori, *Position and Outline* aggiunge la visualizzazione dei contorni delle celle in nero e infine *Position, Outline and Intensity* mostra tutte e tre le modalità contemporaneamente.
- *Intensity*: i livelli di contrasto dei bianchi dell'immagine.
- *Feature Weights*: la disposizione delle sfumature colore all'interno di ciascuna cella. Questi quattro slider permettono di ottenere un alto numero di variazioni e un altrettanto alto livello di personalizzazione.

Distorted Noise

Terminiamo la serie delle texture procedurali con il *Distorted Noise*, il cui principio è lo stesso di *Noise*, ovvero mettere a disposizione, sotto forma di texture, le funzioni di noise applicabili come base a tutte le altre texture (Figura 7.70).
Attraverso il menu a discesa *Noise Distortion* è possibile scegliere tutti gli algoritmi di generazione, da *Blender Original* a *Cell Noise* per applicarvi successivamente gli stessi algoritmi di rumore come base. L'influenza dei *Noise* di base può essere annullata portando il parametro *Distortion* a *0*, in modo da disporre dei *Noise* in modo individuale, senza effetti di moltiplicazione.

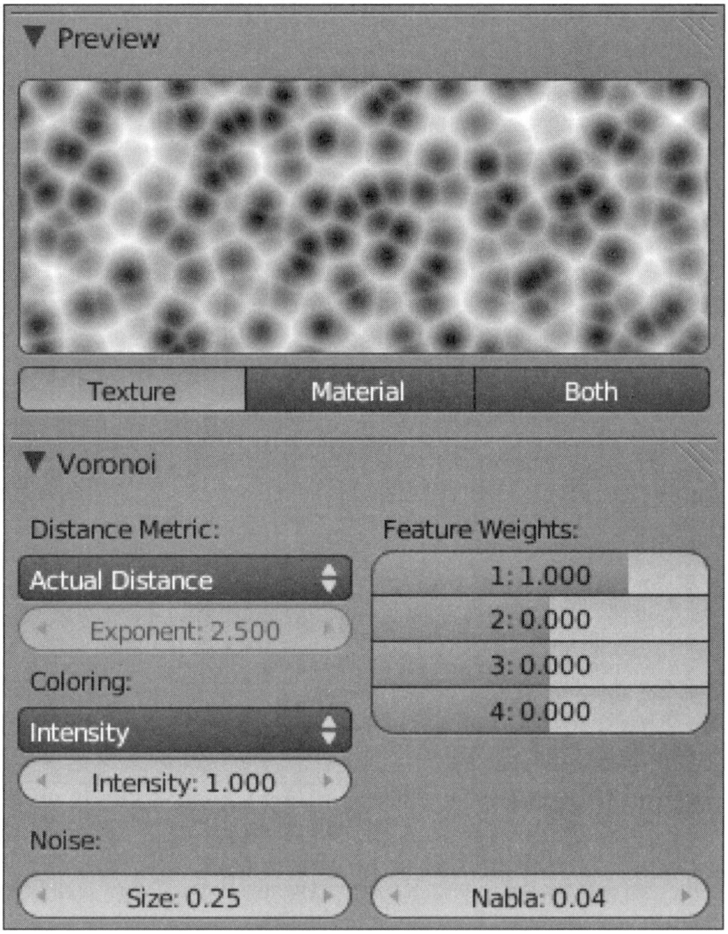

Figura 7.68
Il pannello Voronoi.

Figura 7.69
Texture Voronoi.

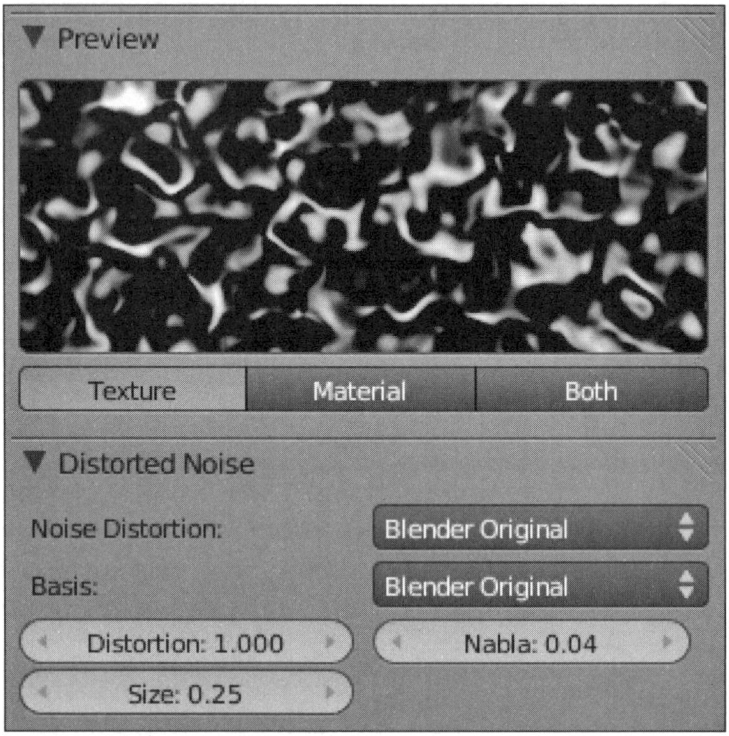

Figura 7.70
Il pannello Distorted Noise.

Texture Immagine

Tutti i tipi di texture immagine vengono gestiti tramite i pannelli richiamati dal menu *Texture Type* alla voce *Image or Movie*. All'interno di questo contesto sarà possibile importare e impostare l'aspetto e la mappatura di singole immagini, sequenze di immagini e filmati.
Una volta scelta la voce, vediamo comparire tre nuovi pannelli nel contesto *Texture*: *Image* (contenente un pulsante *New* per creare una nuova texture e un pulsante *Open* per richiamare direttamente il file browser e scegliere un'immagine da inserire), *Image Sampling* (per gestire l'aspetto dell'immagine una volta inserito nel contesto tridimensionale) e *Image Mapping* (proprietà specifiche per la mappatura di un'immagine su un oggetto).

Image

Il contenuto di questo pannello (Figura 7.71) viene determinato dai quattro pulsanti che si trovano sotto il campo per selezionare una texture immagine dalla lista delle immagini attualmente caricate nel file (tramite questo campo è inoltre possibile rinominare l'immagine stessa). I quattro pulsanti sono i seguenti.

- *File*: la texture consisterà in un'immagine statica.

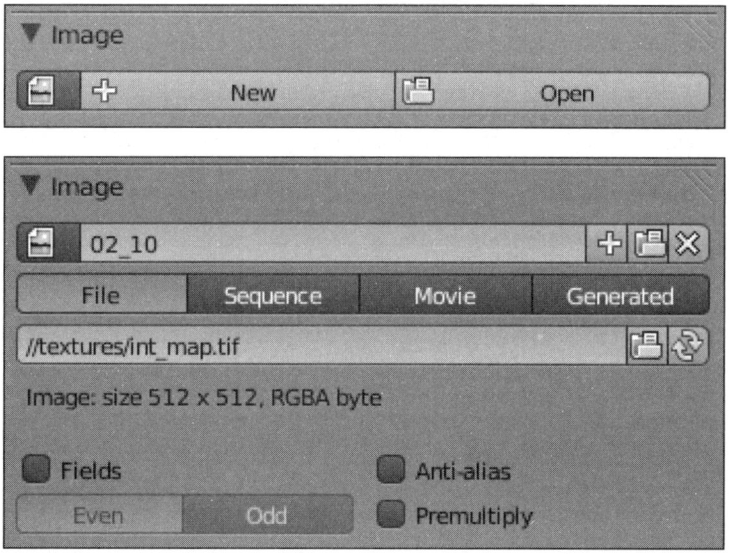

Figura 7.71
Il pannello Image, prima e dopo la pressione del pulsante New.

- *Sequence*: la texture consisterà in una sequenza di immagini.
- *Movie*: la texture consisterà in un file video.
- *Generated*: la texture immagine verrà generata e gestita in Blender.

Vediamo ora gli elementi richiamati dal pulsante *File* (questi parametri sono presenti anche in *Sequence* e *Movie*).

- Il campo *Image/Movie file name*, recante il pulsante alla propria destra, permette di specificare il percorso dell'immagine nel file system, oppure di selezionarla tramite il file browser. Il pulsante va premuto per ricaricare la texture all'interno del file, nel caso in cui vi siano state apportate modifiche con un programma esterno.
- Sotto questo campo, una volta caricata l'immagine, ne vedremo le dimensioni e lo schema colori (BW, RGB, e così via).
- *Anti-alias*: attiva l'antialiasing dell'immagine, solo nelle aree completamente opache.
- *Premultiply*: converte il canale *Alpha* di un'immagine, applicandolo ai canali colore visibili (per esempio RGB).

Nel caso in cui siano stati premuti il pulsante *Sequence* o il pulsante *Movie*, compariranno anche i seguenti elementi (Figura 7.72).

- *Frames*: il numero di frame della sequenza da impiegare.
- *Start*: il frame di partenza dell'animazione rispetto alla timeline della scena.
- *Offset*: il frame da cui avviare l'animazione, rispetto alla sequenza di immagini.

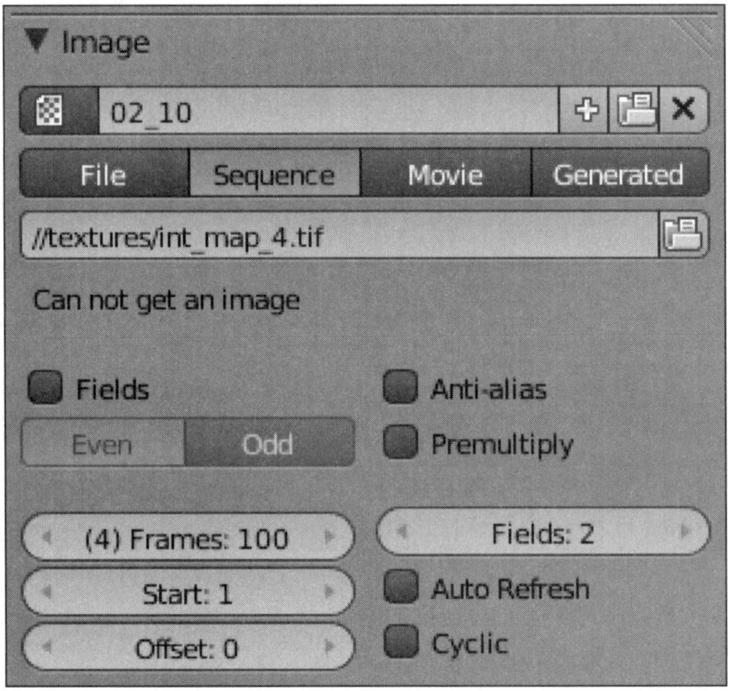

Figura 7.72 Ulteriori elementi presenti nei pannelli Sequence e Movie.

- *Auto Refresh*: ricarica un'immagine in memoria a ogni cambio di frame.
- *Cyclic*: rende ciclica la riproduzione dell'animazione.

Prenendo il pulsante Generated, ci troveremo davanti altri controlli.

- Due contatori *X* e *Y*, che definiscono le dimensioni in pixel dell'immagine.
- *Blank*: questo pulsante crea un'immagine vuota, che apparirà nera.
- *UV Grid*: in questo caso, l'immagine generata è quella di una scacchiera con una croce nel centro di ciascun riquadro. Questo tipo di immagine è molto utile per verificare la qualità di un eventuale *UV Mapping*, in quanto eccessive distorsioni del layout sarebbero visibili. Non abbiamo ancora parlato dell'*UV Mapping* e delle relative tecniche, pertanto rimandiamo ulteriori approfondimenti di qualche pagina (Figura 7.73).

Image Sampling

Come anticipato, questo pannello permette di definire la visualizzazione dell'immagine nello spazio 3D (Figura 7.74).

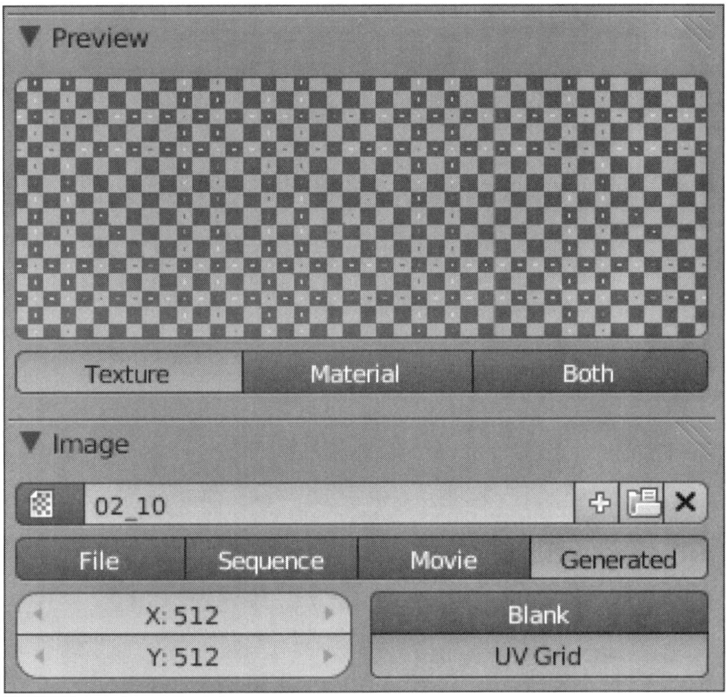

Figura 7.73
Il contenuto del pannello image, una volta premuto il pulsante Generated e scelta l'immagine UV Grid.

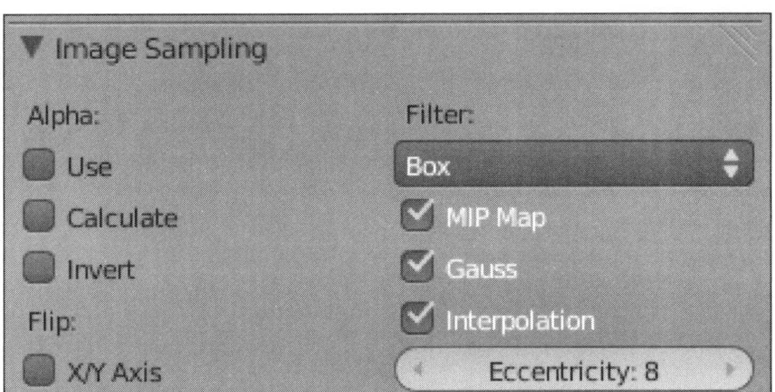

Figura 7.74
Il pannello Image Sampling.

Le prime tre opzioni si riferiscono al trattamento di immagini dotate di canale *Alpha* (Figura 7.75).

- *Use*: se usiamo immagini PNG o TGA, dotate di un canale Alpha, questo canale verrà preso in considerazione.
- *Calculate*: a partire da un'immagine in scala di grigi, la si impiega come maschera di trasparenza, attribuendo ai bianchi un'opacità del 100% e ai neri un'opacità dello 0%.
- *Invert*: inverte il calcolo dei parametri appena illustrati.

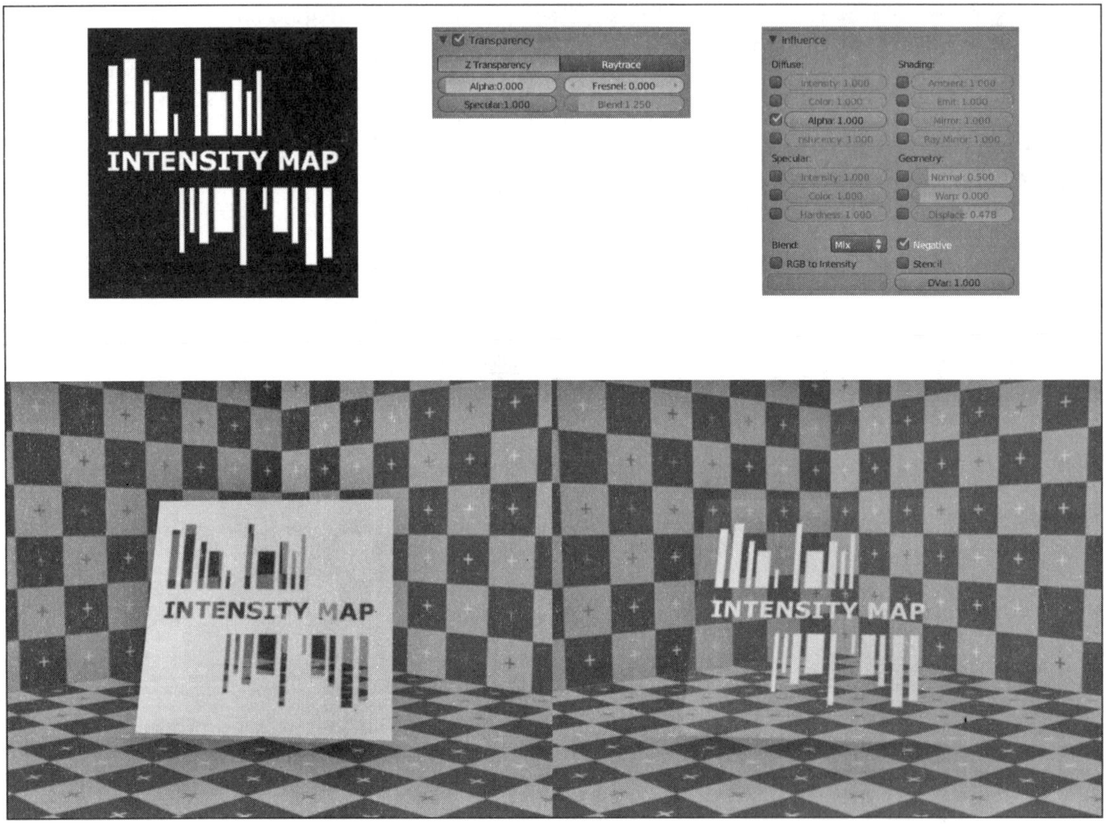

Figura 7.75
Esempio d'uso dei parametri appena illustrati, per rendere un mesh parzialmente trasparente.

Successivamente abbiamo la voce *Flip* con l'opzione *X/Y Axis* che permette di ribaltare la texture lungo entrambi gli assi.

Infine, vi sono i parametri di filtering.

- Il menu a discesa *Filter* permette di scegliere il metodo con cui effettuare il resampling di una texture immagine che, una volta inserita nello spazio 3D viene inevitabilmente distorta.
- *MIP Map* impiega le MIP Map, se l'immagine ne è dotata (versioni della stessa immagine a diversa risoluzione, da impiegarsi a seconda delle dimensioni dell'oggetto nella scena).
- *Gauss* applica un filtro gaussiano durante il resampling dell'immagine di una MIP Map.
- *Interpolation* iterpola i pixel usando il filtro *Area*.
- *Eccentricity/Probes*: il numero di sample per effettuare l'interpolazione.

Image Mapping

Anche questo pannello è specifico delle texture *Image* o *Movie* e contiene i controlli per il posizionamento dell'immagine sulla

mesh. L'elemento più importante è costituito dal menu a discesa *Extension*, che determina il contenuto rimanente del pannello (Figura 7.76).

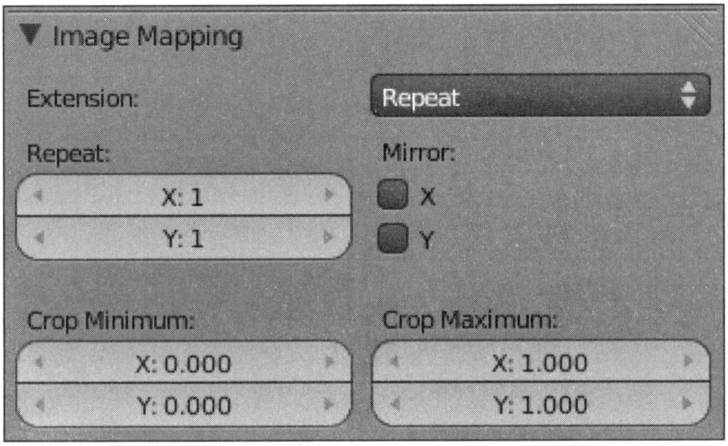

Figura 7.76
Il pannello Image Mapping.

Scegliendo le voci *Extend*, *Clip* e *Clip Cube*, compariranno i contatori *Crop Minimum* e *Crop Maximum*, i quali (ciascuno per entrambi gli assi *X* e *Y*) permettono di "tagliare" una parte di immagine e impiegare la parte rimanente. Le due voci *Checker* e *Repeat*, caricano un set di elementi per ripetere più volte la texture sulla medesima faccia (*Repeat*) oppure per ripetere la texture a scacchi (*Checker*). Nel caso di *Repeat* (Figura 7.77) i controlli aggiuntivi sono i seguenti.

- I contatori *Repeat* (*X* e *Y*), ovvero quante volte ripetere l'immagine lungo lo stesso asse.
- Le opzioni *Mirror* (*X* e *Y*) per specchiare lungo l'asse desiderato le copie dell'immagine ripetuta.

Nel caso di *Checker*, invece sono disponibili i seguenti parametri (Figura 7.78).

- Due opzioni (*Even* e *Odd*), per posizionare la texture alternativamente nei riquadri pari o dispari della griglia.
- *Distance*: il margine tra una cella e l'altra, nella griglia.

Altri tipi di texture

None

Nessuna texture assegnata. Può essere utile come segnaposto temporaneo, all'interno della lista di texture. Nel processo di applicazione e mappatura texture, il canale viene completamente ignorato.

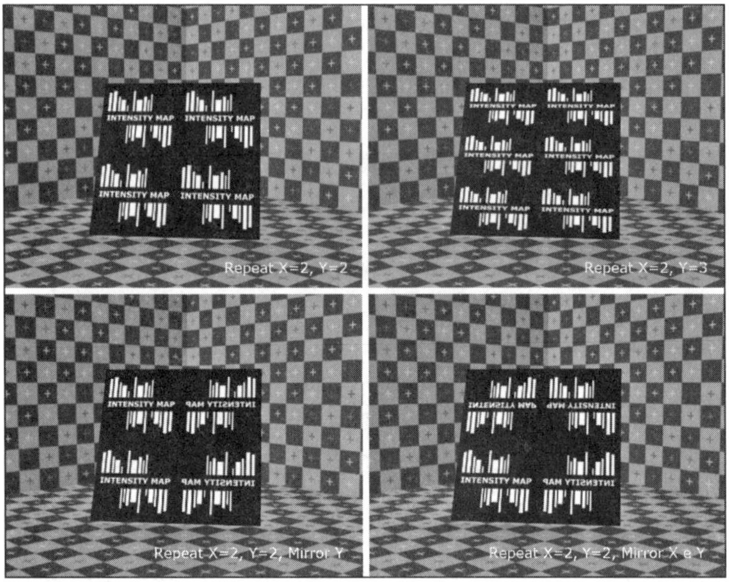

Figura 7.77
Texture posizionata su un oggetto facendo uso dei diversi parametri di Repeat.

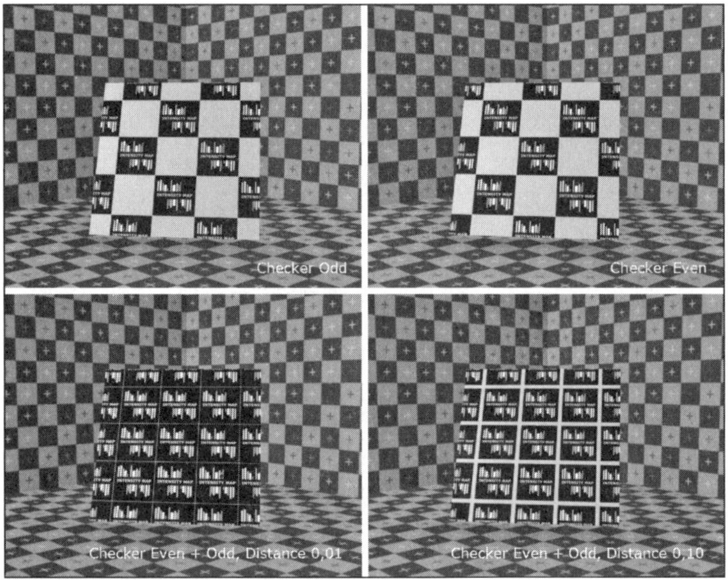

Figura 7.78
Texture posizionata su un oggetto, facendo uso dei diversi parametri di Checker.

Plugin

Permette di caricare un plug-in per la generazione di texture personalizzate. Nel Web esistono numerosi archivi di plug-in sviluppati per scopi spesso molto specifici, che possono tornare utili. Tra gli altri segnaliamo il seguente indirizzo: `http://www-users.cs.umn.edu/~mein/blender/plugins/`

UV mapping

Continuando la trattazione delle immagini, veniamo ora alla tecnica più efficace e precisa per applicare a un oggetto una texture di tipo immagine: l'*UV mapping* (mappatura sulle coordinate UV).
Dopo aver precisato il fatto che essa è esclusivamente applicabile a oggetti mesh, vediamone il principio di funzionamento: appiattisce (dopo averlo "scucito" - *unwrapped* è il termine inglese, che incontreremo più volte) un oggetto su un piano, sul quale giace un'immagine. A questo punto ogni vertice dell'oggetto tridimensionale disporrà di un set di coordinate bidimensionali condiviso con l'immagine, che potrà quindi essere associata alle sue facce, risultando visibile nello spazio 3D. Le coordinate UV fanno quindi da ponte tra lo spazio bidimensionale delle immagini e quello tridimensionale delle mesh. Il nome UV è un equivalente di X e Y; viene impiegato per non dare adito a fraintendimenti tra i due ambienti.
L'illustrazione sottostante mostra graficamente il procedimento di *UV mapping* della mesh di un cubo, incluso un rendering del risultato (Figura 7.79).
Prima di addentrarci nei dettagli tecnici di questa pratica, spieghiamone brevemente il senso e l'utilità. Innanzitutto un grande vantaggio dell'UV mapping è la precisione: è possibile posizionare con estrema esattezza degli elementi (per esempio delle scritte) su una mesh, anche se essa poi di deformerà. Un altro vantaggio è la velocità di calcolo: con una texture immagine è possibile aumen-

Figura 7.79
Il flusso di lavoro dell'UV Mapping.

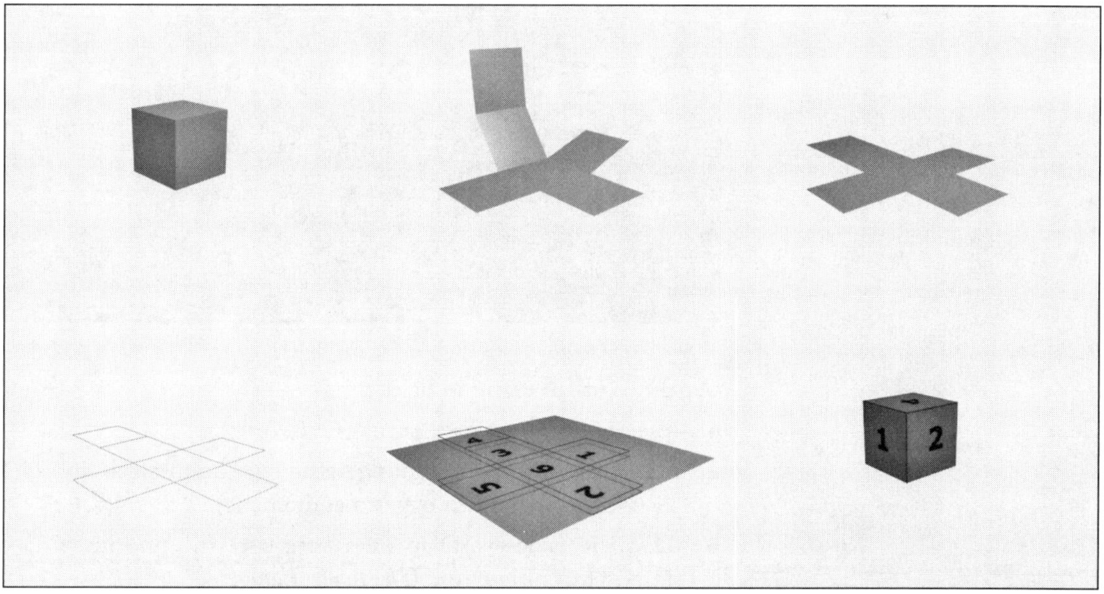

tare notevolmente il livello di dettaglio di un oggetto, mantenendo il rendering entro tempi accettabili.
L'UV mapping è una tecnica molto valida per l'applicazione delle texture immagine, in quanto permette di ottimizzare il processo di creazione di un materiale e apre la strada a tecniche avanzate, come quelle impiegate per produrre contenuti interattivi (videogiochi, realtà virtuale e così via).
Passiamo ora alla pratica, affrontando uno a uno i processi relativi all'UV mapping, esplorando alcune delle innumerevoli opportunità che offre.

Unwrapping

Questo termine (che in italiano si può tradurre con *apertura di un involucro*) indica il primo passo da compiere nel processo di UV mapping, ovvero l'appiattimento della mesh. Il momento ideale per eseguire questo procedimento è il termine della modellazione, quando il numero e la posizione delle facce sono piuttosto definiti; tuttavia sarà possibile aggiungere elementi alla mesh e Blender aggiornerà l'unwrap automaticamente.
Eseguire l'unwrap di una mesh è un'operazione di per sé molto semplice; tuttavia, il grande numero possibilità percorribili richiede alcune spiegazioni (Figura 7.80).

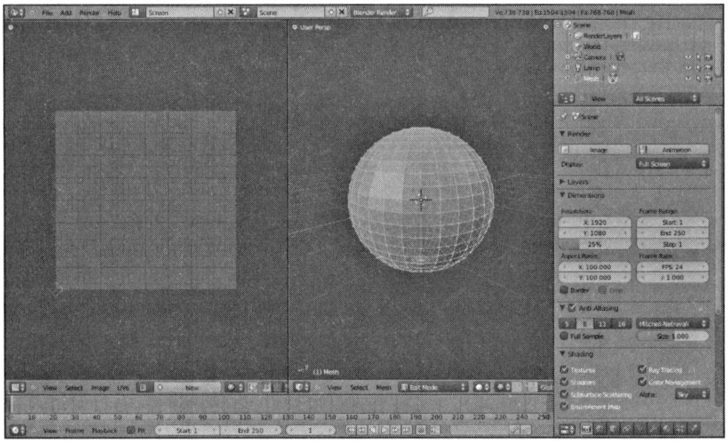

Figura 7.80
Disposizione delle finestre per lavorare sull'UV Mapping.

Vediamo ora un esempio pratico.

- Eseguire un reset della scena (*Ctrl-N*).
- Cancellare il cubo e aggiungere un oggetto mesh di tipo *UV-Sphere* (qualsiasi altro oggetto andrà bene).
- Dividere la vista 3D in due parti: lasciarne una invariata e impostare l'altra come *UV/Image Editor*.

- Selezionare la sfera ed entrare in *Edit Mode*.
- Assicurarsi che tutti i vertici siano selezionati (tasto *A*).
- Premere il tasto *U* (*Unwrap*) che richiamerà il menu UV *Mapping* dobbiamo fare clic sulla prima voce: *Unwrap*.

A questo punto, nella finestra *UV/Image Editor* qualcosa cambierà e comparirà un contenuto simile a quello dell'illustrazione (Figura 7.81).

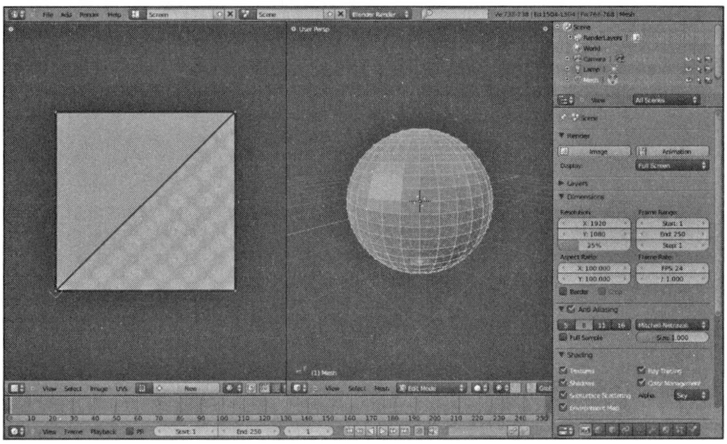

Figura 7.81
Primo risultato dell'UV unwrap.

Ciò significa che ciascuna faccia della mesh è stata singolarmente riposta sul piano della finestra dell'*UV/Image Editor* ed è ora parte dell'*UV Layout/UV Texture*.

Effettivamente può risultare difficile anche solo riconoscere le singole facce, piuttosto che farne un qualsiasi uso, in quanto sono disposte l'una sopra l'altra. Proviamo quindi un altro tipo di unwrap selezionando nuovamente tutti i vertici della mesh (nella vista 3D), premendo il tasto *U* e scegliendo la voce *Sphere Projection*.

Nella finestra *UV/Image* apparirà un nuovo *Layout*, dove la disposizione delle facce risulta più intuitiva e, soprattutto, libera da sovrapposizioni (Figura 7.82).

Tornando alle voci presenti nel menu UV Mapping, esse permettono la scelta di differenti algoritmi di unwrapping, a seconda del tipo di geometria disponibile.

- *Unwrap*: appiattisce tutte le facce, individualmente, l'una sopra l'altra. Questo metodo va impiegato dopo l'aggiunta di *seam* (vedremo di cosa si tratta fra breve).
- *Cube projection*: adatto a geometrie cubiche (con spigoli pronunciati).
- *Cylinder Projection*: adatto a geometrie cilindriche (superfici continue e spigoli).

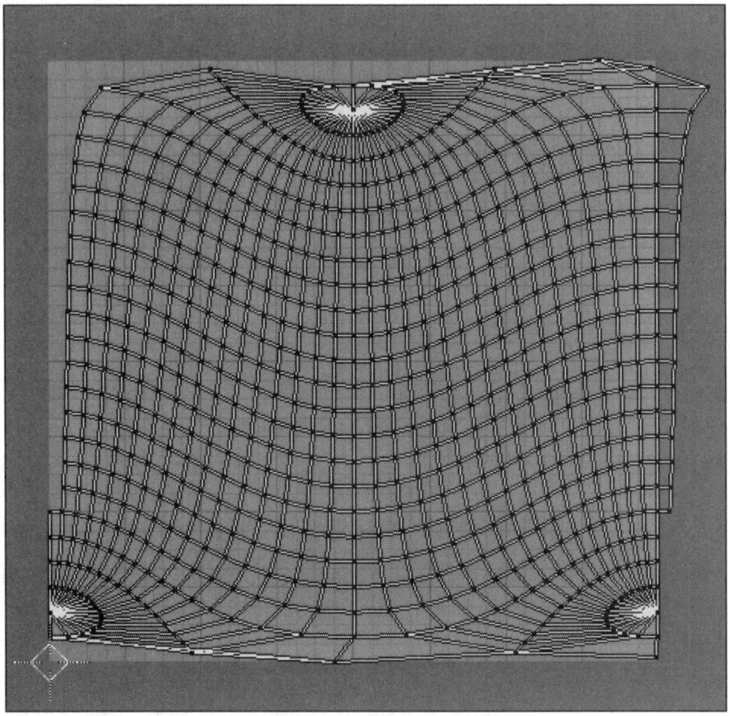

Figura 7.82
UV unwrap usando Sphere Protection.

- *Sphere Projection*: adatto a geometrie sferiche (superfici continue).
- *Project from view*: a partire dalla vista attiva, crea un layout UV. In pratica rende bidimensionale l'immagine.
- *Reset*: esegue un reset del layout, come se stessimo impiegando il comando *Unwrap*.

Questa breve indagine fa capire alcune delle possibilità nell'unwrap di una mesh; tuttavia, si può trarre massimo vantaggio da questi algoritmi soprattutto usando il comando *Unwrap* e creando delle cuciture (in inglese *seam*, menzionato poco fa). Le *seam* sono sequenze di vertici in una mesh, appositamente contrassegnate affinché, durante l'unwrap, vengano sempre mantenute vicine e rappresentate sullo stesso piano (non sovrapposte).

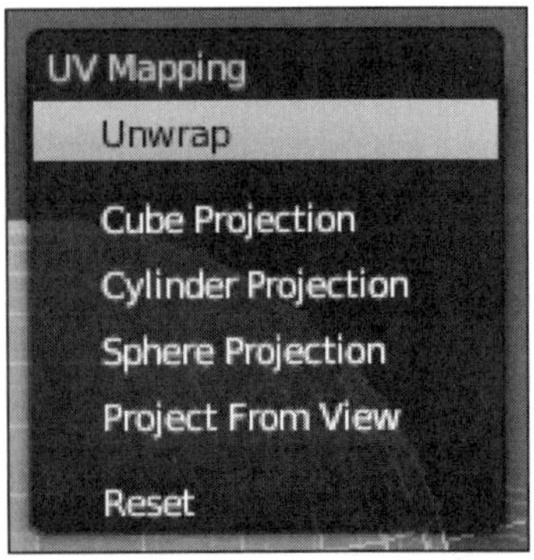

Figura 7.83
Il menu Unwrap (tasto U).

Creare una cucitura è semplice: a partire dalla scena recentemente impiegata, basta selezionare la sfera ed entrare in *Edit Mode*. Qui dobbiamo deselezionare tutti i vertici (tasto *A*), selezionare una faccia, premere *Ctrl-E* per richiamare il menu *Edge Specials* (già visto durante la modellazione, in quanto contenente le voci relative agli *Edge Loop*) e scegliere la voce *Mark Seam*. Gli spigoli che delimitano la faccia appariranno ora più spessi e di colore rosso. Premere il tasto *U* e scegliere *Unwrap* (Figura 7.83). Nell'*UV/Image*

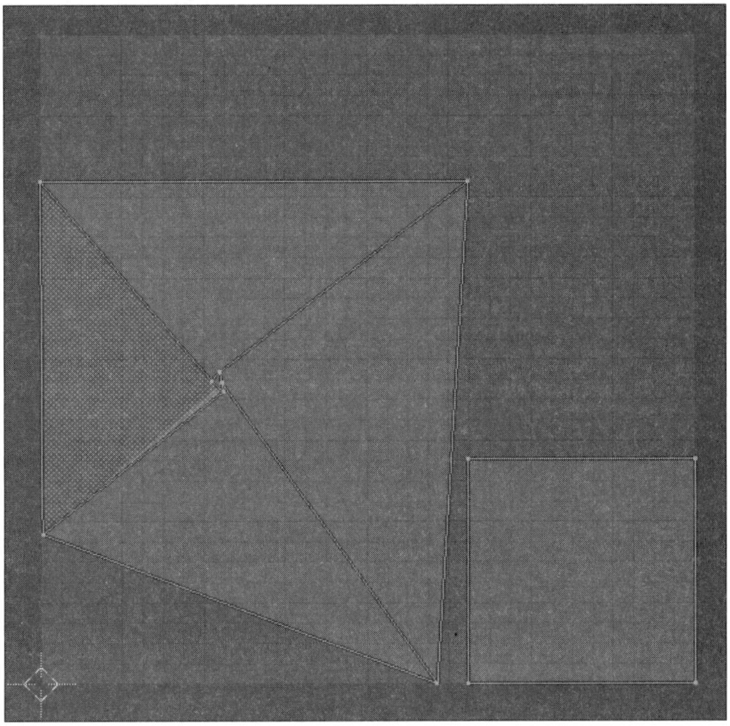

Figura 7.84
Il risultato dell'operazione di unwrap, dopo aver marcato gli spigoli di una faccia del cubo.

Editor comparirà un'immagine simile a quella della Figura 7.84. Come è possibile notare, la faccia il cui perimetro è delimitato dalla cucitura è rimasta perfettamente integra, mentre il resto è stato ancora una volta disposto in modo confuso.

Questo è un buon inizio, ma, come possiamo intuire dal posizionamento della voce *Mark Seam* all'interno del menu *Edge Specials*, le cuciture possono essere assegnate anche agli *Edge Loop* di una mesh. Vediamo cosa accade selezionando un *Edge Loop* della sfera appena mappata (Figura 7.85).

Per fare ciò dovremo innanzitutto cancellare la cucitura esistente (in *Edit Mode*, selezionare gli edge che la costituiscono, premere *Ctrl-E* e scegliere la voce *Clear Seam*); successivamente, dovremo selezionare un *Edge Loop* e riassegnare il *seam*. Il risultato visibile nell'editor è questa volta molto più chiaro (Figura 7.86).

È giunto il momento di spostarsi nell'*UV/Image Editor* per osservarne le funzioni; ma prima di fare ciò eseguiamo un reset della scena e "scuciamo" il cubo di default in modo appropriato. Per farlo, dovremo marcare come cuciture gli spigoli indicati nell'illustrazione e poi eseguire l'algoritmo di unwrap di base (Figura 7.87).

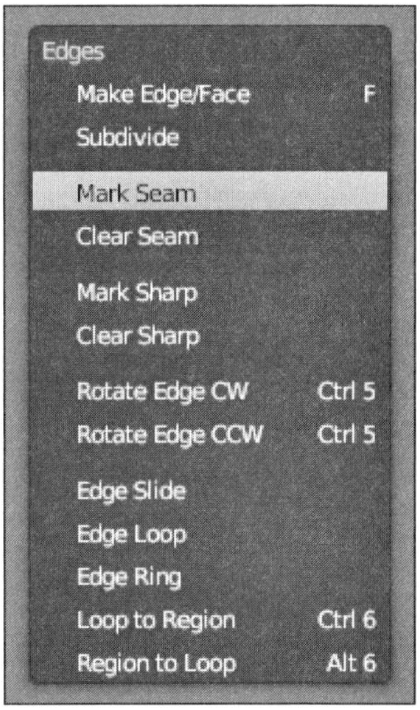

Figura 7.85
Il menu Edge Specials (Ctrl-E).

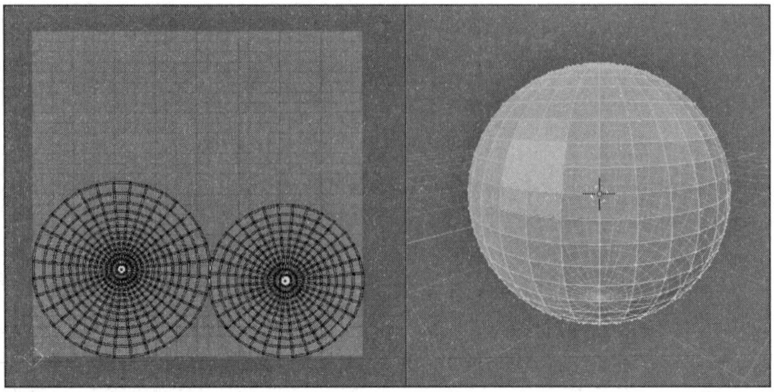

Figura 7.86
Nelle illustrazioni possiamo osservare l'applicazione della nuova seam e, conseguentemente, di un unwrap più chiaro.

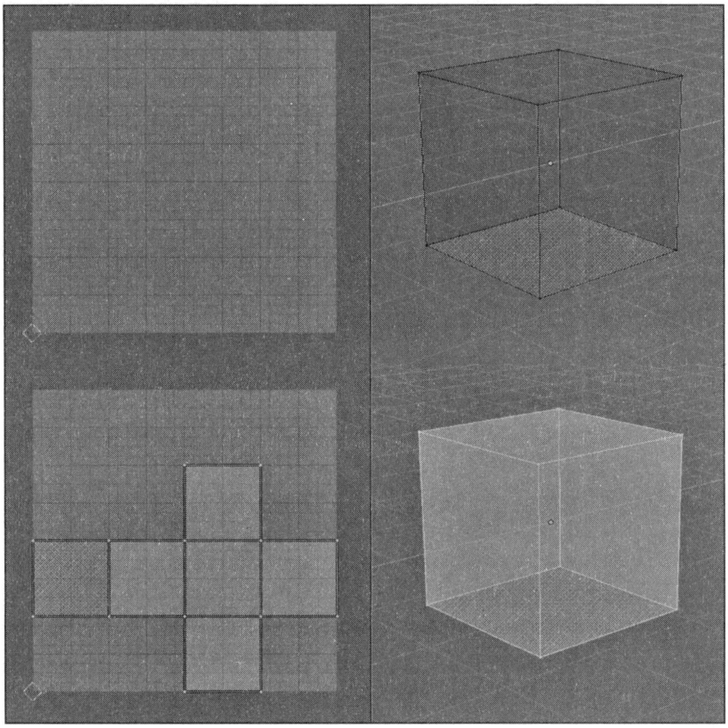

Figura 7.87
La disposizione ottimale delle seam per effettuare l'unwrap di un cubo.

Editing del Layout

All'interno dell'*UV/Image Editor*, come suggerisce anche il nome del contesto, è possibile svolgere due compiti: la modifica dei layout sottoposti a unwrap e la gestione delle immagini.
Talvolta queste operazioni saranno effettuabili contemporaneamente (Figura 7.88).
Dato che gli elementi di un layout vengono rappresentati allo stesso modo degli elementi della relativa mesh nella vista 3D, ossia con vertici, spigoli (che in questo caso sono lati) e facce, molti

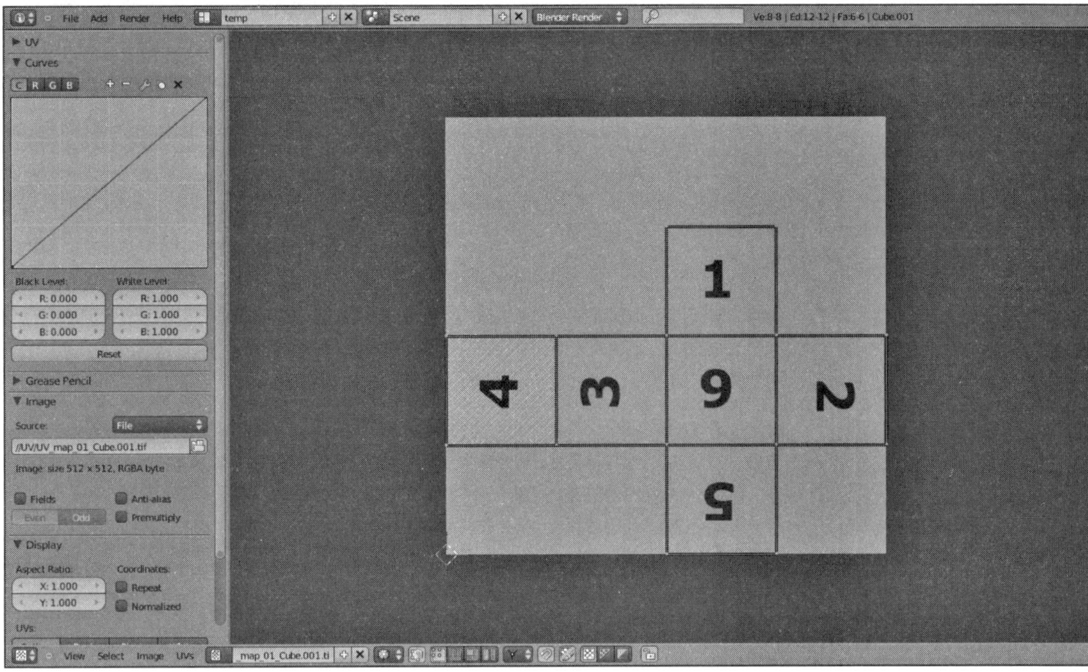

Figura 7.88
La finestra UV/Image Editor, contente un layout UV, un'immagine e alcuni strumenti di editing.

dei comandi di selezione e trasformazione della vista 3D saranno disponibili anche qui. Ecco alcuni esempi.

- Il tasto *A* seleziona o deseleziona tutti i vertici.
- Il tasto *G* ne avvia la traslazione.
- Il tasto *R* effettua la rotazione.
- Il tasto *S* esegue l'operazione di scala.
- La pressione del tasto *Ctrl* durante una trasformazione avvia lo snap alla griglia (nel caso del comando di scala, lo vincola a incrementi di 5°).
- Il tasto *O* avvia l'editing proporzionale.
- Il tasto *H* nasconde la selezione, *Alt-H* la rende nuovamente visibile, mentre *Maiusc-H* nasconde tutto ciò che non è parte della selezione.
- Il tasto *M* avvia l'operazione di mirroring (facendo comparire un menu popup che permette la scelta dei due unici assi disponibili: *X* e *Y*).

A cosa possono servire tutte queste operazioni sul layout? Come anticipato nell'introduzione, torneranno utili nel momento in cui all'interno dell'editor verrà caricata un'immagine, in modo da poterla poi trasporre nella vista 3D. Prima di svolgere questa operazione, diamo uno sguardo alle voci presenti nell'intestazione della finestra (Figura 7.89).

Figura 7.89
L'intestazione dell'UV/Image Editor.

Il menu *View*, come di consueto, contiene voci relative alla visualizzazione del contenuto della finestra.

- *Toggle Make Area Fullscreen*: l'ingrandimento a pieno schermo della finestra (e la relativa riduzione).
- *View All*: visualizzazione di tutto il contenuto della finestra.
- *Zoom 8:1 – Zoom 1:8*: vari livelli di ingrandimento del contenuto della finestra. Possiamo eseguire questa operazione anche facendo scorrere la rotella del mouse.
- *Update Automatically*: aggiorna automaticamente altre finestre dello stesso tipo, se presenti, in modo da riflettere in tempo reale eventuali operazioni di trasformazione sul layout.
- *Properties* (tasto *N*): attiva la barra laterale delle proprietà, all'interno della quale sono situati dei pannelli che vedremo a breve.

NOTA

Oltre alla mappatura di immagini vere e proprie, nel caso dell'UV mapping è possibile fare uso di /intensity/ e /normal maps/, per aumentare il livello di dettaglio apparente della mesh. Una tecnica molto comune per ottenere questo risultato si chiama /baking/ e verrà introdotta nel capitolo riguardante il rendering.

Se non abbiamo ancora effettuato alcun unwrap (o non abbiamo aggiunto alcuna immagine), sarà presente soltanto un altro menu, *Image*, contenente due voci.

- *Open Image* (*Alt-O*): apre un'immagine.
- *New* (*Alt-N*): crea una nuova immagine.

Se attiviamo il menu *Properties* (tasto *N*), vediamo che al suo interno è presente il solo pulsante *Load*, che permette (allo stesso modo di *Open Image*) di aprire un'immagine nell'editor.
Premendo questo pulsante, verrà aperto il file browser, il quale ci permetterà di cercare all'interno del sistema un file immagine. Come già sappiamo, Blender supporta un vasto numero di formati immagine, tra cui JPEG, TIF, TGA, PNG, GIF e così via. Una volta aperto il file, gli elementi di questa finestra saranno aumentati: all'interno della barra *Properties*, il pannello *Image Properties* si sarà arricchito di diversi pulsanti, relativi alla gestione del tipo di immagine caricata (un pannello pressoché identico si trova nel contesto *Texture* della finestra dei pulsanti ed è visibile all'attivazione di una texture di tipo *Image*). Sarà poi comparso il pannello *Curves* (contenente le consuete curve per modificare i colori di un'immagine) e infine il pannello *Display*, contenente per il momento solo due voci.

- *Aspect Ratio*: questi due contatori determinano le proporzioni dell'immagine.
- *Coordinates*: la casella *Repeat* ripete l'immagine oltre i limiti della griglia, riempiendo tutta l'area immagine della finestra.

- Inoltre, nell'intestazione sono comparsi quattro nuovi pulsanti.
- Attiva/disattiva l'*Image Painting Mode*, ovvero fa comparire due nuovi pannelli nella barra laterale *Properties*: *Paint* e *Paint Color*. All'interno del primo potremo definire le impostazioni del pennello (in cui si sarà trasformato il puntatore del mouse una volta abilitata questa modalità); il secondo definirà il colore da esso utilizzato.
- Raffigura i colori RGB dell'immagine.
- Raffigura anche l'opacità dell'immagine, se presente.
- Raffigura esclusivamente il canale *Alfa*. Se è stata caricata un'immagine che non supporta i livelli di trasparenza, il contenuto apparirà completamente bianco (Figura 7.90).

Figura 7.90
L'UV/Image Editor, una volta caricata un'immagine.

Vediamo infine che anche il menu *Image* è cambiato, a partire dalla voce stessa, che ora è contrassegnata dal simbolo *, a indicare che l'immagine attualmente presente nell'editor non è stata salvata.
Il menu contiene le seguenti nuove voci.

- *Image Painting*: svolge la stessa funzione del pulsante nell'intestazione dell'*Editor*.

- *Pack as PNG*: permette di includere l'immagine nel file di Blender, utilizzando il formato PNG. Se eseguiamo questa operazione, la voce di menu diverrà *Unpack* e offrirà diverse possibilità di estrazione dell'immagine dal file.
- *Pack*: permette di includere l'immagine all'interno del file .blend stesso. Questa operazione aumenta le dimensioni del file, ma lo rende al contempo più facilmente trasportabile, in quanto non sarà più necessario spostare anche l'immagine di riferimento insieme ad esso.
- *Save As*: avvia il file browser, attraverso il quale possiamo specificare il percorso in cui salvare l'immagine.
- *Save*: salva le modifiche all'immagine.
- *Reload* (*Alt-R*): ricarica l'immagine come è stata salvata.
- *Replace*: avvia il file browser, attraverso il quale potremo selezionare un'immagine che verrà sostituita a quella attuale.

Facciamo inoltre notare che il pulsante *Add New* è ora diventato un campo recante il nome dell'immagine, a sinistra del quale possiamo, tramite un menu a discesa, cercare e selezionare qualsiasi altro file immagine caricato nella scena.
L'interfaccia di questa finestra, non è però ancora completa. L'ultima operazione da compiere affinché lo sia è eseguire l'unwrap di una mesh. Una volta effettuato, l'header amplierà ulteriormente i propri contenuti, con l'aggiunta di due nuovi menu e svariati pulsanti (Figura 7.91).
Uno dei due è *Select*, contenente i già noti comandi di selezione più una nuova voce: *Select Pinned*. Fra poco spiegheremo il significato del termine *pinned*.

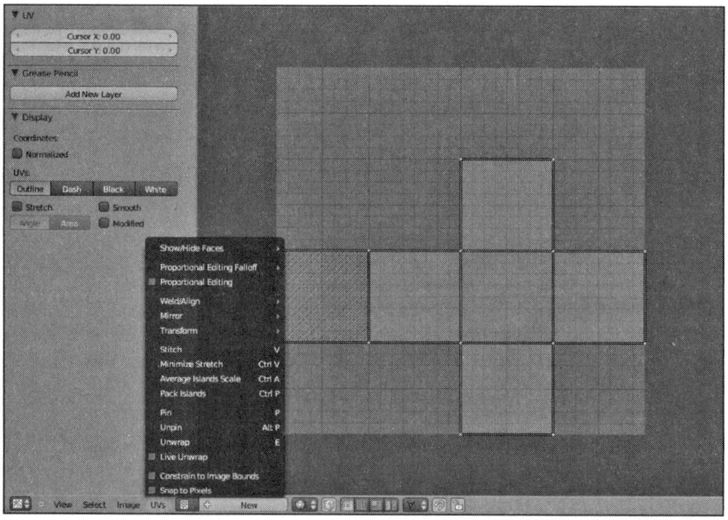

Figura 7.91
L'UV/Image Editor, dopo aver eseguito un unwrap.

Il secondo menu è *UVs* e contiene i comandi per effettuare svariate operazioni sulla geometria situata nel piano *UV*. Molti di questi comandi sono stati elencati precedentemente, pertanto ora ci concentreremo su quelli inediti.

- *Weld/Align*: permette di fondere due vertici separati (come il comando *Merge*) oppure di allinearli all'asse *X* o *Y*.
- *Stitch*: sovrappone fra loro i vertici del layout che rappresentano lo stesso vertice nella mesh (ciò accade nel caso in cui siano presenti delle isole, ovvero porzioni di layout separate le une dalle altre, a causa di seam chiuse/a loop).
- *Average Islands Scale*: rende omogenea la dimensione delle isole. Le isole sono porzioni di mesh sottoposta a unwrap che si trovano separate l'una dall'altra nel layout. È possibile ottenere delle isole usando il comando *Mark Seam* su un *Edge Loop* chiuso (vedi illustrazione).
- *Pack Islands*: riposiziona tutti gli elementi del layout all'interno dell'area immagine, mantenendo la forma delle isole, ma disponendole nel modo più efficiente possibile (in termini di spazio).
- *Pin* (tasto *P*): blocca i vertici selezionati nella posizione in cui si trovano e non effettua variazioni nel caso di un nuovo unwrap. I vertici bloccati appariranno di colore rosso.
- *Unpin* (*Alt-P*): annulla il blocco di un vertice effettuato tramite *Pin* (Figura 7.92).

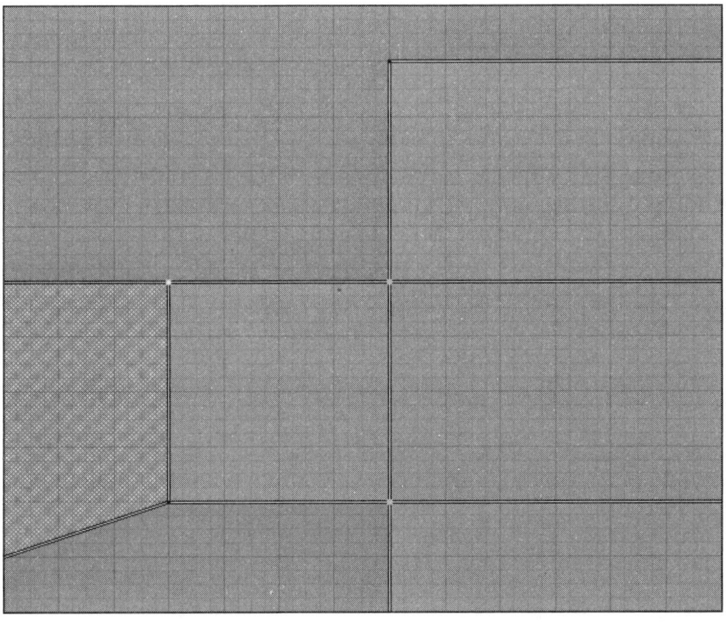

Figura 7.92
Esecuzione del pinning di alcuni vertici.

- *Unwrap* (tasto *E*): ripete l'unwrap della mesh, senza obbligarci a spostarci nella vista 3D e richiamare il menu *UV Unwrap*.
- *Live Unwrap*: nel caso in cui vengano trasformati dei vertici precedentemente bloccati con un comando *Pin*, la disposizione dei vertici liberi verrà aggiornata in tempo reale di conseguenza alle suddette trasformazioni
- *Constrain to Image Bound*: impedisce lo spostamento dei vertici al di fuori dell'area dell'immagine caricata.
- *Snap to Pixels*: attiva lo snap dei vertici ai pixel dell'immagine caricata.

Terminiamo infine questa panoramica con i nuovi pulsanti comparsi nell'intestazione, dopo avere premesso che la maggior parte di essi ricalca funzionalità già note nella vista 3D (Figura 7.93).

- Il menu a discesa *Pivot*, per esempio, permette di scegliere tra tre voci (*2D Cursor*, *Median Point* e *Bounding Box Center*). Il pivot è il centro intorno al quale vengono svolte le trasformazioni dei vertici selezionati. Nel primo caso il centro sarà il cursore 2D, nel secondo un punto medio tra gli oggetti selezionati e nel terzo il centro della *Bounding Box* della selezione.
- Permette la visione di tutta la mesh sottoposta a unwrap, anche se nella vista 3D nessun elemento è stato selezionato. Nel caso in cui ciò avvenga, la mesh bidimensionale si aggiornerà, mostrando anch'essa la selezione.
- Modalità di selezione vertici.
- Modalità selezione spigoli.
- Modalità di selezione facce.
- Attiva lo snap tra i vercici, che funziona allo stesso modo della vista 3D.

Notiamo che il contenuto del pannello *Display* nella barra laterale *Properties* si è ampliato e contiene una serie di parametri atti a definire la visualizzazione della mesh 2D, tra cui i seguenti pulsanti (Figura 7.94).

Figura 7.93
L'header della finestra UV/Image Editor.

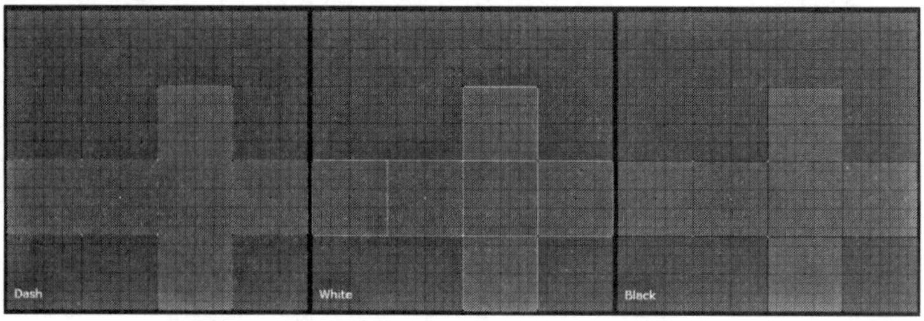

Figura 7.94
Applicazione di alcune funzioni presenti nella barra laterale Properties.

- *Outline* (parametro di default): visualizza gli spigoli di colore bianco, con un sottile bordo nero.
- *Dash*: gli spigoli appaiono tratteggiati.
- *Black*: gli spigoli appaiono in nero.
- *White*: gli spigoli appaiono in bianco.

Sotto questi pulsanti si trova una funzionalità molto utile, attivabile con l'opzione *Stretch*. Essa fornisce un riscontro grafico del livello di distorsione degli angoli della mesh; essendo originariamente tridimensionale, le distorsioni sono inevitabili, ma vanno tenute sotto controllo per evitare effetti di resa poco omogenea della texture sul modello.

La scala di misura è una progressione cromatica che va dal blu (nessuna distorsione) al rosso (alta distorsione). La Figura 7.95 confronta il cubo appena sottoposto a unwrap, che non mostra distorsione, con una mesh più complessa.

Figura 7.95
I diversi livelli di stretch dell'unwrap di una mesh.

Il pulsante situato di fianco a *Stretch*, chiamato *Area*, mostra la distorsione dell'area in seguito all'unwrap, secondo la medesima scala cromatica impiegata con *Stretch*.

Giunti a questo punto disponiamo di tutti gli strumenti per posizionare in modo appropriato la mesh 2D sopra l'immagine all'interno dell'*UV/Image Editor*, ma prima di proseguire effettivamente con il processo di applicazione della texture, vediamo un ultimo strumento offerto da Blender in questo contesto: le mappe UV multiple.

Dopo avere selezionato una mesh e averne fatto l'unwrap, visualizziamo il contesto *Edit* nella finestra dei pulsanti; qui si trova il pannello *UV Texture*, costituito da un elenco contenente solo la voce *UVTex*. Con gli appositi pulsanti [+] [−] possiamo creare o rimuovere una nuova *UVTexture*, disponendo della possibilità di eseguire l'unwrap della mesh su più piani, assegnandole diverse immagini (Figura 7.96).

Poiché è possibile vedere nel rendering solo una *UVTexture* per volta, per visualizzarle tutte dobbiamo impiegare più canali texture, assegnando a ciascuno di essi una *UVTexture* diversa (Figura 7.97).

Ciò ci porta all'ultimo passo del processo di UV Mapping, ossia l'applicazione dell'immagine su cui è disposta la mesh in unwrap, come texture sulla mesh 3D.

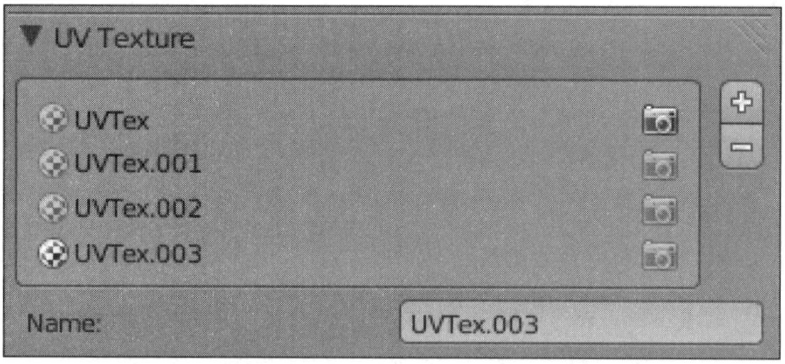

Figura 7.96
La lista per la creazione di mappe UV Multiple.

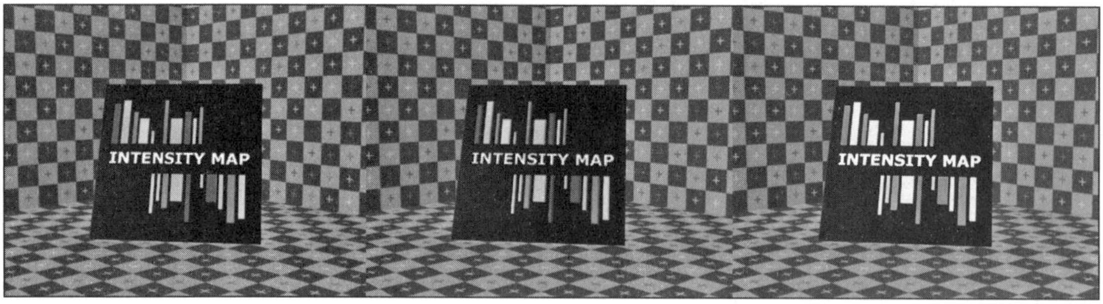

Figura 7.97
Esempio di materiale ottenuto con un diverse mappe UV.

Mapping

La mappatura può essere effettuata in due modi: il primo, rapido ma molto limitato, consiste nell'attivare l'opzione *Face Textures* del pannello *Options* nel contesto *Material* della finestra dei pulsanti.

In questo modo il layout e l'immagine della *UV Texture* attiva verranno applicati al materiale, senza ulteriori impostazioni, sostituendo il colore di base del materiale stesso con l'immagine presente nell'editor. La seconda opzione consiste invece nell'applicare l'*UV Texture* tramite il contesto *Texture*, usando una *Image or Movie Texture*. In tal caso ci basterà selezionare la texture nel menu a discesa e impostare nel pannello *Mapping* il valore di *Coordinates* scegliendo *UV*. A questo punto potremo scegliere le opzioni presenti nel pannello *Influence* per determinare quali parametri saranno influenzati dalla texture.

NOTA

All'attivazione dell'opzione ***Face Textures***, viene resa disponibile una seconda opzione, ***Face Textures Alpha***, che permette di tenere in considerazione i valori di trasparenza dell'immagine mappata e sostituirli al valore ***Alpha*** del materiale stesso.

Altre tecniche

Prima di giungere alla conclusione di questo sostanzioso capitolo, presentiamo a titolo informativo due tecniche alternative per la "colorazione" delle mesh. La prima è chiamata Vertex painting, la seconda Ptex.

Lo scopo di entrambe è permettere la colorazione della mesh direttamente all'interno della vista 3D. Nel caso del Vertex Painting, per esempio, sarà sufficiente entrare in /Vertex Paint Mode/ e fare uso dei pennelli e delle impostazioni disponibili nella toolbar per assegnare diversi colori alla mesh. Le informazioni relative alla colorazione vengono salvate e gestite nel pannello /Vertex Colors/ del contesto /Object Data/, all'interno del quale è possibile creare diversi livelli, eliminarli e scegliere quale di essi sarà visibile durante il rendering. La visualizzazione simultanea di due livelli può avvenire solo in combinazione con la creazione di una mappa UV da assegnare a ciascun livello colore.

A differenza del Vertex Painting, Ptex (Per-Face Texture Mapping) costituisce una vera e propria tecnologia per la mappatura di texture su oggetti mesh a risoluzione variabile, senza più effettuare UV Mapping. Sviluppato presso i Walt Disney Animation Studios, Ptex è stato rilasciato come software libero e open source all'inizio del 2010. Qualche mese dopo ne è iniziata l'implementazione in alcuni software di modellazione 3D, tra cui Blender. Attualmente Ptex non è disponibile nella versione ufficiale di Blender, tuttavia presso il sito Graphicall (`http://www.graphicall.org/`) sono disponibili delle release equipaggiate con questa nuova tecnologia.

Conclusioni

Superata da poco la metà di questo testo e giunti al termine del presente capitolo, dovremmo ora essere in grado di affrontare con successo la creazione dei nostri primi contenuti tridimensionali statici. Nei prossimi capitoli vedremo come portarli a uno stadio superiore con animazione, rendering e compositing.

Capitolo 8

Animazione

In questo capitolo

- **La Timeline**
- **Animazione di oggetti**
- **Animazione con Armature**
- **Conclusioni**

Sull'animazione sono state scritte decine di libri e lo scopo del presente testo non è quello di aggiungersi alla lista, bensì di descrivere gli strumenti offerti da Blender per svolgere questo affascinante compito. Come nel caso dell'illuminazione, tuttavia, è possibile capire l'utilità degli strumenti solo disponendo di alcune nozioni fondamentali.

Introduciamo il concetto di animazione: l'animazione è una tecnica impiegata come medium narrativo e trova spazio nel cinema, nella televisione, nei videogiochi e così via. Si ottiene riproducendo sequenze di immagini con variazioni coerenti del contenuto, a una velocità tale da rendere l'occhio umano non più in grado di distinguerle come singole immagini, creando l'illusione del movimento. Nel corso della sua evoluzione, l'animazione è stata realizzata con diversi metodi e tecniche, a partire dalla lanterna magica, passando per la stop motion, i fogli di celluloide (*cell animation*) per arrivare all'animazione al computer. Questo processo evolutivo non ha comportato la scomparsa delle tecniche precedenti, bensì ne ha ampliato gli orizzonti. Il fatto che al giorno d'oggi molti prodotti di animazione esistenti siano stati realizzati tramite il computer, non ha un significato poi così rilevante, in quanto *i principi* rimangono gli stessi. Alla fine del capitolo, chi avesse sviluppato un certo interesse per l'animazione, troverà alcune risorse utili per approfondire l'argomento.

Presentiamo ora alcuni aspetti tecnici caratteristici dell'animazione al computer, a partire dal sistema di "disegno" delle sequenze di immagini. All'interno di un software di animazione 3D, oltre alle tre dimensioni spaziali, è possibile rappresentare anche quella temporale e ciò viene fatto tramite un elemento dell'interfaccia chiamato *timeline*, che è disposto orizzontalmente e suddiviso a intervalli regolari, chiamati *frame*, i quali costituiscono l'unità base dell'animazione. Un frame corrisponde a una singola inquadra-

tura, un'immagine, e la rapida riproduzione di più frame creerà l'animazione.
L'animazione sarà tuttavia visibile solo se il soggetto inquadrato subisce un qualsiasi tipo di modifica nel corso del tempo. Vedremo a breve come ciò sia possibile. Per ora anticipiamo che non sarà necessario, per esempio nell'animazione di un oggetto da un punto A a un punto B della durata di 40 frame, animare "a passo uno" lo spostamento dell'oggetto, bensì sarà possibile registrare la posizione A dell'oggetto, spostarsi lungo la timeline di 40 frame e specificare la posizione B, facendo svolgere al computer *l'interpolazione*, ossia "disegnare" le 38 posizioni intermedie che il cubo assumerà durante il suo spostamento. Ciò che facciamo quando registriamo la posizione dell'oggetto nei punti A e B è il cosiddetto *keyframing*, cioè la creazione di un frame chiave lungo la timeline.
Quello del keyframing e dell'interpolazione è il principio su cui si basa l'animazione al computer e su di esso sono basate altre tecniche che permettono di raggiungere risultati ben più interessati dello spostamento di un cubo nello spazio.
Queste tecniche riguardano la deformazione e l'animazione di soggetti complessi, come per esempio un personaggio dotato di arti e tratti somatici. Torneremo ad affrontare questo argomento nella seconda parte del capitolo, una volta consolidati i fondamenti dell'animazione degli oggetti.

La Timeline

Lo scopo di questa finestra (Figura 8.1) è quello di fornire un adeguato sistema di controllo della riproduzione delle animazioni. Il contenuto della finestra si sviluppa in orizzontale e rappresenta i frame dell'animazione attraverso delle linee verticali, sotto le quali si trova il numero del frame stesso.
La barra verticale di colore verde indica il frame corrente dell'animazione: facendo clic in un punto qualsiasi del contenuto della finestra *Timeline*, sposteremo l'indicatore al frame corrispondente, aggiornando a quel dato frame tutte le viste 3D e tutti gli altri contesti animabili di Blender.
Per muoversi o cambiare visuale sulla *Timeline* possiamo sfruttare i consueti sistemi di navigazione disponibili nella vista 3D.

- Trascinamento con il tasto centrale del mouse: sposta la vista sulla timeline.

Figura 8.1
La finestra Timeline.

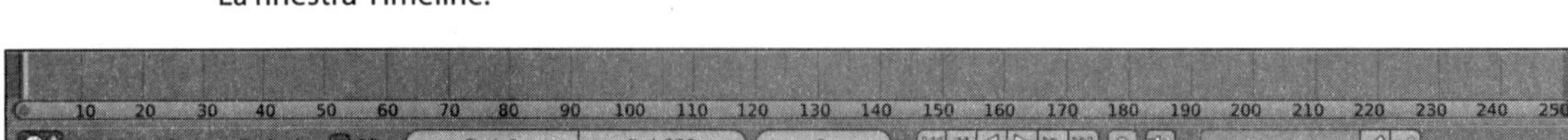

- *Ctrl*-clic centrale / Scroll: aumenta o diminuisce il livello di zoom sulla *Timeline*, permettendo la visione di più o meno frame nella finestra.
- Trascinamento: riproduce l'animazione seguendo lo spostamento del mouse lungo la timeline.

Diamo ora uno sguardo ai pulsanti situati a destra delle voci di menu nell'intestazione della finestra (Figura 8.2): per primi incontriamo i contatori *Start* ed *End* che definiscono l'intervallo di frame entro il quale viene svolta l'animazione; se eseguiamo il rendering dell'animazione con il pulsante *Render Animation*, situato nella finestra dei pulsanti, contesto *Render*, l'intervallo viene sincronizzato automaticamente con l'intervallo di frame sottoposti a rendering. Per ottenere un'anteprima di una parte di animazione, senza modificare un intervallo di frame precedentemente deciso, possiamo usare il pulsante *PR*, specificando un nuovo intervallo, che sarà valido solo temporaneamente, fino a quando il pulsante non verrà premuto di nuovo.

A destra di questi controlli si trova un contatore che mostra il frame corrente e permette di specificarne un altro, aggiornando di conseguenza tutte le viste e le finestre.

Nota

Esistono due tasti per impostare il frame iniziale e finale di un'animazione (che corrisponderà al frame su cui si trova il marcatore di riproduzione, di colore verde): il tasto ***S*** (***Start***) e il testo ***E*** (***End***). Queste due azioni sono accessibili anche dal menu ***Frame*** nell'intestazione della finestra ***Timeline***.

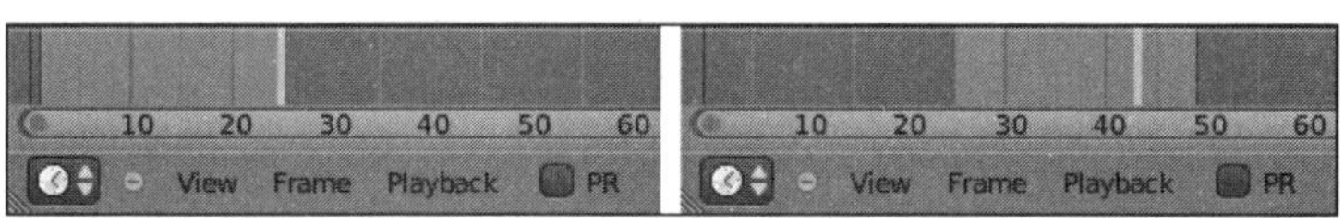

Figura 8.2
Start ed End frame impostato su diversi intervalli di frame.

Quindi incontriamo i comandi di riproduzione, simili a quelli di un videoregistratore.

- ci porta all'ultimo frame dell'animazione – definito dall'intervallo dei contatori *Start* e *End*.
- permette di raggiungere il keyframe successivo (relativamente all'oggetto selezionato). Se l'oggetto non dispone di attributi animati, la pressione di questo pulsante non avrà alcun effetto.
- avvia la riproduzione dell'animazione (accade anche premendo *Alt-A*).

Gli altri tre pulsanti effettuano le stesse operazioni di quelli appena presentati, agendo in direzione opposta a quella della normale riproduzione (che va da sinistra verso destra).

Quando si premono il pulsante o il pulsante , al loro posto compare , il quale, intuitivamente permette di fermare la riproduzione dell'animazione.

Continuando l'analogia con il videoregistratore, veniamo ora al prossimo pulsante: . Esso permette di generare (ed eventualmente aggiornare) i keyframe nelle trasformazioni spaziali di un oggetto (si tratta quindi soltanto di traslazione, rotazione e scala). Vediamo infine un ultimo pulsante, , che permette la sincronizzazione dell'animazione con un file audio inserito nel *Video Sequence Editor* (vedi Capitolo 11). In questo modo sarà possibile avviare la riproduzione dell'animazione nella vista *3D* contemporaneamente all'audio (effetti sonori, musica, dialogo) a essa destinata.

Affrontiamo ora una funzionalità estremamente utile offerta dalla timeline, ovvero l'assegnazione dei *marker* (marcatori) (Figura 8.3). Un marker è semplicemente un'etichetta assegnabile a un frame, per identificarlo meglio in una sequenza di animazione. Con questo sistema è quindi possibile segnalare sulla timeline, in modo indipendente da eventuali selezioni di oggetti o altro, dei punti di riferimento utili per coordinare azioni complesse o consequenziali.

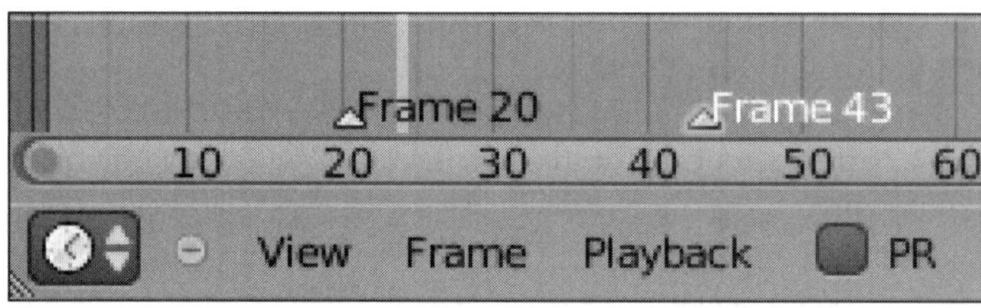

Figura 8.3
Marcatori sulla Timeline.

Un marker viene creato premendo il tasto *M* con il puntatore del mouse situato nella finestra stessa, oppure tramite il menu *Frame>Add Marker*. Il marker verrà aggiunto al frame corrente, che sulla timeline apparirà come nell'illustrazione. Una volta creati uno o più marker, per essi varranno i consueti metodi di selezione e selezione multipla (clic destro e *Maiusc*-clic destro), mentre le altre operazioni possibili saranno contenute nel menu *Frame*.

- *Name Marker*: rinomina il marker, che altrimenti mantiene come nome il numero del frame sul quale è stato creato.
- *Delete Marker* (tasto *X*): elimina il marker.
- *Grab/Move Marker* (tasto *G*): attiva la modalità di traslazione (orizzontale) dei marker lungo la timeline.
- *Duplicate Marker* (*Maiusc-D*): duplica il marker o il gruppo di marker selezionati

Passiamo a una rapida analisi delle opzioni presenti nel menu *Playback*, il quale, come suggerisce il nome, determinerà le modalità di riproduzione dell'animazione all'interno di Blender.

- *Top-Left 3D Window*: l'animazione sarà visibile soltanto in una delle finestre 3D, ovvero quella posizionata più in alto a sinistra rispetto al setup di finestre corrente.

- *All 3D Windows*: l'animazione sarà riprodotta in tutte le finestre 3D.
- *Properties Windows*: nelle finestre delle proprietà.
- *Image Windows*: nella finestra immagine (*Image Editor*).
- *Sequencer Windows*: nel sequencer.
- *Continue Physics*: permette l'interazione in tempo reale con oggetti cui è stato applicato un modifier *Softbody* (vedi Capitolo 11).

Rimane infine il menu *View*.

- *Play Back Animation*: avvia l'animazione (come premere *Alt-A*).
- *Show Seconds* (tasto *T*): mostra il tempo in secondi anziché in frame, lungo la timeline.
- *Only Selected Data Keys*: mostra i keyframe relativi esclusivamente all'oggetto selezionato.
- *Next Marker* (*PagSu*): porta il marcatore di riproduzione sul marker successivo (rispetto alla sua posizione attuale).
- *Prev Marker* (*PagGiù*): porta il marcatore di riproduzione sul marker precedente.
- *Next Key* (*Ctrl-PagSu*): passa al keyframe successivo.
- *Prev Key* (*Ctrl-PagGiù*): passa al keyframe precedente.
- *Center View* (tasto *C*): centra la vista sulla timeline in modo che il marcatore di riproduzione appaia al centro della finestra.
- *View all* (tasto *Home*): mostra tutta la timeline, dal primo all'ultimo frame scelti come intervallo di animazione.

Animazione di oggetti

Dopo aver introdotto i più fondamentali concetti riguardanti le tecniche di animazione, vediamone l'applicazione e la trasposizione in Blender. Iniziamo con l'assegnazione dei keyframe, che, come detto, può essere eseguita in ogni punto dell'interfaccia; essi verranno poi interpolati nella finestra *IPO*.

Per assegnare un keyframe a un oggetto situato nella vista 3D dobbiamo selezionarlo e premere il tasto *I*: in questo modo verrà richiamato il menu *Insert Keyframe*, che offrirà le seguenti possibilità (Figura 8.4).

- *Location*: registra le coordinate di posizione dell'oggetto.
- *Rotation*: registra la rotazione del centro.
- *Scaling*: registra i valori di scala.
- *LocRot*: i valori di *Location* e *Rotation*.

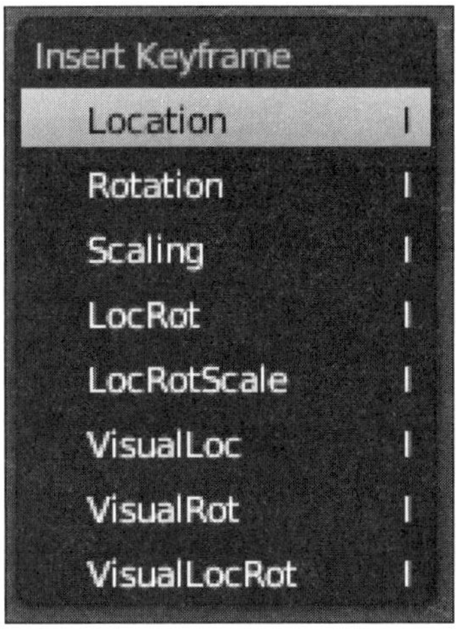

Figura 8.4
Il menu Insert Frame.

- *LocRotScale*: i valori di *Location*, *Rotation* e *Scale*.
- *VisualLoc/Rot/Scale*: i valori di posizione, rotazione e scala, riferiti alle coordinate dove l'oggetto *visivamente* si trova; questo metodo va impiegato nel caso in cui si usino dei vincoli, argomento che tratteremo in seguito.

Una volta inserito il keyframe, ne verrà segnalata la presenza nella timeline, attraverso una linea gialla verticale in corrispondenza del frame corrente (il quale apparirà in giallo nella vista 3D, in basso a sinistra); inoltre verranno create le curve relative alla trasformazione all'interno del *Graph Editor*.

Tramite il tasto *I* possiamo inserire un keyframe anche nelle finestre dei pulsanti, posizionandoci con il cursore del mouse sul parametro o l'opzione da animare. In questo caso non verrà richiamato alcun menu di tipo *Insert Keyframe*, bensì l'elemento si colorerà di giallo. Spostandoci su un altro frame, l'elemento apparirà verde, a indicare che possiede una curva *IPO* (e quindi necessariamente almeno un keyframe).

Figura 8.5
Assegnazione di un keyframe su un elemento dell'interfaccia.

Un metodo alternativo per assegnare (e anche rimuovere) i keyframe consiste nel fare clic col tasto destro del mouse sull'elemento desiderato, richiamando un menu, il cui contenuto varierà a seconda dell'elemento in questione. Nel caso di un'opzione (vedi Figura 8.5) le voci saranno le seguenti.

- *Insert Keyframe*: una volta premuto, importa un keyframe e assegna una curva IPO per controllare il valore.
- *Add Driver*: permette il controllo del parametro attraverso la trasformazione di un altro oggetto. In tal caso l'elemento si colora di viola.

Se abbiamo assegnato un nuovo keyframe, facendo nuovamente clic destro sull'elemento, il contenuto del menu cambierà.

- *Replace Keyframe*: in caso di modifiche permette di riassegnarle, aggiornando il keyframe.
- *Delete Keyframe*: elimina il keyframe.

Se invece abbiamo assegnato un driver, il contenuto del menu consisterà soltanto nella voce *Delete Driver*, per eliminare il driver.

Un ultimo metodo per l'assegnazione dei keyframe è costituito dall'utilizzo del pulsante *Record Keyframe* (registra keyframe) (Figura 8.6).

Figura 8.6
Il pulsante per registrare automaticamente i keyframe.

Grazie a questo sistema (indispensabile nella *character animation*) possiamo anche "dimenticarci" di inserire i keyframe: l'inserimento avverrà automaticamente, velocizzando di molto il processo di animazione.

Graph Editor

Una volta assegnati i keyframe (e quindi create le curve IPO), possiamo gestire e visualizzare tutte le interpolazioni in un'apposita finestra: il *Graph Editor*.

Eseguiamo ora un semplice procedimento esemplificativo, per capire il funzionamento dell'assegnazione dei keyframe e della loro interpolazione automatica (Figura 8.7).

- Carichiamo la scena di default (*Ctrl-N* nella vista *3D*).
- Dividiamo la vista *3D* in due finestre: dobbiamo lasciarne una come vista *3D* e impostare l'altra come *Graph Editor*.
- Selezioniamo il cubo.

Figura 8.7
Il setup delle finestre.

- Premiamo il tasto *I* e scegliamo la voce *Location*. A questo punto, nel *Graph Editor* è accaduto qualcosa: nell'area a sinistra del grafico è comparsa una voce per il *Cube* da noi selezionato e sotto è visibile una *Action*, che a sua volta contiene nuovamente un elemento *Cube*. Se espandiamo questo elemento (premendo), vediamo che si tratta di un gruppo di tre elementi. Questi elementi costituiscono i controlli per le curve IPO di ciascuna proprietà cui è stato assegnato un keyframe. In questo caso, avendo noi scelto *Location*, disponiamo della posizione sull'asse X,Y e Z del centro dell'oggetto. Nel grafico vediamo invece una linea di colore grigio passante per le coordinate (0,0), con un punto nero in coordinate (1,0). A breve approfondiremo nel dettaglio tutti gli elementi di questa finestra.

- Spostiamoci al frame 11 (tramite la timeline, oppure premendo *Freccia Su*). Possiamo notare che anche nel *Graph Editor* la linea verde si è spostata.
- Trasliamo il cubo di qualche unità nello spazio (tasto G).
- Premiamo il tasto *I* e scegliamo nuovamente la voce *Location*. Ora sono avvenuti notevoli cambiamenti nel *Graph Editor*: possiamo notare la comparsa di altri punti, dotati di maniglie, attraverso i quali passano delle curve pressoché identiche all'oggetto *Curva di Bèzier* disponibile nella vista 3D (Figura 8.8).

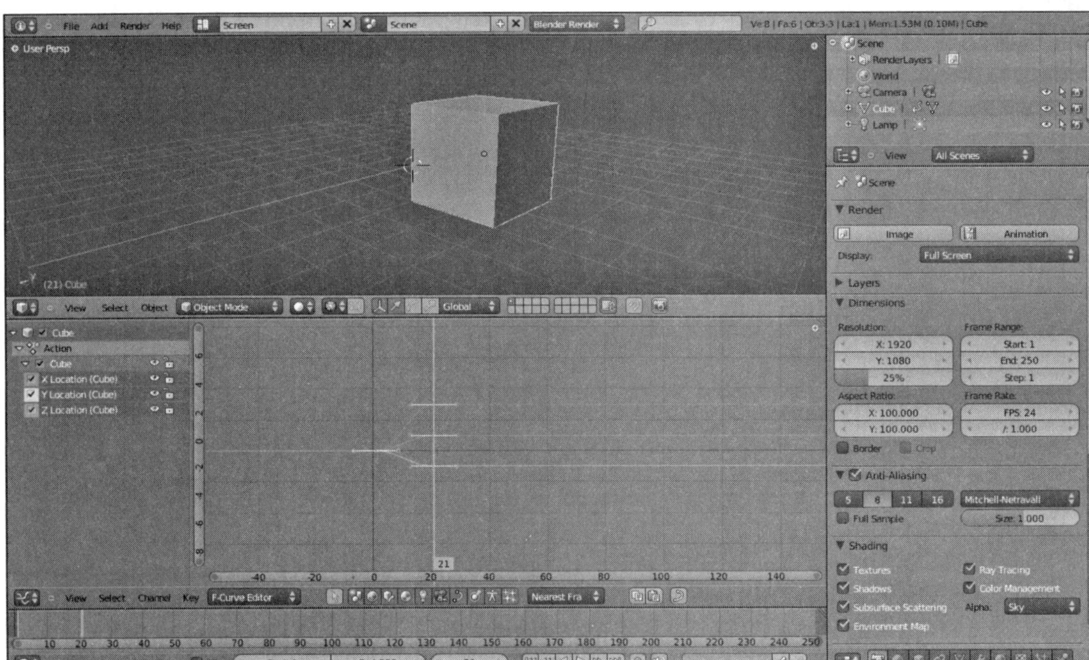

Figura 8.8
Il Graph Editor, dopo aver modificato la posizione del cubo.

Se ora torniamo al frame 1 impiegando il tasto *Freccia Indietro*, noteremo che il cubo inizia a muoversi, tornando alla posizione di partenza: ciò significa che i keyframe sono stati correttamente impostati ed è avvenuta automaticamente l'interpolazione.

Giunti a questo punto, tralasciamo ciò che accade nella finestra 3D, per dedicarci a un'analisi del *Graph Editor* (Figura 8.9).
Il *Graph Editor* è diviso in tre grandi aree: la lista degli oggetti animati (**A**), l'area delle curve (**B**) e l'intestazione della finestra (**C**) (popolata, oltre che da alcune voci di menu, dai pulsanti di visualizzazione).

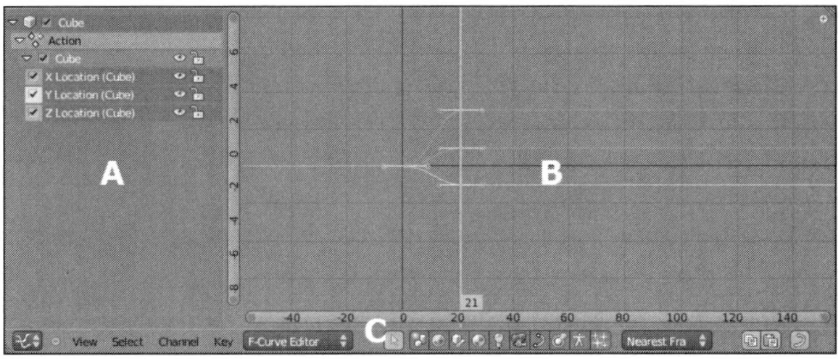

Figura 8.9
Le aree del Graph Editor.

Per prima cosa vediamo la lista degli oggetti animati: in questo spazio compariranno, in modo tematico e gerarchico, tutti gli elementi cui sono stati assegnati dei keyframe all'interno di una scena. Nella Figura 8.10 è visibile una scena contente un cubo (le cui coordinate di posizione sono state animate), una lampada (di cui è stata animata la posizione e il colore) e infine sono state animate alcune proprietà della scena stessa (per esempio il colore del mondo – *Horizon Color*).
Ciascun oggetto viene rappresentato su una linea (o canale, dall'inglese *Channel*), espandibile tramite il pulsante ▷, che renderà visibili le sue proprietà effettivamente animate. Se per esempio assegniamo al cubo un keyframe *Location* ed espandiamo la linea, vedremo che, al suo interno si trova un'altra linea *Action*, che, a sua volta espansa contiene una linea *Cube*, che raggruppa le curve relative alle tre coordinate di traslazione. Se volessimo aggiungere dei keyframe per la rotazione, anch'essi apparirebbero sotto la voce *Cube*.
Poiché in Blender molti altri elementi sono animabili, per esempio le proprietà dei materiali, le impostazioni dei modifier, i parametri della scena e anche gli elementi dell'interfaccia del software, esistono categorie e sottocategorie di rappresentazione specifiche per ciascuno di questi casi. Queste categorie sono visibili nello schema sottostante, di fianco al quale si trova un esempio concreto.
Vediamo ora tre elementi che sono associati ai canali o al loro contenuto.

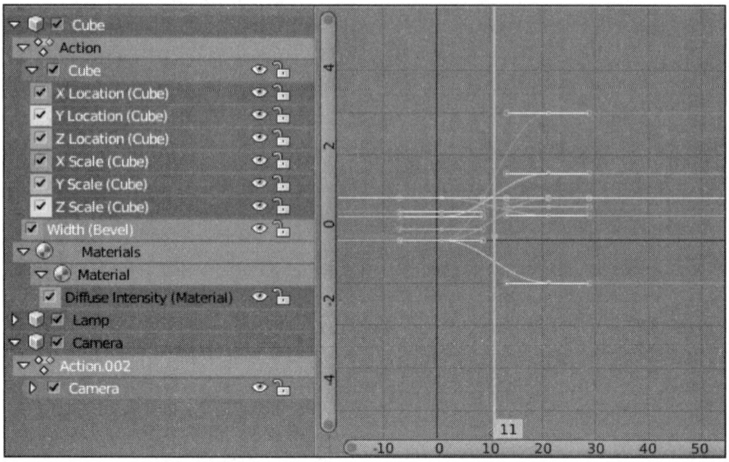

Figura 8.10
Più elementi animati all'interno del Graph Editor.

- : questa tickbox attiva o disattiva la visualizzazione delle curve relative alla voce cui è associata, nell'area delle curve del *Graph Editor*.
- - *Mute*: attiva o disattiva l'effetto della curva sull'animazione. Se l'icona è , allora la curva non sarà visualizzata (ciò accade anche con la tickbox), ma con la differenza che, se si riproduce l'animazione, essa non verrà tenuta in considerazione.
- - *Protect*: permette o impedisce la modifica della curva nell'editor. Se la curva è bloccata , allora apparirà tratteggiata e le sue maniglie di controllo non saranno più visibili.

Passiamo ora alla seconda area del *Graph Editor*, nonché la più importante, all'interno della quale vengono rappresentate le curve di interpolazione che collegano i keyframe (Figura 8.11).
Anche in questo caso si tratta di un sistema grafico basato su coordinate cartesiane, dove l'asse X rappresenta il tempo, suddiviso in frame, e l'asse Y, a seconda del tipo di proprietà selezionata rappresenta unità di Blender, gradi, valori interi e così via.
Le curve IPO si comportano in modo simile agli oggetti curva della vista *3D* in quanto dispongono delle medesime maniglie di controllo, con la particolarità che in questo caso, il centro di una maniglia rappresenta un keyframe. Le maniglie (Figura 8.12) possono essere trasformate, secondo i consueti comandi di traslazione e scala, e possono essere aggiunte a una curva con *Ctrl*-clic.
Un elenco completo delle opzioni possibili è disponibile all'interno del menu *Key*, situato nell'intestazione della finestra; verrà presentato, assieme alle altre voci e pulsanti presenti.

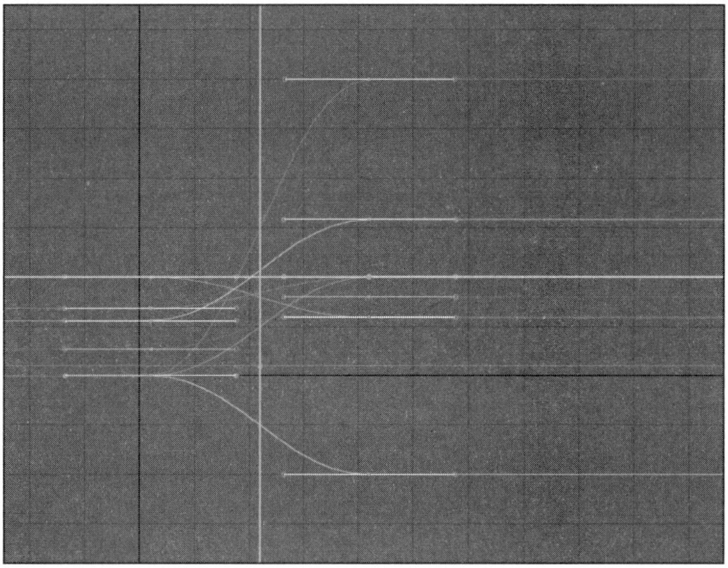

Figura 8.11
L'area delle curve nel Graph Editor.

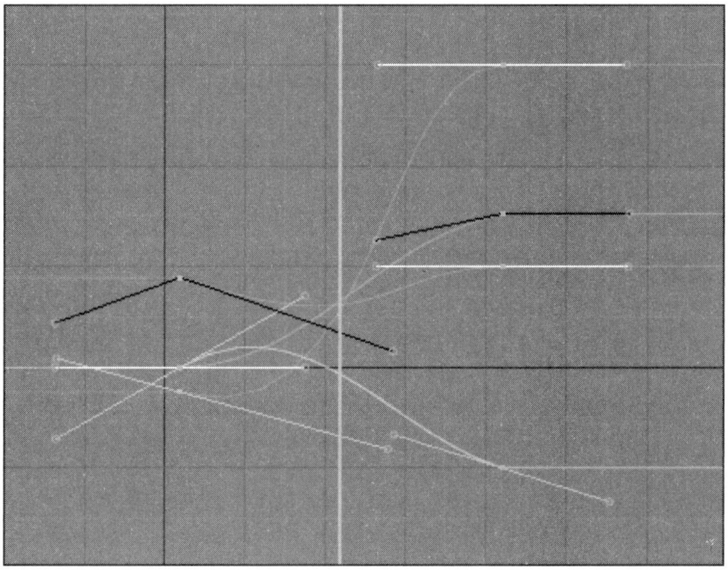

Figura 8.12
Le maniglie delle curve del Graph Editor.

Iniziamo con *View*, che contiene le seguenti voci.

- *Toggle Make Area Fullscreen*: il consueto comando per ingrandire la finestre a pieno schermo.
- *View All* (tasto *Home*): visualizza l'area delle curve con un livello di zoom tale da contenere esattamente tutte le maniglie assegnate alle curve (visibili).

- *Jump to Frame* (*Maiusc-Ctrl-S*): posiziona il marcatore di riproduzione sul frame che si trova nel punto medio di un intervallo di frame selezionati (vedi illustrazione).
- *Auto-Set Preview Range* (*Ctrl-Alt-P*): stabilisce un intervallo temporaneo di anteprima per riprodurre l'animazione, che si estende dal primo punto della timeline dove è presente un keyframe fino all'ultimo keyframe sulla timeline. Si tratta della medesima funzionalità presente nella finestra della *Timeline*, ma in questo caso è maggiormente automatizzata.
- *Set Preview Range* (*Ctrl-P*): fa comparire un cursore simile a quello della box selection nella vista *3D*, tramite il quale è possibile definire un'area di anteprima dell'animazione.
- *Clear Preview Range* (*Alt-P*): reimposta l'intervallo di riproduzione dell'animazione ai valori originali della timeline (quelli effettivamente impiegati per il rendering).
- *Show Seconds/Frames* (*Ctrl-T*): visualizza, come unità di misura lungo l'asse X, alternativamente, i secondi di animazione o i relativi frame (questa è la modalità attiva di default).

Passiamo ora a una serie di opzioni.

- *Only Selected Curve Keyframes*: mostra, nell'area delle curve, solo le curve selezionate nella lista dei canali.
- *Show Handles*: mostra o nasconde le maniglie delle curve (i vertici saranno sempre visibili).
- *Show Frame Number Indicator*: ai piedi del marcatore di riproduzione è presente un piccolo riquadro contenente il numero del frame corrente dell'animazione. Questa opzione permette di mostrarlo o nasconderlo.
- *Properties* (tasto *N*): visualizza l'area delle proprietà, dove vengono mostrati gli attributi di una curva ed è possibile assegnarvi dei modifier (tale argomento verrà affrontato a breve, all'interno del menu *Key*).

Passiamo al menu *Select*, contente tutte le possibili modalità di selezione dei keyframe.

- *Between Slected Markers* (*Alt-K*): se sulla timeline si trovano dei marker ed essi sono selezionati, verranno selezionati i keyframe presenti in tale intervallo.
- *Columns on Selected Markers* (*Maiusc-K*): se sullo stesso frame sono presenti sia un marker che i keyframe di diverse curve, questi ultimi saranno tutti selezionati.
- *Column on Current Frame* (*Ctrl-K*): come nel caso precedente, ma in questo caso i keyframe devono trovarsi nel frame cor-

rente (ovvero nello stesso punto in cui si trova il marcatore di riproduzione in quel momento).

- *Column on Selected Keys* (*tasto K*): in questo caso basta che sia selezionato un keyframe e saranno selezionati tutti quelli appartenenti alle altre curve (se situati nello stesso frame).
- *Border Select* (*B*): attraverso il consueto selettore a croce si definisce un rettangolo; nel caso contenga dei keyframe, questi saranno selezionati.
- *Invert All* (*Ctrl-I*): inverte la selezione.
- *Select All* (tasto *A*): seleziona tutti i keyframe.

Veniamo ora al menu *Channel*: di esso possiamo dire brevemente che contiene i comandi per effettuare le operazione di espansione, compressione e visualizzazione degli elementi nella lista dei canali; sono operazioni possibili, in modo più intuitivo, attraverso i tasti presenti nella lista stessa.

Proseguiamo infine con il menu più importante: *Key*. Tramite questo menu si svolgono tutte le operazioni relative ai keyframe, ovvero i vertici di controllo delle curve.

- Le due opzioni *Copy Keyframes* (*Ctrl-C*) e *Paste Keyframes* (*Ctrl-V*) permettono rispettivamente di copiare e incollare i keyframe selezionati nell'area delle curve. Quest'ultimo comando avviene prendendo come riferimento il marcatore di riproduzione, ovvero, il primo keyframe della selezione verrà posizionato al frame indicato dal marcatore, tutti gli altri seguiranno di conseguenza.
- *Bake Curve* (*Alt-C*): rende la curva non più editabile, mantenendo la forma data dai keyframe con le relative maniglie, tuttavia facendoli sparire.
- *Sample Keyframes* (*Maiusc-O*): data una selezione di almeno due keyframe è possibile colmare con altri keyframe l'intervallo presente tra di essi.
- *Clean Keyframes* (tasto *O*): permette la "pulitura" di una curva, ridimensionando le maniglie che la controllano e rendendo più lineare l'interpolazione.
- *Extrapolation Mode*: questa opzione permette di determinare la modalità di estensione della curva prima del primo keyframe e dopo l'ultimo. Le opzioni sono due: *Constant* (valore di default), che mantiene i punti della curva allineati lungo l'asse delle X, e *Linear*, che prende come riferimento la posizione delle maniglie del primo e dell'ultimo vertice, estendendo di conseguenza i punti della curva. La Figura 8.13 mostra in modo più chiaro questo concetto.

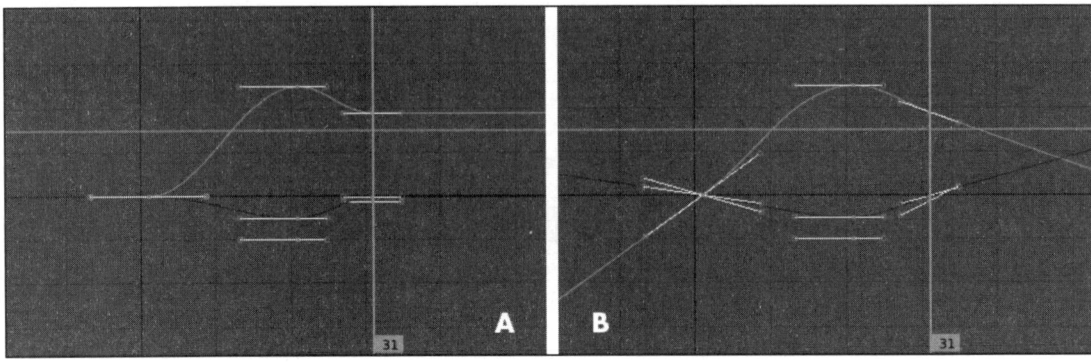

Figura 8.13
Le due extrapolation model possibili.
A: Constant e B: Linear.

- *Interpolation Mode*: a differenza della precedente, con questa opzione viene definito il metodo di disposizione e interpolazione dei punti della curva che si trovano tra due keyframe. *Constant* dispone i vertici orizzontalmente lungo l'asse delle X, creando degli scalini al variare dei valori in presenza dei keyframe; *Linear* tratta i keyframe come semplici punti, congiunti da segmenti lineari; *Bezier* (default) fa comparire delle maniglie di controllo a ogni vertice, consentendo quindi un maggiore controllo dei punti interpolati tra i diversi keyframe (Figura 8.14).

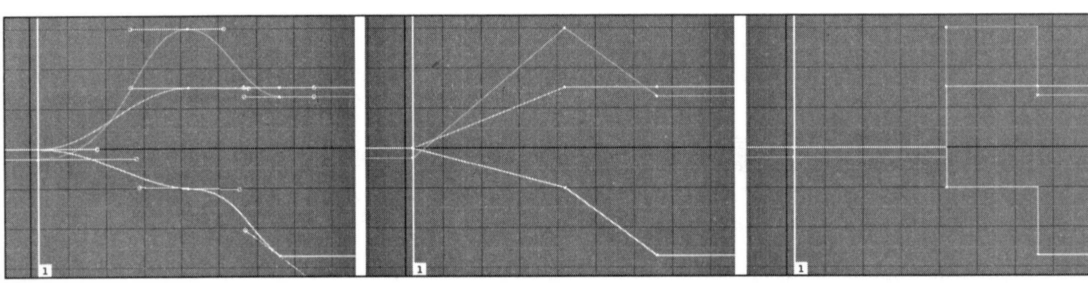

Figura 8.14
I diversi tipi di interpolazione possibili, a partire da curve che dispongono di più di due keyframe.

- *Handle Type*: se usiamo l'*Interpolation Mode Bezier*, possiamo determinare il tipo di maniglie delle curve (le possibilità sono le stesse offerte dalle curve nella vista *3D*).
- *Delete Keyframes* (tasto *X*): elimina i keyframe selezionati.
- *Duplicate Keyframes* (*Maiusc-D*): duplica i keyframe selezionati, la cui posizione va successivamente confermata facendo clic nel punto desiderato.
- *Add F-Curve Modifier* (*Maiusc-Ctrl-M*): permette di aggiungere un modificatore alla curva selezionata. Si tratta di un modificatore specifico per le curve, presenti nel *Graph Editor* e non ha nulla a che fare con i modifier per gli oggetti della vista *3D*.

Una volta selezionata questa voce, compare un menu popup tramite il quale possiamo scegliere il tipo di modificatore. Le possibilità sono *Generator*, che permette di definire funzioni matematiche, *Builtin Function*, che impiega come base le funzioni sinusoidali, *Envelop*, che permette di definire i limiti di espansione, *Cycles*, *Noise*, *Python* e *Limits*. Premendo *N* nell'area delle curve è possibile richiamare la finestra delle proprietà, dove questi modifier sono assegnabili e modificabili (Figura 8.15).

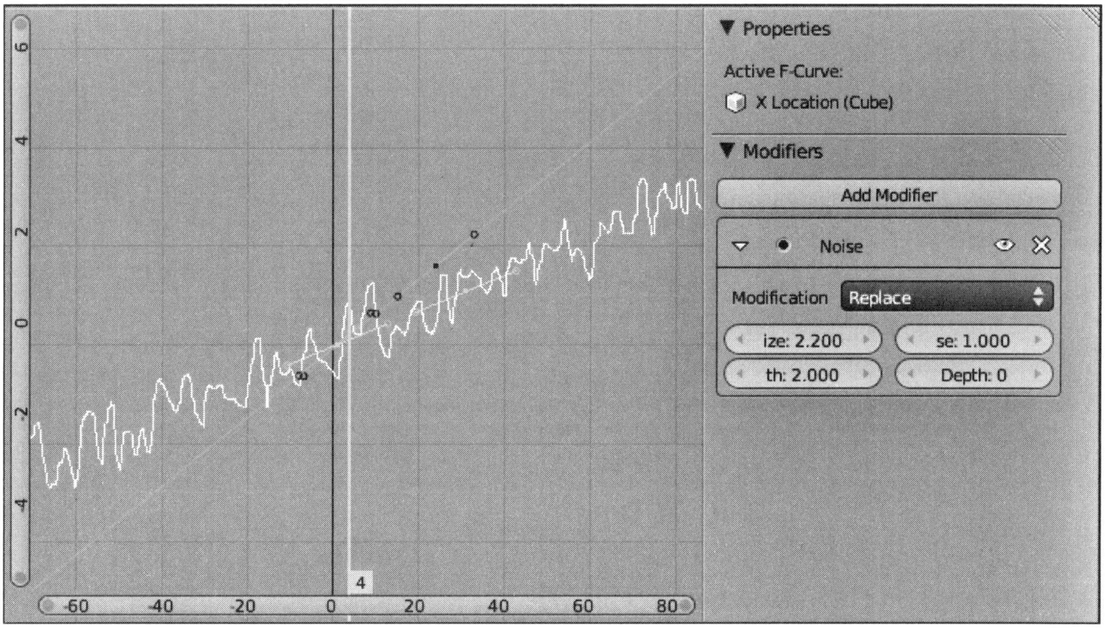

Figura 8.15
Applicazione di un modifier Noise a una curva nel Graph Editor.

- *Insert Keyframe* (tasto *I*): inserisce un keyframe, richiamando prima un menu popup tramite il quale scegliamo se assegnarlo solo al canale selezionato oppure a tutti i canali.
- *Mirror*: permette di specchiare i keyframe selezionati, all'interno dell'area delle curve, con le seguenti modalità.
  - *By Times over Current Frame* significa che la selezione viene specchiata/ribaltata orizzontalmente, utilizzando come asse di simmetria il marcatore temporale.
  - *By Times over Time=0* specchia orizzontalmente la selezione, impiegando come asse di simmetria l'asse Y del grafico
  - *By Values over Value=0* specchia la selezione verticalmente, sull'asse delle X.
  - *By Times over First Selected Marker* si comporta come le prime due voci, ma usa come asse di simmetria il primo marcatore (eventualmente) selezionato.

- *Snap*: indica a quali elementi presenti nell'area delle curve devono ancorarsi i keyframe. Può trattarsi di: *Current Frame*, il frame attuale, indicato dal marcatore di riproduzione (se selezioniamo più frame di una stessa curva, collasseranno tutti sul medesimo frame; oppure il frame più vicino, *Nearest Frame*; alternativamente il secondo più vicino, se il tempo è misurato in secondi anziché in frame (*Nearest Second*); infine l'eventuale marcatore più vicino (*Nearest Marker*).
- *Transform*: permette di svolgere le consuete trasformazioni di traslazione e scala.

Figura 8.16
Il menu Editor Mode.

Proseguendo con gli altri elementi presenti nell'editor, esaminiamo il menu a discesa *Editor Mode*, che permette di scegliere tra due voci: *F-Curve Editor* e *Drivers*, le quali cambiano il contenuto dell'area delle curve mostrando quelle assegnate agli oggetti e alle loro proprietà oppure quelle relative ai driver (Figura 8.16). Vediamo ora una serie di icone, il cui stato di attivazione comporta la visualizzazione o meno delle curve relative ai seguenti elementi.

- L'oggetto selezionato (mostrato in modo esclusivo).
- Animazione della scena.
- Animazione di World.
- ShapeKeys.
- Material.
- Lampade.
- Camere.
- Curve.
- MetaBalls.
- Sistemi di particelle.

Il successivo menu a discesa, *Auto-Snap Keyframes*, rende automatico lo snap dei keyframe al frame o al marker più vicino. Lo snap automatico può essere disattivato scegliendo *No Time-Snap*.
Gli ultimi due pulsanti richiamano le già note funzioni di copia/incolla dei keyframe.

Animare lungo un percorso

Dopo questa approfondita analisi del *Graph Editor* e delle tecniche di keyframing, presentiamo una tecnica di animazione che non ne fa uso, in quanto è basata su un altro principio, molto utile quando dobbiamo animare la traslazione di un oggetto lungo un percorso più o meno complesso, che altrimenti richiederebbe l'inserimento di numerosi keyframe e non sarebbe facilmente modificabile (Figura 8.17).

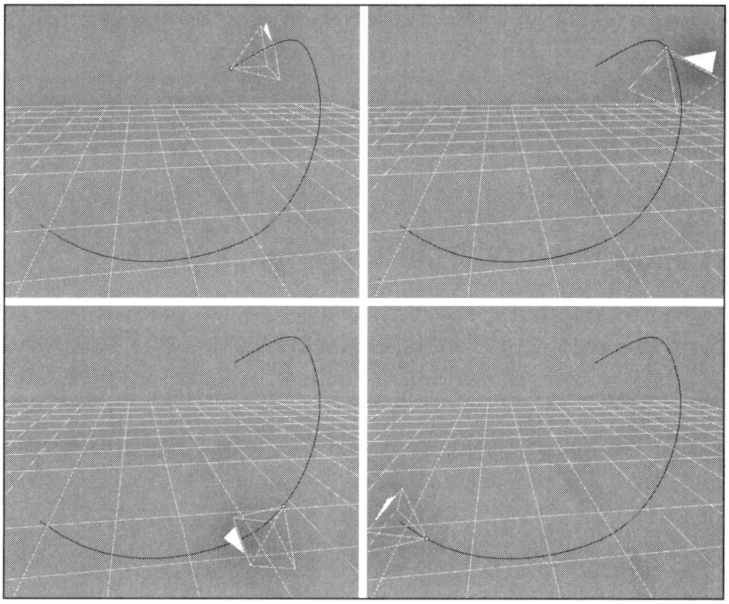

Figura 8.17
Una scena con un'animazione lungo un percorso.

Questa tecnica (impiegata per animare la camera in piano sequenza, veicoli in movimento e così via) richiede la disposizione di un oggetto curva nello spazio 3D, per definire il percorso che l'oggetto dovrà percorrere, e necessita della creazione di un legame di parentela tra l'oggetto e la curva stessa. Vediamo ora un breve esempio.

- Carichiamo la scena di default (*Ctrl-N*).
- Creiamo un oggetto *Curve* (*Bèzier* o *NURBS*) e, se necessario, modifichiamolo in modo da renderlo più lungo e complesso.
- Selezioniamo il cubo già esistente e poi la curva.
- Premiamo *Ctrl-P* e scegliamo dal menu *Set Parent To* la voce *Follow Path* (segui percorso).
- Premiamo *Alt-A* per avviare l'animazione e osservare ciò che accade.

Forniremo maggiori dettagli sull'animazione lungo un percorso quando presenteremo il vincolo *Follow Path*, che rende effettivamente possibile quanto appena visto.

Deformazioni: animazione con gli hook

Fino a questo momento abbiamo visto tecniche che permettono di animare gli oggetti nella loro totalità. È tuttavia possibile animare anche gli elementi che costituiscono un oggetto; questo tipo

di animazione è chiamato *deformazione*. Ciò avviene nel caso degli *Hook*, delle *Armature*, delle *Shape Keys* e così via.
Gli hook sono stati visti nel Capitolo 5 (dedicato ai *Modifier*), pertanto invitiamo a una rilettura di quel capitolo per un eventuale ripasso dell'argomento.

Animazione con Armature

Vediamo ora l'animazione con *Armature*, che consiste nella seconda parte di questo capitolo. Come anticipato, l'*Armature* è una sorta di scheletro dell'oggetto (infatti gli elementi di un'*Armature* sono chiamati *bones*, ossa) e ne permette un controllo completo. Un'*Armature* può quindi essere impiegata per deformare e trasformare uno o più oggetti, passando attraverso delle *pose* che, riprodotte in sequenza ed eventualmente combinate tra loro, permettono di ottenere la massima flessibilità nel processo di animazione. Le *Armature* nascono fondamentalmente per uno scopo: la *character animation* (animazione dei personaggi). In tal caso l'*Armature* che controlla i movimenti del personaggio viene chiamata *rig*, scheletro.
Ma in che modo l'oggetto *Armature* entra in relazione con l'oggetto da deformare? A questa domanda risponderemo verso la fine del capitolo; per ora anticipiamo che questo processo avviene creando un legame di parentela tra l'*Armature* e l'oggetto (mesh), assegnando a gruppi di vertici di quest'ultimo le ossa da cui devono ereditare le trasformazioni. L'illustrazione fornisce un esempio (Figura 8.18).

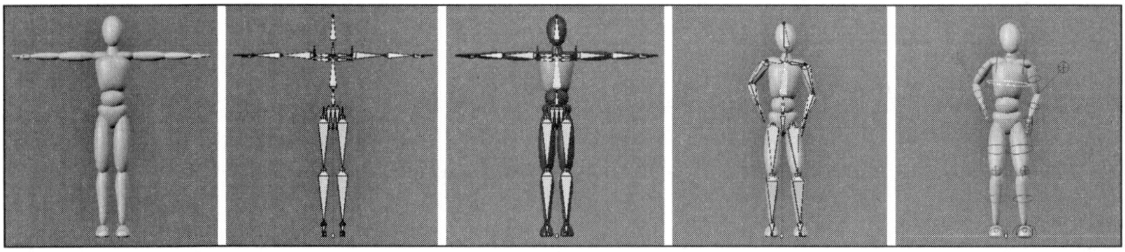

Figura 8.18
Rappresentazione schematica del processo di rigging.

Si può quindi capire che quella del *rigging* è una pratica complessa, ma con uno scopo molto semplice: fornire all'animatore un set di controlli per gestire il personaggio nel modo più intuitivo e rapido possibile, così da permettere un'interazione diretta con lo stesso, concentrandosi sulle performance, piuttosto che sulla tecnica di posa. Inutile dire che maggiore è la complessità del rig, migliore sarà il risultato (ovviamente in relazione alla tipologia di personaggio). La complessità andrà poi celata dietro un sistema di controllo *visivamente* accessibile.

Quelli che vedremo ora sono gli strumenti principali per svolgere il rigging e, dopo di essi, presenteremo dei rig esistenti e rilasciati pubblicamente da alcuni membri della comunità di Blender, scegliendone uno per proseguire il capitolo, parlando di character animation.

Armature

Un'armatura viene aggiunta a una scena come un qualsiasi altro oggetto (Figura 8.19) e, in tale modalità (*Object Mode*), può subire le medesime trasformazioni (rotazione, traslazione, scala). Le differenze sorgono quando entriamo in *Edit Mode*, dove notiamo che gli elementi base di cui è formata non sono vertici o punti di controllo, bensì le ossa; vedremo nel dettaglio l'editing di un'Armature a breve. Infine, un'ultima notevole differenza è costituita dal fatto che gli oggetti armature dispongono di una terza modalità, *Pose Mode*, all'interno della quale è possibile animare le singole componenti dell'armatura (ciò non può accadere in *Object Mode*) rispetto a quanto deciso in *Edit Mode*.

Figura 8.19
Un oggetto Armature appena aggiunto a una scena.

Per accedere a queste modalità possiamo impiegare il menu *Mode* presente nell'intestazione della vista *3D*, oppure sfruttare le seguenti combinazioni di tasti.

- *Object/Edit Mode*: tasto *Tab*.
- *Object/Pose Mode*: *Ctrl-Tab*.

Se ci troviamo in *Pose Mode* e premiamo il tasto *Tab*, passiamo in *Edit Mode* (Figura 8.20).

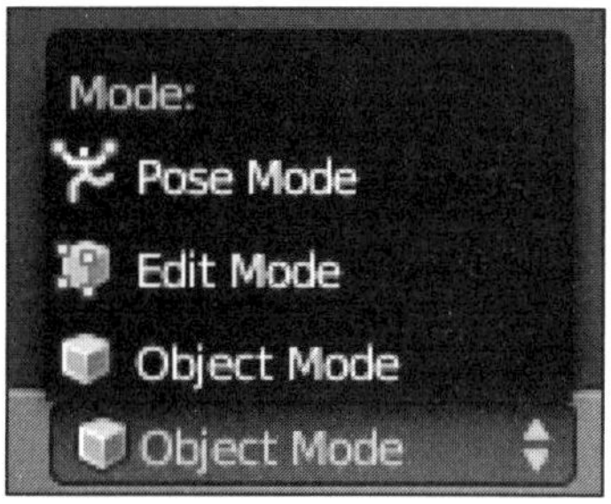

Figura 8.20
Il menu Mode.

Proprietà dell'oggetto

Vediamo ora nel dettaglio quali sono le proprietà di una *Armature* in *Object Mode*. Per fare ciò aggiungiamo un nuovo oggetto *Armature* alla scena di default, premendo *Maiusc-A* e scegliendo la voce corrispondente (ricordiamoci di cancellare il cubo di default altrimenti l'*Armature* non sarà visibile).
Una volta creata l'*Armature*, che si troverà in *Object Mode* di default, dovremo spostarci nel contesto *Object Data* premendo il pulsante  nell'intestazione della finestra *Properties*. Il primo elemento che incontriamo è il campo per assegnare il nome al datablock (cioè all'oggetto *Armature*), alla sinistra del quale è presente un pulsante che attiva un menu a discesa, contente i nomi di altre *Armature* eventualmente esistenti. Subito sotto troviamo una serie di pannelli (Figura 8.21).

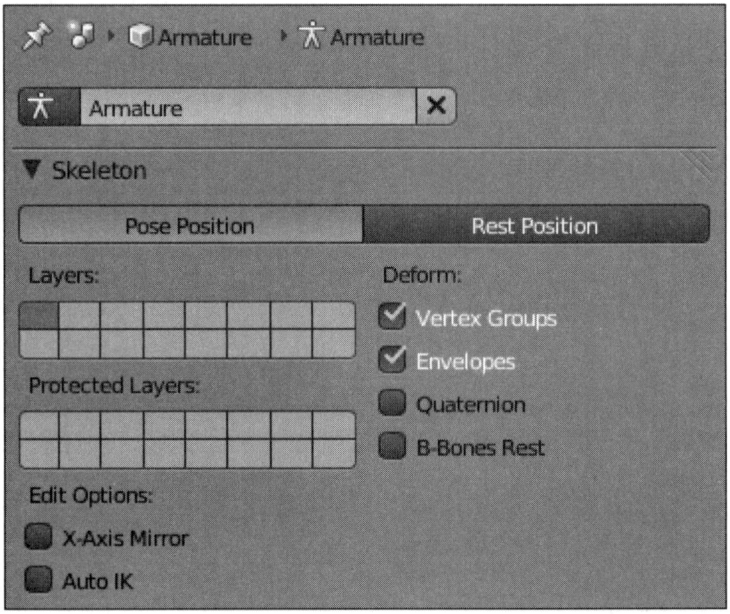

Figura 8.21
Il pannello Skeleton e, sopra di esso, il campo per l'assegnazione del nome dell'Armature.

Il primo di questi è *Skeleton*, che contiene i seguenti elementi.

- Due pulsanti, *Pose Position* e *Rest Position*, i quali permettono di visualizzare alternativamente la posizione di riposo (*Rest*) dell'armatura, ossia quella che essa ha mentre viene creata in *Edit Mode*, e quella di posa (*Pose*).
- Il contesto *Layers*, che, in modo simile ai layer dello spazio 3D, permette di nascondere o visualizzare i diversi elementi di un'*Armature*, precedentemente disposti in *Edit Mode*.

- Il contesto *Protected Layers*, che riguarda il comportamento delle ossa nei layer, se lavoriamo con un *Proxy* dell'armatura (ovvero collegando l'*Armatura* all'interno di un'altra scena, con la possibilità di effettuare delle modifiche alla stessa).
- Il contesto *Deform*, contenente opzioni riguardante il metodo di deformazione adottato dalle ossa sulla mesh.
- *Edit Options*, infine, offre due opzioni: *X-Axis Mirror* rispecchia i cambiamenti effettuati su un osso su un suo eventuale corrispettivo, situato specularmente lungo l'asse X, previa l'assegnazione di una nomenclatura specifica (la vedremo in seguito); *Auto IK* applica una catena IK temporanea a partire dall'osso che viene selezionato e trasformato.

Successivamente troviamo il pannello *Display*, il cui contenuto riguarda le opzioni di visualizzazione dell'*Armature* nella vista *3D* (Figura 8.22).

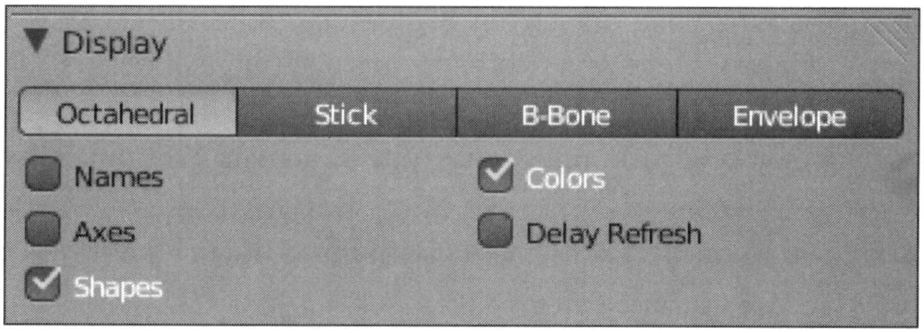

Figura 8.22
Il pannello Display.

Precisiamo tra l'altro che la vista *3D* è l'unico contesto in cui un'*Armatura* può essere visibile, in quanto essa non può essere sottoposta a rendering. Gli elementi di questo pannello sono i seguenti.

- Quattro pulsanti, che determinano l'aspetto delle ossa (Figura 8.23), ognuno ottimizzato per uno scopo preciso.
  - *Octahedral*: la visualizzazione di default, basata su un solido di otto facce per definire il "corpo" dell'osso e due sfere per le estremità. Da impiegarsi principalmente in *Edit Mode*.
  - *Stick*: in inglese questo termine significa "bacchetta, bastoncino"; in effetti è l'aspetto assunto dalle ossa se si sceglie questa modalità. Dato lo scarso ingombro visivo, viene impiegata durante la posa e l'animazione.
  - *B-Bone*: rappresenta le ossa come dei parallelepipedi, i quali possono essere suddivisi, permettendo all'*Armature* di fornire più informazioni sulle deformazioni che essa comporta. Inoltre le suddivisioni non seguono una disposizione lineare, congiungendo le due estremità dell'osso, bensì se-

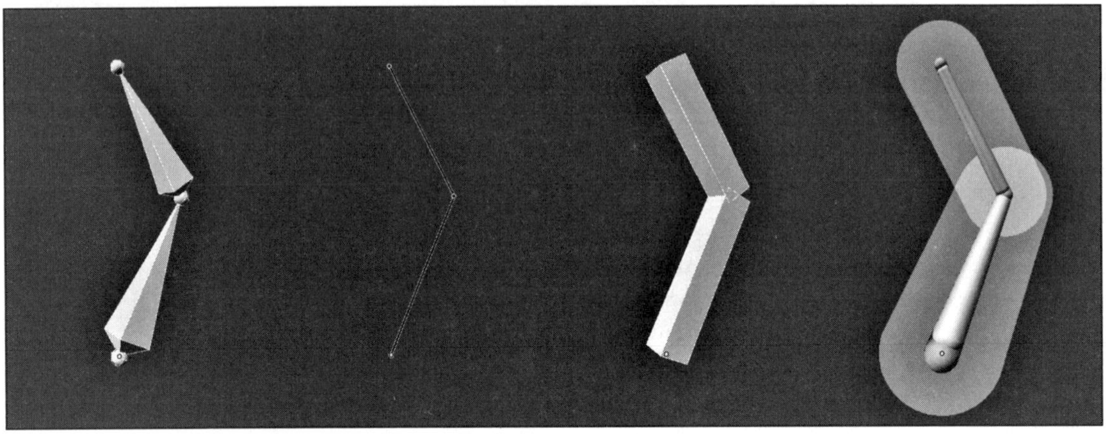

Figura 8.23
I quattro tipi di visualizzazione delle ossa.

guono una curva di Bézier i cui estremi sono la testa e la coda dell'osso.

- *Envelope*: mostra l'area di influenza di ciascun osso. Da impiegarsi nelle operazioni di skinning, ossia l'assegnazione alle ossa delle aree (sotto forma di gruppi di vertici) da deformare

Accenneremo allo skinning una volta terminata l'introduzione alle Armature.

- *Names:* visualizza il nome di ciascun osso (Figura 8.24).
- *Axes:* ne visualizza gli assi.
- *Shapes:* visualizza le eventuali forme specifiche definite per le ossa.
- *Colors*: visualizza eventuali schemi colore personalizzati attribuiti ai gruppi di ossa.

Il prossimo pannello, *Bone Groups* è una lista, che può essere popolata da gruppi di ossa appartenenti a una stessa *Armature* (Figura 8.25). Ciò può essere utile se abbiamo a che fare con *Armature* complesse o per avere un ulteriore riscontro visivo. I gruppi di ossa possono essere creati esclusivamente quando ci troviamo in *Pose Mode*. Gli elementi inizialmente esistenti (oltre il campo che conterrà la lista) sono i seguenti.

- I due pulsanti [+] [–], per creare o eliminare un gruppo.
- Il pulsante *Assign*, per assegnare un osso a un gruppo esistente (se non esiste alcun gruppo, ci verrà offerta la possibilità di crearne uno).
- Il pulsante *Remove*, per rimuovere dal gruppo l'osso attualmente selezionato (precisiamo che non è possibile assegnare un osso contemporaneamente a più gruppi, come è invece possibile fare con i gruppi di vertici).

Figura 8.24
Visualizzazione di nomi e assi nelle ossa.

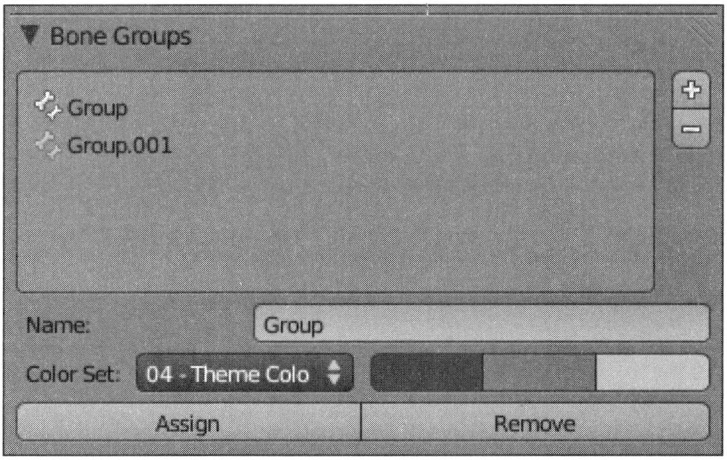

Figura 8.25
Il pannello Bone Groups, popolato da due gruppi.

Una volta creato un gruppo compariranno i seguenti controlli.

- *Name*: il campo tramite il quale possiamo assegnare un nome al gruppo.
- *Color set*: il menu a discesa e i tre riquadri colore permettono di assegnare un colore personalizzato alle ossa appartenenti al gruppo.

Terminiamo infine l'osservazione di questo contesto con i due pannelli *Paths* e *Ghost*, che permettono rispettivamente di visualizzare il percorso delle estremità di un osso e di trasformare il suo corpo nel corso dell'animazione (anch'essi sono utilizzabili solamente se ci troviamo in *Pose Mode*) (Figura 8.26).

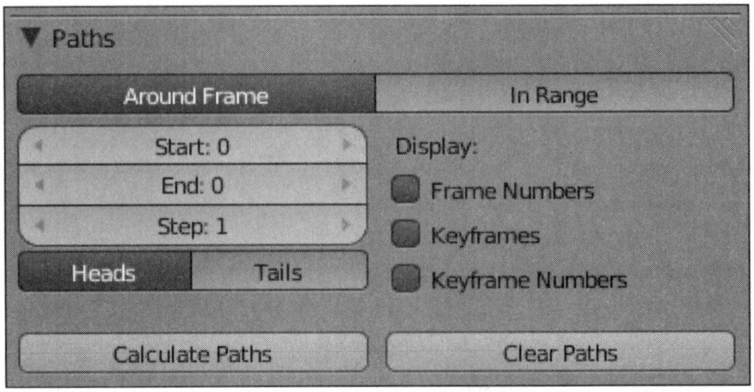

Figura 8.26
Il pannello Paths.

Per quanto riguarda il pannello *Paths*, disponiamo dei seguenti controlli.

- Due pulsanti, *Around Frame* e *In Range*, con i quali possiamo definire l'intervallo di frame da impiegare per raffigurare il percorso.
- Nel caso di *Around Frame* saranno disponibili tre contatori:
  Before: il numero di frame precedenti a quello attuale da raffigurare nel percorso;
  After: il numero di frame successivi;
  Step: il "passo" con cui raffigurare i frame (se il valore è 1, verrà visualizzato un punto per ogni frame, se è 2 ne sarà visibile uno ogni due e così via).
- Nel caso di *In Range* i primi due contatori cambiano in:
  Start: frame di partenza (nella timeline) da cui iniziare a calcolare i percorsi;
  End: frame di interruzione (sempre nella timeline).
- Due pulsanti sottostanti ai contatori appena visti abilitano la rappresentazione del percorso per la testa (*Head*) o la coda (*Tail*) delle ossa.
- Il contesto *Display*, contente tre opzioni.
  - *Frame Numbers*: visualizza il numero dei frame in corrispondenza dei punti nel percorso.
  - *Keyframes*: rappresenta i punti del percorso corrispondenti ai keyframe, in modo da enfatizzarli rispetto agli altri.
  - *Keyframe Numbers*: se la voce *Frame Number* è disabilitata, possiamo abilitare questa voce per visualizzare solo il numero di frame dei keyframe.
- Due pulsanti fondamentali, che avviano il calcolo dei percorsi (*Calculate Pahts*) e, in caso di modifica delle impostazioni, ne permettono l'aggiornamento (*Clear Paths*) (Figura 8.27).

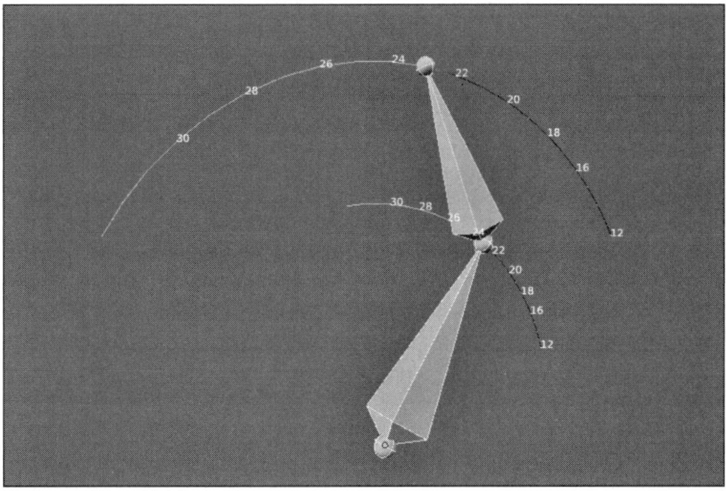

Figura 8.27
Il percorso di un osso animato.

Il pannello *Ghost* è concettualmente simile a *Path* e ne ripropone parte dei contenuti (Figure 8.28 e 8.29).

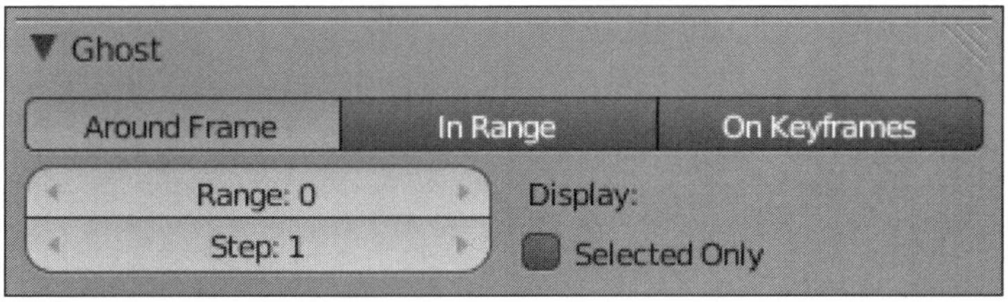

Figura 8.28
Il pannello Ghost.

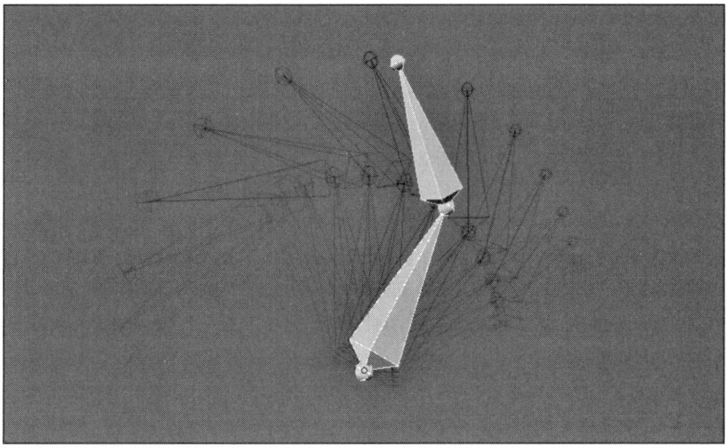

Figura 8.29
L'effetto ottenuto impiegando il pannello Ghost.

- *Around Frame* e *In Range* (con i relativi contatori *Before/After*, *Start/End*) funzionano allo stesso modo.

- *On Keyframes* mostra solo la posizione delle ossa in corrispondenza dei keyframe.
- L'opzione *Selected only* mostra il ghosting solo per l'osso selezionato.

Editing

Per eseguire l'editing di un'*Armature*, accedendo alle proprietà di ciascun osso, è necessario entrare in *Edit Mode*. A questo punto sarà possibile procedere con la selezione di un osso o delle sue componenti. Un osso è infatti strutturato come si vede nell'illustrazione A (Figura 8.30).

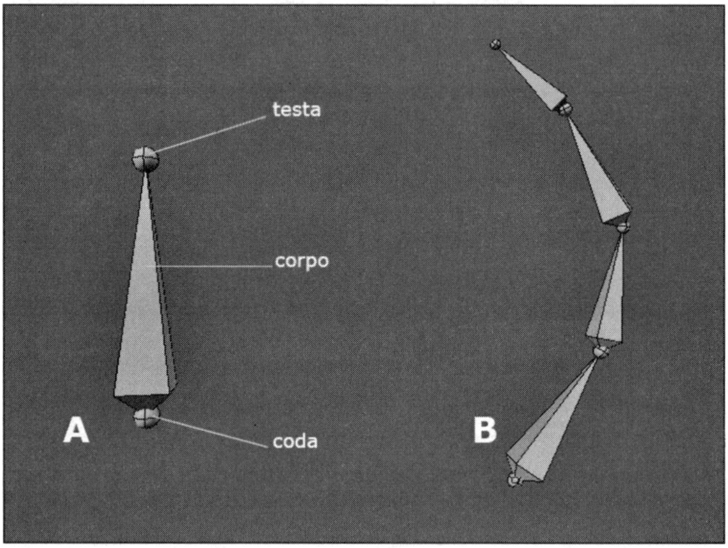

Figura 8.30
In A vediamo un osso, in B, una catena.

Nell'illustrazione B vediamo invece una serie di più ossa connesse sequenzialmente. Questa configurazione è detta catena (*chain*) e gli elementi che la compongono dispongono di un legame di parentela genitore/figlio con le ossa successive. La prossima illustrazione mostra cosa accade trasformando le ossa di una catena quando ci troviamo in *Pose Mode* (Figura 8.31).
Questo modo di disporre le catene è chiamato cinematica diretta (*forward kinematic*) e consiste appunto nel posare sequenzialmente le ossa a partire dalla radice. Esiste un'altra tecnica di posa, basata sul principio opposto, chiamata cinematica inversa (*IK – Inverse Kinematic*), di cui parleremo successivamente.
Prima di inoltrarci nelle operazioni che è possibile svolgere impiegando le diverse parti di un osso, selezioniamone il corpo e

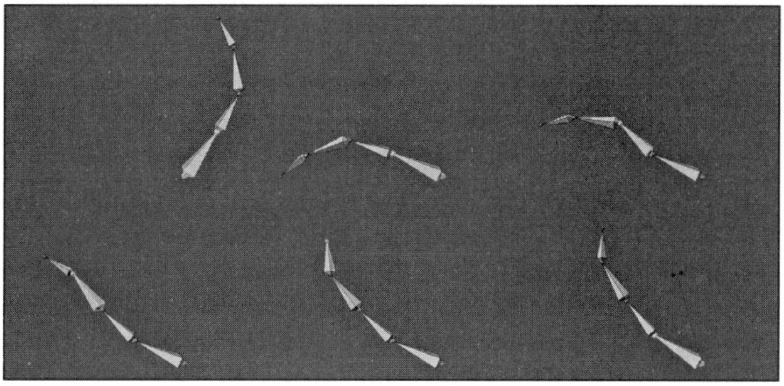

Figura 8.31
Posa di una catena di ossa.

portiamoci nel contesto *Bone*, premendo il pulsante nell'intestazione della finestra *Properties* (Figura 8.32).

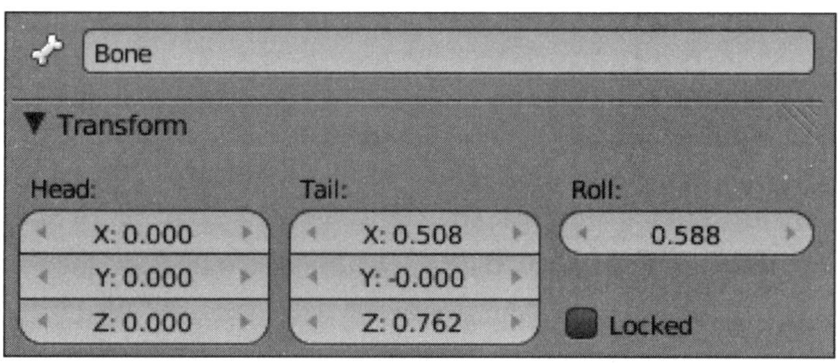

Figura 8.32
Il pannello Transform, preceduto dal campo per l'assegnazione del nome all'osso selezionato.

Come accade per il contesto *Object Data*, i primi elementi visibili sono quelli per l'assegnazione di un nome all'osso (che sarà univoco nell'ambito dell'*Armature* cui appartiene). Successivamente abbiamo quattro pannelli; il primo, *Trasform*, contiene i seguenti controlli per il posizionamento e la rotazione dell'osso.

- *Head*: i tre contatori *X*, *Y* e *Z* definiscono le coordinate della testa dell'osso.
- *Tail*: i tre contatori *X*, *Y* e *Z* definiscono le coordinate della coda dell'osso.
- *Roll*: la rotazione dell'osso lungo l'asse passante per le due estremità.
- *Locked*: questa opzione rende impossibili ulteriori modifiche all'osso in *Edit Mode*.

Il secondo pannello, *Relations* (Figura 8.33), contiene invece le seguenti voci.

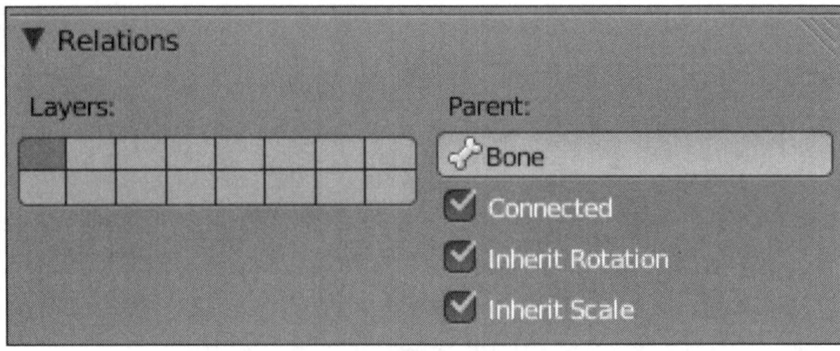

Figura 8.33
Il pannello Relations.

- Contesto *Parent*: il campo di testo permette di indicare l'oggetto genitore dell'osso selezionato e l'opzione *Connected* ne attiva/disattiva la connessione.
- *Layers*: permette di rendere visibile l'osso su uno o più livelli dell'*Armature* (non della vista 3D). Per selezionare più layer contemporaneamente, basta fare *Maiusc-clic* sul riquadro che rappresenta il layer desiderato.
- *Inherit*: determina i valori di rotazione e scala che l'osso eredita dal proprio genitore (se ne ha uno).

Il terzo pannello, *Display* (Figura 8.34), contiene le opzioni di visualizzazione.

- *Wireframe*: visualizza l'osso in modalità wireframe, indipendentemente dal *Draw Type* scelto nella vista *3D* (in questo modo le ossa risultano meno intrusive nella visualizzazione di un altro soggetto).
- *Hide*: nasconde l'osso (è possibile compiere questa operazione anche tramite l'*Outliner*).
- Il campo *Custom Shape* permette di sostituire la forma dell'osso con quella di un oggetto mesh.

Figura 8.34
Il pannello Display.

Giungiamo infine al quarto pannello (Figure 8.35 e 8.36), *Deform*, il cui contenuto riguarda le possibili deformazioni delle ossa di tipo *B-Bone* ed *Envelope*.

- I due contatori *Distance* e *Weight* definiscono l'area e il livello di influenza di un osso di tipo *Envelope* (vengono effettiva-

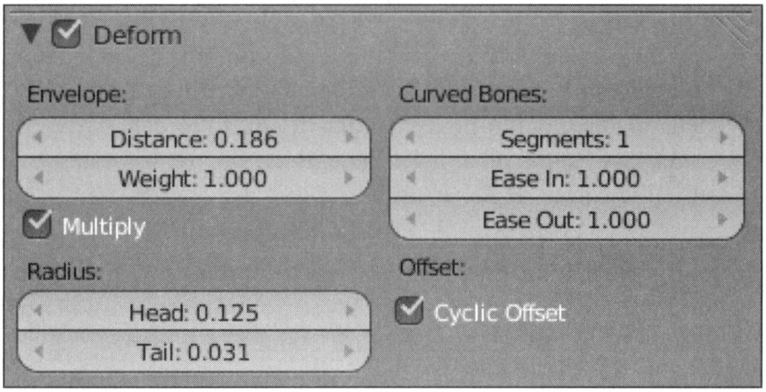

Figura 8.35
Il pannello Deform.

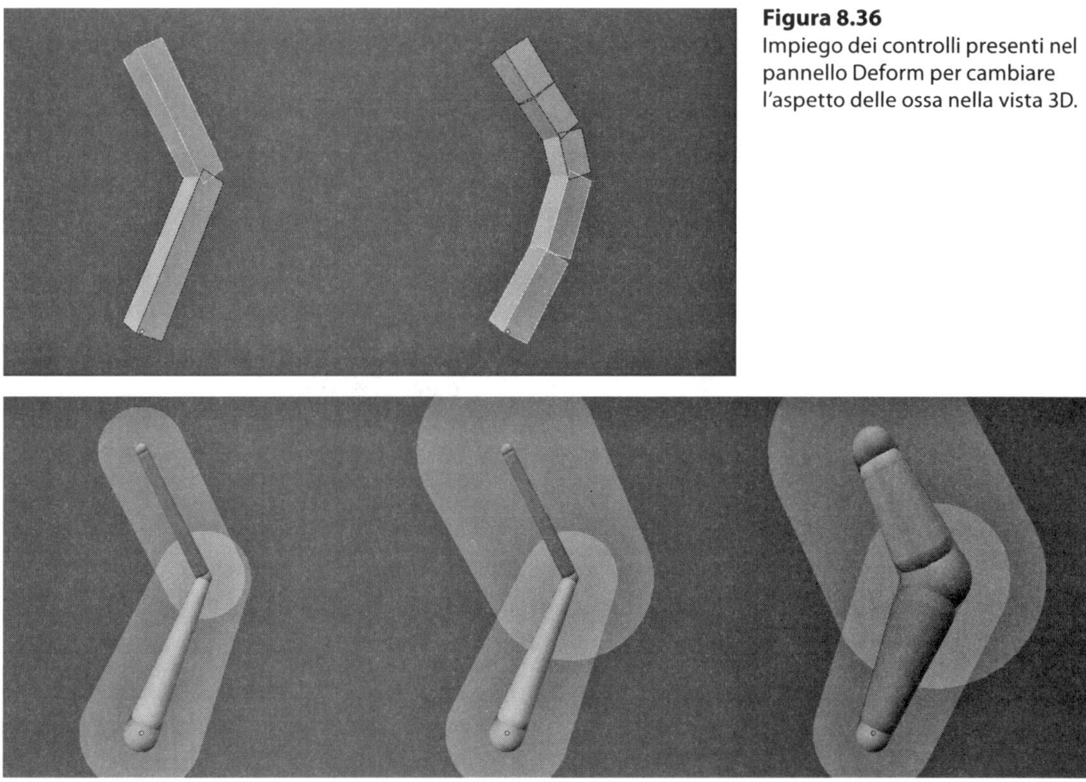

Figura 8.36
Impiego dei controlli presenti nel pannello Deform per cambiare l'aspetto delle ossa nella vista 3D.

mente usati se il tipo di deformazione scelto per l'*Armature* è *Envelope Weights*).

- Il contesto *Radius* contiene due contatori, per definire il diametro della testa (*Head*) e della coda (*Tail*) di un osso visualizzato come *Envelope* (e anche in questo caso è utile solo se la modalità di deformazione è di tipo *Envelope Weights*).

- *Curved Bones*: riguarda invece le ossa *B-Bone*. Con il contatore *Segments* è possibile determinare il numero di suddivisioni dell'osso, con *Ease In* ed *Ease Out* si determina la lunghezza della prima e dell'ultima maniglia di controllo della curva seguita dalle suddivisioni dell'osso. Ricordiamo, infatti, che la visualizzazione *B-Bones* utilizza delle curve di Bèzier come traccia per posizionare le eventuali suddivisioni.

Torniamo ora alle operazioni di selezione di un osso e delle conseguenti trasformazioni possibili. A partire dal corpo o dalla testa, premendo il tasto *E* avvieremo il comando di estrusione, che porterà ad avere un nuovo osso, la cui coda coincide con la testa del genitore (in questo modo si possono creare catene di ossa). Selezionando invece la coda e premendo *E*, l'estrusione porterà ad avere un osso che condivide la coda con quello estruso, ma privo di legami di parentela (Figura 8.37).

Figura 8.37
Estrusione di un osso a partire dalla testa e dalla coda di un altro osso.

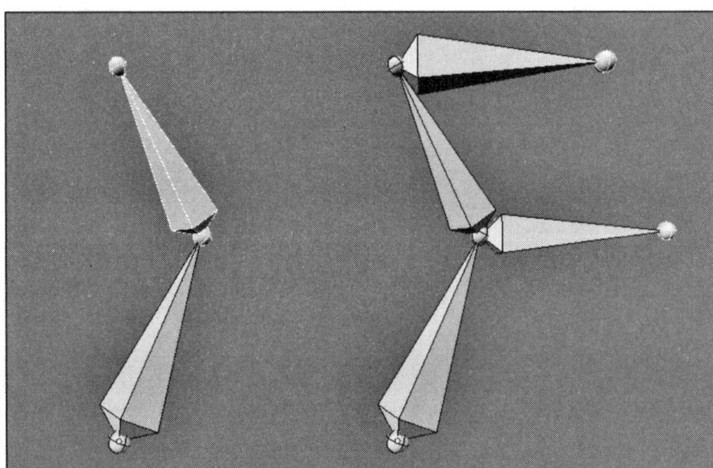

Per aggiungere altre ossa, prive di legami di parentela, possiamo selezionarne e duplicarne una esistente con *Maiusc-D* oppure usare *Maiusc-A* per creare un osso ex-novo.
Per eliminare un osso o una selezione di più ossa, possiamo premere, come di consueto, il tasto *X*. Per scalarlo e traslarlo, possiamo impiegare i tasti *S* e *G*. La rotazione lungo le coordinate globali si ottiene premendo *R*, mentre quella lungo l'asse passante per testa e coda si effettua con *Ctrl-R* (questo tipo di rotazione è chiamato *bone roll*) (Figura 8.38).
Infine è possibile suddividere un osso tramite il menu *Specials*, richiamabile con il tasto *W*.

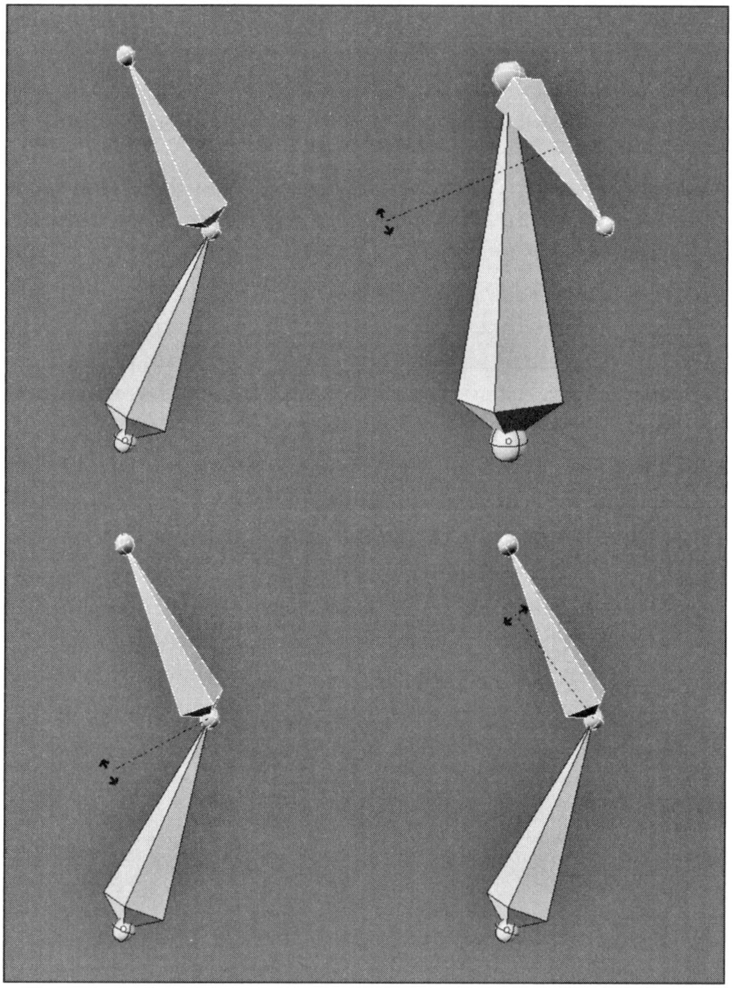

Figura 8.38
Differenza tra rotazione e Bone Roll.

Un'altra voce presente all'interno di questo menu è *Flip Left-Right Names*, che, se stiamo lavorando su un'*Armature* simmetrica, permette di ottenere una nomenclatura delle ossa coerente, tramite l'utilizzo di alcuni suffissi, per esempio *braccio.L*, *avambraccio.L* e *braccio.R*, *avambraccio.R*.

Pose Mode

Quelli visti finora sono i fondamenti per la creazione, la gestione e l'editing di un'*Armature*, come se si trattasse di un qualsiasi altro oggetto. Procediamo ora con quello che riguarda più direttamente lo scopo di un'*Armature*, ossia l'animazione. Per fare ciò, dobbiamo portarci in *Pose Mode*.

Una volta in modalità di posa, non solo potremo accedere alle ossa create durante l'editing e registrarne la posizione tramite keyframe, ma potremo anche definire dei vincoli al movimento delle ossa per ottenere migliori risultati e maggiore controllo durante l'animazione.
Molti degli strumenti disponibili (*Bone Groups*, *Paths*, *Ghost*, *Auto IK* e così via) sono stati esaminati in precedenza, pertanto ora presentiamo solo i rimanenti.

- Anche in *Pose Mode* è possibile impiegare i comandi di traslazione, rotazione e scala (tasti *G*, *R* e *S*), tuttavia, solo gli oggetti all'estremità di una catena di ossa potranno essere effettivamente traslati, mentre quelli nel mezzo avvieranno una rotazione.
- È possibile copiare alcune proprietà da un osso all'altro selezionando prima quello di destinazione e successivamente quello di origine delle proprietà, premendo poi *Ctrl-C* e scegliendo la voce desiderata.
- Poiché in *Pose Mode* è possibile selezionare altri oggetti al di fuori dell'*Armature*, facendo clic prima su uno di essi, selezionando poi un osso dell'*Armature* e premendo infine *Ctrl-P*, richiameremo il menu *Set Parent To*, tramite il quale, scegliendo la voce *Bone*, potremo creare una parentela tra un osso e la mesh (Figura 8.39).

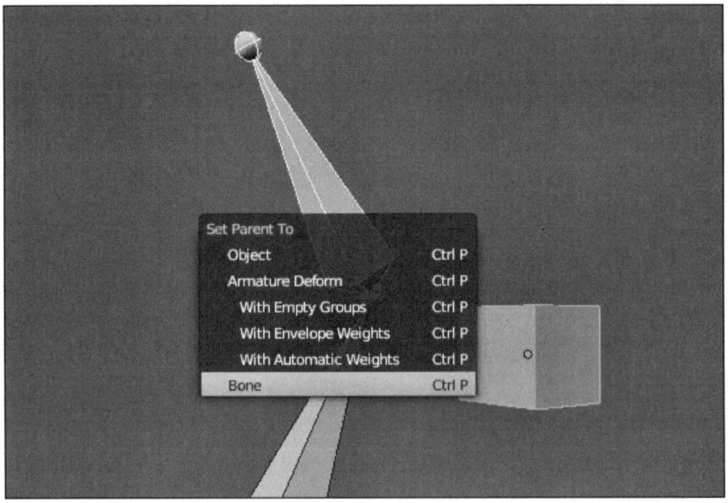

Figura 8.39
Creazione di un legame di parentela tra un oggetto e un osso, selezionato in Pose Mode.

Vincoli

Rimanendo nell'ambito della definizione di un'armature, prima di passare alla sua assegnazione a una mesh, vediamo alcuni ulteriori strumenti per controllare e definire il comportamento delle ossa, i vincoli. Questi vincoli in Blender sono chiamati *Constraint* e si applicano alle ossa di un'*Armature* quando essa si trova in *Pose Mode*, tramite il menu *Add Constraint*, situato nel contesto *Constraints* nella finestra *Properties* (Figura 8.40).

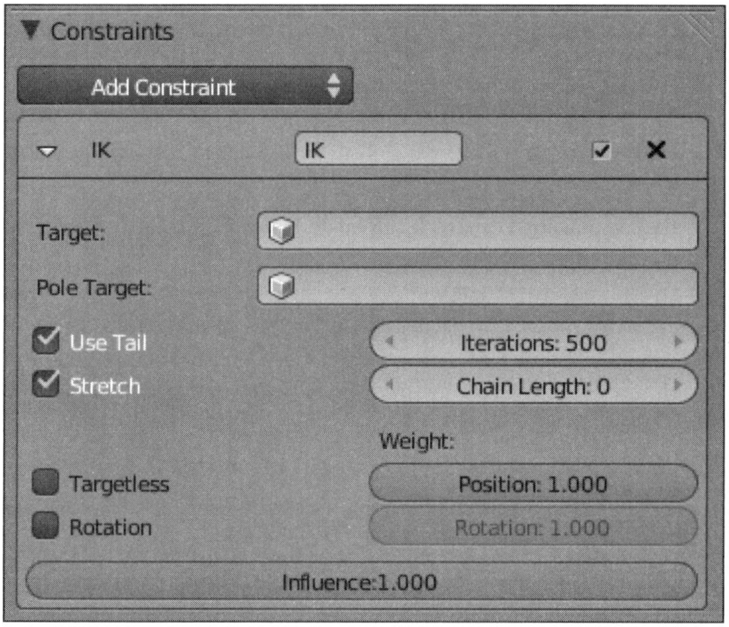

Figura 8.40
Il contesto Constraints, con al suo interno il vincolo IK.

Il menu per l'assegnazione dei vincoli è corposo e alcune delle voci sono piuttosto specifiche o avanzate, pertanto ci concentreremo su quelle più importanti, ovvero i vincoli *Copy*, *Limit*, *Track To*, *Follow Path* e *IK*. Prima di presentare i vincoli, osserviamo come essi vengono creati e disposti all'interno del contesto, prendendo a esempio il vincolo *IK*.
Si possono notare forti similitudini con il contesto *Modifiers,* e in effetti è così; nell'intestazione del vincolo sono presenti alcuni elementi.

- Il pulsante ▷ espande o compatta il pannello del vincolo.
- Il nome del vincolo.
- Un campo di testo per assegnare un nome al vincolo.
- Il pulsante ⌄, nel caso in cui nel contesto siano presenti più vincoli, sposta il pannello sotto quello a esso sottostante.
- La tickbox ✓ attiva o disattiva l'influenza del vincolo.
- Il tasto ✕ chiude il pannello, eliminandolo.

Infine, in fondo a ogni pannello è presente il cursore *Influence*, il quale determina il livello di influenza del vincolo sull'osso.
Vediamo ora i vincoli su cui abbiamo scelto di concentrarci.

Copy

I vincoli di tipo *Copy* sono tre e premettono di copiare dinamicamente da un osso all'altro i valori di traslazione (*Copy Location*), di rotazione (*Copy Rotation*) e scala (*Copy Scale*). I tre pannelli creati nel contesto *Constraint* una volta selezionata una delle voci sono pressoché identici; vediamo *Copy Location* come esempio.
Gli elementi presenti nel pannello (Figura 8.41) sono i seguenti.

- Il campo *Target*, specifica l'oggetto da impiegare come riferimento da cui copiare i valori delle trasformazioni. Nel caso in cui come target si scelga un oggetto *Armature* (ciò accade spesso, poiché si impiega come target un altro osso presente nella medesima armatura) compare un altro campo, *Bone*, in cui specificare l'osso desiderato e un cursore *Head/Tail*, per definire verso quale elemento dell'osso target dovrà puntare l'osso cui viene assegnato il vincolo.
- *X*, *Y* e *Z*, definiscono gli assi da cui copiare la trasformazione.
- Le opzioni *Invert* (non disponibili per *Copy Scale*), una per asse, prendono il valore copiato e lo applicano invertito.
- *Offset*: aggiunge il valore originale della trasformazione dell'oggetto a quello della trasformazione copiata dal target.

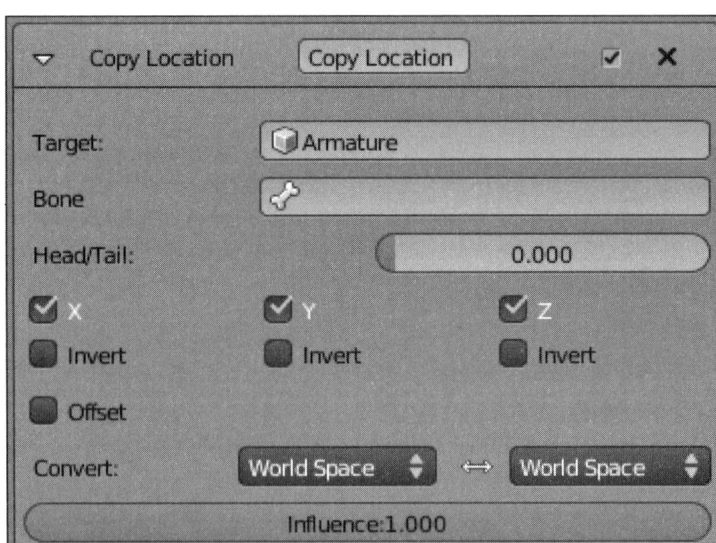

Figura 8.41
Il vincolo Copy Location.

- *Convert*: i due menu a discesa determinano il sistema di coordinate da impiegare come riferimento per definire i valori delle trasformazioni.

Limit

Questo tipo di vincolo consente di indicare dei limiti per i tre tipi di trasformazioni (traslazione, rotazione e scala), definendo un intervallo spaziale entro cui esse possono avvenire, lungo gli assi X,Y e Z (Figura 8.42).
Prendiamo come esempio il pannello *Limit Location*; esso presenta i seguenti elementi.

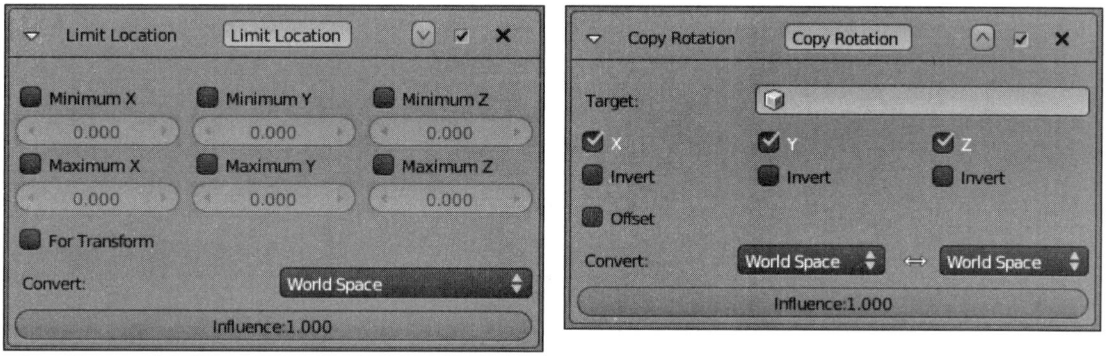

Figura 8.42
I vincoli Limit Location e Copy Rotation.

- Opzioni di attivazione dei contatori per i valori *Minimum X* e *Maximum X*, ovvero le coordinate minime e massime entro le quali il centro dell'oggetto potrà essere traslato lungo l'asse X.
- Opzioni di attivazione dei contatori per i valori *Minimum Y* e *Z*, *Maximum Y* e *Z*
- Menu a discesa *Convert*, per determinare lo spazio entro il quale eseguire la trasformazione (per esempio, scegliendo *World Space* verranno impiegate le coordinate globali, mentre scegliendo *Local Space*, i valori verranno aggiunti a quelli della trasformazione già effettuata sull'oggetto).

Concludiamo l'osservazione di questo vincolo facendo notare che la sua funzione di "limite" è puramente visuale; infatti, se osserviamo i valori di trasformazione durante un'operazione (per esempio di traslazione) in *Object Mode*, notiamo che essi non si fermano una volta superato il limite.
Ciò significa che è importante prestare attenzione ai valori delle trasformazioni, in modo da evitare possibili problemi di gestione dell'oggetto, causati dalla mancanza di feedback.

Track To

Questo vincolo ruota dinamicamente un oggetto e lo fa "puntare" verso il proprio target (Figura 8.43). Anch'esso, come quelli visti finora, può essere impiegato sia nell'ambito del rigging, usando delle ossa come target, sia facendo uso di altri oggetti, per esempio una *Camera* e un *Empty* (Figura 8.44).

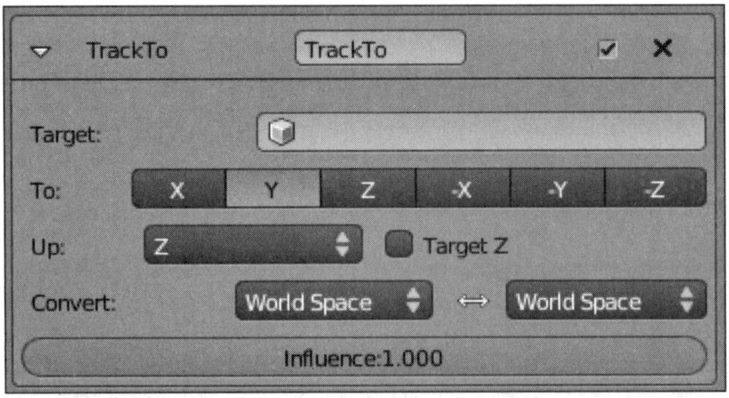

Figura 8.43
Il vincolo Track To.

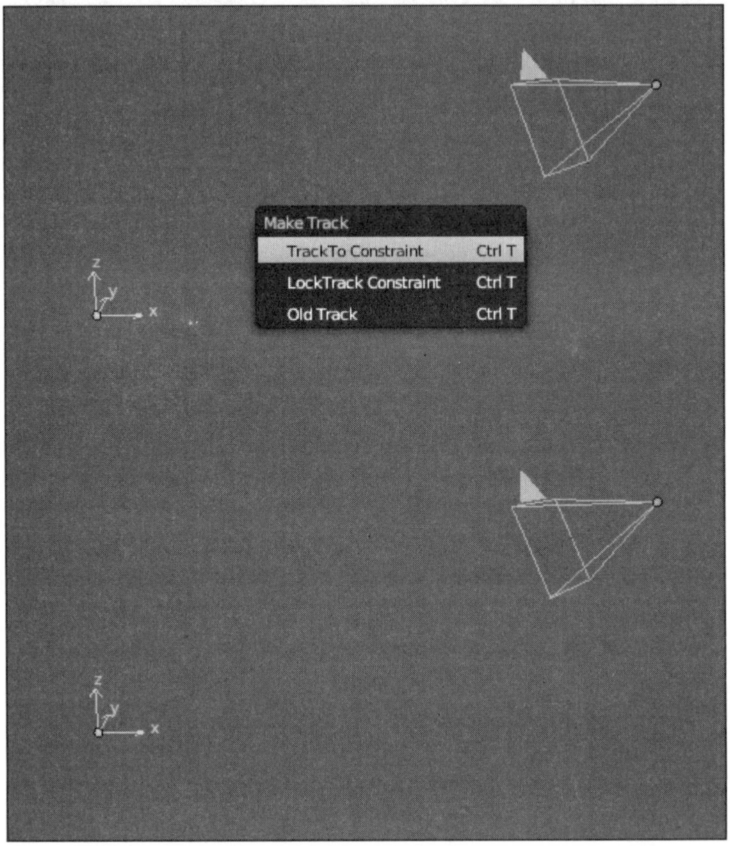

Figura 8.44
Esempio di tracking nella vista 3D.

Il contenuto del pannello è molto semplice.

- *To*: una serie di pulsanti *X*, *Y*, *Z* (e negativi) per determinare quale asse dell'oggetto punterà verso il target.
- *Target*: il campo per specificare l'oggetto verso cui puntare.
- *Up*: un menu a discesa per determinare quale asse dell'oggetto punterà verso l'alto (ovvero coinciderà con l'asse globale Z). L'opzione target *Z* permette di impiegare come riferimento l'asse Z dell'oggetto target.
- *Convert*: i due menu a discesa per definire lo spazio entro il quale vengono considerate le coordinate del target e dell'oggetto vincolato.

Follow Path

Lo scopo di questo vincolo è mettere in relazione l'oggetto vincolato con un target ben preciso, una curva, in modo che esso la segua come un percorso (*path*), durante l'animazione (Figura 8.45).
Come possiamo vedere dal pannello, l'implementazione è simile a quella del vincolo *Track To*, in quanto anche in questo caso vengono usati gli assi dell'oggetto (Figura 8.46).

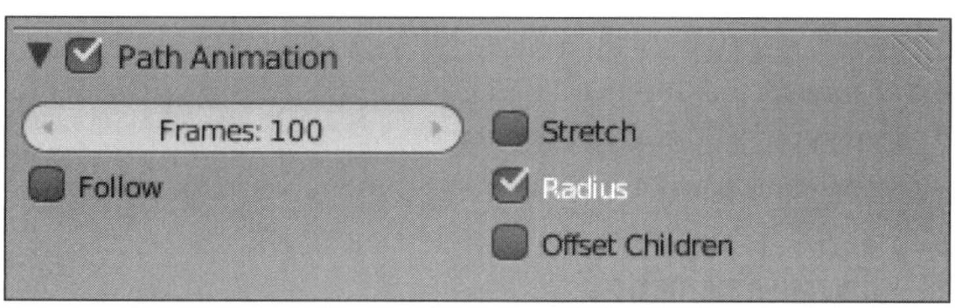

Figura 8.45
Il pannello Path Animation, nel contesto Object Data di un oggetto curva.

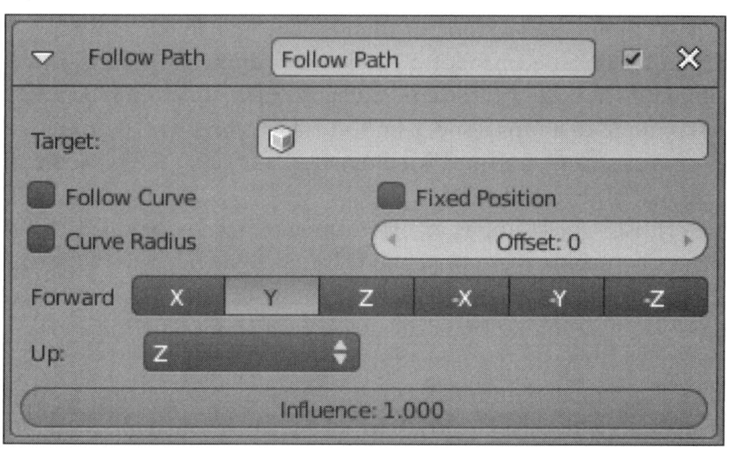

Figura 8.46
Il vincolo Follow Path.

Prima di osservare gli elementi presenti nel pannello, ricordiamo che è necessario selezionare le curva che impiegheremo come target da seguire e, nel suo contesto *Object Data*, attivare il pannello *Path Animation*, tramite il quale potremo specificare il tempo impiegato da un oggetto a essa collegato per percorrerla (contatore *Frames*), determinare se l'oggetto che segue il percorso ruoterà il proprio centro assecondando le curve del percorso e così via .
Vediamo ora gli elementi del pannello.

- *Target*: il campo tramite il quale determinare quale oggetto curva seguire.
- *Follow Curve*: opzione da attivare se l'oggetto deve seguire in modo completo l'andamento della curva (includendo quindi la rotazione).
- *Curve Radius*: il raggio della curva influenza la scala dell'oggetto.
- *Fixed position*: se attivato fa comparire un cursore (i cui valori si estendono da *0* a *1*), che permette di posizionare l'oggetto in un punto definito del percorso, senza che esso sia animato.
- Offset: questo contatore è visibile se *Fixed Position* è disabilitato e serve per definire l'offset temporale (in frame) con il quale l'animazione di inseguimento del percorso deve avere inizio rispetto al tempo della timeline.
- *Forward*: i pulsanti per definire quale asse dell'oggetto vincolato seguirà la direzione del percorso.
- *Up*: menu per definire l'asse che punterà verso Z globale.

IK – Inverse Kinematic

Giungiamo infine all'ultimo vincolo da noi trattato: l'IK solver, ovvero l'implementazione in Blender della cinematica inversa.
Quando abbiamo introdotto gli elementi di un'*Armature* e la possibilità di disporli a catena, ne abbiamo menzionato rapidamente le tecniche di animazione. Esse sono due e prendono il nome di *cinematica diretta* (forward kinematic) e *cinematica inversa* (inverse kinematic) (Figura 8.47).
La prima è quella impiegata normalmente per posare un'*Armature* priva di vincoli, ovvero partendo dalla radice di una catena, ruotando progressivamente le ossa successive (questa tecnica si adatta piuttosto bene all'animazione degli arti superiori di un personaggio).
La seconda tecnica parte dal presupposto contrario, cioè posizionare l'ultimo elemento della catena e adattare automaticamente la disposizione di tutti gli altri, fino alla radice. Il vantaggio di questa tecnica consiste nella precisione del posizionamento del punto

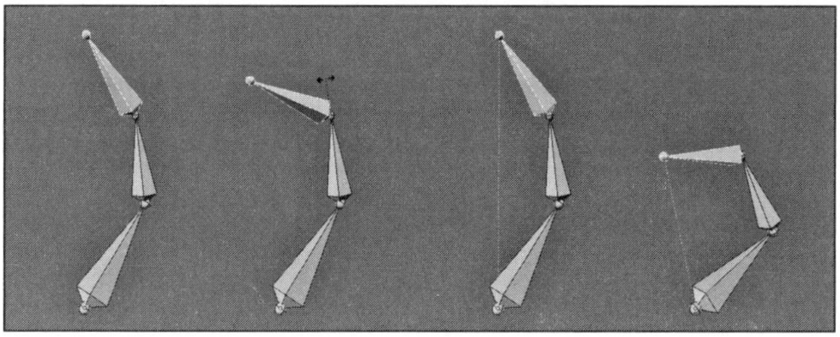

Figura 8.47
Confronto tra cinematica diretta e inversa.

terminale della catena, a discapito di una maggiore flessibilità di movimento per gli altri elementi. Nel caso del rigging degli arti inferiori, questa è tuttavia l'unica scelta praticabile, in quanto permette di ottenere il movimento fluido di tutta la catena a partire dal punto di appoggio (piede), fino alla congiunzione con il corpo (bacino).

Vediamo ora il contenuto del pannello *IK solver,* che contiene anche alcuni controlli avanzati di cui non parleremo (Figura 8.48).

- *Target*: in modo simile al vincolo *Track To*, anche l'IK necessita di un oggetto target cui puntare (se non ne viene specificato alcuno, verrà usato l'osso cui si applica il vincolo).
- *Pole Target*: si tratta di un ulteriore controllo per definire la direzione in cui la catena dovrà piegarsi quando seguirà le trasformazioni del *Target*.

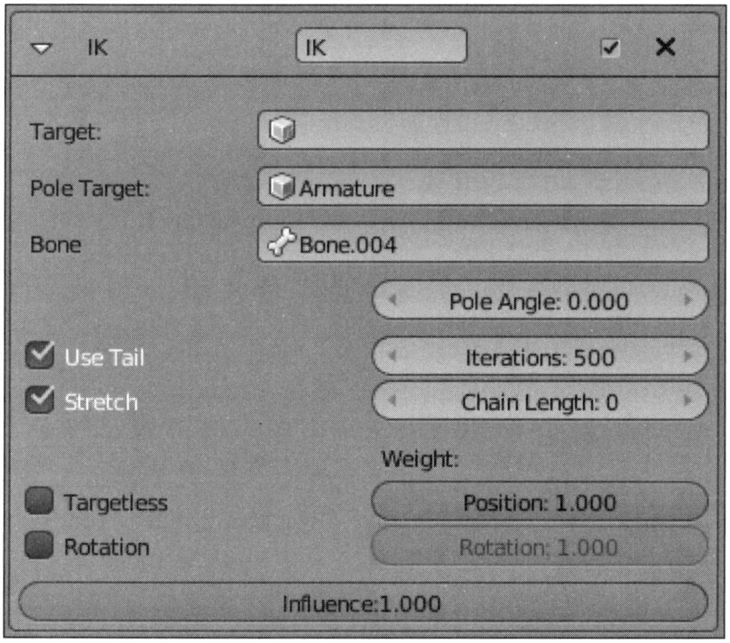

Figura 8.48
Il pannello IK.

- *Use Tail*: questa opzione permette di scegliere il punto di arrivo dell'*IK solver* (la testa o la coda dell'osso vincolato).
- *Iterations*: il numero delle iterazioni possibili, cioè le disposizioni che le ossa possono assumere per seguire il target della catena.
- *Chain Length*: il numero delle ossa in una catena che partecipano alla cinematica inversa. Il valore di default è *0* e comporta l'inclusione di tutta la catena fino alla radice; specificandone un altro valore, le ossa incluse nella catena verranno calcolate a partire dall'oggetto vincolato.
- *Targetless*: rende la catena temporaneamente priva di oggetto *Target* (nel caso in cui ne sia stato specificato uno).

Molto altro potrebbe essere detto sulle cinematiche diretta e inversa e le loro applicazioni nel campo del rigging. Talvolta potrebbe essere necessario disporre di entrambe (non contemporaneamente) sulla stessa catena, oppure potremmo avere la necessità di rendere diverse ossa della stessa catena, oggetti vincolati con IK e così via. Per affrontare queste tematiche è opportuno disporre di un maggiore livello di approfondimento tecnico e dei buoni esempi di riferimento (che vedremo verso la fine del capitolo).

Skinning

Giungiamo ora all'ultima fase di setup del nostro rig, ovvero l'assegnazione dell'*Armature* all'oggetto che vogliamo deformare. Blender ci offre la possibilità di agire in tre diversi modi.

- Imparentare l'oggetto a un singolo osso.
- Imparentare l'oggetto a tutti gli elementi contenuti nell'*Armature*.
- Imparentare l'oggetto all'oggetto *Armature*.

Il primo di questi casi è già stato visto nel paragrafo riguardante la modalità di posa (in *Pose Mode* è possibile selezionare un oggetto esterno all'*Armature* che si sta posando e creare un legame di parentela) ed è particolarmente indicato per il rigging di oggetti meccanici o robotici, le cui parti sono nettamente distinte e non soggette a deformazioni.

Il terzo caso consiste nel comune legame di parentela che si può creare tra diversi oggetti, non risulta quindi utile qualora si vogliano ottenere delle deformazioni.

Il secondo caso è quindi da scegliere quando si effettua lo skinning di un personaggio che si dovrà deformare organicamente. Affinché ciò possa avvenire, sarà indispensabile (a differenza degli altri metodi) disporre di un oggetto mesh, in quanto la deforma-

zione avverrà grazie all'influenza esercitata dalle ossa su gruppi di vertici della mesh.
Nella pratica, lo skinning avviene selezionando prima la mesh da deformare, poi l'*Armature* e infine premendo *Ctrl-P* per richiamare il menu popup *Set Parent To*. Le voci di nostro interesse sono le seguenti (Figura 8.49).

- *With Empty Groups*.
- *With Envelope Weights*.
- *With Automatic Weights*.

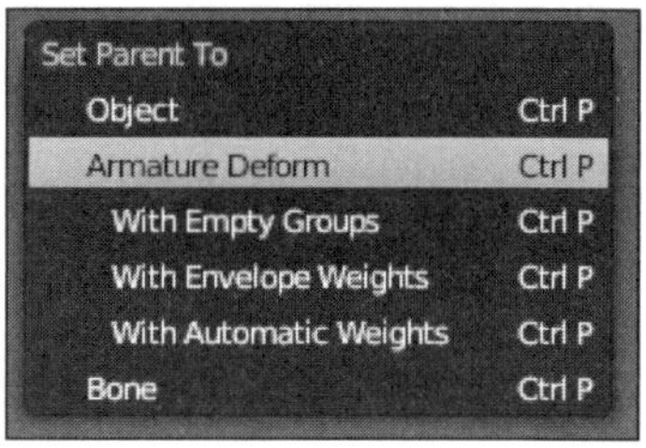

Figura 8.49
Il menu Set Parent To.

Ciascuna di esse permette di assegnare i vertici alle ossa; ciò che cambia è la determinazione del livello di influenza che un osso esercita sulla mesh.
Nel primo caso verranno creati dei gruppi di vertici nella mesh, privi di peso, ciascuno con il nome di un osso presente nell'*Armature* (basati sulla prossimità dei vertici con le ossa di cui prendono il nome); nel secondo caso i gruppi di vertici verranno creati allo stesso modo, ma il peso sarà definito a partire dall'area di influenza dell'osso (visualizzabile scegliendo la modalità *Envelope* nel pannello *Display* del contesto *Object Data* dell'*Armature*); nel terzo caso avverrà automaticamente (Figura 8.50).

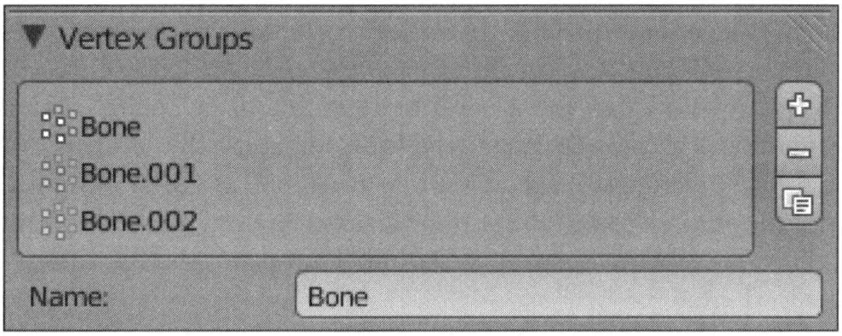

Figura 8.50
La lista del pannello Vertex Groups nel contesto Object Data della mesh assegnata all'Armature.

Al termine di questa procedura sarà possibile revisionare e riassegnare i pesi e le influenze di vertici e ossa, grazie alla *Weight Paint Mode*.
Questa modalità è accessibile tramite il menu *Mode* nell'intestazione della vista *3D* e una volta scelta, mostrerà l'oggetto selezionato secondo uno schema colore indicante il peso di ciascun vertice nell'ambito di un gruppo di vertici, oppure nei confronti di un osso selezionato contemporaneamente in *Pose Mode* (Figura 8.51).
Nella Figura 8.52 è visibile il rapporto tra la scala cromatica e il peso assegnato ai vertici.
Nel momento in cui entriamo in *Weight Paint Mode*, il cursore del mouse cambia forma (assumendone una circolare, caratteristica degli strumenti pennello come si vede nella Figura 8.53) e varia

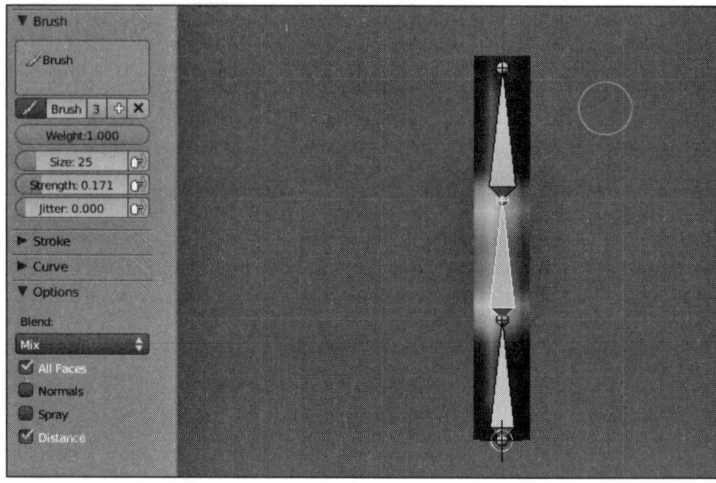

Figura 8.51
Una mesh in modalità Weight Paint.

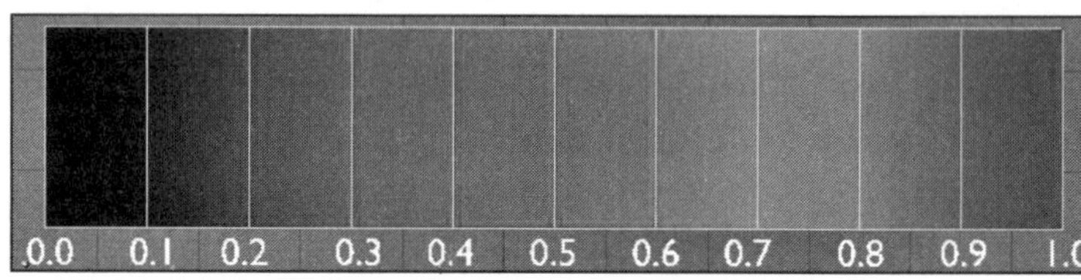

Figura 8.52
La scala di valori impiegata per il Weight Paint.

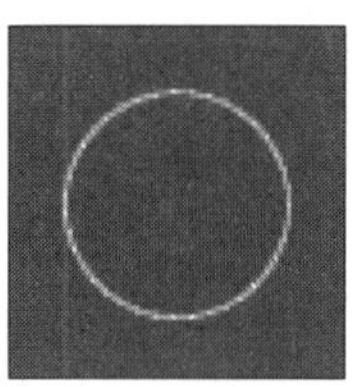

Figura 8.53
Il cursore nella vista 3D, una volta in Weight Paint Mode.

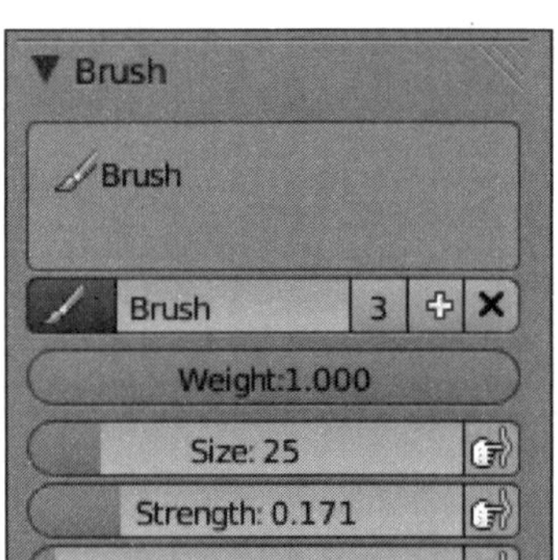

Figura 8.54
Il pannello Brush.

anche il contenuto della barra degli strumenti, presentando tre nuovi pannelli: *Brush*, *Stroke* e *Curve*.

Nel pannello *Brush* (*pennello*) è presente una lista, con il relativo sistema di creazione pennelli che funziona come di consueto: aggiunta di elementi esistenti tramite una lista, assegnazione di un nome con l'apposito campo, duplicazione ed eliminazione; quindi si trovano quattro cursori per definire le proprietà di ciascun pennello (Figura 8.54).

- *Weight*: il peso che verrà assegnato ai vertici quando verranno dipinti.
- *Size*: la dimensione del pennello (modificabile interattivamente all'interno della vista *3D* premendo il tasto *F*).
- *Strength*: il livello di "pressione" del pennello, ovvero la rapidità con cui il peso verrà assegnato ai vertici.
- *Jitter*: introduce un livello di disturbo della posizione del pennello durante il suo uso.

Il pannello *Stroke* (*tratto*) contiene invece opzioni utili per definire le caratteristiche del pennello, come le seguenti.

- *Airbrush* (aerografo): questa opzione fa sì che, anche nel caso in cui il pennello non sia in movimento, l'applicazione del peso continui (alla velocità specificata dal cursore *Rate*).

- *Smooth Stroke*: i due cursori *Radius* e *Factor* definiscono il livello di "morbidezza" del tratto.
- *Space*: la distanza che intercorre tra l'applicazione di una pennellata e l'altra (minore è la distanza, maggiore è la qualità).

Infine il pannello *Curve* contiene una curva con la quale definire il falloff del pennello (nel sottostante menu a discesa chiamato *Preset* sono presenti alcuni esempi di pennello) (Figura 8.55).

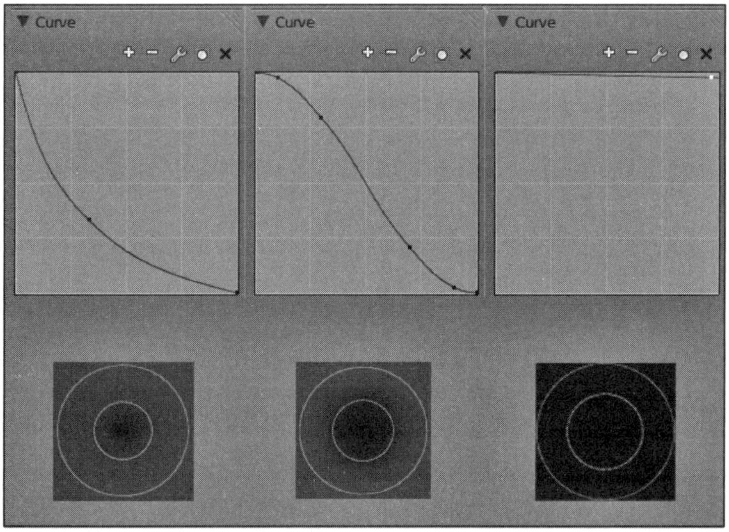

Figura 8.55
Il pannello Curve contenente diversi tipi di definizioni del falloff e la loro applicazione al pennello nella vista 3D.

Con gli strumenti illustrati finora, dovrebbe essere possibile comprendere il flusso di lavoro per la creazione del rig di un personaggio, quindi ora procederemo alla fase successiva, cioè l'animazione vera e propria, (invitando chi fosse interessato all'approfondimento delle tecniche di rigging a sfruttare le innumerevoli risorse esistenti sul Web). Per realizzare l'animazione di un personaggio serve ovviamente un personaggio e dato che la strada tra una catena di ossa con una cinematica inversa e un personaggio facilmente animabile è piuttosto lunga, ci faremo dare un aiuto.

Esempi di Rig

La comunità di utenti di Blender ha messo a disposizione, nel corso del tempo, diversi personaggi "riggati", di alta qualità, liberamente utilizzabili, in quanto distribuiti con licenze Creative Commons o similari; cogliamo pertanto l'occasione per presentarne alcuni, per poi sceglierne uno e proseguire con il resto del capitolo.

Pantin Rig

Questo rig pantin (Figura 8.56) è un rig di facile utilizzo, che impiega il nuovo sistema di interfaccia di Blender, che permette la gestione dei controlli del rig stesso (passaggio dalla cinematica diretta a quella inversa, visualizzazione dei diversi controlli di animazione e così via) tramite un apposito pannello situato nella sidebar. Il rig è scaricabile liberamente presso questo indirizzo:

`http://pagesperso-orange.fr/kiopaa3d/Rigging/Pantin.blend.`

Figura 8.56
Il Rig Pantin.

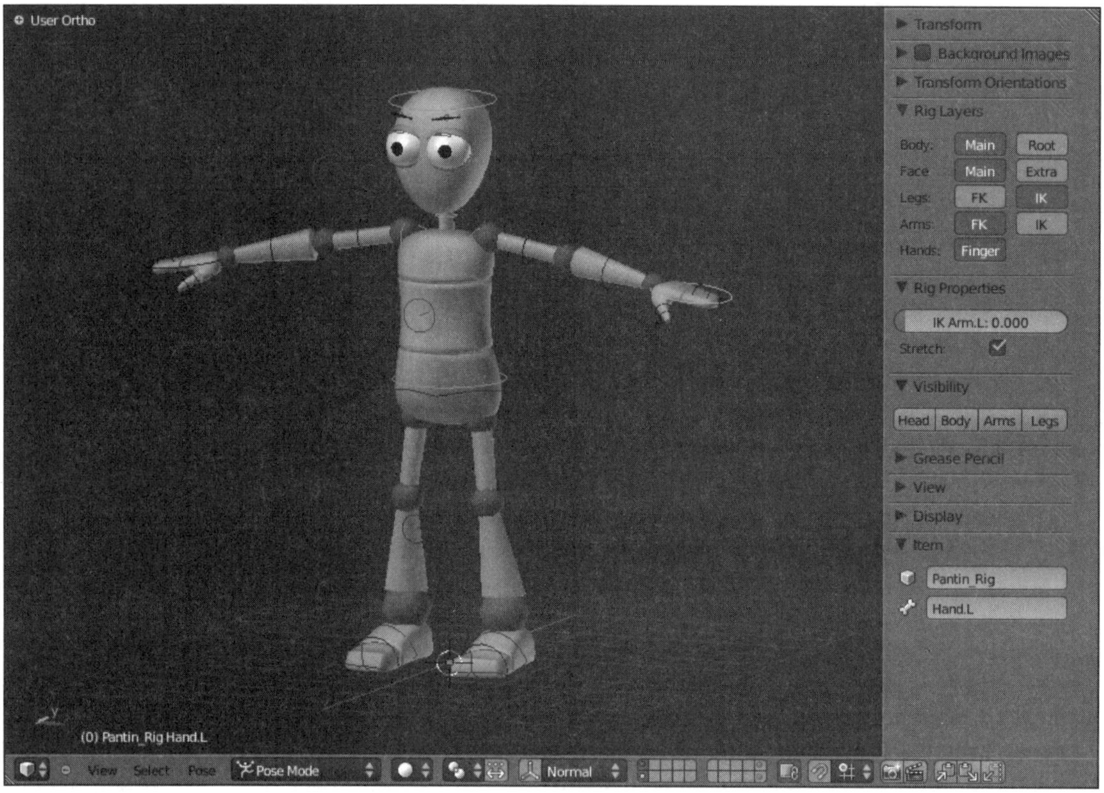

Otto

Realizzato da Virgilio Vasconcelos (`http://www.virgiliovasconcelos.com/`), questo rig, leggermente più organico di quello appena illustrato, ne ripresenta buona parte delle caratteristiche. Otto è rilasciato con una licenza CC-BY 2.5 (Creative Commons, Attribuzione) e costituisce la nostra scelta per il modello da impiegare nei prossimi esempi di animazione.

`http://virgiliovasconcelos.com/otto/otto_blender25.blend`

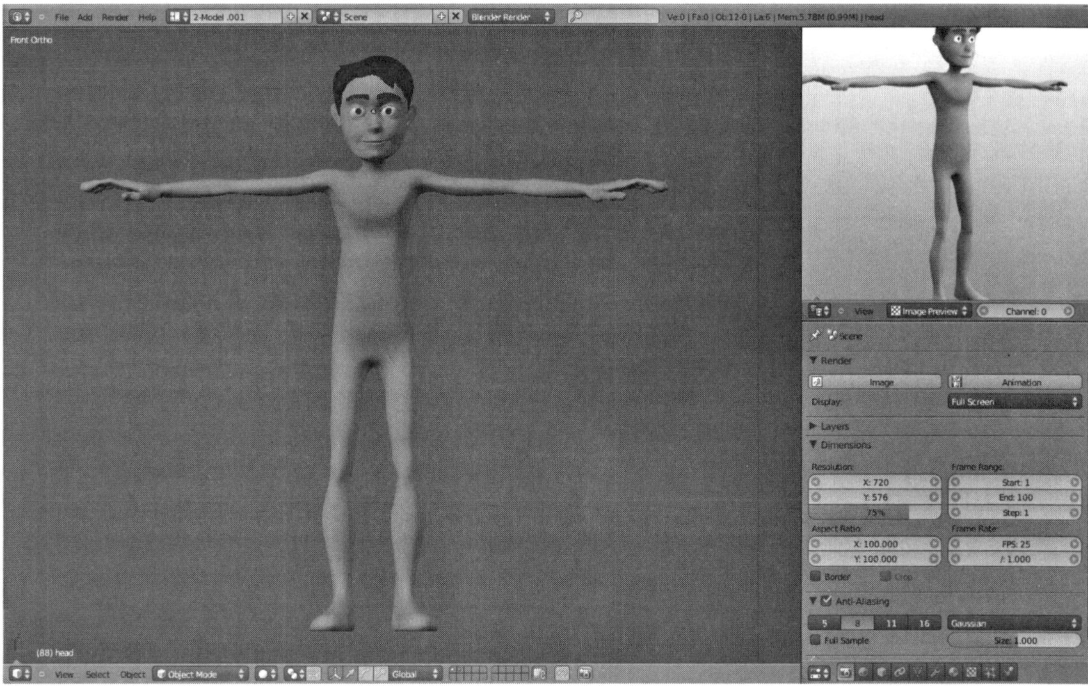

Figura 8.57
Il rig successore di Otto. Questa versione, nuova sia esteticamente, sia funzionalmente, è ancora in fase di sviluppo e verrà pubblicata da Virgilio presso il suo sito web.

Mancandy

Sicuramente uno dei più celebri rig esistenti, Mancandy è stato creato da Bassam Kurdali (regista del primo cortometraggio prodotto dalla Blender Foundation, Elephants Dream). Esso presenta un vasto, ma estremamente intuitivo set di controlli.
Mancandy è scaricabile presso il sito di Bassam (`http://freefac.org/`).

BlenRig

A differenza di quanto visto finora, questo rig realizzato da Juan Pablo Bouza presenta un approccio differente: non si tratta, infatti, di un personaggio caricaturale e stilizzato, bensì di un essere umano realistico e completo di muscolatura.
È distribuito con una licenza CC-BY-ND 2.5 Argentina (Creative Commons, Attribuzione, No opere derivate) e si può scaricare presso il sito `http://www.jpbouza.com.ar/` dove, tra l'altro, sono disponibili informazioni più dettagliate sulla natura di questo rig.

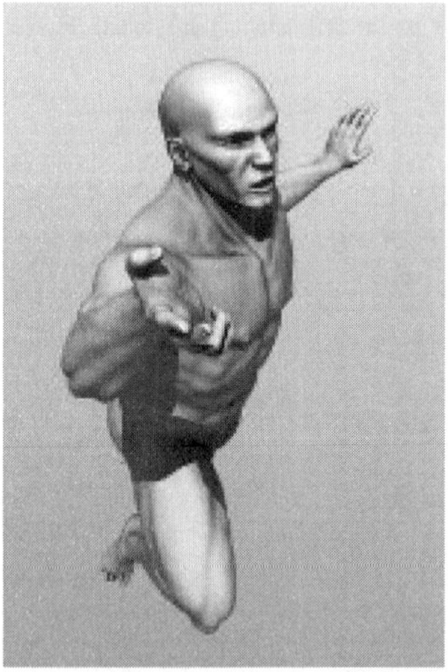

Altri rig

Naturalmente, in rete è possibile reperire anche molti altri personaggi e rig realizzati dagli utenti di Blender, per gli utenti di Blender.

Inoltre costituiscono un patrimonio di notevole valore quelli realizzati durante l'ultima produzione del Blender Institute: il cortometraggio epico Sintel. Questi rig sono distribuiti sotto licenza Creative Commons e il loro livello qualitativo è altamente professionale (Figura 8.58).

DopeSheet

È giunto il momento di scoprire i principi dell'animazione con il nostro personaggio. Apriamo quindi il file *otto.blend*, scaricato dal

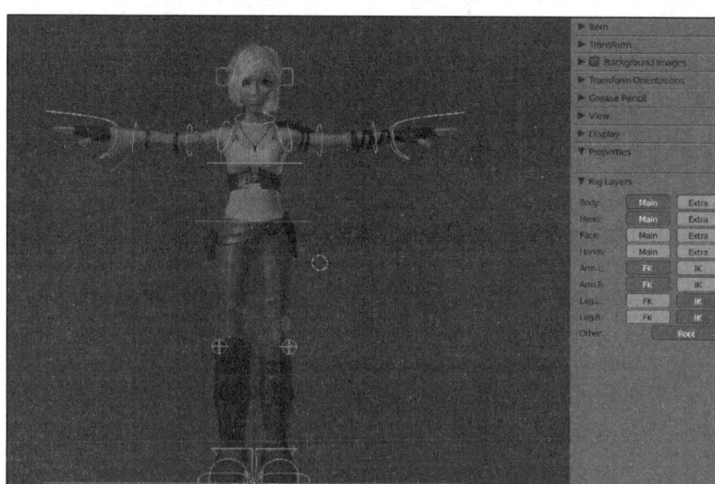

Figura 8.58
Alcuni personaggi di Elephants Dream e BBB. Parleremo più nel dettaglio di questi progetti in seguito.

sito `http://virgiliovasconcelos.com/otto/otto_blender25.blend` e predisponiamo l'interfaccia come mostrato nella Figura 8.59.
Le finestre aperte sono: una vista *3D* (**A**), una timeline (**B**) e infine una finestra *DopeSheet* (**C**).

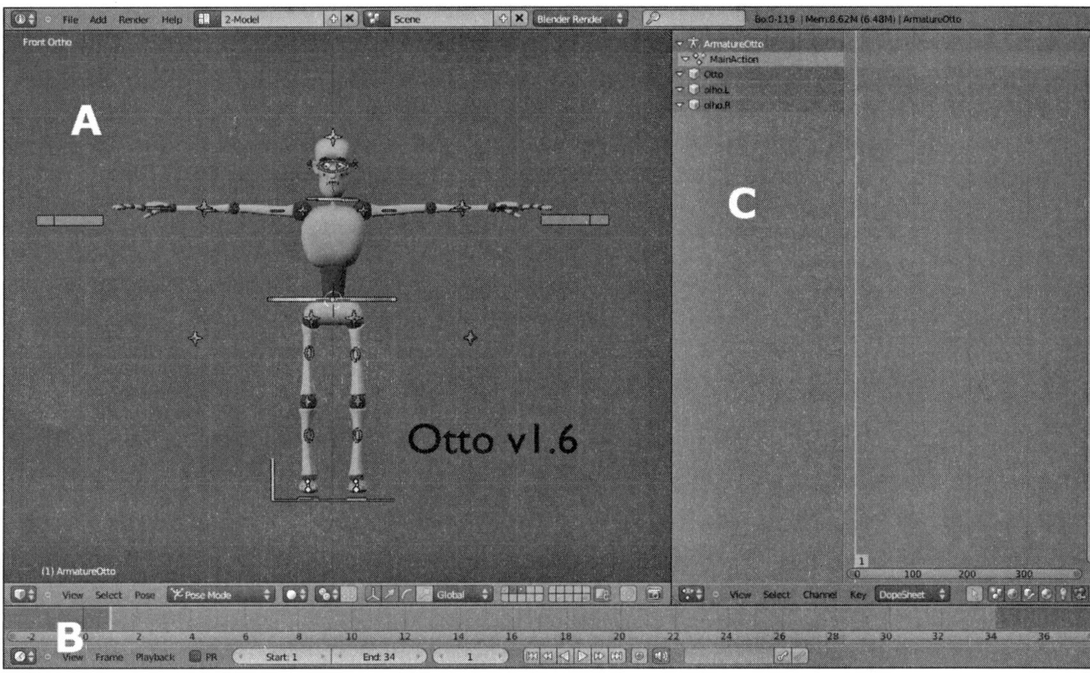

Figura 8.59
Otto, all'interno di Blender.

Premiamo ora il pulsante autokeyframe nella *Timeline*, selezioniamo l'*Armature* e assicuriamoci di essere in *Pose Mode*. Selezioniamo l'osso *IKArm.L* (vedi Figura 8.60) e inseriamo un keyframe per i suoi valori di posizione e rotazione (menu *Insert Keyframe*, tasto *I*). Anche se la modalità autokey è attivata, è necessario assegnare manualmente il primo keyframe a un oggetto, a meno che esso non venga trasformato.
Spostiamoci ora di qualche decina di frame lungo la *Timeline* ed effettuiamo una trasformazione dello stesso osso, per esempio, spostandolo.
Potremo notare che all'interno della finestra *DopeSheet* è accaduto qualcosa: si è creato un canale chiamato *ArmatureOtto* e sono comparsi dei quadrati di colore giallo. Tutto ciò dovrebbe ricordarci la finestra *Graph Editor*, in quanto il principio di funzionamento è il medesimo. Osservando con attenzione il contenuto di *DopeSheet* noteremo infatti che anche qui sono presenti tre aree: l'intestazione, la lista degli elementi animati e l'area dei keyframe. In particolare la lista degli oggetti e l'intestazione non presenta-

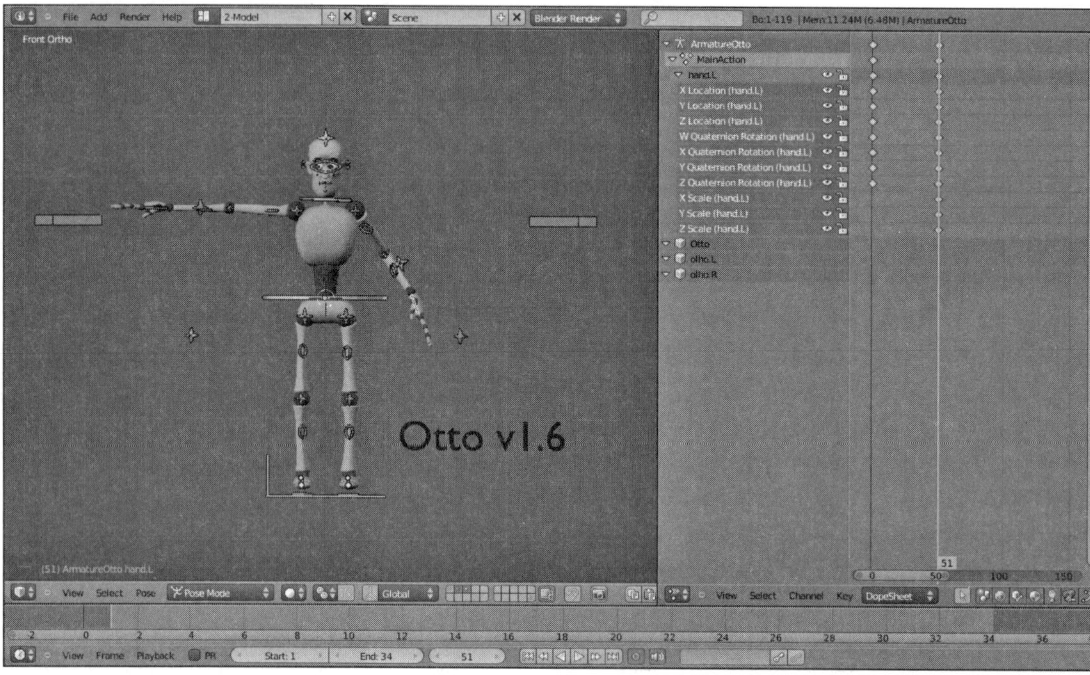

Figura 8.60
La prima posa di Otto.

no differenze rilevanti con la finestra *Graph Editor*; l'unico nuovo elemento lo troviamo nell'intestazione della finestra, ed è il menu *Editor Mode*, che permette di definire il contenuto dell'area dei keyframe, la quale, rispetto all'area delle curve, si limita a mostrare i keyframe per ogni canale, offrendo una visuale più chiara sull'insieme degli oggetti animati di una scena.

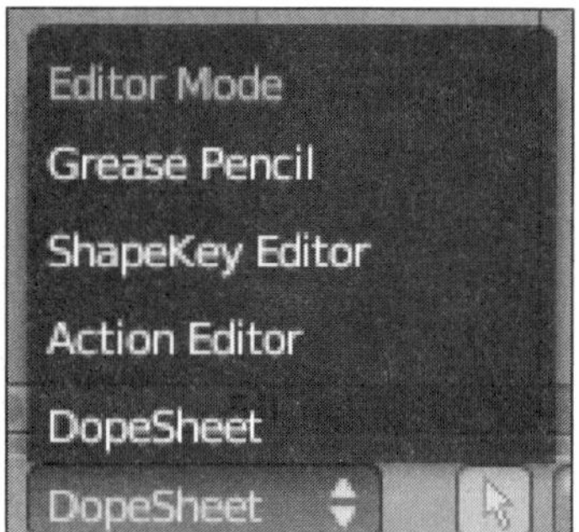

Figura 8.61
Il menu Editor Mode.

La voce di default di questo menu è *DopeSheet* (Figura 8.61), la quale mostra tutti i canali di cui ogni oggetto nella scena dispone in quel momento; tuttavia può essere utile scegliere la voce *Action Editor*, che mostra solo i canali dell'oggetto attualmente selezionato, riducendo la complessità della finestra.

Le altre due voci (*ShapeKey Editor* e *Grease Pencil*), infine, riguardano tematiche che non approfondiremo.

Concentrandoci quindi sull'area dei keyframe, notiamo che al suo interno gli elementi (i keyframe) sono selezionabili e trasformabili in modo identico rispetto ai keyframe nel *Graph Editor* (Figura 8.62).

Giunti a questo punto, invitiamo a sperimentare con il sistema di animazione, creando diverse pose lungo la timeline e osservando come avviene l'interpolazione delle azioni create. Animare un personaggio non è certamente uno dei compiti più facili, pertanto consigliamo di prendere visione della vasta quantità di risorse online (tutorial, videotutorial e così via) che solitamente risultano complete e gratuite.

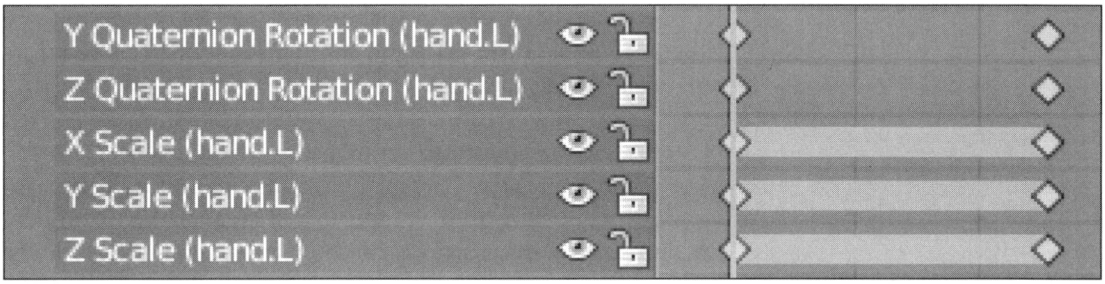

Figura 8.62
I keyframe nel DopeSheet. Notiamo come, nel caso di due keyframe consecutivi privi di cambiamenti, essi vengano collegati con una striscia.

NLA Editor

Qualche cenno sull'ultimo strumento nel flusso di lavoro sulla character animation: il *Non Linear Action Editor.*

Dopo aver maturato un po' di esperienza con *DopeSheet* e *Action Editor*, probabilmente ci saremo chiesti se esiste la possibilità di gestire con più flessibilità le azioni create (per esempio se è possibile ripeterle, combinarle fra loro e così via), oppure, più semplicemente, come gestire una lunga serie di azioni (Figura 8.63).

Figura 8.63
Un layout di finestre, tra cui quella del NLA Editor.

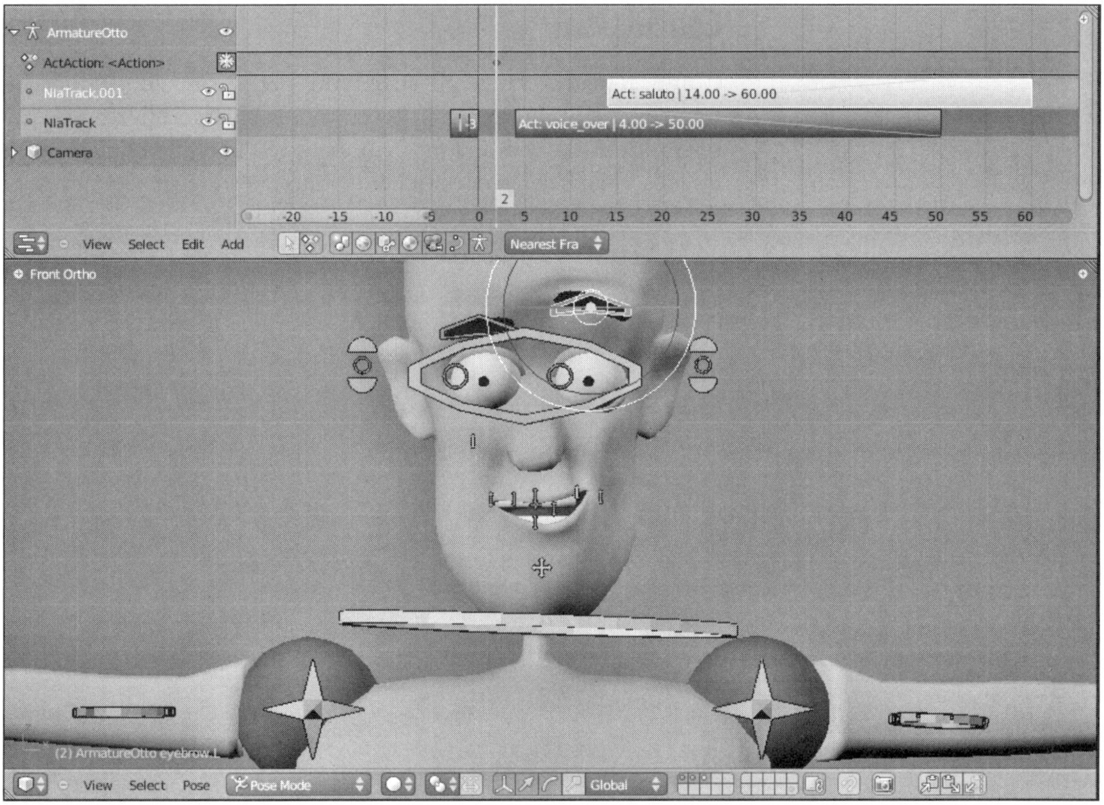

La possibilità esiste ed è costituita da *NLA Editor*, una finestra all'interno della quale possiamo inserire le diverse azioni appartenenti a un oggetto. Ciò che a questo punto non è chiaro è come sia possibile creare queste azioni multiple. In realtà si tratta di un'operazione piuttosto semplice, da effettuare nella finestra *Dope Sheet*, impiegando la modalità *Action Editor*; una volta selezionata, infatti, comparirà all'interno dell'intestazione il consueto set di pulsanti per la creazione e la selezione, in questo caso, di una o più azioni.
Premendo il pulsante  creeremo quindi una nuova azione, resettando il contenuto dell'area dei keyframe. Tramite il campo di testo potremo assegnare un nuovo nome all'azione e con il pulsante  potremo richiamare quelle precedentemente create nella finestra.
A questo punto, all'interno del *NLA Editor*, sarà possibile richiamare le diverse azioni assegnate a un oggetto e visualizzare ciascuna in un canale, sotto forma di *strip* (piccoli blocchi modificabili), cui assegnare diversi attributi e livelli di influenza reciproci.

Conclusioni

Come abbiamo visto, gli strumenti per creare animazione in Blender sono innumerevoli; pertanto ne abbiamo offerto una panoramica introduttiva, non certo esaustiva. Ciò che conta è avere un'idea chiara dei processi che devono avvenire in sequenza per produrre un oggetto o un personaggio animato.

Capitolo 9

Rendering

In questo capitolo

- **Proprietà camera**
- **Contesto Render**
- **Render Window**
- **Render Baking**
- **Il rendering, in pratica**
- **Conclusioni**

Il rendering costituisce il punto di arrivo di tutti i procedimenti seguiti e di tutte le tecniche impiegate finora. Nel momento in cui si effettua il rendering, ciò che appare nella vista 3D come anteprima vettoriale, diviene un'immagine bitmap (e quindi bidimensionale), dotata di una precisa risoluzione e raffigurante le superfici degli oggetti, i materiali e le texture in relazione all'illuminazione della scena. La parte di software dedicata a svolgere questo compito è chiamata motore di rendering (*render engine*).
Blender dispone di un proprio motore interno (Blender internal), ma è anche possibile impiegarne altri, a seconda delle esigenze di un utente piuttosto esperto. In questo capitolo ci concentreremo esclusivamente sulle impostazioni del motore interno, il quale è molto flessibile, potente e si presta alla resa di qualsiasi oggetto, shader o effetto definito in Blender.

Proprietà camera

Prima di esplorare gli innumerevoli parametri presenti nel contesto *Render* nella finestra dei pulsanti e prima di premere il tasto *F12* per effettuare un rendering, osserviamo con attenzione l'oggetto *Camera*, grazie al quale è effettivamente possibile avviare il rendering (se non è presente una camera nella scena e si preme il tasto *F12* compare un avviso).
Le proprietà della camera sono accessibili nel contesto *Camera*, situato anch'esso nella finestra dei pulsanti (Figura 9.1). Esso è accessibile premendo il pulsante nell'intestazione della finestra *Properties* costituito da due pannelli: *Lens* e *Display*. Il primo contiene informazioni riguardanti la resa dell'immagine, mentre il secondo riguarda le proprietà di visualizzazione dell'oggetto stesso all'interno della vista 3D. Vediamo ora nel dettaglio il pannello *Lens*.

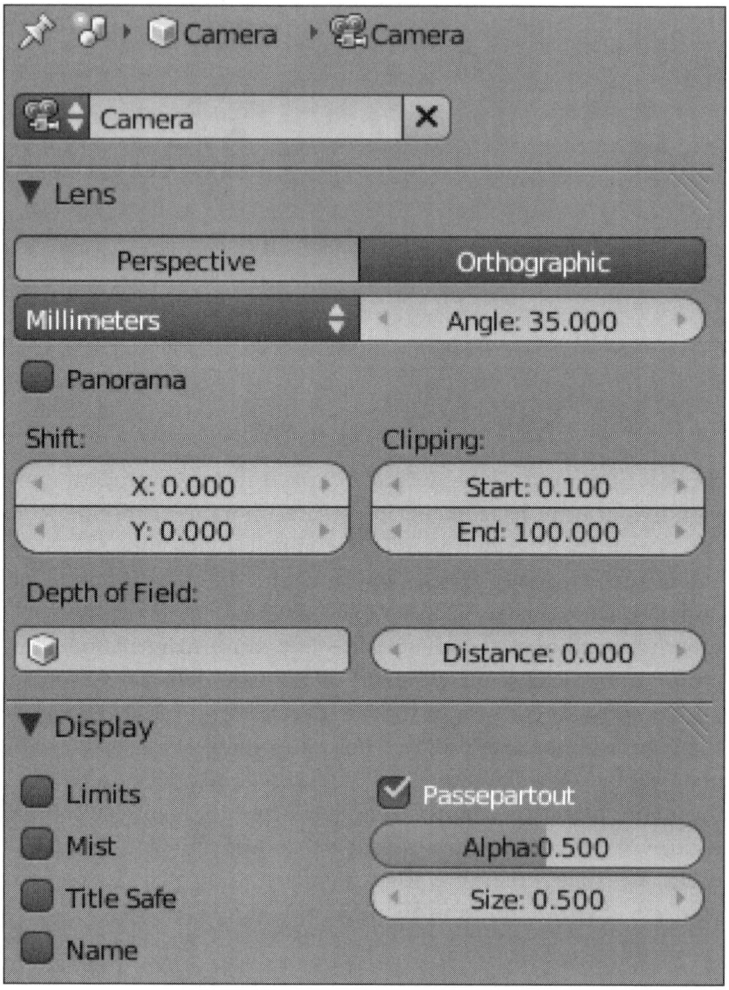

Figura 9.1
Il contesto Camera.

Pulsanti *Perspective* e *Ortographic*: permettono di scegliere tra visione prospettica e ortogonale (con un passaggio identico a quello ottenibile con la pressione del tasto *5* del tastierino numerico nella vista 3D). Nel caso di *Perspective*, la camera simulerà la presenza di un sistema di ottiche, in grado di accentuare o meno l'effetto prospettico (come accade nella realtà). Questa operazione può essere svolta scegliendo dal menu a discesa *Lens Unit* l'unità di misura appropriata per definire l'effetto. Scegliendo, per esempio, *Millimeters*, il contatore a destra del menu indicherà la distanza tra le lenti (minore è il valore, maggiore è l'effetto prospettico). Nel caso di *Ortographic* (Figura 9.2), invece, viene effettuato un rendering privo di effetto prospettico (ortogonale) e il contatore sottostante cambia il proprio nome in *Orthographic Scale*, ovvero un valore di scala (che effettua un ampliamento o una riduzione dell'area visibile dalla camera).

Figura 9.2
Una scena renderizzata facendo uso divese "ottiche" e utilizzando la modalità Ortographic.

- *Panorama*: questa opzione attiva il rendering panoramico, permettendo alla camera di "vedere" tutto ciò che si trova intorno ad essa, effettuando un rendering a 360 gradi.
- *Shift*: questi due contatori definiscono il livello di spostamento dell'inquadratura della camera senza modificarne la posizione.
- *Clipping*: indica (in unità) l'intervallo di spazio della vista 3D all'interno del quale la camera è in grado di visualizzare gli oggetti. Se un oggetto si trova oltre (prima o dopo) questo limite, non sarà visibile né durante il rendering, né in vista camera (tasto 0 del tastierino numerico). Un uso appropriato di questo parametro permette di ottimizzare i tempi di rendering.
- *Depth of Field*: questo parametro riguarda la resa della profondità di campo, che costituisce un aspetto fondamentale per la buona riuscita di un rendering, tuttavia, data la sua stretta relazione con l'editor dei nodi, non verrà affrontato subito, bensì nel prossimo capitolo.

Passiamo ora al contenuto del pannello *Display*.

- *Limits*: visualizza i limiti della camera, definiti precedentemente tramite i valori di *Clipping* (Figura 9.3).
- *Mist*: visualizza, in modo simile a *Limit*, l'intervallo entro il quale è visibile l'effetto di foschia (*mist*) applicabile tramite il pannello *Mist* nel contesto *World*.
- *Title Safe*: se ci si trova in vista *Camera* (tasto 0 del tastierino numerico), visualizza i margini di sicurezza dell'immagine. Questi margini esistono poiché al tempo degli schermi catodici (in particolare le televisioni), l'immagine non veniva riprodotta a partire da un raster digitale, bensì "sparata" dal tubo catodico e ciò comportava dei margini d'errore (le aree più periferiche dell'immagine talvolta non apparivano). Furono quindi creati i margini di sicurezza, che definivano un'area all'interno dell'immagine che non sarebbe mai stata tagliata. Il nome *Title Safe* deriva, come si può intuire, dal fatto che essi

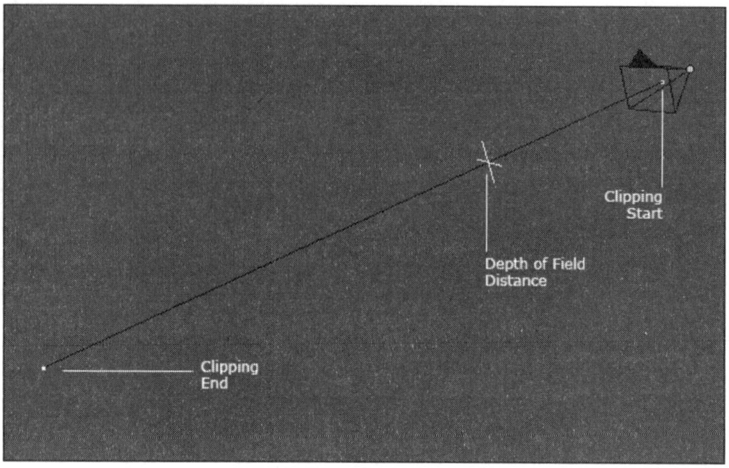

Figura 9.3
Un oggetto camera impostato in modo da visualizzare i limiti.

venivano impiegati per delimitare il posizionamento dei titoli, che avrebbero altrimenti corso il rischio di essere illeggibili.

- *Name*: mostra il nome della camera nella *Camera View* attiva (tasto 0 del tastierino numerico).
- *Passepartout*: attiva o disattiva un effetto di maschera del contenuto della vista 3D al di fuori dell'inquadratura della camera (sempre in *Camera View*), permettendo di concentrarsi maggiormente su di esso. Lo slider *Alpha* determina l'opacità della maschera (Figura 9.4).
- *Size*: la dimensione dell'oggetto *Camera* nella vista *3D*. Questo parametro non influenza in alcun modo il risultato del rendering.

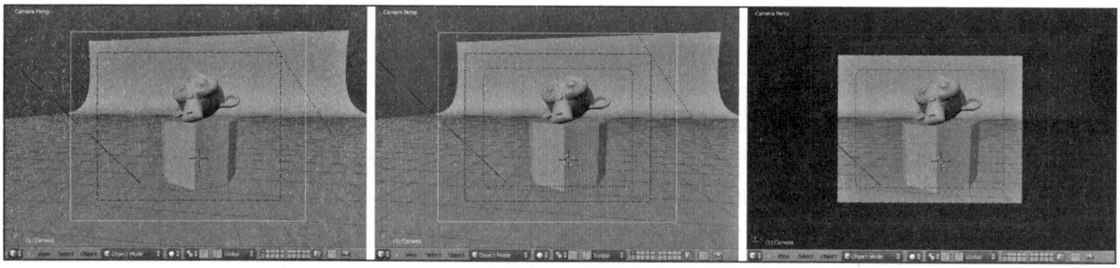

Figura 9.4
Impiego dell'area title-safe e del passeparotout (con differenti gradi di opacità).

Contesto Render

Passiamo ora alla parte d'interfaccia che permette effettivamente di avviare e gestire il rendering della nostra scena. Essa è costituita dal contesto *Render*, accessibile tramite l'icona situata nell'intestazione della finestra dei pulsanti. Facendo clic su di essa, appariranno numerosi pannelli, il cui contenuto verrà analizzato in queste pagine, soffermandoci sugli aspetti fondamentali.

Effettuare un buon rendering è tutt'altro che facile e questo processo può essere affrontato a diversi livelli di profondità. Il concetto generale da tenere presente è il seguente: poiché il rendering consiste in una serie di calcoli (che possono richiedere anche molto tempo), l'aspetto in assoluto più importante da considerare è l'ottimizzazione, sia della scena, sia dei parametri di rendering. Più avanti forniremo alcuni suggerimenti su entrambi questi ambiti, ma prima concentriamoci sulle opzioni che ci vengono offerte.

Render

Questo pannello è costituito da due pulsanti (Figura 9.5).

- *Image* (*F12*): renderizza il frame corrente.
- *Animation* (*Ctrl-F12*): renderizza tutti i frame compresi nell'intervallo di animazione definito dai contatori *Start* ed *End*, situati nella finestra della *Timeline* o nel pannello *Dimensions* che vedremo a breve.
- *Display*: questa voce corrisponde all'omonimo menu a discesa che permette di scegliere la modalità di visualizzazione del risultato del rendering. Sono possibili tre opzioni: *Full Screen* (occupa tutta l'interfaccia con una finestra *UV/Image Editor*, all'interno della quale si trova il rendering), *Image Editor* (trasforma la più grande delle finestre dell'interfaccia di Blender in una finestra *UV/Image Editor* e vi effettua il rendering), *New Window* (crea una nuova finestra, all'interno dell quale troveremo il risultato del rendering). Approfondiremo in seguito l'argomento riguardante le finestre di rendering, in quanto esse non permettono esclusivamente di prendere visione dell'immagine finale, ma offrono un discreta interattività.

Figura 9.5
Il pannello Render.

Layers

Questo pannello, di dimensioni considerevoli, contiene tutte le impostazioni e le proprietà per la creazione e la gestione di livelli di rendering (*Render Layers*) separati; i livelli possono essere combinati in un secondo tempo attraverso un processo di compositing nel *Node Editor* (questo argomento verrà affrontato nel prossimo capitolo).

Dimensions

All'interno di questo pannello (Figura 9.6) vengono decisi l'aspetto e le dimensioni del frame/immagine che verrà renderizzato e, se dobbiamo produrre un'animazione, l'intervallo di frame da tenere in considerazione e il numero di fotogrammi da produrre al secondo.

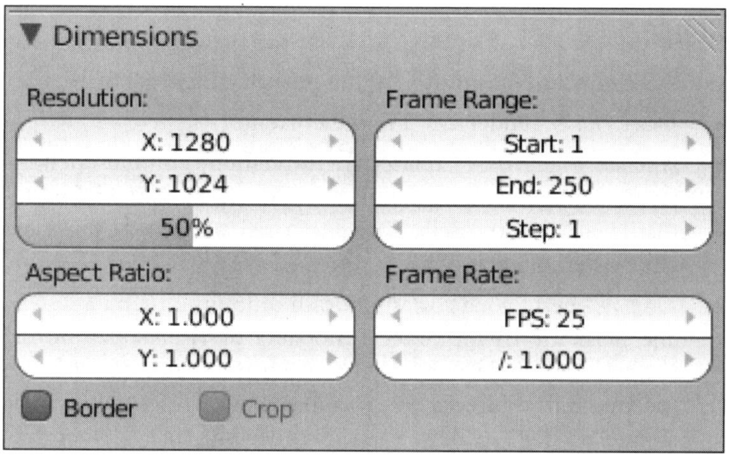

Figura 9.6
Il pannello Dimensions.

- *Resolution*: la risoluzione del frame; si misura in pixel e viene definita tramite i cursori X e Y, mentre il terzo cursore, quello recante una percentuale, permette di aumentare o diminuire in modo proporzionale questi valori, ridimensionando il frame a partire dalla dimensione originale (100% è il valore definito da X e Y).
- *Aspect Ratio*: il rapporto tra la lunghezza dei lati di un pixel. Questo argomento è stato trattato nel capitolo introduttivo.
- *Border*: questa opzione permette di renderizzare solo una parte dell'immagine visibile dalla camera. Per fare ciò dobbiamo portarci in *Camera View* e premere *Maiusc-B*: il puntatore assumerà una forma a croce e con un trascinamento all'interno dell'area

del frame potremo definire un rettangolo dai bordi rossi tratteggiati. Premendo *F12* noteremo che viene renderizzato solo ciò che si trova all'interno di quest'area (Figura 9.7).

- *Crop*: si attiva consequenzialmente a *Border* e "taglia" l'immagine renderizzata, mostrando all'interno della schermata di rendering solo la parte delimitata dal rettangolo rosso.

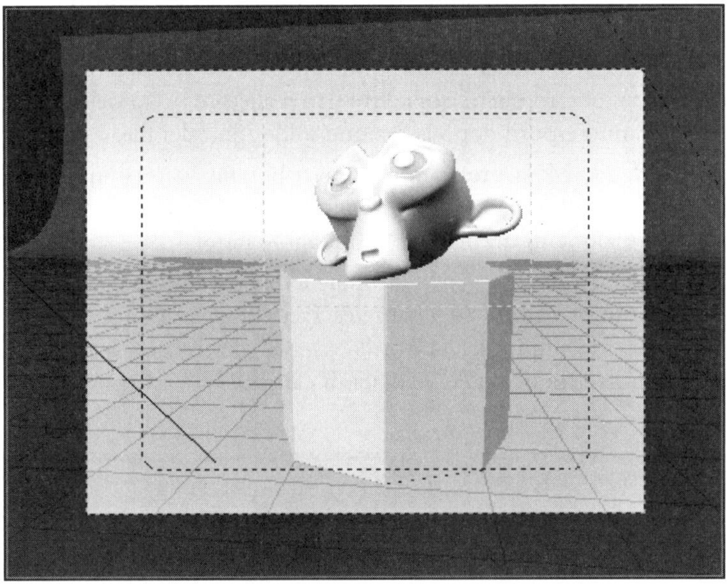

Figura 9.7
La vista Camera con Render Border attivato.

- *Frame Range*: i due contatori *Start* ed *End* funzionano allo stesso modo di quelli presenti nella finestra *Timeline* (tra l'altro sono sincronizzati, pertanto le modifiche effettuate in una finestra si rifletteranno nell'altra) definendo il primo e l'ultimo frame dell'animazione. Il contatore *Step*, presente solo in questo contesto, permette inoltre di determinare l'intervallo di frame da renderizzare durante l'animazione. Se il valore è *1* (default), verrà renderizzato ogni frame; se il valore è *2*, verrà renderizzato soltanto un frame su due, se è 3, uno su tre, e così via. Va precisato che la modifica di questo parametro comporta una modifica della velocità dell'animazione, compensabile correggendo opportunamente il frame-rate.
- *Framerate*: il numero di fotogrammi (contatore *FPS*) riprodotti in una frazione di secondo (contatore *:/*). Il valore predefinito di questo contatore è 1, e indica che 1 secondo è diviso in 24 frame; il valore 0.5 renderizza 24 frame in mezzo secondo. L'utilità pratica di tutto ciò (premesso il fatto che l'occhio umano non può percepire in modo distinto più di circa 20

immagini al secondo) è stata indicata precedentemente, quando abbiamo parlato del valore del contatore *Step*. Faremo un esempio concreto in seguito

Anti-Aliasing

Il pannello antialiasing (Figura 9.8) contiene i parametri per definire il livello di dettaglio da assumere durante la trasposizione del contenuto vettoriale della scena 3D in un'immagine raster bidimensionale, le cui dimensioni sono appena state definite. Maggiori dettagli su questo e altri concetti relativi alle proprietà dell'immagine saranno esposti dopo la sezione sull'output dei file.

- *5, 8, 11, 16*: la pressione di questi pulsanti determina il numero di campionature (in inglese samples) da effettuare per la definizione di un pixel nell'immagine raster.
- Il menu a discesa *Pixel Filter* permette di scegliere l'algoritmo di interpolazione (dei samples raccolti per definire ciascun pixel) da impiegare. *Mitchell-Netravali* costituisce il migliore rapporto fra qualità e velocità di calcolo.

Figura 9.8
Il pannello Antialiasing.

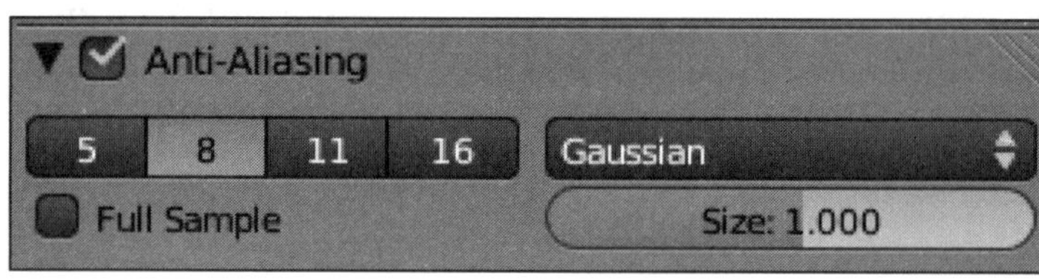

- L'opzione *Full Sample* permette di risolvere alcuni problemi di compositing. È un comando avanzato.

Notiamo infine che il pannello *Anti-Aliasing* è dotato di un'opzione di attivazione/disattivazione, che premette di escluderlo completamente dal processo di rendering (Figura 9.9).

Shading

In questo pannello (Figura 9.10) si abilita o disabilita tramite opzioni, la resa dei seguenti elementi.

- *Textures*: texture applicate ai materiali.
- *Shadows*: ombre (tracciate dagli oggetti).
- *Subsurface Scattering*: non viene calcolato nei materiali che ne fanno uso.
- *Environment Map*: le texture di tipo *Environment Map* (mappa ambientale).

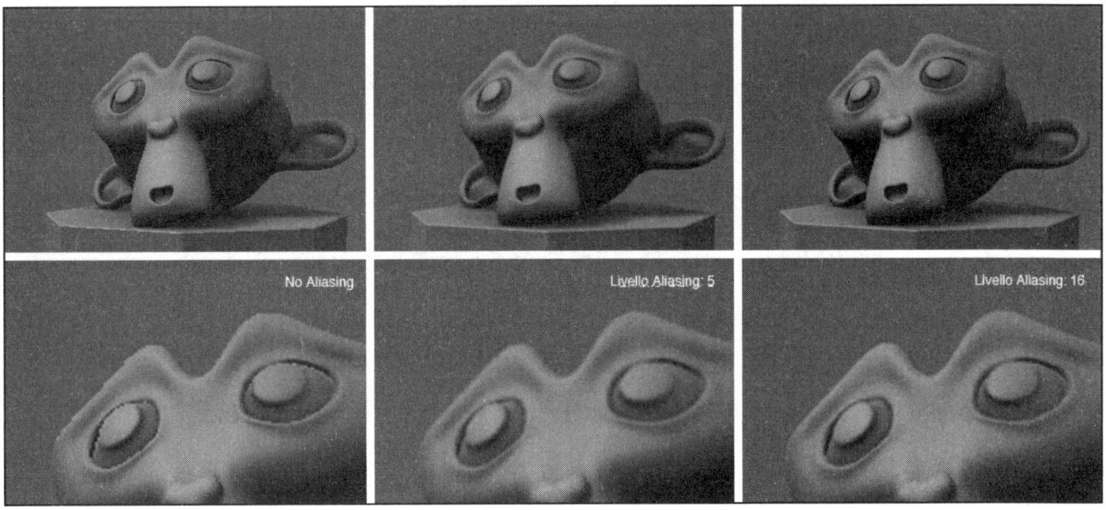

Figura 9.9
Confronto tra i riversi valori di aliasing in un rendering.

- *Ray Tracing*: calcolo delle ombre, delle trasparenze e delle riflessioni.
- *Color Management*: opzione avanzata per mantenere la consistenza dei colori attraverso le fasi di rendering e compositing.

L'ultimo elemento del pannello, il menu a discesa *Alpha*, determina invece la resa del canale Alpha nell'immagine finita (se il formato del file lo supporta). Le possibilità sono tre.

- *Sky*: viene renderizzato il colore definito nel pannello *World* del contesto *World*.
- *Premultiplied*: la trasparenza definita dal canale *Alpha* viene applicata anche all'immagine RGB (talvolta lasciando tracce del colore di fondo, *Sky*).
- *Straight Alpha*: le informazioni di trasparenza/opacità vengono immagazzinate esclusivamente nel canale Alpha. Pertanto, se osserviamo il risultato del rendering al di fuori di un software in grado di gestire il canale Alpha (un software quindi inadatto al compositing) saranno visibili risultati apparentemente non coerenti.

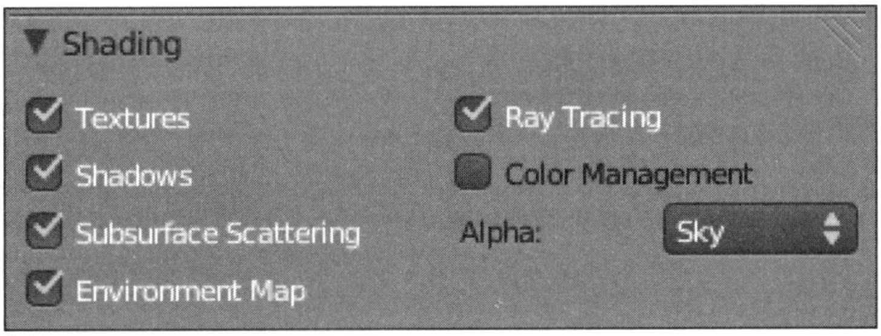

Figura 9.10
Il pannello Shading.

Output

Una volta definita la maggior parte delle caratteristiche dell'immagine da renderizzare, giunge il momento di sceglierne il formato e il luogo di salvataggio. Il pannello *Output* offre gli elementi rappresentati nella Figura 9.11.

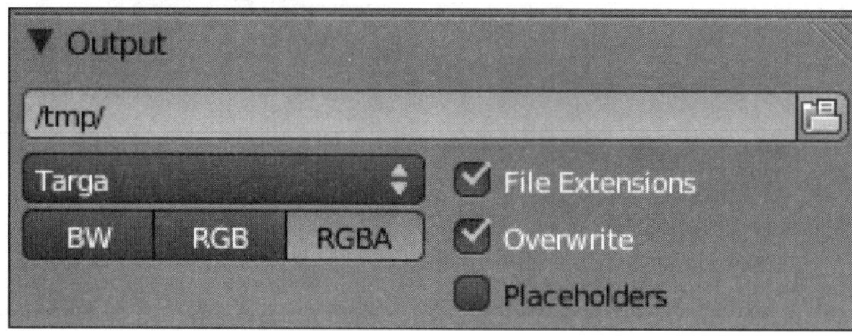

Figura 9.11
Il pannello Output.

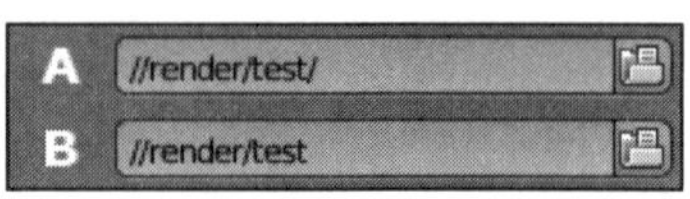

Figura 9.12
Nel caso A Blender creerà i rendering, numerandoli progressivamente all'interno della cartella test, mentre nel caso B, le immagini avranno un prefisso text e saranno posti nella cartella render.

- Il campo in cui specificare la cartella di output delle immagini. Se fosse impossibile specificare manualmente il percorso, il pulsante richiama una finestra del *File Browser* di Blender per sceglierlo (Figura 9.12). Ricordiamo che in questo contesto è possibile impiegare percorsi relativi (*relative paths*), facendo uso, per esempio, di // per impostare l'output nella stessa cartella in cui si trova il file. In questo campo è inoltre possibile decidere il nome del file, semplicemente aggiungendolo alla fine del percorso, omettendo alla fine il carattere / (in questo modo Blender *non* creerà una cartella con quel nome, ma assegnerà il nome al file stesso).
- *File Format*: questo menu a discesa mostra tutti i tipi di file in cui è salvabile un render. Le voci sono raggruppate per tipo: *Image* include tutti i formati statici per immagini e *Movie* i formati per produrre un video. A breve sarà presentata una panoramica sulle differenze tra i vari formati immagine. Precisiamo inoltre che la scelta di un formato di output *Image* non ci vincola al rendering di un'immagine statica, bensì, nel caso di un'animazione, comporta la creazione di un'immagine per ogni frame della stessa, nell'intervallo specificato. La pratica di renderizzare animazioni impiegando come output una sequenza di immagini è molto comune e ne vedremo il motivo tra poche pagine (Figura 9.13).
- I pulsanti *BW/RGB/RGBA* definiscono (compatibilmente con le proprietà del formato file appena scelto) le proprie-

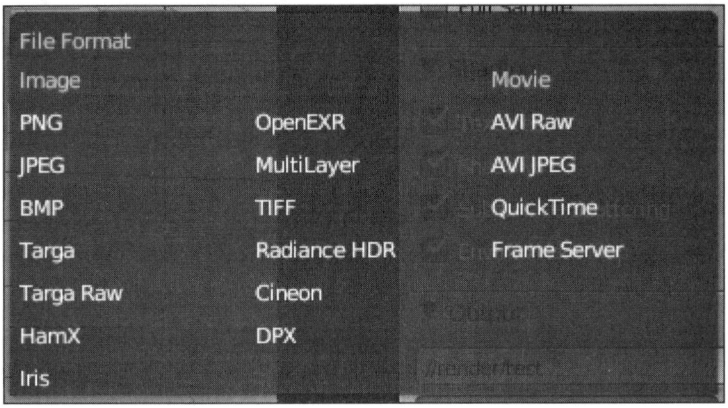

Figura 9.13
I diversi formati di output.

tà colore dell'immagine. *BW* (Black and White) produrrà un'immagine in scala di grigi; *RGB* (Red Green Blue) un'immagine a colori basata sulla combinazione dei tre canali rosso, verde e blu; *RGBA* (Red Green Blue Alpha) produrrà infine un'immagine a colori dotata di canale Alpha, per gestirne l'opacità. L'impostazione delle proprietà del canale Alpha viene effettuata nel pannello *Shading*.

- *File Extension*: questa opzione assegna al file l'estensione del formato. Per esempio, se il formato scelto è PNG e il nome dell'output è *render*, il risultato sarà *render.png*.
- *Overwrite*: permette di sovrascrivere automaticamente il rendering salvato con lo stesso nome (questa opzione è attiva, di default). L'opzione può essere disattivata se si fa uso di *Placeholders*.
- *Placeholders*: prima di effettuare il rendering di un'immagine (solitamente nell'ambito di un'animazione), crea un file "segnaposto" che verrà poi sostituito. Il senso di questa opzione si manifesta nel momento in cui si renderizza un'animazione impiegando un output *Image*, tramite più istanze contemporanee di Blender (di solito su computer diversi collegati in rete, che accedono al medesimo file). In questo modo se un'istanza inizia a renderizzare un frame, prima ne crea un placeholder; se l'opzione *Overwrite* è disattivata, nessun'altra istanza potrà renderizzarlo e dovrà passare al frame successivo. Più avanti forniremo ulteriori cenni sul rendering impiegando più di un computer.
- Il cursore *Quality* permette, solo nel caso di immagini JPEG e di filmati con codec AVI JPEG di definirne il livello di qualità.

Proprietà di un'immagine

Segue ora una panoramica volta a ilustrare le più comuni caratteristiche di un'immagine raster. Queste proprietà sono impostabili in Blender attraverso l'interfaccia di rendering vista fino a ora.

Profondità colore

Una proprietà importate, chiamata profondità colore, è il numero di bit per pixel ovvero il numero di colori che ciascun pixel può rappresentare. Vediamo ora schematicamente le profondità colore dei tipi di immagine più comuni:

- 8 bit: immagine dotata della profondità colore minima affinché sia verosimile. 3 bit per il canale R, 3 per il canale G e 2 per il canale B.
- 24 bit: immagine "comune", per esempio un file prodotto da una macchina fotografica digitale. 8 bit per ciascun canale.
- 32 bit: immagine dotata, oltre che di tre canali RGB da 8 bit ciascuno, di un quarto canale destinato a contenere altre informazioni (trasparenza, bumping, normali e così via).

Naturalmente esistono altre configurazioni, in grado di fornire più o meno informazioni colore, a seconda della piattaforma utilizzata e dell'uso che si farà dell'immagine.

Canale alfa

Noto anche come alpha channel, è un canale aggiuntivo (oltre a RGB), cui viene assegnato un valore compreso tra 0 e 1 per ogni pixel. Un valore 1 comporterà la visualizzazione delle proprietà colore come in una normale immagine RGB, mentre nel caso in cui il valore diminuisca fino a 0 "nasconderà" progressivamente le informazioni, rendendo trasparente quell'area dell'immagine. Nel caso in cui si stiano combinando più immagini disponendole in layer, la trasparenza permetterà di visualizzare il contenuto del livello sottostante.

Z-buffering

Lo z-buffering è una tecnica impiegata per gestire la coordinata rappresentate la profondità di un oggetto, calcolandola per ogni pixel dell'immagine. Si tratta di un processo che avviene sia a livello hardware (la scheda grafica effettua questi calcoli per rappresentare i solidi e la loro disposizione nello spazio tridimensionale della vista 3D), sia a livello software. Nel momento in cui viene renderizzata un'immagine è infatti possibile estrapolarne lo z-buffer, inserendolo, per esempio, nel canale aggiuntivo di un'immagine a 32 bit. Per un impiego pratico di questa funzionalità rimandiamo al Capitolo 10.

Formati File

Ecco una panoramica dei formati file più comuni in cui è possibile esportare da Blender.

- JPEG (Joint Photographic Expert Group): è un metodo di compressione con perdita di qualità, tuttavia estremamente efficiente e ideale per l'esportazione a partire da immagini di alta qualità. Le immagini JPEG possono avere una profondità colore massima di 24 bit (non è possibile alcun effetto di trasparenza).
- BMP (Windows Bitmap): formato non compresso caratteristico dei sistemi Windows. Non dispone di particolari proprietà, a parte quella di essere ampiamente supportato da pressoché ogni applicazione Microsoft.
- GIF (Graphics Interchange Format): si tratta di un formato dalle specifiche piuttosto limitate (profondità colore massima pari a 8 bit, tuttavia con la possibilità di avere aree trasparenti), ideale per il salvataggio di immagini con pochi colori (grafici, immagini monocromatiche).
- PNG (Portable Network Graphics): formato file dalle specifiche libere ed open-source, designato come successore del formato GIF, supporta 24 bit la profondità colore, aree di trasparenza (canale alfa) ed è supportato dalla maggior parte dei moderni browser. PNG può, in alcuni casi, essere usato come sostituto per le immagini TIFF.
- TIFF (Tagged Image File Format): molto flessibile, supporta profondità colore da 24 bit a 48 bit, canale alfa, compressione lossy o lossless. Viene impiegato nell'ambito della stampa e della fotografia, grazie alla possibilità di definire spazi colori diversi da RGB, come CYMK.
- TGA (TARGA, che a sua volta significa Truevision Advanced Raster Graphics Adapter): concepito e sviluppato nell'ambito del broadcasting, supporta informazioni colore fino a 24 bit, più 8 bit di informazioni extra. È possibile salvare un file senza alcuna compressione o anche usando algoritmi lossless. TGA è ben supportato dai più importanti sistemi operativi e da molti software, in parte grazie al fatto di non disporre di particolari brevetti.

Performance

In quest'ambito iniziamo a trovare alcune impostazioni piuttosto tecniche (oltre ad alcune fondamentali) utili per incrementare le prestazioni e la velocità del rendering (Figura 9.14).

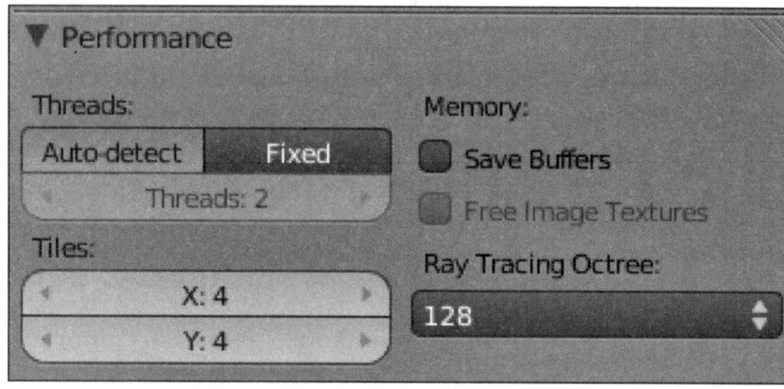

Figura 9.14 Il pannello Performance.

- *Threads*: questo contesto è costituito da due pulsanti, *Auto-detect* e *Fixed*, e un contatore *Threads*, tramite i quali si determina il numero di processi di calcolo in cui dividere il rendering. Premendo *Auto-detect*, Blender rileverà il numero di processori (ed eventuali core) presenti nel computer in uso e imposterà un numero di thread corrispondente. Il numero di thread verrà visualizzato nel contatore (non modificabile) *Threads*. Nel caso di *Fixed*, il contatore *Threads* verrà abilitato e tramite esso si potrà specificare il numero di thread desiderato. Questa opzione va usata con estrema cura, in quanto la scelta di un numero errato di thread può rallentare o bloccare completamente il rendering.
- *Tiles*: il numero di riquadri in cui l'immagine viene suddivisa quando viene renderizzata. I due contatori permettono di specificarne il numero sia lungo l'asse orizzontale sia lungo quello verticale (Figura 9.15).
- *Memory*: le due opzioni *Save Buffers* e *Free Image Texture* sono piuttosto avanzate e vanno impiegate nel rendering di scene particolarmente complesse ad alta risoluzione in quanto permettono di gestire al meglio la memoria che altrimenti non sarebbe sufficiente. Fondamentalmente *Save Buffers* permette di renderizzare individualmente ogni singolo riquadro in cui viene suddivisa l'immagine, mentre *Free Image Texture* (disponibile solo se l'opzione *Compositing* è attiva nel pannello *Post Processing*) cancella dalla memoria le texture dell'immagine dopo il rendering.

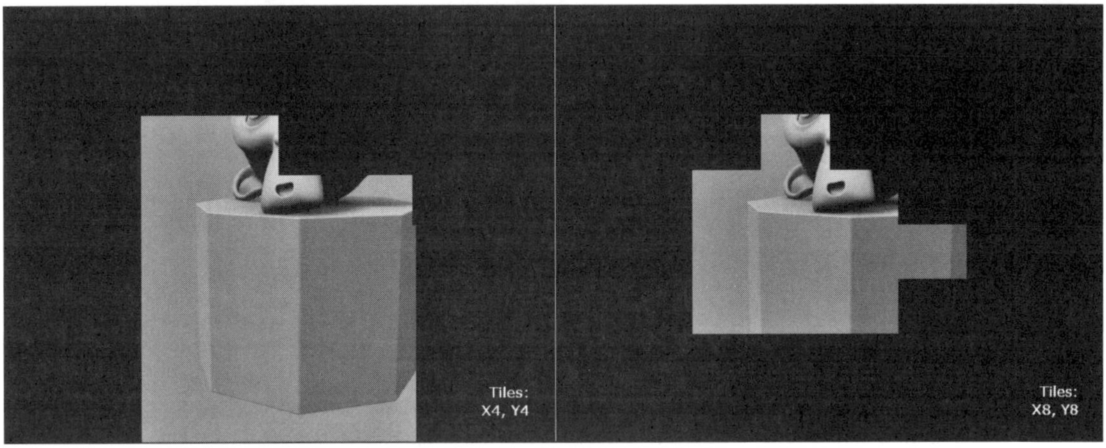

Figura 9.15
Rendering della stessa immagine impiegando un Tiling differente.

- *Raytracing Octree*: il menu a discesa Octree Resolution offre diversi valori di suddivisione dell'octree (una sorta di modello virtuale all'interno del quale vengono svolti i calcoli di raytracing). Nel caso di scene molto complesse, oppure contenenti oggetto molto grandi, l'assegnazione della risoluzione appropriata può comportare grandi variazioni nei tempi di rendering.

Post Processing

In questo pannello sono raccolte le opzioni relative a ciò che accade all'immagine una volta renderizzata (Figura 9.16).

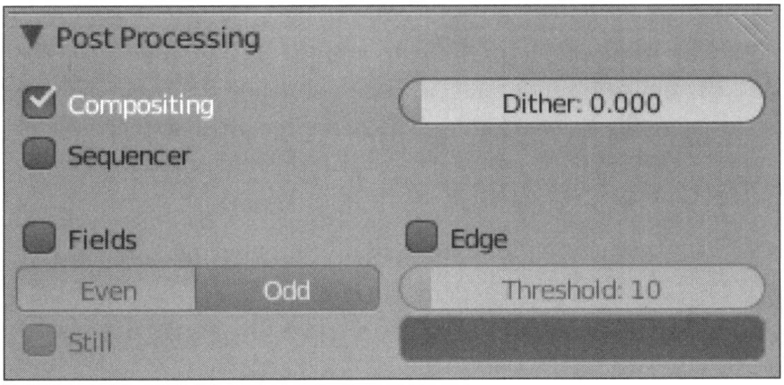

Figura 9.16
Il pannello Post Processing.

- *Compositing*: direziona il rendering nella pipeline di compositing, se i relativi nodi sono stati abilitati (a questo argomento è dedicato il prossimo capitolo).

- *Sequencer*: esegue il rendering del contenuto presente nel *Video Editor* (il capitolo contiene una breve panoramica sull'argomento).
- *Dither*: aggiunge del rumore all'immagine renderizzata per evitare artefatti generati dalla risoluzione.
- *Fields*: se stiamo renderizzando un'animazione specificamente indirizzata a un'apparecchiatura televisiva (PAL o NTSC interallacciato), i parametri *Even* (pari) e *Odd* (dispari), disponibili solo all'attivazione di *Fields*, permettono di decidere quali campi renderizzare per primi (Figura 9.17).

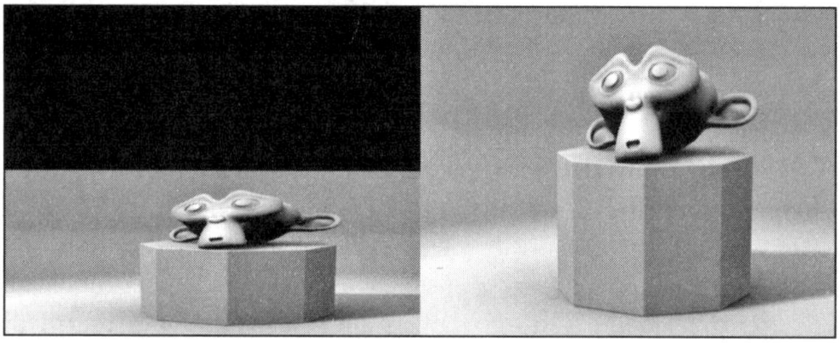

Figura 9.17 Rendering ottenuto impiegando i Fields.

- *Edge*: crea una linea di contorno *(outline)* sugli spigoli della geometria. Il cursore *Treshold* determina la soglia entro la quale vengono scelti gli spigoli cui applicare il contorno. La tavolozza ne determina il colore (Figura 9.18).

Stamp

Se stiamo lavorando a un progetto complesso, contenente più scene o se vogliamo tenere traccia di un rendering nel corso del tempo, il pannello *Stamp* (Figura 9.19) fornisce gli strumenti per sovrapporre al rendering una serie di dati statistici inerenti la scena.

- *Time*: l'ora in cui è stato eseguito il rendering.
- *Date*: la data in cui è stato eseguito il rendering.
- *Frame*: il numero del frame corrente.
- *Scene*: il nome della scena.
- *Camera*: il nome dell'oggetto camera attraverso cui avviene il rendering.
- *Filename*: il nome del file.
- *Marker*: se sulla timeline è presente un marker, a partire dal frame in cui si trova, ne comparirà il nome su ogni frame, finché non viene trovato un nuovo marker.

Figura 9.18
Rendering effettuato impiegando la marcatura degli Edge.

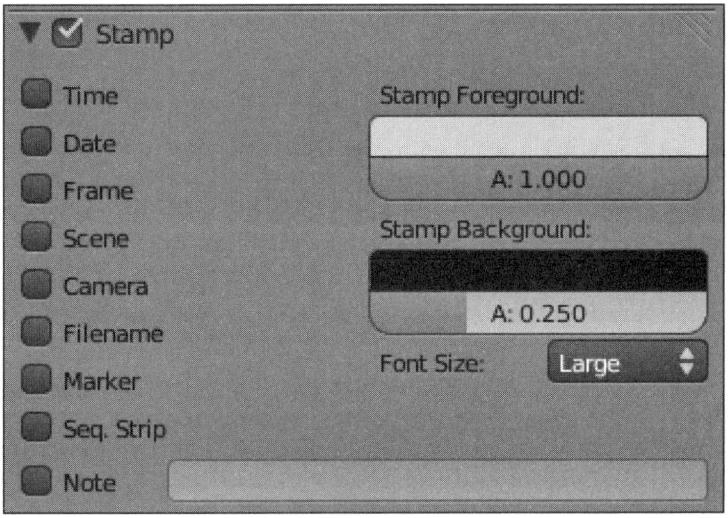

Figura 9.19
Il pannello Stamp.

- *Seq. Strip*: il nome della prima strip situata nel *Video Sequence Editor*.
- Le due tavolozze *Stamp Foreground* e *Stamp Background* permettono di scegliere il colore dei testi, dello loro sfondo e della loro trasparenza sull'immagine renderizzata (vedi Figura 9.20).
- *Font Size*: le dimensioni del font impiegato per lo stamp.

Nota

Nel campo di testo è possibile aggiungere una nota personalizzata.

Figura 9.20
Un rendering con l'opzione Stamp attivata.

Render Window

Una volta premuto il pulsante *Image* (o alternativamente il tasto *F12*) o *Animation* (*Ctrl-F12*) per avviare il rendering dell'immagine o dell'animazione presente nella scena, comparirà una finestra (Figura 9.21) che mostra l'immagine in fase di rendering e successivamente l'immagine completata (nel caso di un'animazione ciò avverrà per ogni frame della stessa).

Come già anticipato, nel pannello *Render* del contesto *Render* possiamo specificare la posizione in cui apparirà questa finestra (*New Window* per aprire una nuova finestra, *Image Editor* per utilizzare temporaneamente la finestra più grande presente nell'interfaccia, *Full Screen* per usare tutto lo spazio a disposizione). La finestra che compare quando si effettua un rendering è di tipo *UV/Image Editor* e al suo interno possiamo svolgere varie operazioni.

- Mostrare/nascondere il canale Alpha premendo il tasto *A*.
- Ingrandire/rimpicciolire l'immagine renderizzata all'interno della finestra utilizzando la rotella del mouse.
- Mostrare le informazioni di colore e opacità di ciascun pixel dell'immagine, semplicemente facendo clic su di esso e osservando l'area di testo sottostante.
- Impiegare il secondo render buffer premendo il tasto *J*. Il render buffer è una parte di memoria impiegata da Blender per renderizzare e rappresentare un'immagine. Blender dispone di due render buffer; quindi, una volta effettuato un rendering,

Figura 9.21
La Render Window.

sarà possibile premere il tasto *J*, effettuare delle modifiche alla scena, renderizzare nuovamente e poi premere ancora il tasto *J* per confrontare il risultato dei due rendering.

Una volta chiusa la *Render Window*, essa sarà richiamabile premendo il tasto *F11* (nel caso di un'animazione, *Ctrl-F11*) e mostrerà il risultato dell'ultimo rendering effettuato.

Render Baking

Il baking (letteralmente cottura) è una tecnica piuttosto avanzata, in quanto si colloca a metà strada tra il rendering e lo shading. Si è accennato a questa pratica nel capitolo riguardante materiali e texture, in particolare nella sezione sull'UV mapping.

In pratica il baking consiste nel renderizzare su una texture di tipo immagine, mappata su una mesh. Nella maggior parte dei casi, quindi, si tratta di un processo di precalcolo per ridurre i tempi di rendering sull'immagine finale. Ciò che viene renderizzato sull'immagine mappata sulla mesh non avrà infatti bisogno di essere nuovamente renderizzato.

Le opzioni strettamente riguardanti i comandi per il baking si trovano nel pannello Bake, tuttavia, per poterne fare uso, sarà prima necessario avere "unwrappato" la mesh ed avervi assegnato un file immagine vuoto mappato sulle coordinate UV.

NOTA

Prima di renderizzate, assicurarsi che le normali delle facce della mesh interessata puntino nella giusta direzione e controllare che essa disponga di una texture immagine già mappata su di essa.

Osservando il pannello Bake, individuiamo i seguenti elementi.

- *Bake*: il pulsante per avviare il processo di baking.
- *Bake Mode*: il menu a discesa per la scelta del tipo di rendering di cui fare il bake. È possibile scegliere tra diverse passate del motore di rendering (più dettagli su questo termine nel capitolo dedicato al compositing), tra cui Full render (il rendering completo), Ambient Occlusion, Shadow (solo le ombre), Normals (le normali, in questo modo si possono ottenere le normal maps) e Textures, Displacement (per ottenere le displacement maps).
- *Normalized*: provvede alla normalizzazione dei valori nel caso in cui si faccia il baking del displacement o dell'AO (entrambe sono intensity map).
- *Margin*: contatore per definire in pixel la sovrabbondanza del rendering da effettuare rispetto alla mappa UV per non rendere visibili eventuali cattivi allineamenti.
- *Selected to Active*: questa opzione, la cui attivazione rende utilizzabili i due contatori sottostanti Distance e Bias, permette di fare il baking di una superficie sull'immagine mappata su un'altra mesh. In questo modo sarà possibile trasferire i dettagli di modelli in alta risoluzione (scolpiti con pennelli finemente testurizzati, dotati di mesh altamente suddivise e complesse) in forma di normal o displacement map su mesh più semplici. Questo sistema viene spesso utilizzato per la creazione dei modelli per videogiochi.
- *Distance*: determina la distanza massima entro la quale può avvenire il processo di baking tra due mesh.

Il rendering, in pratica

Ora che abbiamo preso visione di pressoché tutti i parametri del contesto *Render* e della *Render Window*, collochiamoli nell'ambito più generale del software, considerando necessità pratiche di impiego di tale strumento.

Hardware e software

Come detto in precedenza, il rendering è il processo che più di tutti richiede la potenza di calcolo e la memoria del computer, pertanto ricorderemo alcuni degli aspetti della configurazione hardware e software ideale visti nell'introduzione.

- Espandere la RAM al limite supportato dall'hardware e dal sistema operativo. Un'istanza di Blender può utilizzare al massimo 8 GB.
- Impiegare una o più CPU multicore.
- Impiegare memoria RAM veloce (800 Mhz o superiore).
- Impiegare una scheda madre con un Memory Bus veloce.

Traducendo in concetti queste specifiche, occorre che il nostro computer possa trasferire il più velocemente possibile i dati della scena 3D dalla memoria RAM alla CPU e viceversa.
Per quanto riguarda la configurazione software ci limitiamo a ricordare che ogni processo non vitale per il sistema dovrebbe essere terminato in modo da fornire quanta più memoria possibile al rendering.

Target

Il target, il nostro scopo, ovvero il tipo di rendering che andiamo a effettuare, determina pesantemente il tipo di tecniche (per esempio di illuminazione) di cui faremo uso. Se stiamo renderizzando un'immagine statica, potremmo fare uso di lampade raytracing per avere ombre molto dettagliate anche ad alte risoluzioni, *Ambient Occlusion* attribuisce un notevole effetto di realismo, se richiesto.
Se il nostro obiettivo è quello di renderizzare un'animazione, molto probabilmente eviteremo l'uso del raytracing per l'illuminazione (se nella scena non ci sono materiali riflettenti, potremo disabilitare l'opzione *Ray Tracing* nel panello *Shading*), così come eviteremo l'uso delle *Area Lamp*, preferendo le *Spot Lamp* con *Shadow Buffer*.

Anteprima

Una situazione dove la corretta scelta dei parametri di rendering gioca un ruolo fondamentale è la produzione di anteprime. Nella maggior parte dei casi, quando effettueremo un rendering, sarà utile per visualizzare la corretta illuminazione della scena o la reazione dei materiali oppure per avere una visione d'insieme dei tempi di un'animazione.
Il rendering finale sarà possibilmente uno solo; prima di avviarlo tutto dovrebbe essere stato controllato e correttamente impostato. Vediamo ora alcuni consigli pratici su come ridurre i tempi di rendering per ottenere anteprime rapide.

- Ridurre la risoluzione dell'immagine.
- Disattivare o ridurre il livello di oversampling.

- Disattivare le opzioni del pannello *Shading*.
- Renderizzare solo ciò che è di interesse, usando l'opzione *Border*, nel pannello *Dimensions*.
- Renderizzare solo gli oggetti d'interesse in una scena.
- Semplificare la visualizzazione delle mesh (per esempio disattivando la visualizzazione del modifier *SubSurf* durante il rendering).
- Ridimensionare/ottimizzare le texture immagine utilizzate.

Nel caso di un'animazione, potremo adottare le seguenti tecniche.

- Utilizzare l'impostazione dello *Step* del contesto *Frame Range* per ridurre il numero di frame renderizzati. In fase di visione del rendering, possiamo impostare il player in modo da riprodurre un framerate pari a quello originale diviso per il valore di step. Se, per esempio, disponiamo di un'animazione a 24 fps, renderizzata con *Step 2*, al momento della riproduzione della sequenza di immagini, imposteremo il player a 12 fps.
- Utilizzare l'anteprima OpenGL, facendo *Ctrl*-clic sull'icona  nell'intestazione della vista *3D* per effettuare un rendering molto rapido tramite la scheda grafica.

Sequenze di immagini

Affrontando il discorso relativo al rendering di animazioni, abbiamo parlato più volte di sequenze di immagini, ovvero della possibilità di far produrre a Blender un'immagine per ogni fotogramma dell'animazione e poi con esse creare un filmato, facendo uso di Blender o di un altro software.

Il rendering di una sequenza di immagini presenta numerosi vantaggi rispetto a quello di un filmato unico.

- Permette l'interruzione del rendering in qualsiasi momento, comportando solo la perdita del frame attualmente renderizzato (lasciando tutti gli altri file al loro posto nella cartella di output). Invece, realizzando un filmato, esisterà solo un file temporaneo fino a quando l'ultimo frame non sarà terminato. Pertanto, in caso di interruzione, questo file andrà perso.
- Permette maggiore flessibilità nella modifica di parti della sequenza. Se dovessimo effettuare dei cambiamenti in punti precisi dell'animazione, sarebbe poi sufficiente renderizzare i frame dove queste modifiche sono visibili, risparmiando tempo e spazio.

- Permette, soprattutto, di distribuire il processo di rendering su una rete, facendo uso di più computer. Ciò è possibile anche renderizzando file video, assegnando a ciascun computer un intervallo differente di frame, ma si incorrerebbe nelle problematiche appena indicate.

Per creare un filmato a partire da una sequenza di immagini usando Blender, sarà necessario importarla all'interno del *Video Sequence Editor* e successivamente renderizzarla, utilizzando un formato file video e scegliendo il codec appropriato.

Nota

Esistono soluzioni alternative, sia libere sia proprietarie, adatte a questo scopo (Virtual Dub, Quick Time, FFMpeg e così via).

Conclusioni

Il rendering è un processo lungo e ricco di sfaccettature e richiede una certa esperienza per essere svolto in maniera appropriata. Gli innumerevoli parametri disponibili possono renderlo una pratica molto tecnica, ma al contempo una sfida alla ricerca dei più rapidi tempi di rendering al pari della qualità.
Costituendo il cruciale passaggio tra vettoriale e raster il rendering deve essere impostato correttamente, prestando attenzione ai formati di file e alle risoluzioni scelte.

Capitolo 10

Nodi

In questo capitolo

- **Node Editor**
- **Compositing**
- **Altri tipi di nodi**
- **Conclusioni**

Giunti a questo punto, disponiamo di una concreta visione d'insieme del processo di lavorazione e produzione di un'immagine o di una sequenza animata con Blender.
Affrontiamo ora una serie di tematiche più avanzate, incentrate su un elemento comune: i nodi. I *nodi* sono un sistema di rappresentazione e gestione di dati che offre flessibilità e controllo, attraverso un sistema di interazione intuitivo. Attraverso di essi vedremo come è possibile effettuare il *compositing* di un rendering, mentre alla fine del capitolo illustreremo brevemente l'utilizzo dei nodi per la creazione di materiali e texture.
Prima di scendere nel dettaglio e analizzare questi argomenti, svolgeremo una presentazione dell'interfaccia offerta da Blender e, soprattutto, faremo maggiore chiarezza sull'utilità e il principio di funzionamento dei nodi. Partiamo da quest'ultimo argomento.
Come abbiamo appena detto, i nodi offrono *flessibilità* e *controllo*; ma in che senso?
Lo schema rappresentato nella Figura 10.1 ci aiuterà a capirlo.
Supponiamo di disporre di un'immagine e di volerne modificare l'aspetto, attraverso l'alterazione di alcune proprietà (per esempio la luminosità, il contrasto e la tinta globale).
In un'interfaccia basata sui nodi, a ogni nodo corrisponde un elemento o un gruppo di proprietà; pertanto avremo un nodo contente l'immagine (**A**), un nodo contenente il comando *modifica luminosità e contrasto* (**B**) e le relative impostazioni, un nodo contenente un grafico, il cui disegno verrà impiegato per definire l'intensità dei colori in un'immagine (**C**), e un nodo che possa ricevere e successivamente mostrare il risultato ottenuto dall'unione dei nodi appena elencati (**D**). Il fatto di disporre di diversi comandi applicabili all'immagine, separati e indipendenti gli uni dagli altri, comporta notevoli vantaggi, esclusivi di questo tipo di sistema.

Figura 10.1
Schema rappresentante alcuni nodi, non collegati tra loro.

Al momento, il nostro schema è molto semplice, pertanto gli elementi andranno collegati tra loro come nella Figura 10.2.

Figura 10.2
La connessione tra i nodi A B C e D.

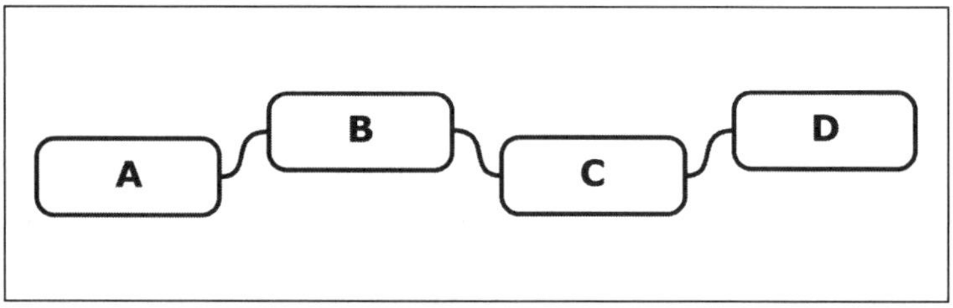

O alternativamente come nella Figura 10.3.

Figura 10.3
L'unica variazione possibile dello schema appena visto.

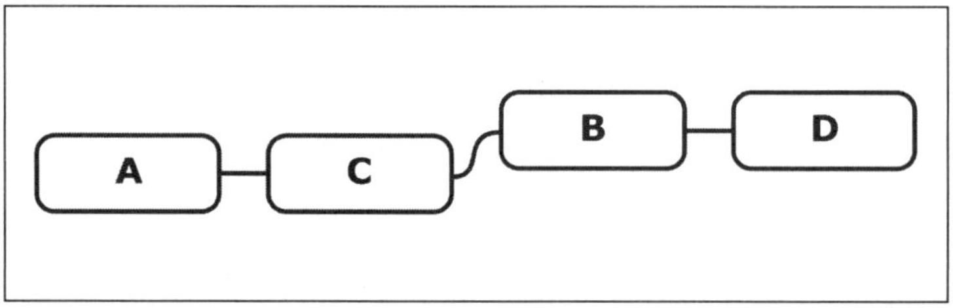

Ciò che emerge da questi esempi di connessione è che inizialmente disponiamo di un input a cui successivamente applichiamo i comandi (in una successione da noi definita) e ne vediamo i risultati in un modulo di output. La flessibilità dei nodi sta esattamente nel punto centrale di questa procedura: tramite i nodi possiamo definire e ridefinire la sequenza di operazioni da effettuare sull'input, senza che esso subisca modifiche, in quanto le modifiche appariranno in un altro file, quello di output.
Mostriamo ora un ultimo schema, prima di prendere visione dell'interfaccia di Blender relativa a quest'ambito (Figura 10.4).
L'illustrazione introduce uno degli usi che può essere fatto di un sistema basato su nodi, che in questo caso è la combinazione di diverse immagini di input ai fini di ottenerne una singola im-

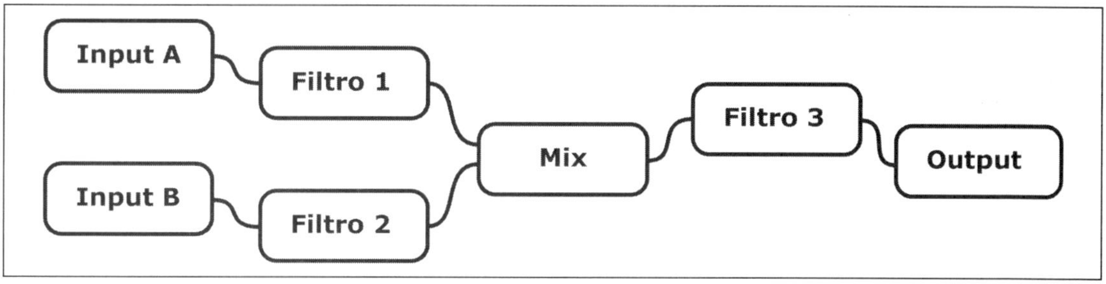

Figura 10.4
Rete di nodi impiegata per svolgere il compositing di due immagini.

magine in output. Questo procedimento è chiamato *compositing* e costituisce uno gli aspetti fondamentali del processo di post-produzione di un'immagine o di un'animazione. Parleremo più approfonditamente del compositing in un apposito paragrafo di questo capitolo.

Node Editor

Il *Node Editor* è la finestra nella quale avvengono le operazioni indicate finora. È raggiungibile scegliendo la voce nel menu *Window Type* presente nell'intestazione di ogni finestra.
Una volta caricato, il *Node Editor* apparirà vuoto e l'unico elemento interattivo disponibile sarà l'intestazione (Figura 10.5).

Figura 10.5
La finestra Node Editor alla sua prima apertura.

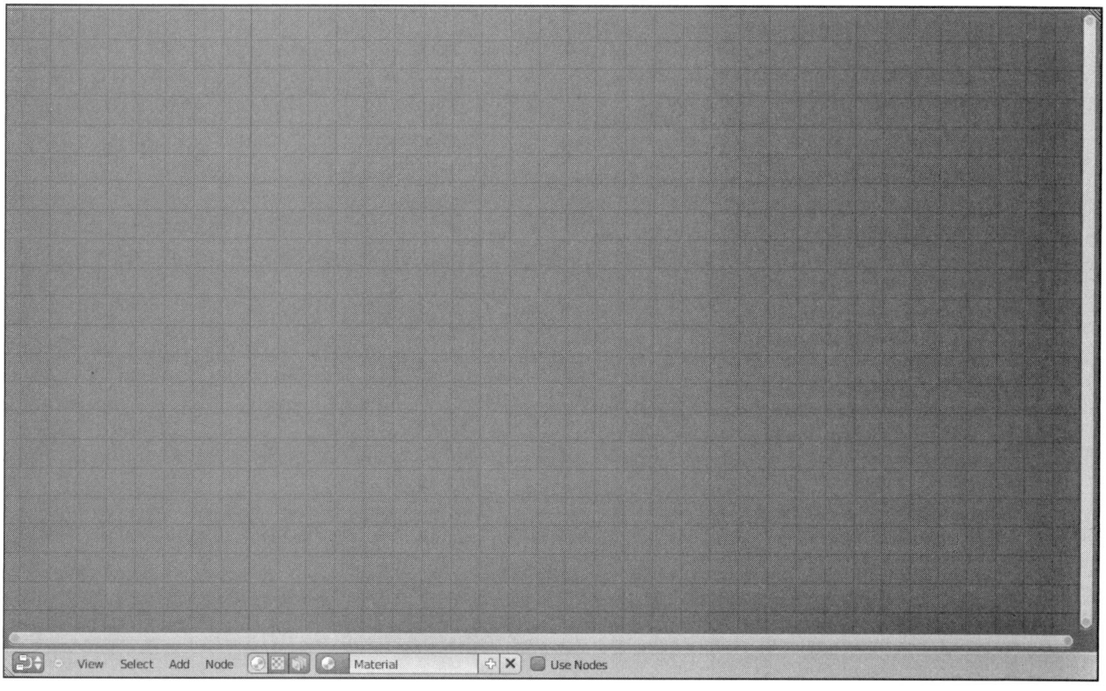

Come possiamo vedere nella Figura 10.5, esso contiene alcuni menu e altri elementi; in particolare i seguenti.

- *View*: opzioni sulla visualizzazione della finestra stessa e del suo contenuto.
- *Select*: comandi per la selezione di oggetti (nodi) contenuti nella finestra.
- *Add*: menu per l'aggiunta di nodi alla finestra (il cui contenuto cambierà contestualmente, a seconda di quale dei prossimi pulsanti sarà premuto).
- *Node*: operazioni per la gestione dei singoli nodi o di gruppi di nodi.

Incontriamo ora tre pulsanti , i quali determinano quali tipi di nodi mostrare all'interno dell'editor e quali mostrare nella parte restante dell'intestazione. Di default è attivato il primo (*Materials*), che attiva nel menu *Add* i nodi per la creazione di materiali e fa comparire il selettore dei materiali (nella cui lista saranno presenti tutti i materiali della scena).
L'ultimo elemento presente, l'opzione *Use Nodes*, sarà visibile anche nel caso in cui si premano gli altri due pulsanti e deve essere reso attivo affinché il contenuto della finestra sia utilizzabile.
Il pulsante attiverà invece le voci e i controlli dell'editor per la gestione delle texture, facendo comparire, oltre a un selettore per caricare le texture presenti nella scena, tre nuovi pulsanti , per scegliere quale tipo di texture si desidera generare (quella da associare a un materiale, quella da associare al contesto *World* oppure quella da associare a un pennello).
Infine il pulsante attiverà i nodi per eseguire il compositing, facendo comparire, oltre alla consueta opzione *Use Nodes* (da attivare), due altre opzioni, di cui vedremo il significato in seguito (Figura 10.6).

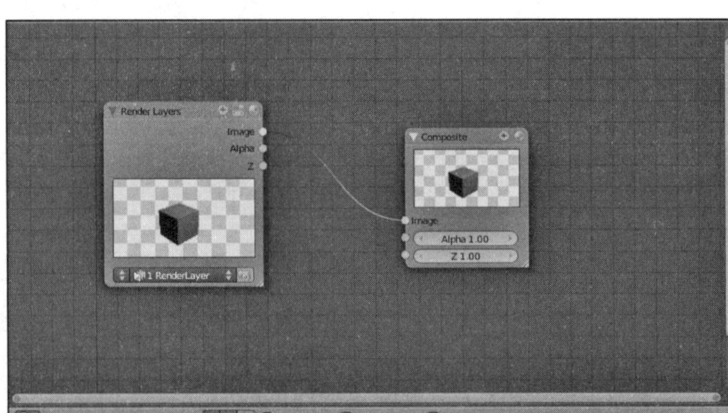

Figura 10.6
L'editor dei nodi, una volta attivata l'opazione Use Nodes nel contesto Composite.

Restiamo in questa modalità e attiviamo l'opzione *Use Nodes*. Nell'ampia area vuota dovrebbero essere ora comparsi due pannelli, tra loro collegati da una linea: sono i nodi. Descriveremo questi pannelli nel dettaglio a breve; prima di farlo, tuttavia, vediamo i comandi di selezione e trasformazione (accennati in precedenza) ora possibili, in quanto disponiamo di qualche elemento all'interno dell'editor.

- Clic destro: seleziona un nodo.
- *Maiusc*-Clic destro: su più nodi, aggiunge nodi alla selezione.
- Tasto *B*: *Box Selection* (seleziona più nodi disegnando un riquadro con il cursore a croce).
- Tasto *X*: elimina un nodo.
- Tasto *G*: trasla un nodo.
- *Maiusc-A*: richiama un menu popup (Figura 10.7) per l'aggiunta di un nodo.
- Trascinamento: disegna un rettangolo i cui lati "tagliano" le connessioni (*threads*) tra i nodi che incontrano.
- *Ctrl-Z*: annulla l'operazione precedente.
- *Ctrl-Maiusc-Z* o *Ctrl-Y*: ripete l'operazione annullata.
- *Maiusc-D*: duplica il nodo selezionato.

Se la finestra è "sovraffolata" di nodi, potrebbe essere utile impiegare le funzioni di zoom in (*NumPad+* o *scorrimento della rotella del mouse*) e zoom out (*NumPad-* o *scorrimento della rotella del mouse*). Con un trascinamento eseguito con il tasto centrale del mouse, invece, possiamo traslare l'intera vista.

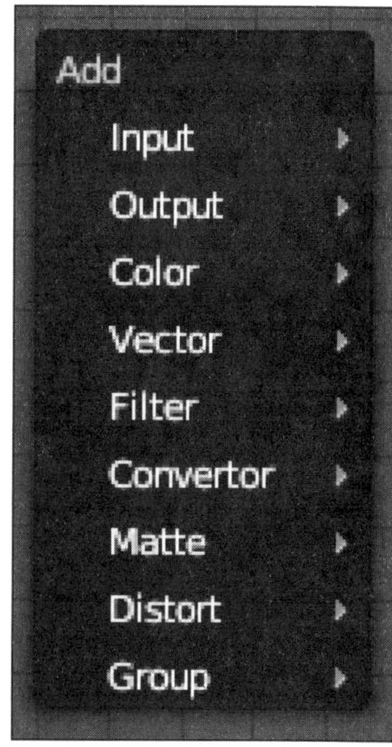

Figura 10.7
Il menu per l'aggiunta di nodi, richiamato da Maiusc-A.

Nodi

Concentriamoci ora sui nodi, a partire da quelli attualmente presenti nell'editor (Figura 10.8). Essi risultano connessi da una linea: il *thread*.

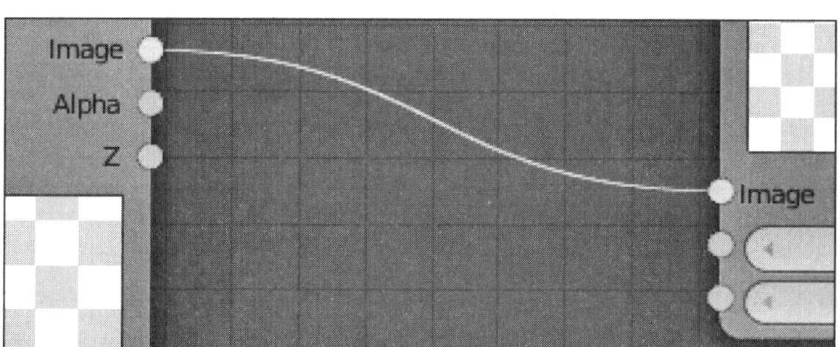

Figura 10.8
Un thread connette i socket di due nodi.

La linea che connette i due nodi parte e arriva in due punti precisi, *socket* (connettori), che possono essere di tre colori, a seconda del tipo di dati che passerà attraverso di essi.

-  giallo: informazioni sul colore, come immagini, tinte e così via.
-  grigio: valori, che possono essere espressi in forma numerica o come mappe/immagini in scala di grigi, in cui ogni valore del grigio può essere "tradotto" in un valore numerico, disponendolo in un raster.
-  blu: vettori, coordinate e informazioni sulle normali (in generale, dati di tipo vettoriale).

A seconda della loro disposizione ai lati di un nodo possiamo definire la tipologia di quest'ultimo. Se si trovano solo a destra, il nodo sarà di input, se si trovano su entrambi i lati, il nodo sarà di passaggio, se si trovano sulla sinistra, il nodo sarà un output. Inoltre, a partire da un socket potranno partire più *thread*.

Il sistema di nodi, basato sui differenti colori dei socket (in rappresentanza dei dati in entrata e uscita da un nodo), presuppone che essi vengano connessi tra loro (giallo/giallo, grigio/grigio e blu/blu), anche se in realtà è possibile collegare un socket grigio con uno giallo. Questa possibilità esiste poiché in alcuni casi agire in questo modo ha senso, per esempio per prendere visione delle mappe di valori (sostanzialmente le *intensity map* viste con i materiali), collegandole a un nodo *Viewer* (Figura 10.9).

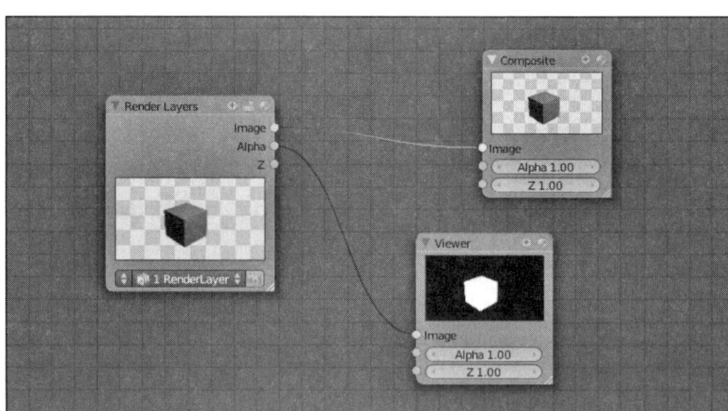

Figura 10.9
L'output Alpha di un Render Layer viene collegato a un Viewer.

Nella lista delle operazioni possibili all'interno dell'*Editor* abbiamo elencato anche la cancellazione di un legame tra nodi usando un trascinamento. Oltre alla cancellazione completa del thread che connette due nodi è possibile eseguirne la connessione e la disconnessione da un socket all'altro, nel primo caso semplicemente posizionando il cursore del mouse sul primo socket e trascinandolo fino al secondo socket; nel secondo caso con un trascinamento a partire dal socket che si desidera disconnettere e rilasciando il tasto del mouse in un'area vuota della finestra. Fino a quando non avremo rilasciato il tasto del mouse, sarà ancora possibile connettere il thread a un altro socket (Figura 10.10).

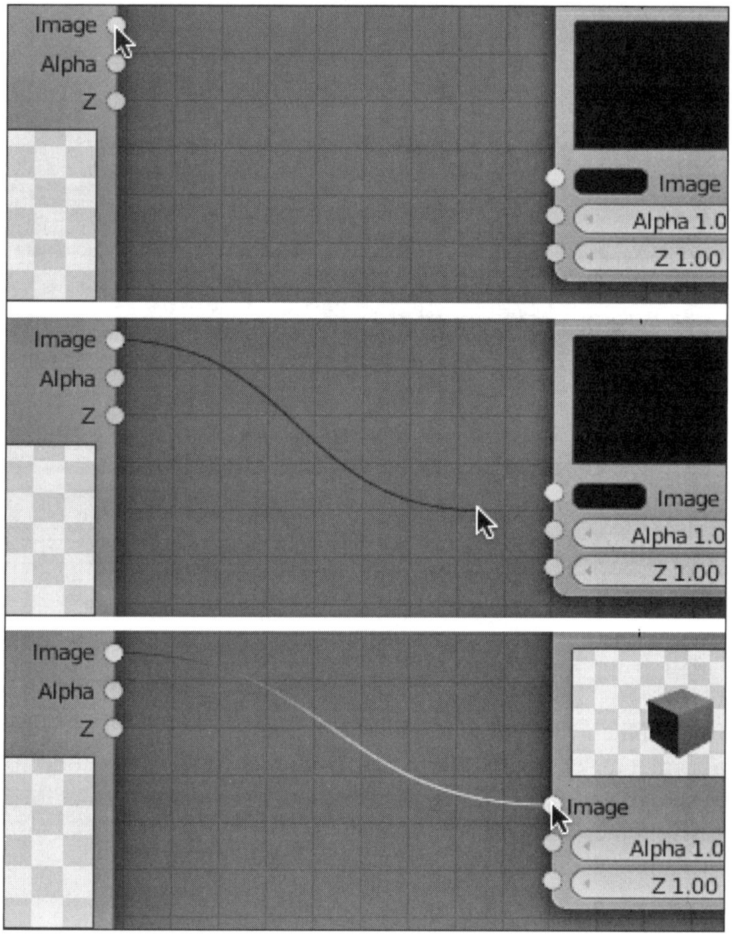

Figura 10.10
Operazione di connessione tra due nodi.

Un'altra operazione che possiamo svolgere con più nodi è il loro raggruppamento (Figura 10.11). Se dobbiamo sviluppare reti di nodi particolarmente complesse o funzionali (da impiegare nuovamente in punti diversi della rete o in altri file di Blender) possiamo, dopo averli selezionati, raggruppare i nodi in un contenitore premendo *Ctrl-G*. Questo contenitore si presenterà come un nodo, raffigurante tutti i socket di input e output presenti nei nodi in esso contenuti e potrà essere aggiunto nuovamente nella finestra attraverso il menu *Add > Group*.

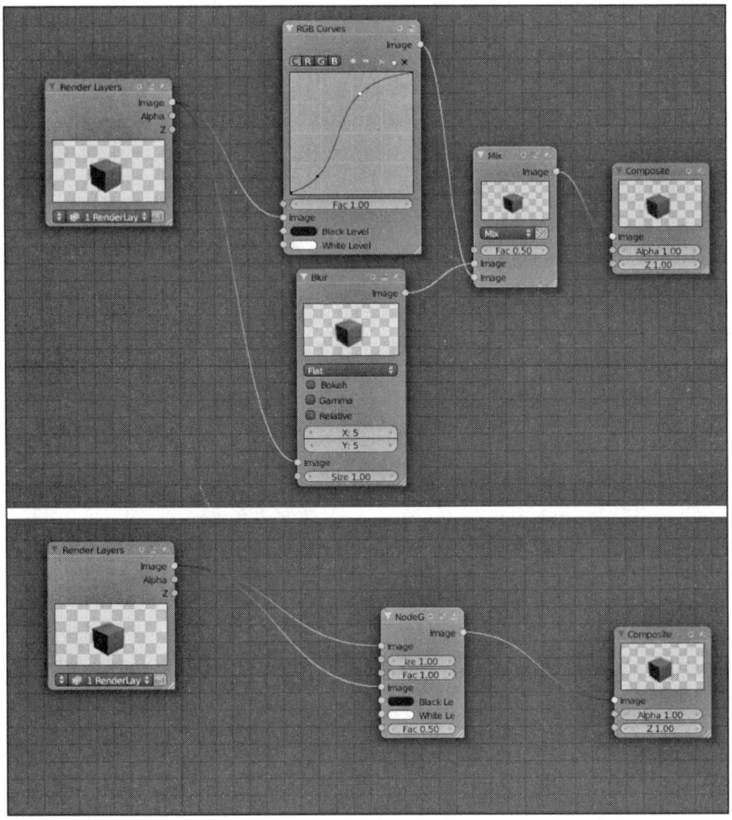

Figura 10.11
Più nodi selezionati e raggruppati.

Per aggiungere o togliere nodi da un gruppo è necessario annullare il gruppo premendo *Alt-G* e successivamente ristabilirlo con *Ctrl-G*.

È possibile invece ridisporre i nodi all'interno di un gruppo, semplicemente selezionandolo e premendo il tasto *Tab*, in modo da espanderlo, visualizzandone il contenuto (per terminare l'editing basta premere nuovamente *Tab*).

Vediamo ora nel dettaglio gli elementi che compongono un nodo. La barra situata in cima al nodo, una sorta di intestazione, contiene dei comandi relativi alla visualizzazione del nodo stesso.

- espande o collassa l'intero nodo, lasciandone visibili solo il nome e i socket
- mostra solo i socket in uso e i relativi controlli.
- nasconde tutte le opzioni e i controlli non direttamente collegati a un socket
- nasconde le finestre di anteprima del pannello (se ne dispone).

All'interno di un nodo possiamo trovare diversi elementi, a seconda della tipologia. Nella maggior parte dei casi si tratta di opzioni, spinner, menu e riquadri colore. Un elemento caratteristico di alcuni nodi è, come anticipato, un piccolo display, all'interno del quale è possibile avere un'anteprima del processo di combinazione dei nodi.
Infine, nell'angolo inferiore destro di ogni nodo è presente un'area che, con un trascinamento, permette di ridimensionare il nodo, indipendentemente dagli altri (Figura 10.12).

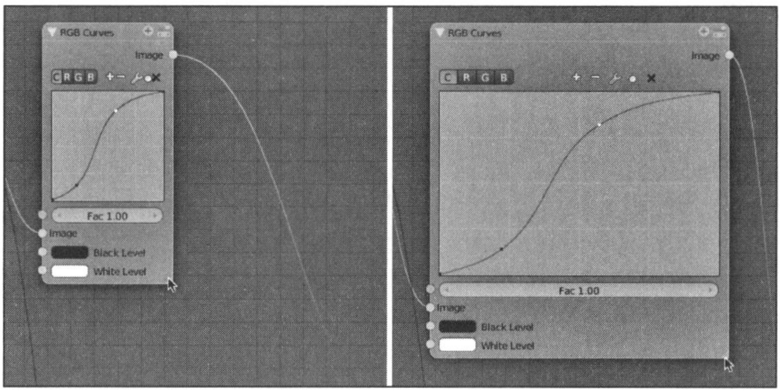

Figura 10.12
Ridimensionamento di un nodo.

Compositing

Nelle prime pagine del capitolo abbiamo visto un esempio dell'impiego del sistema basato sui nodi per "unire" due immagine di input differenti. Affrontiamo ora questo argomento più nel dettaglio, parlando di *compositing*.
Il compositing è una tecnica di post-produzione, volta a combinare due immagini sorgenti distinte, al fine di crearne una terza, dando l'illusione che gli elementi uniti appartengano alla stessa scena.
Nel caso del *Node Editor* di Blender, una volta attivato il contesto *Composit*, possiamo impiegare diversi tipi di input (che vedremo a breve), che verranno poi combinati tra loro in diversi modi (al riguardo presenteremo alcuni nodi di esempio), per poi essere "riversati" in un output, chiamato *Composite* (Figura 10.13).

Input

Procediamo ora con l'analisi dei nodi disponibili, raggruppandoli per categoria, ovvero nodi di *Input*, nodi di *Output* e nodi di *Compositing* (di passaggio). Iniziamo con quelli di *Input*.

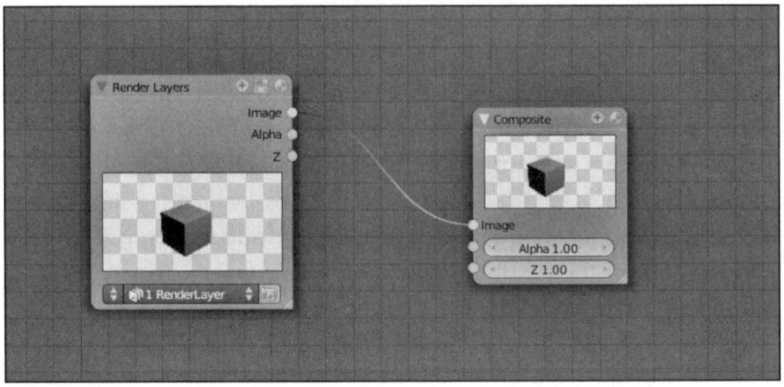

Figura 10.13
Il node editor contiene un setup di base per il compositing, costituito da un nodo di input, collegato a un output Composite.

Render Layer

Il nodo *Render Layer* ci permette di inserire nel *Compositor* un'immagine/rendering (o una sequenza di immagini; in questo ambito parleremo di immagine riferendoci indistintamente a un'immagine statica o all'immagine facente parte di un'animazione) di una scena 3D di Blender, impiegando le impostazioni assegnate tramite il pannello *Layers* presente nel contesto *Scene*.Vediamo nel dettaglio questo pannello, che abbiamo menzionato nel capitolo sul rendering (Figura 10.14).
Lo scopo dei *Render Layer* è fornire accesso alle proprietà e ai singoli oggetti presenti in un'immagine, permettendone la modifica senza dover effettuare nuovamente un rendering. Con i *Render Layers* è possibile, per esempio, isolare un oggetto o un gruppo di oggetti nella scena, acquisire dati sulla distanza degli oggetti dalla camera e così via. Osserviamo la struttura del pannello.

- Innanzitutto incontriamo una lista (che di default contiene una sola voce, *1RenderLayer*), il cui scopo è contenere e gestire i diversi Render Layer.
- Successivamente abbiamo due interfacce di selezione dei livelli. La prima, *Scene*, svolge la stessa funzione di quella situata nell'intestazione della vista *3D* (si trova anche in questo pannello solo per comodità), mentre la seconda, *Layer* permette di scegliere quali, tra i livelli selezionati in *Scene*, saranno inclusi nel livello al momento del rendering.

Per ciascun *Render Layer* sarà quindi possibile scegliere quali livelli includere, in modo da disporre separatamente dei diversi oggetti. Facciamo un semplice esempio: una scena solitamente dispone di un fondale, di oggetti di scena secondari, di personaggi e di altri elementi in movimento; ciascuno di questi elementi si trova in un layer appropriato, separato dagli altri. Tramite i *Render Layer* potremo quindi creare un livello che includa solamente i personaggi, un altro che contenga i layer del fondale e così via (Figura 10.15).

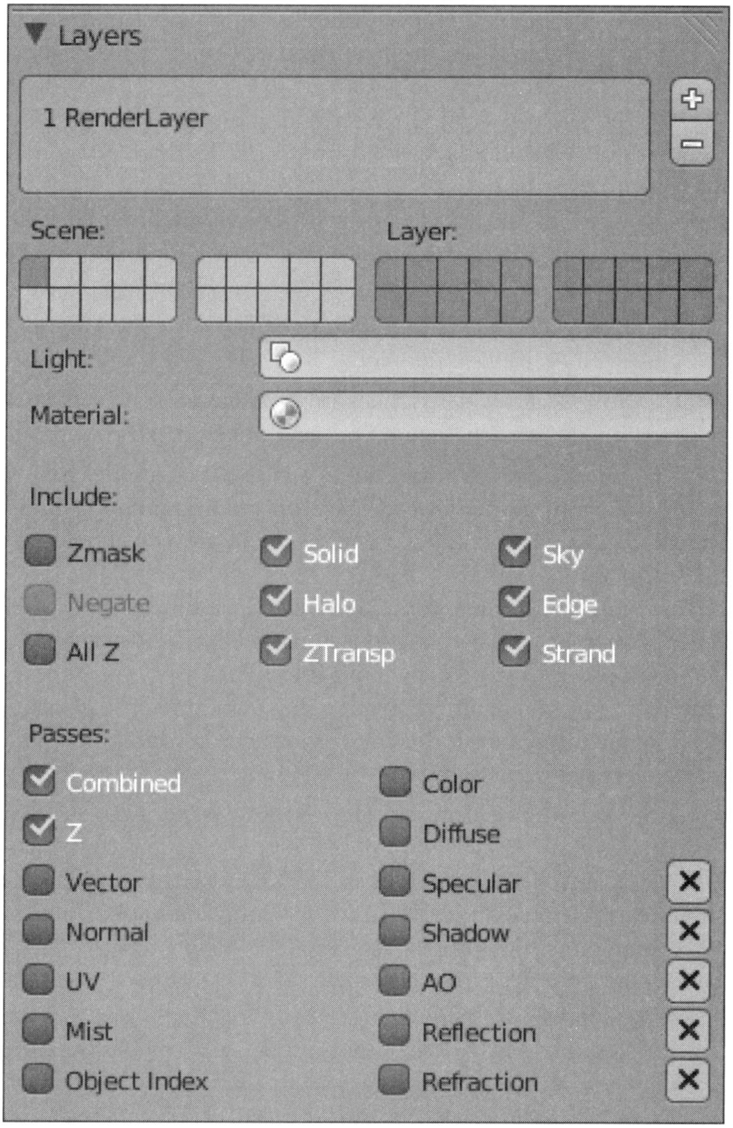

Figura 10.14
Il pannello Layers nel contesto Scene.

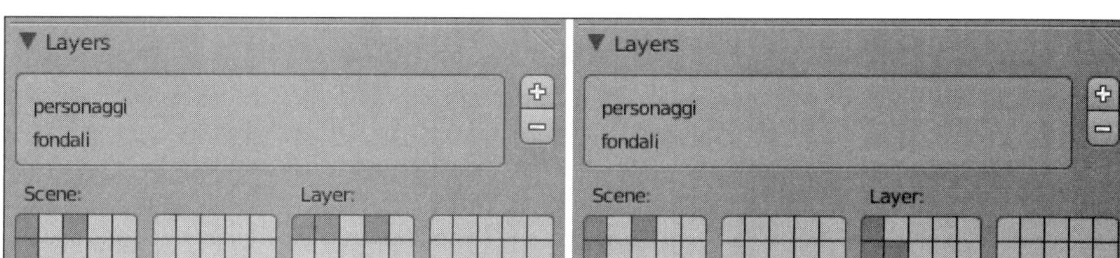

Figura 10.15
Setup di due Render Layer nella stessa scena.

Precisiamo che, per far comparire gli elementi in un *Render Layer,* è necessario che uno dei livelli selezionati contenga un oggetto *Camera*. Per questo motivo è buona norma creare un livello dove sono presenti solo la camera e il setup di illuminazione, in modo da poter poi richiamare il livello in tutti i *Render Layer*, ottenendo un risultato visibile.

Proseguiamo ora l'analisi del pannello *Layers*, incontrando i seguenti elementi.

- Il campo *Light*, tramite il quale possiamo specificare un gruppo di lampade che sostituiranno ogni altra sorgente luminosa presente nei livelli selezionati.
- Il campo *Material*, per richiamare un materiale che sostituirà tutti i materiali degli oggetti presenti nei layer selezionati.

Queste due opzioni sono utili durante la fase di setup dei *Render Layer*, in quanto permettono di avere un'anteprima rapida di ciò che succederà, senza influenzare in alcun modo ciò che accade nei layer stessi.

Ricordiamo ancora una volta che i livelli visibili in un *Render Layer* saranno solamente quelli selezionati nella lista *Layer*, a patto che risultino selezionati anche nella lista *Scene*.

Giungiamo ora al penultimo gruppo di pulsanti presente nel pannello, *Include*, il quale contiene le opzioni per la scelta di ciò che sarà visibile nel rendering.

- *Zmask*: renderizza solo ciò che si trova davanti a oggetti con un valore di opacità non nullo. Questa opzione è disponibile per ogni livello (attivandola vediamo infatti comparire un nuovo selettore di livelli sotto il gruppo *Include*) ed è sicuramente più comprensibile osservando la Figura 10.16.
- *Negate*: si attiva in seguito all'attivazione di *Zmask*, e ne inverte il risultato.

Figura 10.16
Risultato dell'attivazione di Zmask.

- *All Z*: include nel calcolo della profondità tutti gli oggetti visibili in *Scene* al momento del rendering, offrendo la possibilità di mascherare alcuni elementi presenti nel *Render Layer*.
- *Solid*: renderizza le facce degli oggetti.

- *Halo*: renderizza gli effetti *Halo* (contesto *Material*).
- *ZTransp*: renderizza oggetti dotati di materiale trasparente.
- *Sky*: renderizza il cielo (elemento del contesto *World*).
- *Edge*: renderizza la marcatura degli *Edge*, se attivata nel pannello *Post Processing*.
- *Strand*: renderizza i filamenti, generati con il sistema particellare.

L'ultimo gruppo di elementi presente nel pannello è probabilmente il più importante, nonché quello che costituisce il collegamento con il nodo *Render Layer*. Le opzioni attivabili in questo gruppo riguardano le passate (*passes*) che il motore di rendering effettua ogni volta che creiamo un'immagine; per ognuna di esse (se attivata) verrà creato un socket di output nel nodo *Render Layer* (Figura 10.17).

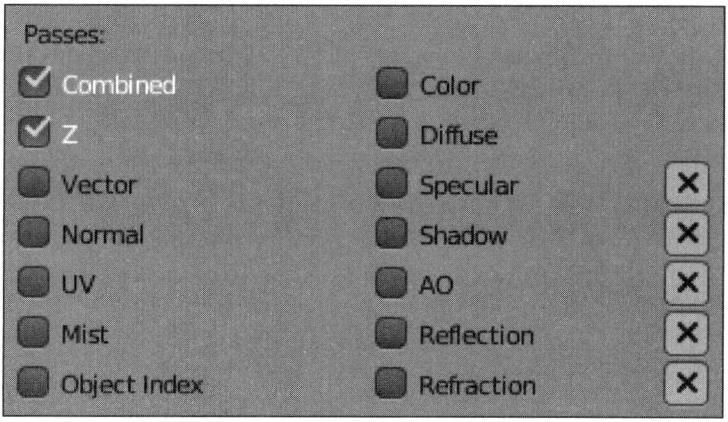

Figura 10.17
Proponiamo nuovamente le opzioni per attivare le passate del rendering (pannello Layer contesto Scene).

Le passate sono sequenze di calcoli che definiscono diversi aspetti dell'immagine e realizzano il passaggio dalla scena 3D all'immagine 2D parziale e ancora modificabile. Vediamo ora le opzioni, per chiarire queste affermazioni.

- *Combined*: l'immagine RGBA completa (shading, riflessioni e così via).
- *Z*: i valori di profondità dell'immagine, dal punto di vista della *Camera* (*Z-Buffer*).
- *Vector*: passata dei valori di velocità di un oggetto (se animato).
- *Normal*: valori delle normali di un oggetto.
- *UV*: passata contenente la texture UV di un oggetto.
- *Mist*: l'effetto foschia definito nel contesto *World*.
- *Object Index*: consegna il valore del parametro *Object Index* di ogni oggetto della scena. Questo valore può essere assegnato

nel contesto *Object*, all'interno del pannello *Relations*, tramite il contatore *Pass Index*.Vedremo in seguito a cosa può servire.

- *Color*: i colori dei materiali, privi di shading.
- *Diffuse*: i valori di diffusione degli shader.
- *Specular*: i valori di riflessione speculare delle alte luci degli shader.
- *Shadow*: calcolo delle ombre.
- *AO*: calcolo dell'*Ambient Occlusion*.
- *Reflection*: calcolo delle riflessioni con raytracing.
- *Refraction*: calcolo delle rifrazioni (trasparenza e distorsione) con raytracing.

In corrispondenza delle ultime cinque voci elencate, sono presenti dei pulsanti [✕]. La loro pressione causerà l'esclusione della rispettiva passata dal risultato fornito dalla passata *Combined*, rendendo così possibile la rielaborazione autonoma di questi valori, che potranno essere poi aggiunti alla passata *Combined* ottenendo l'immagine completa (Figura 10.18).

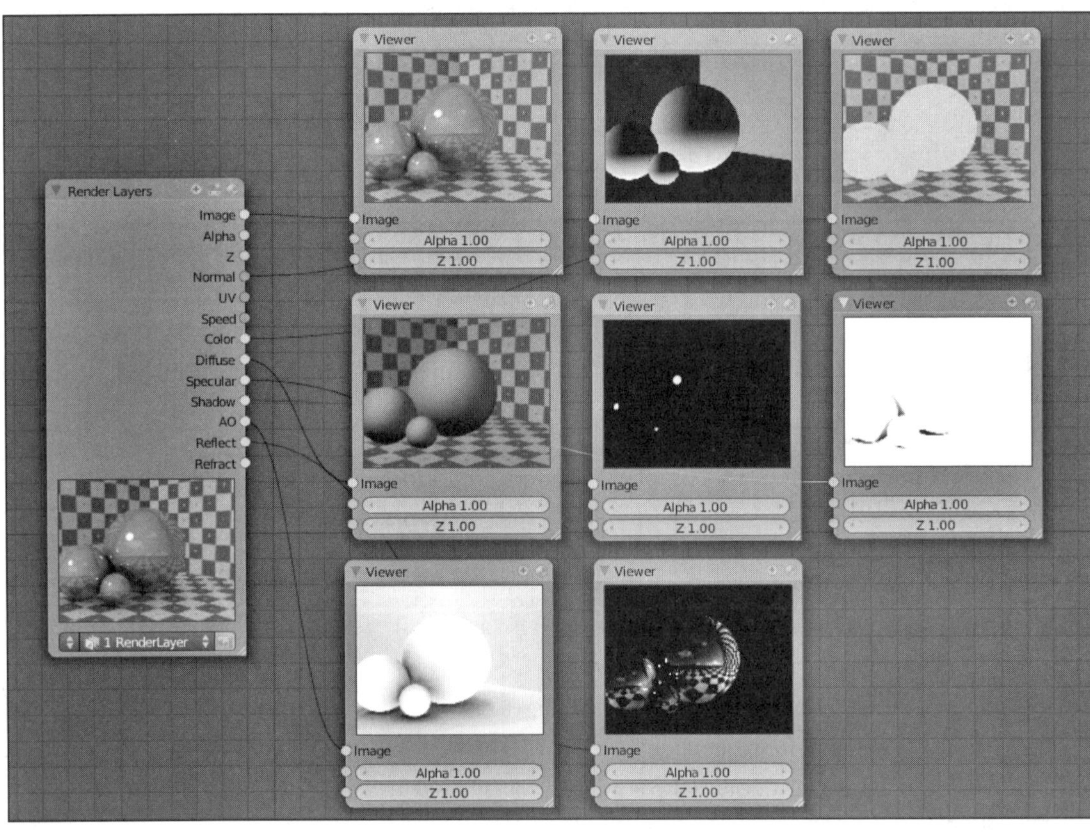

Figura 10.18
Il risultato delle diverse passate di un nodo Render Layer, ciascuno presentato da un nodo Viewer.

Tutto ciò sarà possibile grazie ai nodi di compositing e alle connessioni che tra loro si potranno stabilire. Prima di affrontarle, vediamo ancora un paio di nodi di input.

Image

Il nodo *Image* (Figura 10.19) può essere aggiunto nell'area di *Editing* premendo *Maiusc-A* e scegliendo la voce *Input* > *Image*.

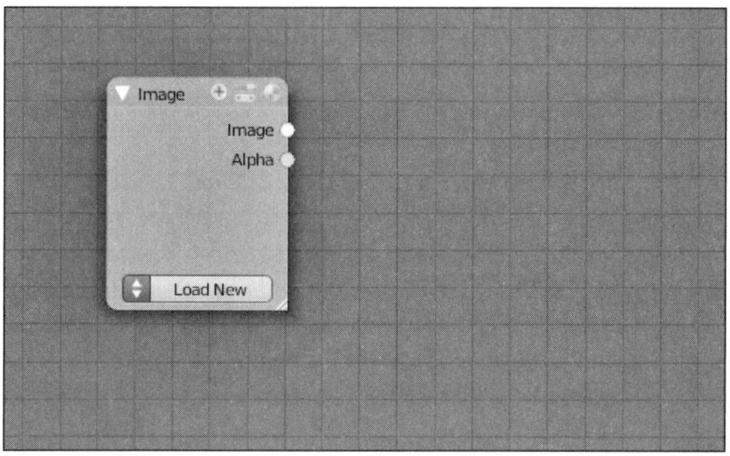

Figura 10.19
Il nodo Image, non appena viene caricato.

Tramite questo nodo possiamo introdurre nel compositing qualsiasi tipo di immagine leggibile da Blender (inclusi filmati e sequenze di immagini). Il nodo fornisce tre socket di output.

- *Image*: l'immagine RGB.
- *Alpha*: la mappa con i valori del canale Alpha (se supportato dal tipo di file e se presente).
- *Z*: i valori di profondità dell'immagine (se supportato dal tipo di file e se presente).

L'interfaccia del nodo è estremamente semplice; consiste in un display (disattivato se nessuna immagine è stata caricata) e in un selettore, tramite il quale possiamo richiamare il file browser per cercare il file o la sequenza da caricare oppure scegliere dalla lista i file già caricati in Blender al momento.

Nel momento in cui viene scelto il contenuto del nodo, accadono due cose: il display mostra l'immagine scelta e compare il pulsante *Image Type* a destra del campo del nome dell'immagine, che possiamo impostare nel seguente modo (Figura 10.20).

- *Image*: il contenuto è un'immagine statica.

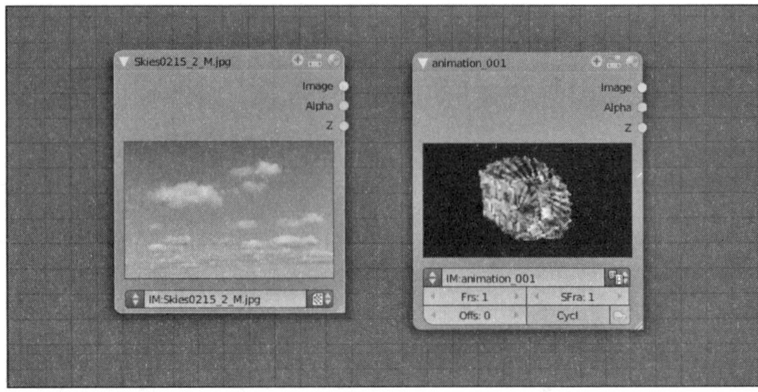

Figura 10.20
Il nodo Image, una volta caricata un'immagine (A) e una sequenza animata (B).

- *Movie*: il contenuto è un file video (per esempio un file *.mov* o *.avi*).
- *Sequence*: il contenuto è una sequenza di immagini, tutte dotate dello stesso nome e di un suffisso numerico progressivo: *img_001.png*, *img_002.png*, *img_003.png* e così via.
- *Generated*: il contenuto è un'immagine generata da Blender (tipicamente la *UV Grid* generabile nell'*UV/Image Editor* e nel pannello *Image or Movie* nel contesto *Texture*).

Nel caso di *Movie* o *Sequence* vedremo comparire all'interno del pannello alcuni nuovi controlli (comuni a entrambe le voci).

- *Frs*: questo contatore permette di specificare il numero di frame della sequenza o del filmato da inviare al socket di output.
- *SFra*: il frame della sequenza da cui iniziare la riproduzione.
- *Offs*: l'offset temporale (espresso in frame) rispetto alla *Timeline* con cui inviare l'output. Per esempio, scegliendo *Offs: 25*, giunti al venticinquesimo frame di animazione della scena, l'animazione presente nel nodo verrebbe avviata e inclusa nel network.
- Il pulsante *Cycl* rende ciclica l'animazione (una volta giunta al frame finale viene riprodotta nuovamente a partire dall'inizio).
- Il pulsante *Auto* aggiorna il frame della sequenza presente nel display a ogni cambio di frame nella *Timeline*.

Naturalmente, lavorando con immagini o filmati esterni, è importante tenere conto dei loro formati e, nel caso di file video, del framerate, in quanto potrebbe risultare non sincronizzato con quello della scena in cui avviene il compositing. In un nodo *Image* possono essere caricate immagini di formati diversi da quello di output: esse verranno sempre allineate rispetto al centro dell'immagine e saranno trasformabili con appositi nodi durante il processo di compositing.

Accenniamo ora a un uso più avanzato del nodo *Image*: poiché in esso sono caricabili tutti i tipi di file leggibili da Blender, può leggere anche i formati *Multilayer* (Figura 10.21). Questo formato di immagine, specifico per il compositing, oltre a contenere informazioni sul colore, sul canale *Alpha* e sulla profondità (*ZBuffer*) di un'immagine, è in grado di immagazzinare anche altre informazioni, per la precisione tutte le informazioni derivanti dalle passate di un rendering, attraverso un *Render Layer*. Quando parleremo dei nodi di output chiariremo meglio il funzionamento di questo nodo; per il momento ci basti sapere che tramite il nodo *Image* possiamo creare immagini con le stesse proprietà di un rendering multipassata.

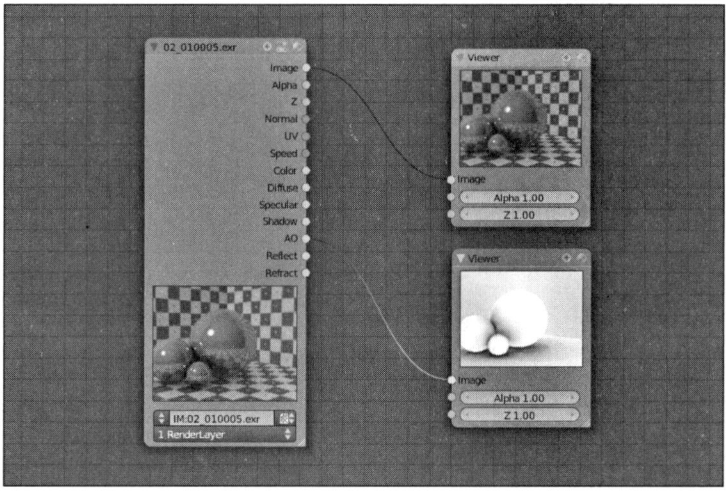

Figura 10.21
Un nodo Image all'interno del quale è stata caricata un'immagine multilayer.

Aggiungendo questo tipo di immagine al nodo, appariranno quindi altri socket (uno per ogni passata inclusa nel file), come se si trattasse di un *Render Layer*, con la differenza che a ogni cambio di frame l'immagine sarà già pronta e non sarà necessario attendere il rendering per ricevere le varie passate.

RGB

Questo nodo di input è molto semplice e consiste in un riquadro contenente un gradiente valore/saturazione e una rampa multicolore, tramite la quale selezionare la tinta desiderata, che verrà poi immessa nella rete attraverso l'output RGBA (Figura 10.22).

Time

Le immagini e i colori non sono l'unico tipo di input che si può fornire alla rete di nodi. A titolo esemplificativo presentiamo quindi

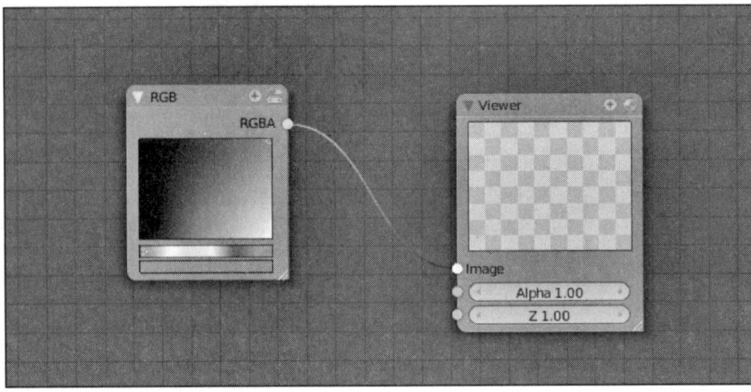

Figura 10.22
Il nodo RGB.

il nodo *Time*, che permette l'input di valori numerici animabili in un socket dello stesso tipo, in un altro nodo (Figura 10.23).

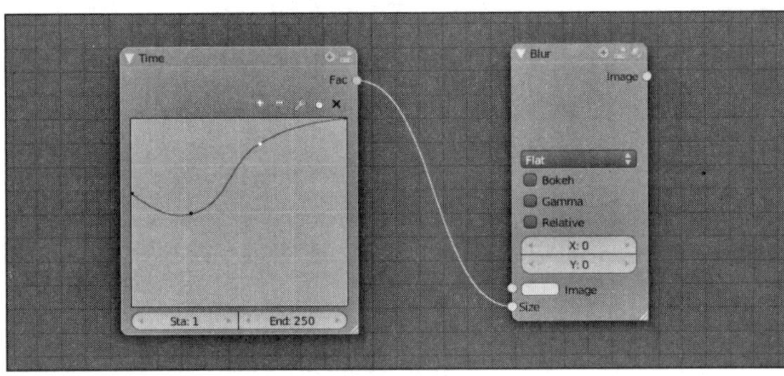

Figura 10.23
Il nodo Time, connesso a un altro nodo, per animarne un parametro.

Il contenuto consiste in un grafico, il cui sistema di coordinate rappresenta lungo la X (orizzontale) l'intervallo temporale entro cui considerare i valori del grafico e lungo la Y i valori inviati all'unico socket, *Fac*.

Quando questo nodo viene collegato per animare i valori di un altro, le coordinate Y del grafico vengono mappate in modo da coincidere con il valore minimo e massimo che può assumere il valore stesso. L'esempio mostra l'utilizzo del nodo per definire il valore dei contatori *Alpha* (nel nodo *Composite*). Notiamo come, nel momento in cui i socket vengono collegati, il contatore scompare, in quanto ora il valore viene definito dall'andamento del grafico.

Il marcatore verde verticale si sposterà orizzontalmente, indicando il punto della curva preso in considerazione. Lo spostamento del marcatore avverrà all'interno dell'intervallo di frame (della *Timeline*) specificato attraverso i due appositi contatori *Sta* (frame iniziale) ed *End* (frame finale).

Output

Prima di passare alla parte relativa al compositing, trattando i nodi che ci permetteranno realmente di *fare* qualcosa, vediamo attraverso quali nodi possiamo uscire dal sistema di compositing.

Composite

Come già visto, il setup di default consiste in un nodo di input (*Render Layer*) e in uno di output (*Composite*). Il nodo *Composite* è di grande importanza, in quanto permette di effettuare l'output di tutta la rete di compositing, nel percorso e nel formato impostati nel pannello *Output* del contesto *Scene* (Figura 10.24).

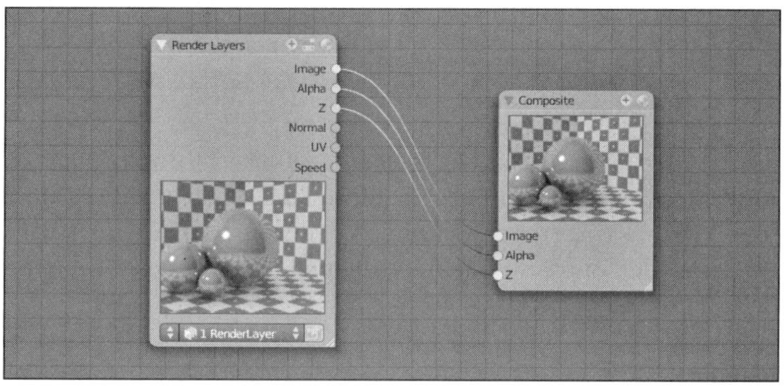

Figura 10.24
Il nodo Composite.

Questo nodo dispone di tre canali (socket): *Image* (composito RGBA), *Alpha* (valori della mappa di opacità – se esistente e se supportata dal file) e *Z* (valori di profondità – se supportati dal formato di file). Impiegando questi ultimi due canali e salvando il compositing in un formato idoneo, potremo inserire le immagini generate in un nuovo network, per elaborarle ulteriormente. In tal caso, dovremo valutare anche l'utilizzo del nodo *File Output*.

File Output

Permette di gestire l'output del network, o di parte di esso, definendo un percorso di salvataggio, un formato di file e un intervallo di frame diversi da quelli usati dal nodo *Composite*.
L'interfaccia del nodo, come si vede nella Figura 10.25, presenta un campo all'interno del quale specificare la cartella in cui salvare le immagini (nel caso di questo nodo non è possibile salvare filmati, ma solamente immagini e sequenze di immagini); a sinistra del campo si trova il pulsante per richiamare il file browser, per scegliere più agevolmente il percorso. Quindi troviamo il menu a

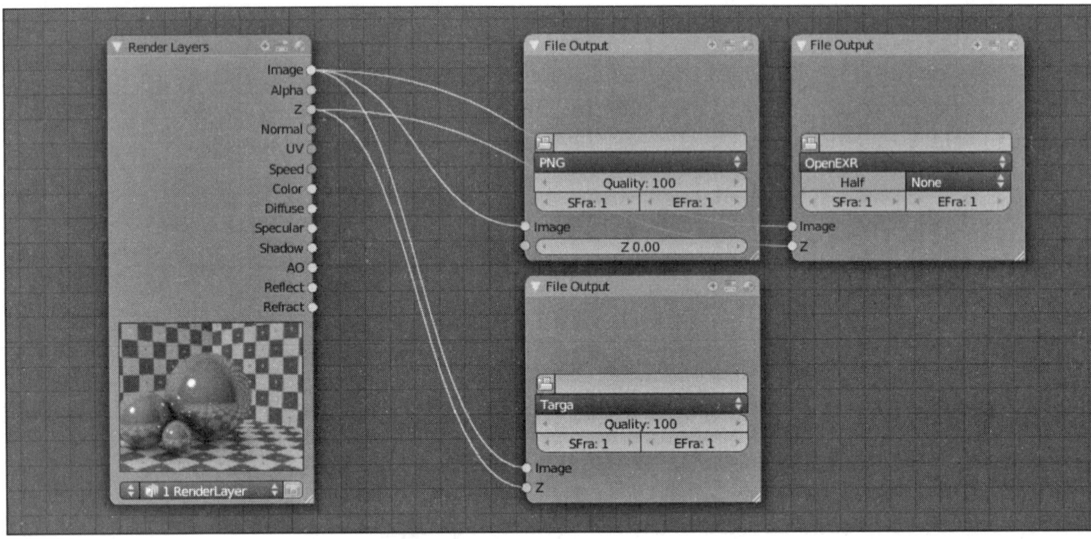

Figura 10.25
Il nodo File Output, impostato per fare uso di diversi formati file.

discesa *Save Image as*, con cui possiamo definire il formato e, subito sotto, la qualità dell'output. Gli ultimi due elementi disponibili sono due contatori, per definire il frame di inizio (*SFra*) della creazione dell'output e il frame della fine (*Efra*), rispetto al tempo della *Timeline*.

Viewer

Infine abbiamo il nodo Viewer, che probabilmente sarà il più utilizzato durante il lavoro di editing della rete, in quanto fornisce un'anteprima del *Composite* (o meglio, di qualsiasi cosa venga a esso collegata attraverso il socket *Image*) direttamente all'interno di Blender. L'anteprima può essere visualizzata in una finestra *UV/Image Editor*, (Figura 10.26) scegliendo con il selettore l'immagine *Viewer Node*, oppure come sfondo della finestra del *Node Editor* (in questo caso dovremo attivare l'opzione *Backdrop* presente nell'intestazione della finestra) (Figura 10.27).
Poiché è possibile creare più nodi Viewer e connetterli a diversi punti della rete (ottenendo diversi risultati), possiamo vedere l'anteprima di ciascuno di essi (sia nell'*Image Editor* sia come sfondo) semplicemente selezionandolo con un clic.

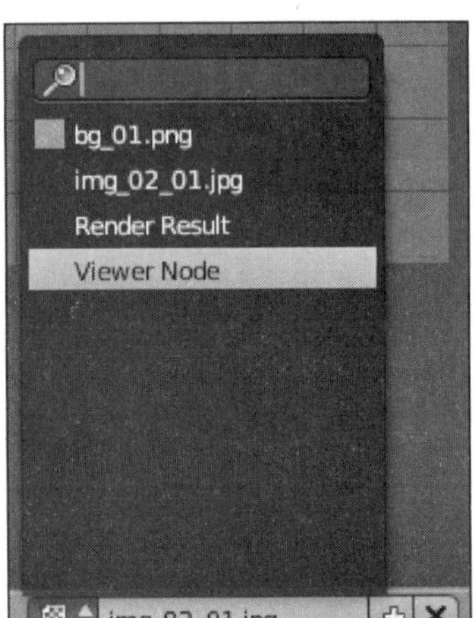

Figura 10.26
Il selettore immagini nella finestra UV/Image Editor.

Compositing

Eccoci giunti infine ai nodi per elaborare le immagini, ovvero i nodi per il compositing. Ancora una volta, a titolo esemplificativo, ne considereremo solo alcuni; tuttavia prima di iniziare diamo

Figura 10.27
Il nodo Viewer, una volta attivata l'opzione Backdrop.

un'occhiata al contenuto del menu *Add*, per avere una visione d'insieme di tutte le attività disponibili.

- *Input*: nodi di input.
- *Output*: nodi di output.
- *Color*: nodi per la gestione delle informazioni colore di un'immagine (tra questi menzioneremo nel dettaglio *RGB Curves*, *Mix*, *Alpha Over* e *Z Combine*).
- *Vector*: nodi per la gestione e la trasformazione di valori vettoriali.
- *Filter*: filtri che vengono applicati all'immagine (vedremo *Blur*, *Vector Blur* e *Defocus*).
- *Convertor*: nodi per svolgere operazioni di compositing impiegando e combinando tutte le proprietà di un'immagine.
- *Matte*: nodi per gestire immagini poste su fondali (bluescreen, greenscreen e così via).
- *Distor*: nodi per la distorsione di un'immagine
- *Group*: se abbiamo creato dei gruppi, possiamo aggiungerli all'editor, come se si trattasse di nodi qualsiasi.

RGB Curves

Questo nodo (Figura 10.28) permette di variare i valori di input/output di un'immagine. All'interno del nodo troviamo quattro

pulsanti, ciascuno dei quali richiama un grafico per modificare i valori del canale composito (C, la somma dei tre canali RGB), del rosso (R), del verde (G) e del blu (B).
Sotto questo grafico si trova il contatore *Fac* (il fattore di influenza del nodo sull'immagine in uscita), il cui valori si estendono da *0* (nessuna influenza) a *1* (massima influenza).

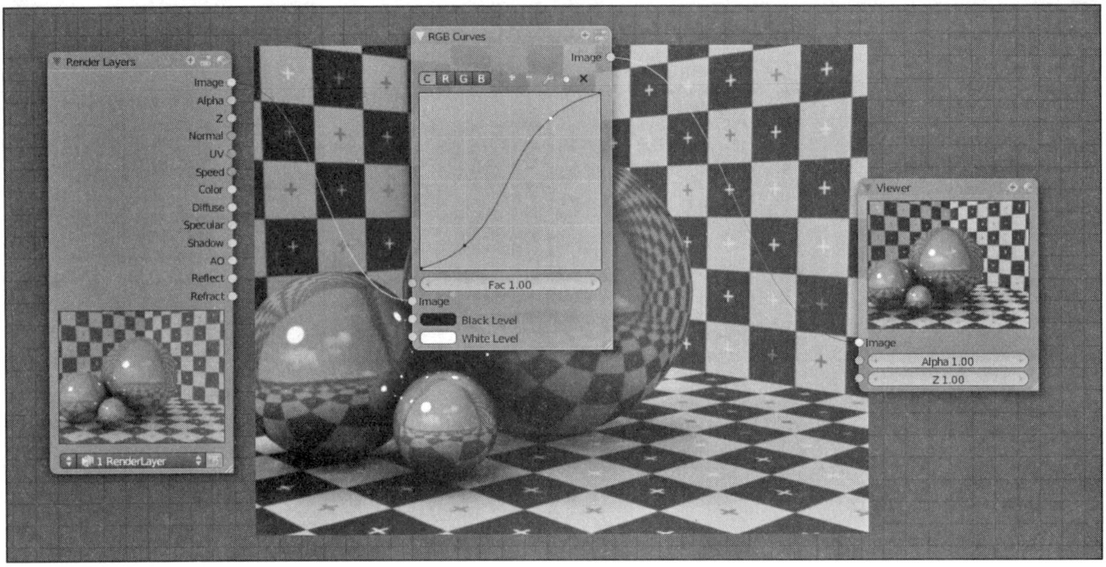

Figura 10.28
Il nodo RGB Curves.

Successivamente, oltre al socket per l'input dell'immagine da elaborare, troviamo i riquadri *Black Level* (per definire il livello di input del nero) e *White Level* (livello di input del bianco).
Attraverso un uso accorto di queste curve possiamo svolgere un ampio numero di modifiche ai colori, alla luminosità e al contrasto dell'immagine, come possiamo vedere nella Figura 10.29.

Mix

Passiamo ora al primo dei nodi che permette la combinazione di due immagini di input, trattandole come se fossero sovrapposte; bisogna tenere tuttavia presente che la loro disposizione non è quella che si potrebbe intuire dalla disposizione dei socket: l'immagine da considerare "di sfondo" è infatti quella che si collega al primo socket mentre quella "soprastante" è quella inserita con il secondo socket (Figura 10.30).
Il metodo di fusione delle due immagini si imposta tramite il menu a discesa *Blend type*, che mette a disposizione diciotto possibilità, tra cui le seguenti.

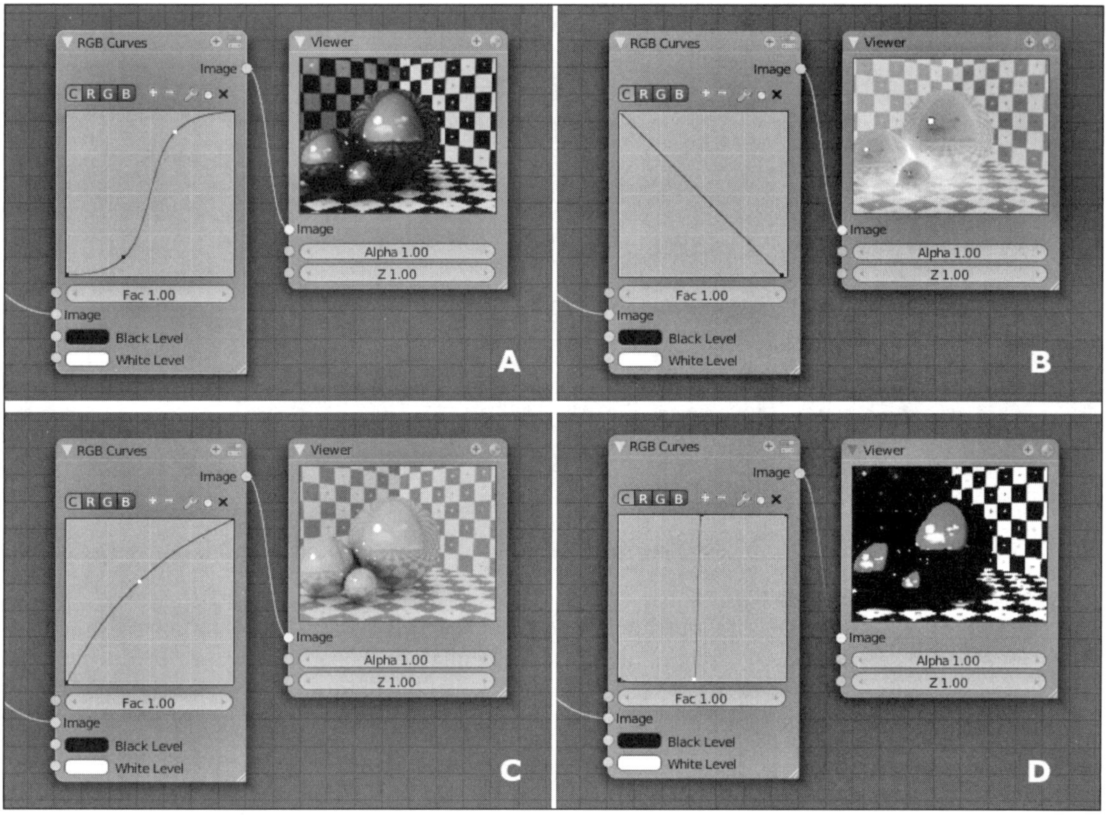

Figura 10.29
Alcuni esempi d'uso delle curve, per aumentare il contrasto (A), per invertire i colori di un'immagine (B), per aumentarne la luminosità (C) e per creare un effetto poster (D).

- *Mix*: l'immagine di sfondo viene coperta da quella soprastante, usando valori alpha.
- *Add*: i valori dei pixel vengono sommati (producendo un'immagine più chiara).
- *Subtract*: i valori vengono sottratti (producendo un'immagine più scura).

Il contatore *Fac* indica il livello di influenza che l'immagine soprastante ha su quella di sfondo (*1* = massima influenza, *0* = minima influenza) (Figura 10.31).

Alpha Over

Questo nodo nasce per la combinazione di un'immagine dotata di canale Alpha su uno sfondo opaco. Come per il nodo *Mix*, l'immagine di sfondo andrà collegata al primo socket, mentre l'immagine con le aree trasparenti andrà in quello sottostante (Figura 10.32). Anche il contatore *Fac* funziona allo stesso modo; pertanto, portandone il valore da *1* a *0*, si causerà la scomparsa graduale dell'immagine soprastante in favore dello sfondo.

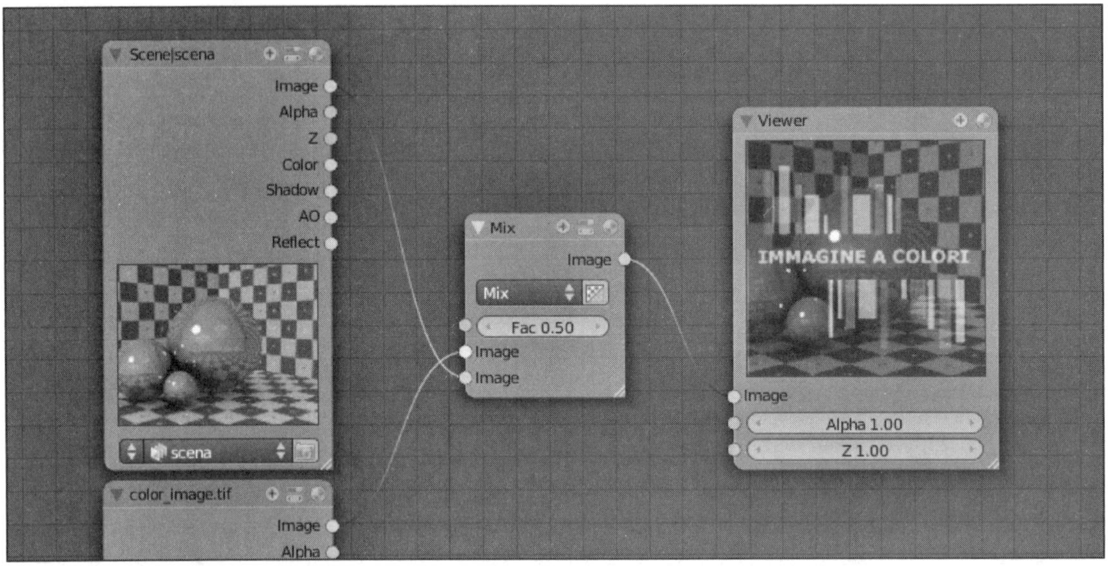

Figura 10.30
Il nodo Mix.

L'opzione *Convert Prem* va utilizzata qualora si faccia uso di un'immagine il cui canale Alpha non fa parte dei valori compositi della stessa (RGB anziché RGBA) (Figura 10.33).

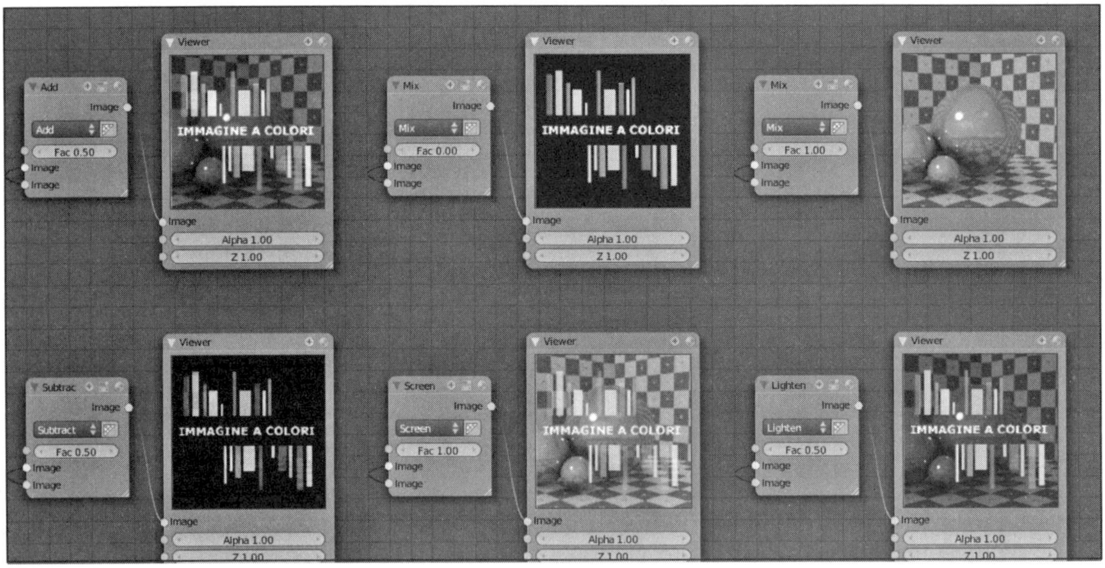

Figura 10.31
Impiego del nodo Mix, impostando diversi metodi di fusione.

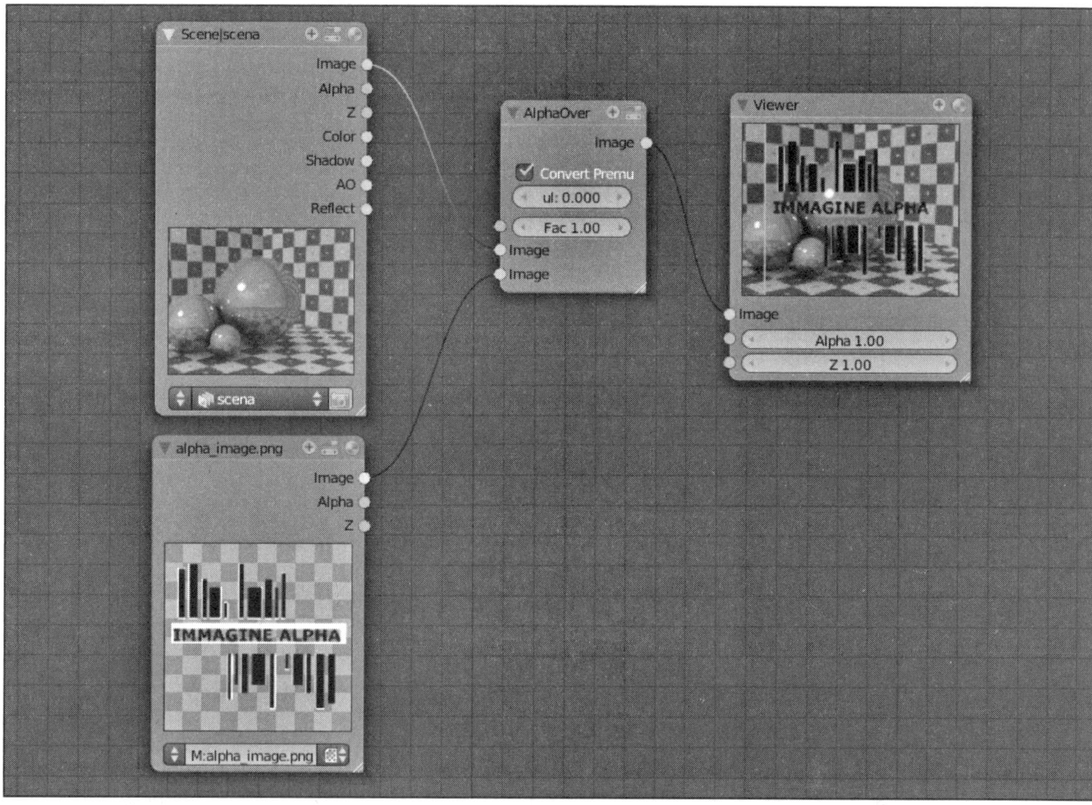

Figura 10.32
Il nodo Alpha Over.

Figura 10.33
Utilizzo dell'opzione Convert Prem.

Z Combine

Z Combine costituisce il primo esempio di utilizzo pratico dei *Render Layer*. La funzione esercitata da questo nodo è quella di eseguire il compositing di due immagini, basandosi sui loro valori di profondità (*Z-depth*) per determinare quali parti di ciascuna immagine saranno visibili o meno (Figura 10.34).
Nell'esempio è possibile vedere che i due solidi appartenenti alla stessa scena sono stati posti su due *Render Layer* distinti e successivamente, attraverso il nodo *Z Combine* siano stati riuniti.

Blur

Passiamo ora alla famiglia di nodi *Filters* e per prima cosa vediamo un semplice, ma utile nodo: *Blur* (Figura 10.35).
Questo nodo elabora un'immagine di input e vi applica una sfocatura, utilizzando uno dei metodi presenti nel menu a discesa *Filter Type* (i cui risultati sono confrontabili in Figura 10.36). Sono presenti inoltre tre opzioni.

- *Bokeh*: applica il *Blur* con un filtro circolare, aumentando la qualità dell'immagine (e il tempo di rendering).
- *Gamma*: corregge le gamma dell'immagine prima di applicare il *Blur*.
- *Relative*: fa sì che l'intervallo di distribuzione dell'effetto lungo le dimensioni dell'immagine non sia più specificato in pi-

Figura 10.34
Il contenuto di due Render Layer combinato tramite il nodo Z Combine.

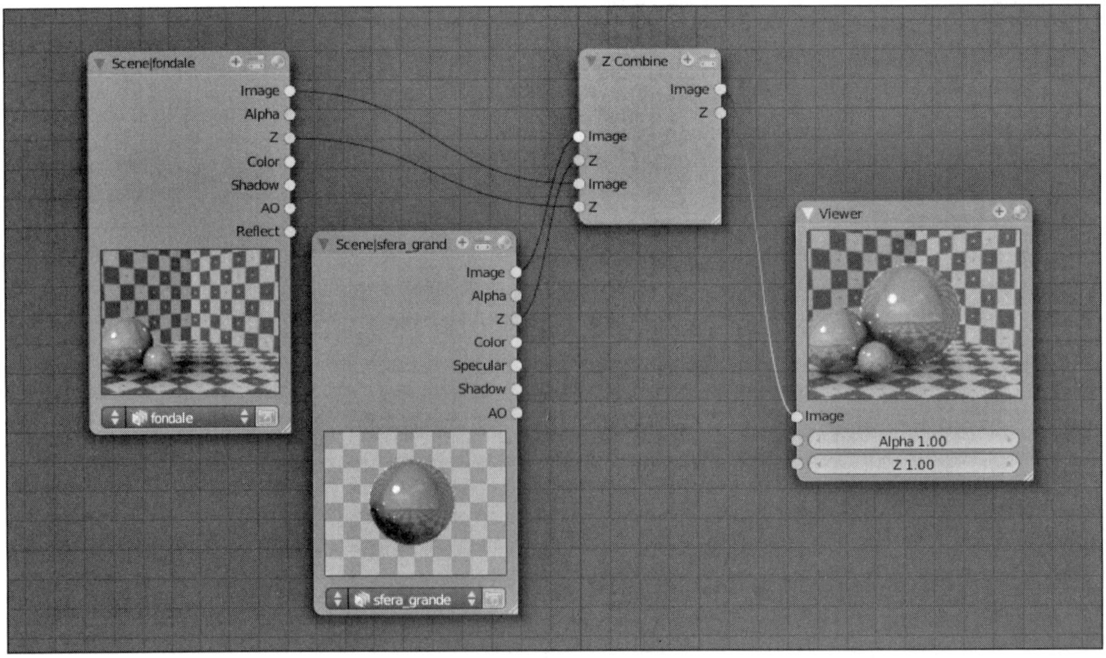

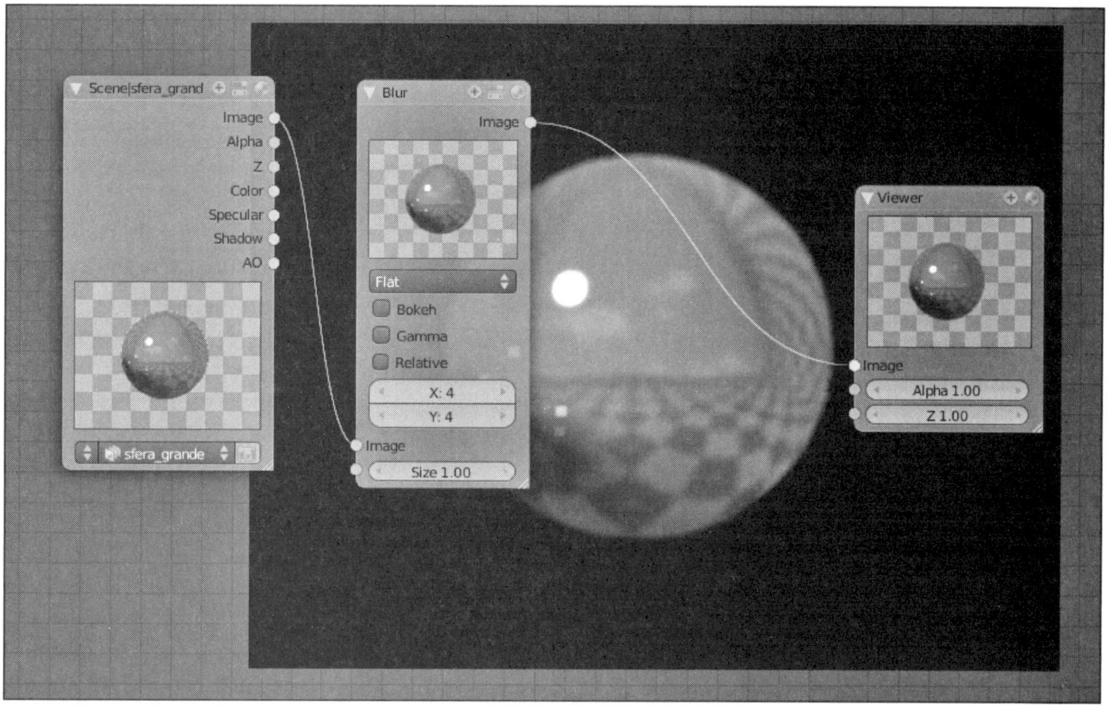

Figura 10.35
Il nodo Blur.

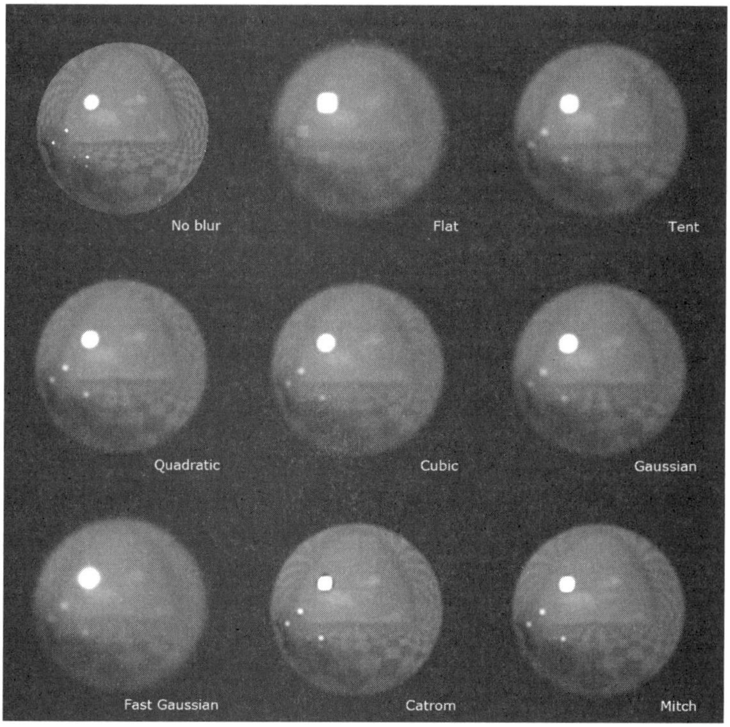

Figura 10.36
Confronto tra i diversi tipi di Blur disponibili nel nodo.

xel, bensì in proporzione alle dimensioni stesse (*0* = sfocatura 0% della dimensione dell'immagine, *1* = 100% della dimensione). Questi valori vanno specificati tramite i contatori *X* e *Y* sottostanti.

Vector Blur

Il nodo *Vector Blur* (Figura 10.37) permette di generare l'effetto di sfocatura di movimento (*motion blur*) caratteristico di ogni oggetto che, nella realtà, viene filmato mentre si sposta a una certa velocità (maggiore la velocità, maggiore l'effetto).

Figura 10.37
Il nodo Vector Blur.

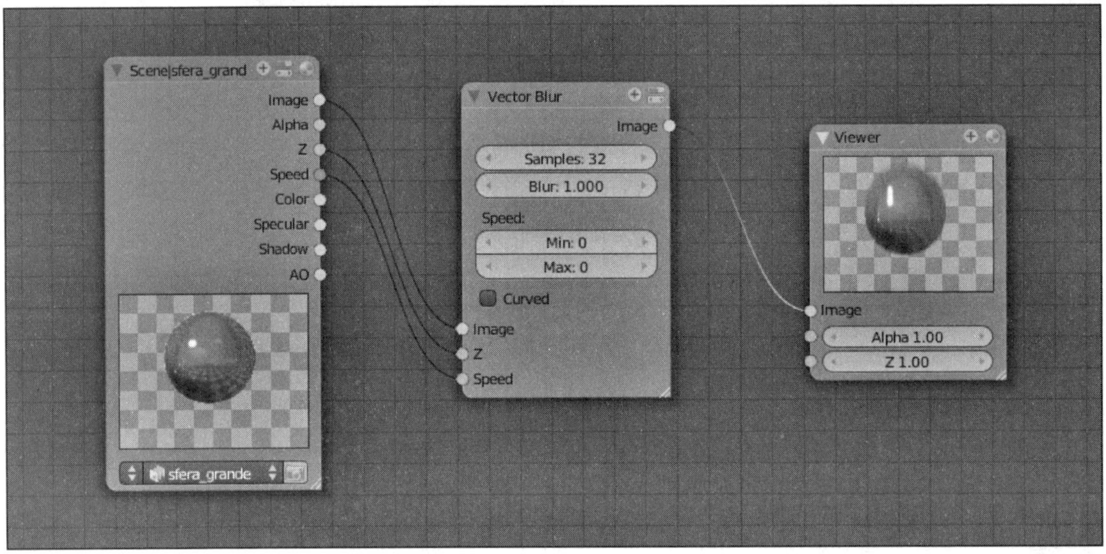

Se effettuiamo il rendering di un oggetto in movimento, esso risulterà sempre perfettamente nitido in quanto i frame vengono interpolati, non interpretati dal computer. Il fatto che questo nodo esista ci suggerisce che tuttavia un modo per ottenere l'effetto c'è.

Per funzionare necessita (oltre che di una scena con oggetti in movimento) delle passate *Combined*, *Vector* e *Z*, che andranno rispettivamente connesse ai socket *Image*, *Z* e *Speed*. Gli elementi presenti nel nodo sono invece i seguenti.

- *Samples*: il numero di campionature del movimento (copie visibili dell'oggetto nello stesso frame, lungo la sua traiettoria).
- *Blur*: fattore di sfocatura (Figura 10.38). Il valore di questo parametro si estende da *0* a *2* e determina la visibilità dell'effetto (maggiore è il valore, maggiore è l'effetto).

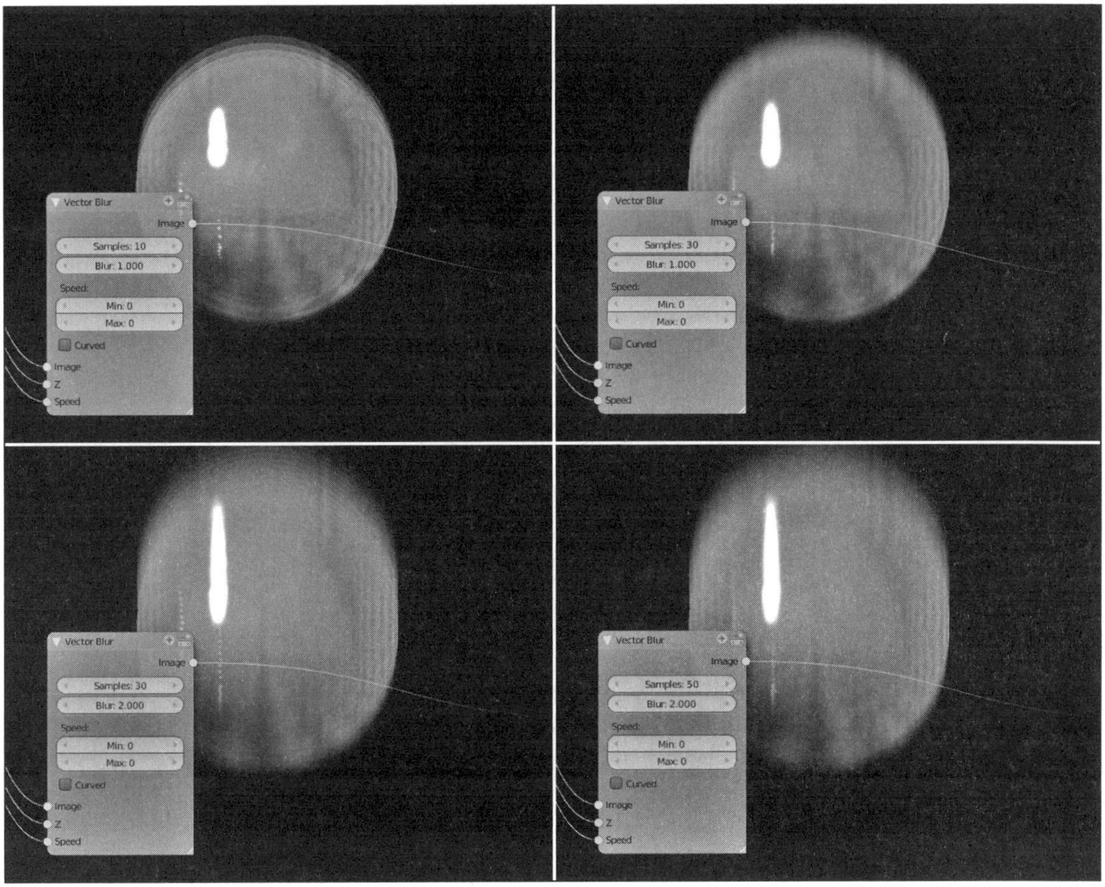

Figura 10.38
Variazioni del parametro Samples e Blur nel nodo Vector Blur.

- I due contatori *Min* e *Max* nel contesto *Speed*, permettono di impostare una soglia minima e massima di velocità alla quale un oggetto deve muoversi affinché l'effetto sia visibile. Per esempio, per evitare fastidiosi effetti di *Blur* quando la *Camera* effettua piccoli movimenti, potrebbe essere utile assegnare al contatore *Min* un valore di *2* o *3*.
- L'opzione *Curved* cambia il metodo di interpolazione dei campioni, utilizzando una progressione morbida (curva di Bèzier) anziché una lineare.

Defocus

Lo scopo di questo nodo è simulare un altro effetto che molte volte risulta determinante per il realismo di una scena: la profondità di campo (*DoF: Depth of Field*). In fotografia, l'effetto di profondità di campo è visibile per esempio quando si scatta una foto mettendo a fuoco un soggetto molto vicino, con un certo livello di zoom e con il diaframma piuttosto aperto.

Come risultato di tale scatto vedremo nitidamente il soggetto, mentre tutto ciò che si trova dietro e davanti risulterà sfocato e più o meno indistinto.
Per ottenere lo stesso tipo di effetto in Blender, non è sufficiente impiegare il nodo *Defocus*; è necessario prima di tutto impostare correttamente la *Camera* definendo il valore del parametro *Distance*, nella voce *Depth of Field* del pannello *Lens* (nel contesto *Camera*). Alternativamente potremo specificare il nome di un oggetto (solitamente un *Empty*) nel campo alla sinistra del contatore *Distance*, impiegando come punto di messa a fuoco la distanza dalla camera (Figura 10.39).

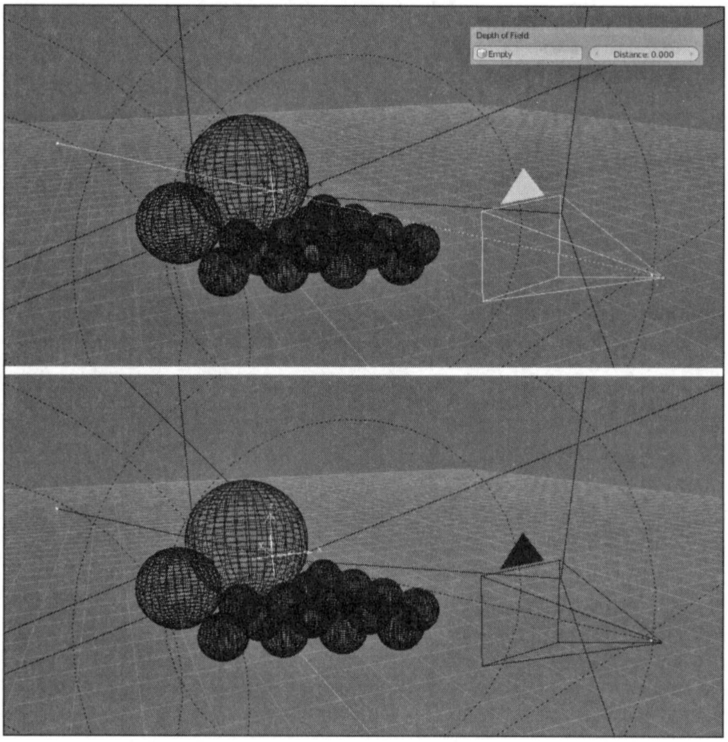

Figura 10.39
Setup della Camera, per definire il punto di messa a fuoco.

Quindi potremo procedere a utilizzare il nodo, il quale richiede come input un'immagine e il relativo z-buffer (Figura 10.40).
Il primo elemento che si incontra è il menu a discesa *Bokeh Type*, che permette di definire le caratteristiche estetiche delle aree fuori fuoco (che nella realtà sono frutto dell'aberrazione delle lenti e del tipo di diaframma utilizzato). La scelta parte da una forma triangolare e progredisce fino a una ottagonale, per poi passare a quella circolare (in quanto la differenza tra queste ultime due è sottile, rendendo quindi inutile avere ulteriori figure).

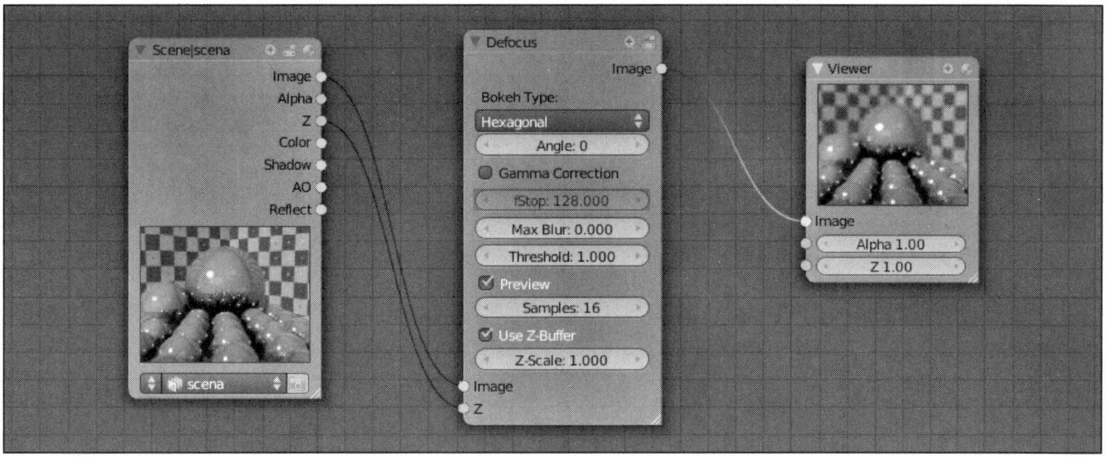

Figura 10.40
Il nodo Defocus.

Associato a questo menu troviamo il contatore *Angle*, che permette la rotazione (specificando un valore angolare) della figura scelta per il *Bokeh*.
Successivamente incontriamo le seguenti opzioni (Figura 10.41).

- *Gamma Correction*, che, allo stesso modo del nodo *Blur*, corregge la gamma dell'immagine prima di applicare l'effetto.
- Il contatore *fStop* (disabilitato), per determinare il livello di sfocatura dell'immagine. Simula l'apertura di un diaframma (senza tuttavia comportare conseguenze per quanto riguarda l'animazione), pertanto più basso è il valore, maggiore sarà l'effetto. Di default è impostato a *128*, un valore assimilato alla messa a fuoco all'infinito, dove tutto è nitido.
- Il contatore *Max Blur* imposta una soglia massima per le dimensioni delle sfocature (riducendo i tempi di calcolo).
- *Threshold*: valore di aggiustamento nel caso in cui siano visibili artefatti nell'applicazione dell'effetto.
- *Preview*: opzione (attiva di default) per previsualizzare il risultato dell'effetto, che necessita effettivamente di molto tempo per essere calcolato.
- *Samples*: (attivo se l'opzione *Preview* è attiva) il numero di campionature da effettuare per la resa dell'effetto di sfocatura in anteprima.
- *Use Z-Buffer*: opzione (attiva di default) che richiede l'input dei valori di profondità dell'immagine attraverso il socket *Z*. Se questa opzione viene disabilitata, diventa possibile usare il contatore *fStop*.
- *Z-Scale*: questo contatore permette l'alterazione dei valori *Z-Buffer* ricevuti dal nodo, offrendo maggiore controllo sul risultato finale della sfocatura.

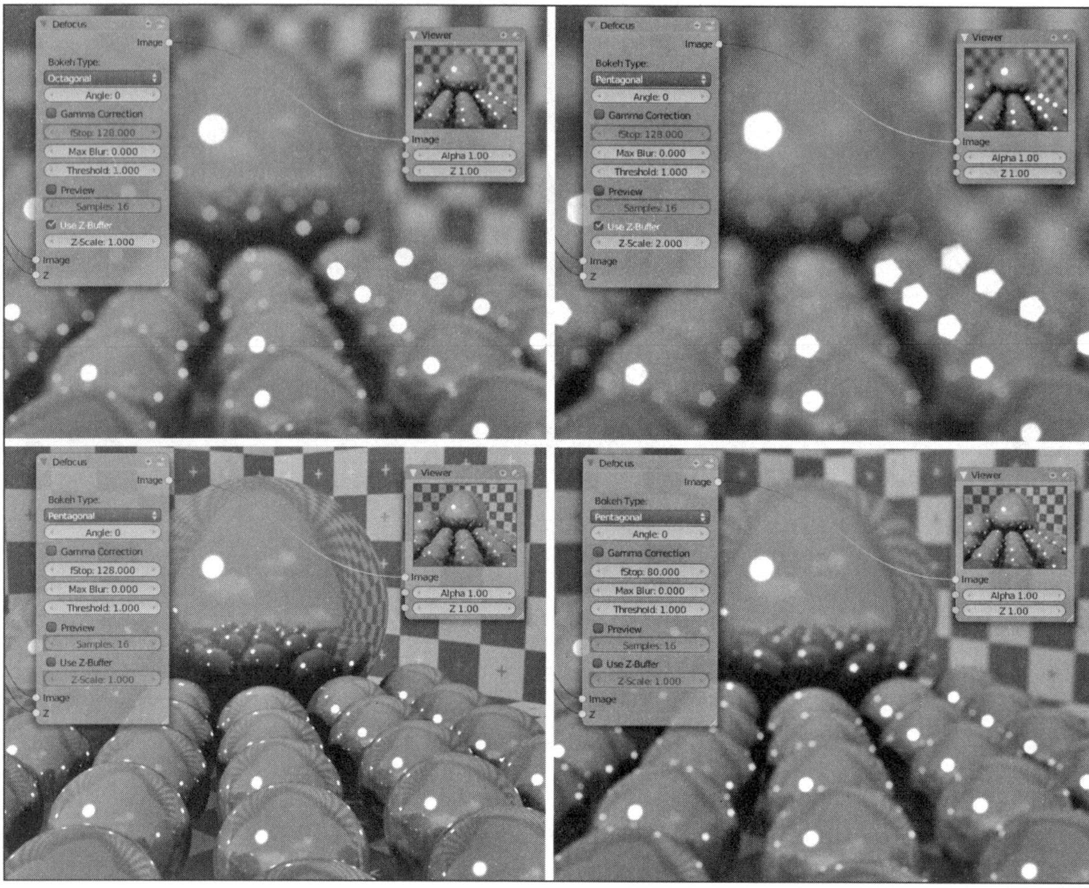

Figura 10.41
I risultati ottenuti tramite il nodo Defocus.

Altri tipi di nodi

All'inizio del capitolo, durante l'esplorazione dell'interfaccia del Node Editor, abbiamo notato l'esistenza dei pulsanti per accedere allo spazio di editing dei materiali e delle texture, prima di concentrarci sul compositing.

Questi due spazi e i nodi che in essi è possibile continuare, non verranno trattati in questo testo, tuttavia l'esperienza guadagnata osservando il funzionamento del compositing permetterà di concentrarsi direttamente sulle funzionalità dei nodi stessi e sui risultati delle loro combinazioni.

Una breve parentesi prima della conclusione riguarda i recenti progressi sul fronte dell'utilizzo dei nodi per controllare le proprietà degli oggetti stessi. A partire dalla versione 2.5 di Blender è in fase di sviluppo un sistema che, grazie alla medesima interfaccia vista per il compositing, permetterà di mettere in relazione tra loro elementi come mesh, vettori e intensity map. Questo tipo di sistema comporterà grande flessibilità e controllo, sia nell'ambito della simulazione visiva, sia in quello dell'animazione.

Conclusioni

Ciò che abbiamo visto rappresenta un'introduzione alle funzionalità di base e alle possibilità offerte dalle reti di nodi. La loro potenza, come abbiamo detto più volte, sta nella loro flessibilità e intuitività. Una volta acquisito un minimo di familiarità, la ricerca di nuove soluzioni visuali per i propri rendering diverrà sempre più interessante e stimolante.

Capitolo 11

Approfondimenti

In questo capitolo

- **Dinamiche**
- **Video Sequence Editor**
- **Conclusioni**

Conclusa la trattazione del sistema di compositing basato sui nodi, possiamo affermare di aver fornito una visione piuttosto completa del set di funzioni base di Blender.
Lo scopo del presente capitolo è presentare invece gli aspetti più avanzati del software, senza entrare in una trattazione dettagliata, con il fine di mostrarne le potenzialità, facilmente sfruttabili, una volta acquisiti i fondamenti presentati finora.

Dinamiche

Iniziamo con le dinamiche. L'attuale sistema delle dinamiche è di recente implementazione in Blender e permette lo svolgimento di svariate funzioni, come la generazione di corpi particellari, la simulazione del comportamento di tessuti, corpi solidi, fluidi (liquidi) e fumo.
Queste funzioni sono governate da un sistema globale di simulazione di forze fisiche, grazie alle quali è possibile ottenere simulazioni animate fisicamente realistiche (capelli e pelo, vestiti e così via).
Come vedremo, le dinamiche vengono generate e gestite all'interno dei due contesti *Particle* e *Physics*, ma vengono in realtà assegnate all'oggetto come modifier; vedremo infatti comparire una voce omonima al tipo di dinamica creata anche all'interno dello stack modifier (Figura 11.1).

Particelle

La creazione e la gestione degli innumerevoli parametri di un sistema di particelle avviene nel contesto *Particles*, raggiungibile dopo aver selezionato un qualsiasi oggetto mesh presente nella scena (per lavorare con le particelle serve esclusivamente un oggetto di questo tipo).

Scorriamo rapidamente i pannelli presenti in questo contesto per farci un'idea di ciò che è possibile svolgere.

Innanzitutto, dobbiamo creare nella lista un sistema di particelle (che verrà automaticamente chiamato *ParticleSystem*), attivando di conseguenza tutta la relativa interfaccia.

Successivamente potremo assegnare un nome al sistema e assegnargli un set di proprietà attraverso il selettore (se non è stato creato alcun set, la lista apparirà vuota).

Appare poi il primo importante menu: il dropdown *Type*, per la scelta del tipo di sistema di particelle.

- *Hair*: genera filamenti di particelle tra loro connesse (fili d'erba, peli, pellicce, capelli e così via). Questi filamenti possono essere statici o dinamici (ovvero animati secondo il sistema di forze globale e secondo il movimento dell'oggetto da cui sono generati).
- *Emitter*: rende la geometria un emettitore (*emitter*) di singole particelle, dotate di proprietà definite nei pannelli sottostanti.

Nonostante questi due metodi di generazione di particelle portino a risultati diversi, e pertanto necessitino di proprietà e impostazioni tra di loro molto diverse, la base di partenza rimane la medesima e alcune funzionalità sono valide per entrambi.

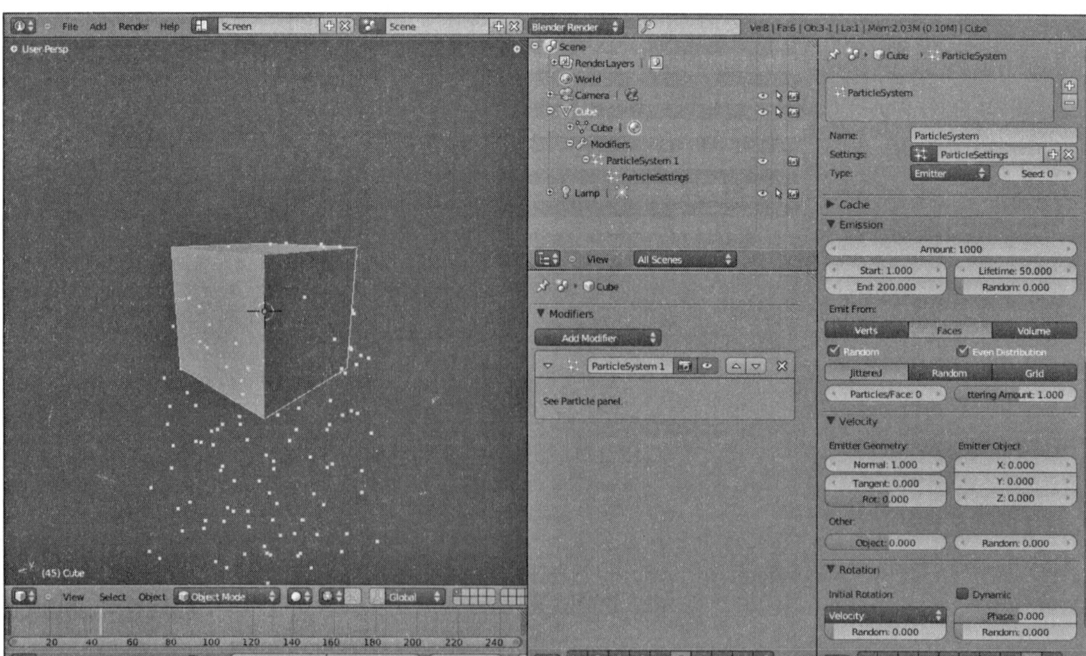

Figura 11.1
La mesh presente nella scena dispone di un sistema particellare, visibile come modifier nel relativo contesto ed editabile nel contesto Particles.

Una funzionalità di grande importanza per entrambi è costituita dal *caching*, ovvero la possibilità di salvare (anche in file esterni) il risultato dell'animazione di un sistema di particelle. In questo modo le animazioni potranno essere riprodotte fluidamente, senza la necessità di ricalcolarle continuamente (Figura 11.2).

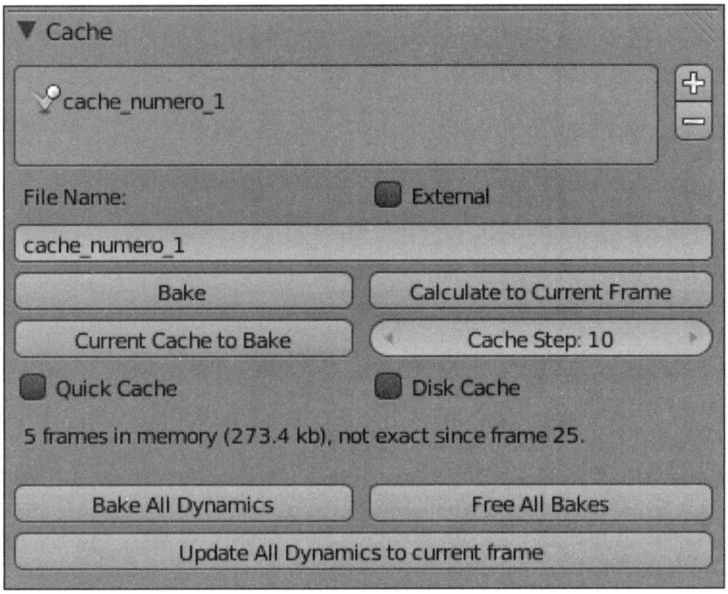

Figura 11.2
Il pannello per effettuare il caching di un'animazione particellare.

Questo processo si effettua nel pannello *Cache*, che, se il tipo di sistema è *Hair*, apparirà solamente se il pannello *Hair dynamics* è attivato.

I pannelli *Emission* e *Velocity* contengono invece la maggior parte dei parametri per definire la generazione delle particelle, per esempio il numero di particelle generate, le parti di mesh da impiegare per l'emissione delle particelle (i vertici, le facce, o l'intero volume) e, nel caso di emissione da parte di facce e volumi, la distribuzione delle particelle su di essi. Per quanto riguarda il pannello *Velocity* abbiamo invece due importanti set di controlli: *Emitter Geometry* (per esempio il contatore *Normal* determina l'influenza della normale del vertice della faccia, sulla velocità di emissione della particella) ed *Emitter Object* (influenza, secondo le coordinate passanti per il centro dell'oggetto, le forze assegnate al sistema globale, variando la direzione di emissione del flusso di particelle). Se il sistema è un *Emitter*, saranno presenti, tornando al pannello *Emission*, dei contatori per definire l'intervallo temporale entro cui avverrà l'emissione delle particelle da parte dell'oggetto (Figura 11.3).

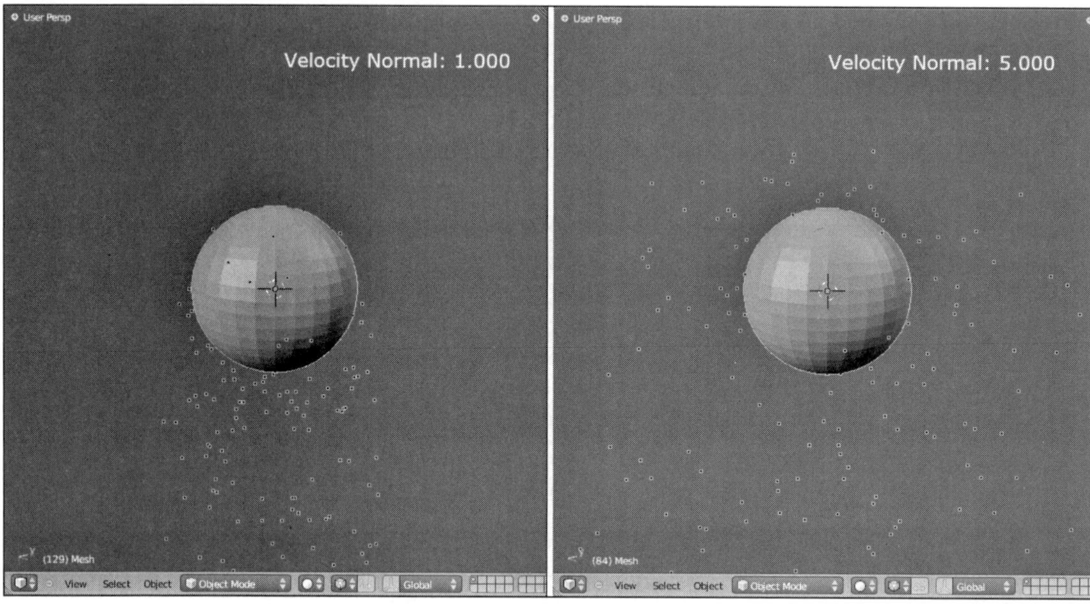

Figura 11.3
Variazione dei parametri di Velocity per un oggetto Emitter.

Uno dei pannelli successivi è *Physics* e riguarda il modello di simulazione fisica da applicare alle particelle (ovvero come esse reagiscono al mondo circostante). Se il sistema è un *Emitter*, potremo scegliere tra i seguenti modelli.

- *No*: nessun modello applicato.
- *Newtonian*: modello fisico, basato su parametri per simulare massa e volume delle particelle.
- *Keyed*: offre un controllo sulla disposizione delle particelle (rendendo possibile registrarne la posizione tramite un sistema di chiavi, riproducibili in sequenza).
- *Boids*: modello per la simulazione di stormi o, più in generale, di gruppi di oggetti, in grado di muoversi nello spazio con un certo grado di libertà, inseguendo o evitando un oggetto target.

Infine i pannelli *Render* e *Display* contengono i parametri per la visualizzazione delle particelle generate, sia nella vista *3D*, sia durante il rendering (i contenuti variano a seconda del tipo di sistema particellare). Se disponiamo di un oggetto *Emitter*, le possibilità sono molteplici e nel caso di *Render* abbiamo le seguenti opzioni (Figura 11.4).

- *None*: non vengono visualizzate.
- *Halo*: viene utilizzato l'effetto *Halo* (reperibile nel contesto *Materials*, premendo il pulsante switch *Halo*).
- *Line*: disegna le particelle come linee.

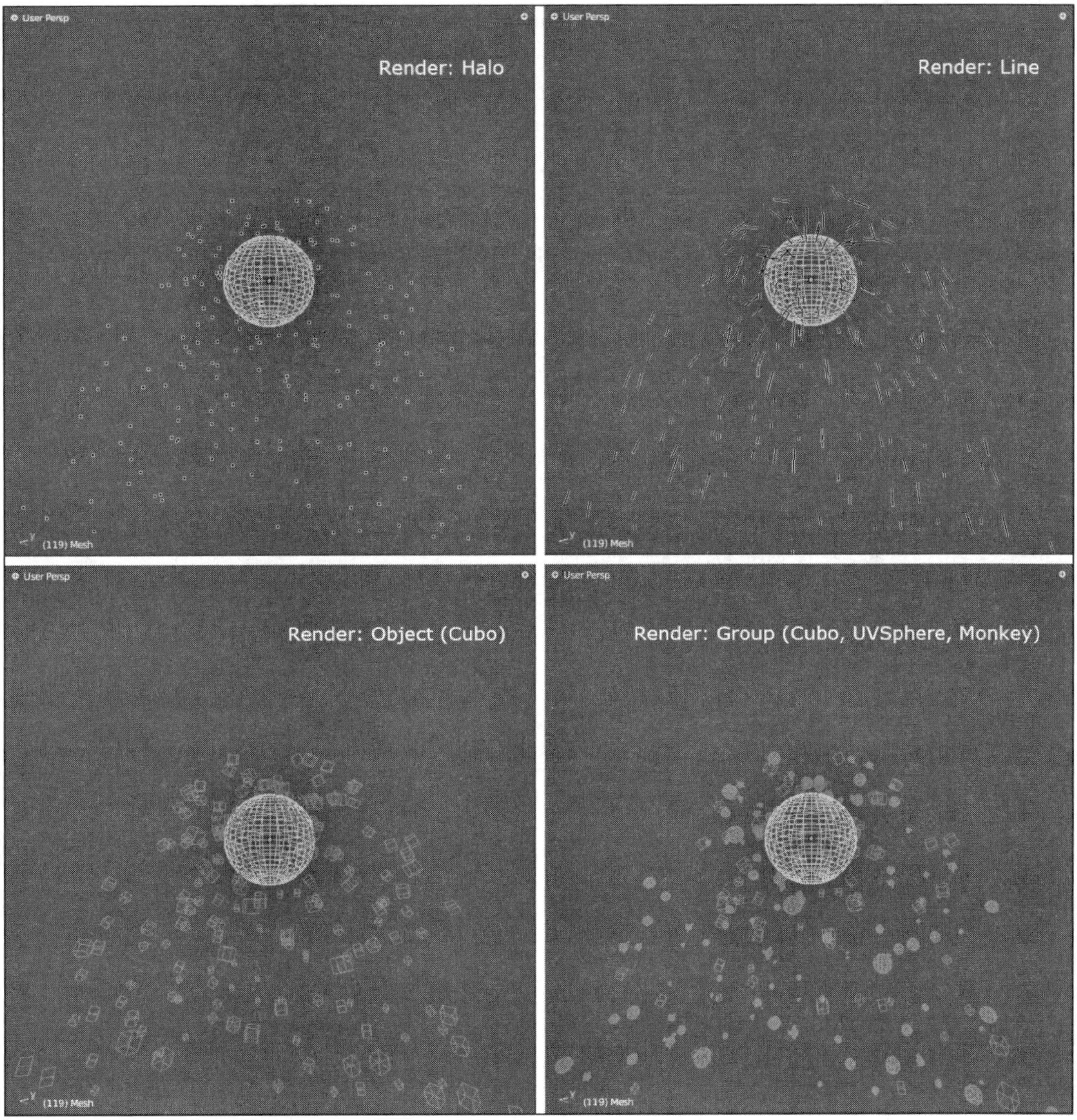

Figura 11.4
I differenti metodi di rendering di un sistema di particelle.

- *Path*: mostra il percorso delle particelle (necessità del backing/caching delle particelle).
- *Object*: disegna un'istanza di un oggetto per ciascuna particella emessa.
- *Group*: a partire da un gruppo di oggetti, li rappresenta uno per uno, ciclicamente, assegnandoli a una particela emessa.
- *Billboard*: rappresenta ogni particella come un piano, le cui proprietà possono essere gestite all'interno del pannello tramite i

controlli che compaiono all'attivazione del pulsante (per esempio possiamo mappare un'immagine su ciascun piano).

Per quanto riguarda il pannello *Display*, sono offerti vari metodi di visualizzazione, ma anche alcune opzioni comuni, per esempio quelle per mostrare le dimensioni delle particelle, il tracciato risultante dalla loro *Velocity*, il numero di ciascuna particella e il numero di particelle da rappresentare (in percentuale sul numero di particelle emesse). Le opzioni sono le seguenti (Figura 11.5).

Figura 11.5
I differenti metodi di rappresentazione nella vista 3D di un sistema di particelle.

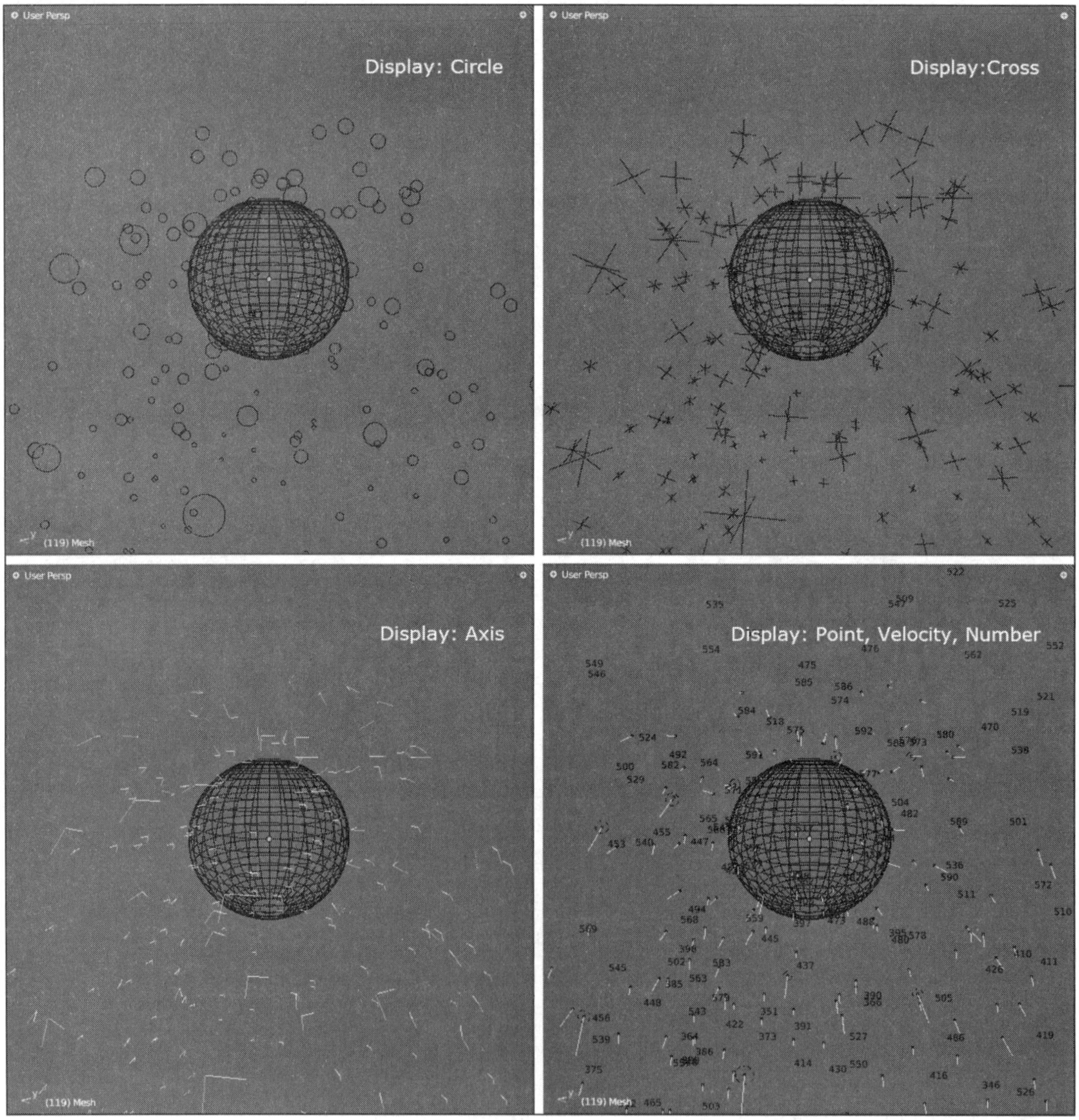

- *None*: nessuna particella è visibile nella vista 3D.
- *Render*: mostra le particelle come appariranno nel rendering (cioè come impostato nel pannello soprastante).
- *Point*: le particelle appaiono come punti.
- *Circle*: le particelle appaiono come cerchi.
- *Cross*: le particelle appaiono come croci.
- *Axis*: ogni particella viene rappresentata con un sistema di assi cartesiani (utile per capirne l'orientamento e l'eventuale rotazione).

Se il sistema di particelle è di tipo *Hair*, le possibilità di anteprima e rendering saranno più ridotte e la più importante sarà *Path*. La rappresentazione di filamenti avviene infatti interpolando il flusso di particelle emesso da vertici, facce e volume di un oggetto.

I pannelli successivi contengono parametri relativi all'interazione del sistema particellare con i campi di forza, (per esempio vortici, vento, turbolenze, attrazioni e così via) e relativi all'incremento di complessità visiva del sistema di particelle; quest'ultima operazione avviene attraverso il pannello *Children*, impiegato in particolare con sistemi di tipo *Hair*.

Cloth – Soft Bodies

Cambiamo ora tipo di simulazione, spostandoci su tessuti e soft bodies. Questi ultimi costituiscono la macro-categoria in cui sono inclusi i tessuti (*cloth*); al momento della loro applicazione a un oggetto, permettono il movimento degli elementi secondo i parametri di simulazione fisica forniti dagli appositi pannelli. I tessuti costituiscono un buon esempio di questo sistema, in quanto la caratteristica di questo tipo di oggetti è la fluidità del movimento, data da una superficie continua, parzialmente elastica e fittamente suddivisa. A un oggetto può essere applicato il modifier *Cloth*, (Figura 11.6) spostandosi nel contesto *Physics* (resteremo in questo

Figura 11.6
Interazione di un oggetto cui è stato applicato un Cloth modifier con un'altra geometria presente nella scena.

contesto anche per le prossime dinamiche) e premendo il pulsante *Add* nel pannello *Cloth*. Come conseguenza, nel pannello compariranno alcuni controlli e altri pannelli.
Gli elementi presenti nel pannello *Cloth* permettono di definire alcune proprietà del materiale, per esempio il peso, l'elasticità, la resistenza all'aria (per esempio se l'oggetto è in caduta). È inoltre possibile bloccare (*pin*, come per i vertici di una mesh nell'*UV/Image Editor*), vertici, o gruppi di vertici, in modo da non renderli parte dell'animazione.
Abbiamo parlato di animazione perché anche in questo caso il modifier *Cloth* nasce per offrire supporto durante l'animazione. Poiché gli oggetti animati risultano talvolta piuttosto complessi, il loro movimento non risulta visibile in tempo reale; per questo motivo, come per le particelle, esiste il caching, ossia la possibilità di eseguire l'animazione una volta (impiegando il tempo necessario) e salvarne i dati, cui si accederà in modo rapido a ogni animazione successiva. Ciò è possibile all'interno del pannello *Cloth Cache*, in cui è possibile definire l'intervallo entro il quale eseguire il caching e il luogo in cui salvare i dati del caching. Il pulsante per avviare questo processo è *Bake*, la cui pressione comporta la perdita dell'editabilità dei pannelli (che è possibile ottenere nuovamente premendo il pulsante *Free Bake*, che compare successivamente).
I pannelli successivi riguardano i parametri per la collisione del *Cloth* con altri oggetti (*Cloth Collision*, da attivare se si desidera che le collisioni avvengano, come mostrato nell'esempio) e con se stesso, l'elasticità del *Cloth* e la sua reattività ai campi di forza.
Concludiamo questa rapida panoramica sui soft bodies, affermando che, in generale, essi possono essere utilizzati per la resa di oggetti solidi dalla consistenza morbida (e quindi soggetti a deformazione se sottoposti a stress o trasformazioni).

Fluid Simulation

Tra le funzionalità più potenti di Blender non possiamo non nominare il simulatore di fluidi, tramite il quale è possibile riprodurre con discreta precisione e realismo il comportamento di materiali liquidi, in grado di interagire con le geometrie circostanti.
Poiché una trattazione approfondita dell'argomento esula dallo scopo del testo, ci limiteremo a esemplificare la procedura di simulazione (che troveremo simile a quella dello *Smoke Simulator*) (Figura 11.7).
Il principio di funzionamento è basato sulla definizione di uno spazio, entro il quale avviene la simulazione, chiamato dominio (*domain*). La simulazione avviene tenendo in considerazione gli

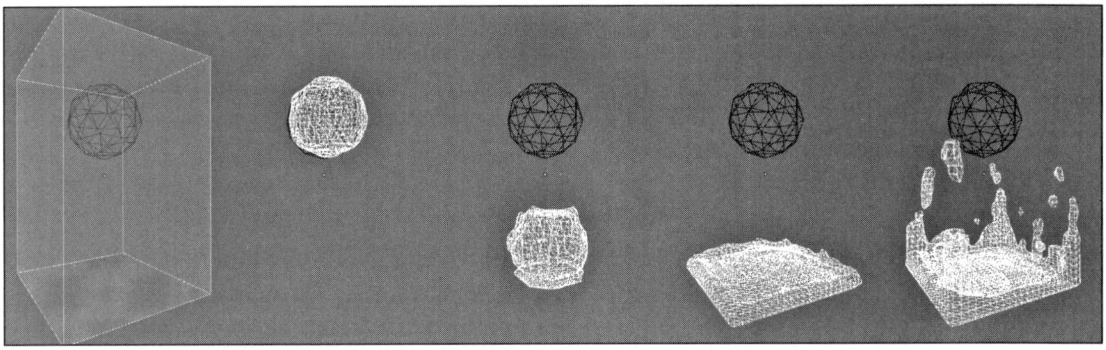

Figura 11.7
Setup di una scena per la simulazione di fluidi.

oggetti all'interno del dominio, che possono essere di diverso tipo.

- Fluido: il volume del solido verrà utilizzato per determinare la quantità di fluido presente nel dominio.
- Ostacolo: il fluido collliderà contro il solido cui viene assegnata questa proprietà, allo stesso modo con cui collliderà con le pareti del dominio.
- Inflow: flusso in ingresso di un fluido (permette l'immissione di un fluido nel dominio, a differenza del collocare il fluido già al suo interno).
- Outflow: deflusso; se il fluido viene a contatto con questo oggetto, viene da esso assorbito.

Le possibilità offerte da questo simulatore sono molteplici e, se sviluppiamo un interesse al riguardo, la necessità di un computer prestante si farà impellente. Prima di concludere svolgiamo un esempio pratico di simulazione.

- Eseguiamo un reset della scena (*Ctrl-N*).
- Ingrandiamo il cubo di default; accedendo al pannello *Physics* e premendo il pulsante *Add* nel pannello *Fluid*, impostiamolo come dominio per la simulazione, tramite il menu a discesa *Type*.
- Assicuriamoci di essere in *Object Mode* e aggiungiamo un nuovo oggetto *UVSphere* all'interno del cubo di default.
- Assegniamo anche a esso il modifier *Fluidsim*, impostandolo come *Fluid*.
- Selezioniamo nuovamente l'oggetto *Cube-Domain* e premiamo il pulsante *Bake Fluid Simulation* nel pannello *Fluid*.

Quest'ultima azione avvierà la simulazione, la quale, una volta completata, sarà riproducibile avviando l'animazione con *Alt-A*, oppure usando la *Timeline*. Tutti i parametri necessari per incrementare la qualità della simulazione, per definirne i tempi, per specificare le caratteristiche del fluido, sono situati nel pannello *Fluid* e sono visibili a seconda del tipo di oggetto selezionato (per esempio, l'intervallo di simulazione sarà definibile una volta selezionato l'oggetto che fa da dominio alla simulazione).

Smoke Simulation

Il simulatore di fumo costituisce un'aggiunta estremamente recente (disponibile esclusivamente a partire dalla serie 2.5) e permette la resa di fumo realistico, grazie all'approccio volumetrico utilizzato.
Il principio di funzionamento è il medesimo del simulatore di fluidi (dominio-fluido) con una semplice differenza: l'oggetto definito come fluido deve disporre di un sistema particellare di tipo *Emitter*, in quanto le particelle da esso emesse verranno impiegate per svolgere la simulazione (Figura 11.8).
L'illustrazione mostra il feedback visivo di alta qualità che viene fornito direttamente nella vista 3D di Blender. Per quanto riguarda invece il rendering, è possibile fare uso dei materiali volumetrici, in grado di rendere l'effetto di solidità e densità di elementi semitrasparenti come il fumo e le nuvole.

Force Field - Campi di forza

I campi di forza fanno parte delle dinamiche e sono gli elementi che permettono di influenzare dall'esterno i parametri di un sistema particellare, di un soft-body e così via (a patto che essi siano siano sensibili ai campi di forza).
I campi di forza possono essere aggiunti all'interno dello spazio 3D tramite il menu *Add* oppure assegnati a un oggetto tramite il pannello *Force Field*, nel contesto *Physics*. Nel primo caso verrà aggiunto un semplice oggetto *Empty*, cui verrà applicato il campo di forza specificato dalla voce di menu (Figura 11.9).

Video Sequence Editor

Un altro strumento dalla complessità e dalla ricchezza di funzioni degno di un capitolo a se stante è il *Video Sequence Editor*, ovvero un editor di sequenze video, integrato in Blender.
Esso consente di combinare tra loro diversi flussi video, impiegando le tecniche di montaggio caratteristiche dei software di settore, con il vantaggio di rimanere all'interno del pacchetto di creazione delle scene che verranno montate.

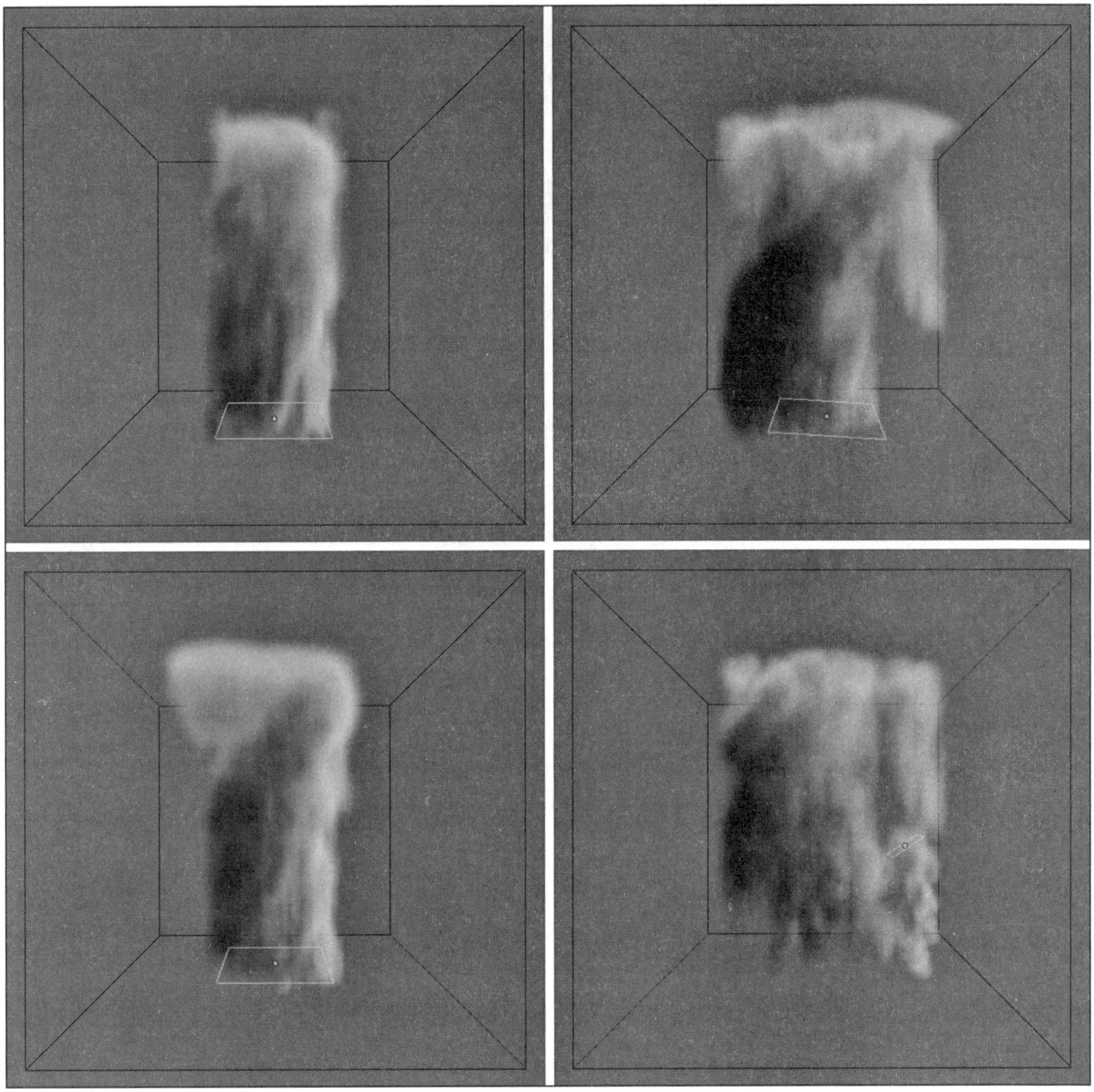

Figura 11.8
Lo Smoke Simulator in azione.

Il *Video Sequence Editor* è situato nell'omonima finestra e consiste in una timeline, suddivisa in canali, all'interno dei quali possono essere inserite delle strip (strisce) di quattro tipi.

- *Scene*: l'opzione più interessante, in quanto impiega come sorgente una scena di Blender (che può anche essere situata in un file di Blender differente da quello in uso).
- *Movie*: un file video o una sequenza di immagini.
- *Image*: un file immagine.
- *Audio*: un file audio.

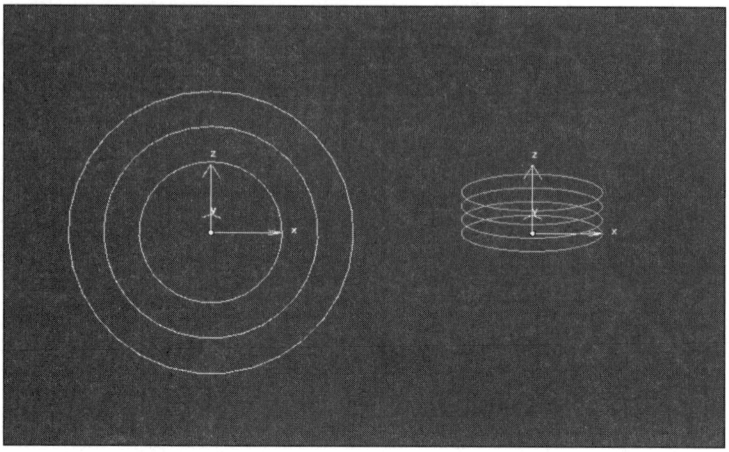

Figura 11.9
Nell'esempio vediamo un campo di forza Force e un campo Wind.

Nel menu è infine presente un'altra voce, *Effect Strip*, per l'aggiunta di un striscia-flitro, da porre tra due strisce sovrapposte contenenti materiale video, per fonderne i contenuti.
Dato che stiamo parlando di un video editor, probabilmente ci chiederemo dove si trova un elemento fondamentale caratteristico dell'interfaccia di questi programmi: il display, ovvero una finestra mostrante il contenuto dei diversi canali al frame in cui si trova il marcatore di riproduzione.
In Blender questo tipo di finestra è richiamabile (assieme ad altre) tramite il menu a discesa *Display Mode*, situato nell'intestazione della finestra.
Oltre a questo tipo di finestra, ne sono disponibili anche altri, in grado di rappresentare graficamente il contenuto dell'immagine (vettorscopio, istogrammi e così via), accedendo anche ai singoli canali dell'editor.

Conclusioni

Al termine di quest'ultima panoramica dovrebbe essere definitivamente chiara la versatilità di Blender, nonché la completezza degli strumenti da esso offerti.
In questo capitolo non abbiamo menzionato due argomenti fondamentali riguardanti le funzioni avanzate di Blender: il sistema di scripting e il Logic Editor.
Il primo permette di accedere, tramite un'interfaccia basata sul linguaggio Python, a tutte le funzioni del software, offrendo la possibilità di controllarle e combinarle in modo differente da quanto offerto dagli elementi presenti nell'interfaccia; il secondo

consiste in un sistema per la rappresentazione interattiva, in tempo reale, delle geometrie presenti nella vista *3D*.
Queste tematiche presuppongono una conoscenza avanzata e approfondita di Blender, ed essendo noi giunti alla fine del testo, invitiamo a visitare `wiki.blender.org` per iniziare la ricerca in modo autonomo.

Capitolo 12

Universo Blender

In questo capitolo

- La storia di Blender
- Blender Foundation
- Risorse Online
- Pubblicazioni
- Tutorial e videotutorial

Quest'ultimo capitolo costituisce una raccolta di informazioni riguardanti Blender; ci auguriamo infatti che il presente testo sia stato semplicemente il primo passo verso questo universo.
Oltre a presentare una lista di riferimenti bibliografici e online, vedremo quali dinamiche hanno portato questo software alla sua attuale realtà. Iniziamo con la storia di Blender, che, come vedremo, è strettamente legata a uno dei suoi creatori, nonché attuale responsabile del coordinamento del progetto di sviluppo: *Ton Roosendaal*.

La storia di Blender

Nel 1988, Ton Roosendaal partecipa alla fondazione dello studio di animazione olandese *NeoGeo*, che diviene presto la più grande casa di animazione dei Paesi Bassi. All'interno di NeoGeo, Ton era responsabile della direzione artistica e dello sviluppo software. Dopo alcuni anni di lavoro, venne deciso di riscrivere da capo il set di strumenti per la creazione di immagini 3D e fu così che, nel 1995, iniziò una fase che diede alla luce il software conosciuto da tutti con il nome di *Blender*.
Nel 1998, Ton fonda una nuova azienda chiamata Not a Number (NaN), per sviluppare ulteriormente Blender e tentare una distribuzione commerciale più ampia. Il modello economico della NaN era basato sulla fornitura di produzioni e servizi di supporto legati a Blender. Nel 2000 la compagnia riceve il sostegno di diversi investitori, con l'obiettivo di realizzare uno strumento gratuito per la pubblicazione di contenuti tridimensionali online e contemporaneamente una versione commerciale per ambiti professionali.
Purtroppo, a causa delle vendite deludenti e del clima di difficoltà economica, all'inizio del 2002 gli investitori decisero di tagliare i

fondi per tutti i progetti portati avanti da NaN. I tagli includevano anche lo sviluppo di Blender, che sarebbe cessato. Poiché all'epoca si era già sviluppata un'attiva ed entusiasta comunità di utenti del software, la prospettiva di abbandonare il progetto non sembrò accettabile a Ton, il quale, non disponendo dei fondi necessari per creare una nuova azienda, decide di fondare l'organizzazione no-profit Blender Foundation, il cui scopo primario era continuare lo sviluppo del software, dopo aver acquisito la proprietà dei sorgenti dagli investitori della NaN e averlo reso *open source*. Affinché ciò avvenisse, gli investitori richiesero il pagamento della cifra di 100.000 €. Con sorpresa e sgomento di molti, la campagna organizzata per la "liberazione" di Blender raggiunse la cifra stabilita in sole sette settimane.

Domenica 13 ottobre 2002, durante la prima *Blender Conference* (una riunione di artisti e sviluppatori Blender, da allora ripetutasi ogni anno) tenuta ad Amsterdam, Blender viene rilasciato pubblicamente sotto i termini della licenza GPL e da allora la sua crescita è continuata, supportata da un gran numero di entusiasti volontari, guidati dal creatore originale di Blender, Ton Roosendaal.

Essendo Blender uno strumento in-house, il cui sistema di sviluppo era basato sulla quotidiana interazione tra artisti e programmatori, l'utilizzo di convenzioni poco chiare e l'assenza di una documentazione propriamente redatta risultavano comprensibili e accettabili. Tuttavia, dal momento in cui il codice venne reso pubblico, furono necessari più di due anni per riorganizzarlo in modo da consentirgli di accettare contributi di codice esterni. Superata questa difficoltà iniziale, la Blender Foundation, anziché cercare finanziamenti per portare a sé nuovi sviluppatori, decise di iniziare un progetto coinvolgendo i più importanti e talentuosi utenti del software e proponendo loro la realizzazione di un cortometraggio animato prodotto interamente in Blender. Questo progetto (avviato nel 2005) prense il nome in codice di "Project Orange" e si concluse con la realizzazione dell'Open Movie "Elephants Dream". Il concetto di Open Movie è una novità assoluta e si basa sui seguenti aspetti.

- Impiego di strumenti completamente liberi e open source per la produzione.
- Rilascio dell'opera finale sotto una licenza che ne permetta la libera ridistribuzione (Creative Commons BY 2.5).
- Rilascio di tutti i materiali di produzione, per esempio i file *.blend* di tutte le scene (modelli e personaggi), le texture, la musica e così via, sotto licenza Creative Commons BY 2.5

Dopo il grande successo riscontrato da questo progetto, Ton procedette con la fondazione del *Blender Institute*, uno studio permanente il cui scopo era quello di organizzare al meglio gli obiettivi della Blender Foundation, specialmente attraverso la produzione di altri Open Project legati all'ambito dell'animazione 3D, dei videogiochi e degli effetti visuali. In linea con queste prospettive, nel 2008 venne completato il *Peach Project*, ovvero l'open movie *Big Buck Bunny*, e alla fine dello stesso anno venne rilasciato l'open game *Yo Frankie!* (*Apricot Project*).
Nel 2009 Ton è stato premiato dalla Leeds Metropolitan University con un dottorato onorario in tecnologia per i suoi eccezionali contributi nel campo della tecnologia creativa. Nello stesso anno ha avviato la produzione di *Durian Project*, un cortometraggio animato in stile epico, volto a dare un'eccezionale spinta allo sviluppo della nuova serie di release di Blender.
Testo tratto da `www.blender.org`

Blender Foundation

La Blender Foundation ha sede ad Amsterdam e costituisce il punto di nascita dei progetti che hanno portato a importanti sviluppi di Blender, rendendolo uno dei software più promettenti del settore. I progetti realizzati finora dalla Blender Foundation sono i seguenti.

- *Elephants Dream* (2005), cortometraggio (nonché primo open movie della storia) - `www.elephantsdream.org`.
- *Big Buck Bunny* (2008), cortometraggio – `www.bigbuckbunny.org`.
- *YoFrankie!* (2008), videogame – `www.yofrankie.org`.
- *Durian Project* (2009), cortometraggio – `durian.blender.org`.

Risorse Online

Buona parte dell'infrastruttura informativa di Blender (documentazione ufficiale, community e così via) è basata sul Web. Presentiamo ora una lista dei più importanti siti, che ogni *blenderhead* (nome scherzoso con cui si sono soprannominati gli utenti di Blender) dovrebbe conoscere.

- `www.blender.org`: il sito ufficiale di Blender.
- `wiki.blender.org`: la documentazione ufficiale, in formato wiki, multilingue.

E-Magazine

Esistono diverse pubblicazioni periodiche online che si occupano di Blender; ne citiamo due.

- `blenderart.org`: Blender Art Magazine – rivista internazionale in lingua inglese (disponibile anche in versione tradotta in francesce, spagnolo, tedesco e altre).
- `www.blendermagazineitalia.it`: rivista italiana.

Community

Dato che Blender è un software libero, il supporto delle comunità risulta spesso indispensabile per fornire supporto ai nuovi utenti, nonché per condividere esperienze e informazioni. Anche in questo caso ne elenchiamo un numero limitato (internazionali e italiane).

- `www.blendernation.org`: sito di notizie riguardanti il mondo di Blender (produzioni, sviluppo del software, apparizioni nei media e così via).
- `www.blenderartists.org`: la più grande community in assoluto, con un forum sempre attivo.
- `www.blender.it`: comunità italiana, forum.
- `www.blender-tutorial.com`: comunità italiana, tutorial, forum, progetti collaborativi.
- `www.kino3D.com`: comunità italiana, forum.

Pubblicazioni

A livello internazionale (quindi in lingua inglese), sono state rilasciate notevoli pubblicazioni riguardanti Blender. Ecco alcuni esempi.

- *Blender For Dummies* - Jason van Gumster.
- *Introduction to Charcter Animation with Blender* - Tony Mullen.
- *Bounce, Tumble and Splash!* - Tony Mullen.
- *Foundation Blender Compositing* – Roger Wickes.
- *Mastering Blender* – Tony Mullen.
- *The Blender Gamekit: Interactive 3D for Artists* – Carsten Wartmann.

Tutorial e videotutorial

I tutorial costituiscono una risorsa di apprendimento molto valida, in quanto il loro approccio pratico permette di acquisire rapidamente dimestichezza con gli argomenti presentati e presso le comunità e i siti sopra elencati (nonché presso il sito `www.blender.org`) sarà possibile reperirne un numero molto vasto.
Blender Foundation rilascia infine una serie di tutorial su DVD chiamata *Blender open movie workshop*, concepita e distribuita con la stessa filosofia delle altre produzioni open.

Indice analitico

Tutorial

In questa sezione a colori è possibile seguire nel dettaglio la realizzazione di un semplice braccio meccanico, partendo da alcuni schizzi per giungere a un'animazione.
Il primo passo consiste nel delineare dettagliatamente ciò che si vuole modellare. Nella maggior parte dei casi questa tecnica è molto utile, in quanto permette di lavorare in modo più diretto e preciso con il software, evitando ripensamenti o banali errori costruttivi. Impiegando carta e penna, eseguire qualche schizzo dell'oggetto (in questo caso il braccio meccanico).
Individuare le parti di cui l'oggetto è composto, trovarne le primitive di base e capire come esse andranno modificate per ottenere le forme desiderate. In questo caso si tratta esclusivamente di parallelepipedi e cilindri.

Modellazione

Realizzare la base rotante del braccio meccanico a partire da una mesh circolare (*Maiusc-A* > *Mesh* > *Circle*), progressivamente estrusa, scalata, estrusa, poi nuovamente scalata e così via. Per chiudere la circonferenza, estrudere e poi scalare a zero i vertici nella selezione (tasti E, S, 0). Rimuovere i vertici sovrapposti tramite la funzione *Remove Doubles* (tasto W in Edit Mode).

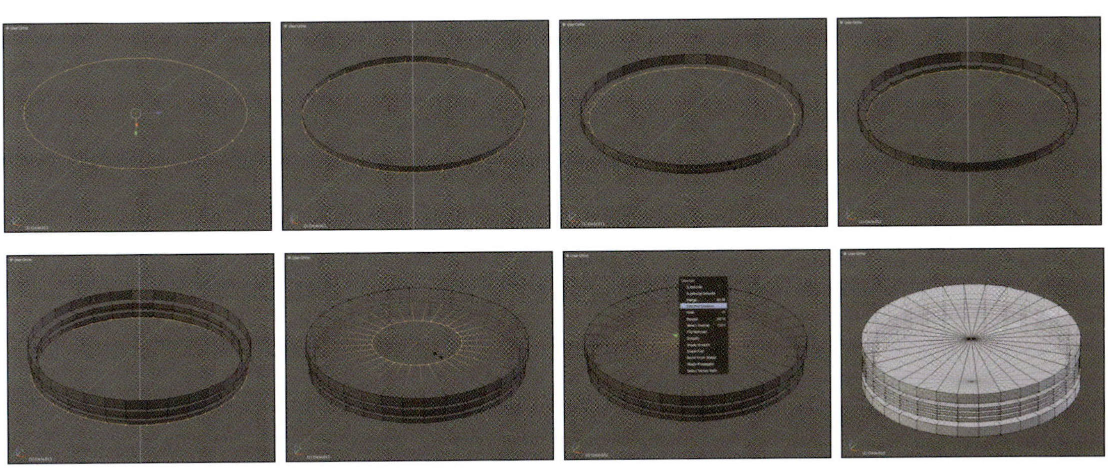

Assicurandosi di trovarsi in Object Mode, selezionare il cubo di default della scena, entrare in Edit Mode premendo il tasto Tab, posizionarsi nella Top View e spostare (tasto G) i vertici selezionati (Maiusc B) come si può osservare nell'illustrazione. Fare uso dello snap alla griglia mantenendo premuto il tasto Ctrl. A questo punto è possibile applicare all'oggetto il *Mirror modifier*, selezionandolo dal menu a discesa nel contesto *Modifiers*. Impostare il mirroring sull'asse Y.

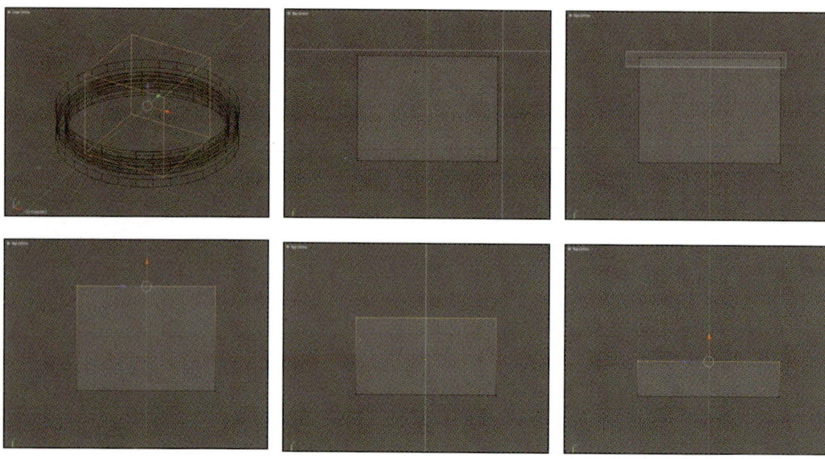

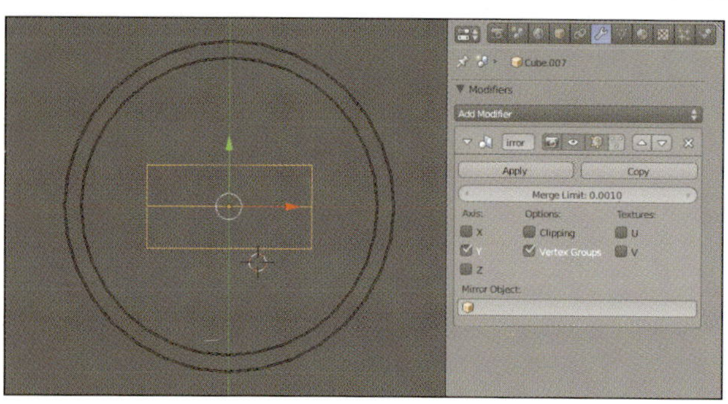

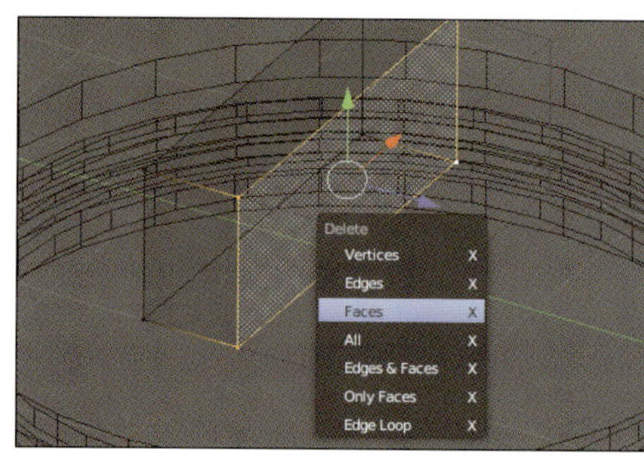

Posizionarsi ora in Front View e procedere con l'estrusione di una faccia lungo l'asse X. Suddividere la mesh aggiungendo dei loop di vertici (Ctrl-R) come mostrato nella sequenza.

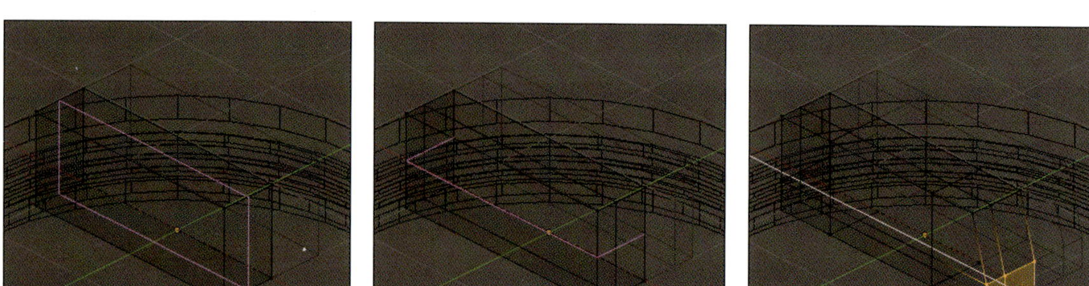

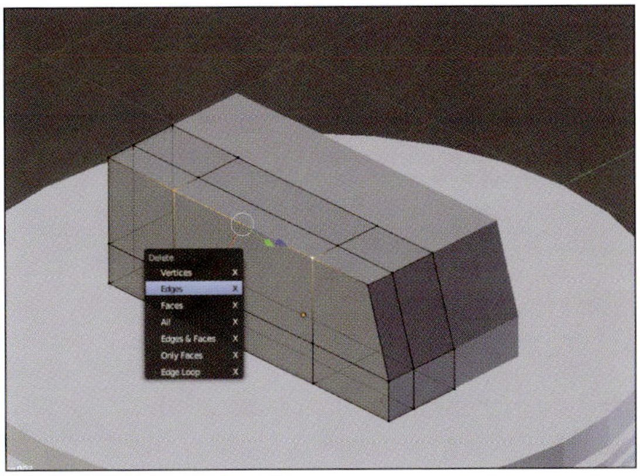

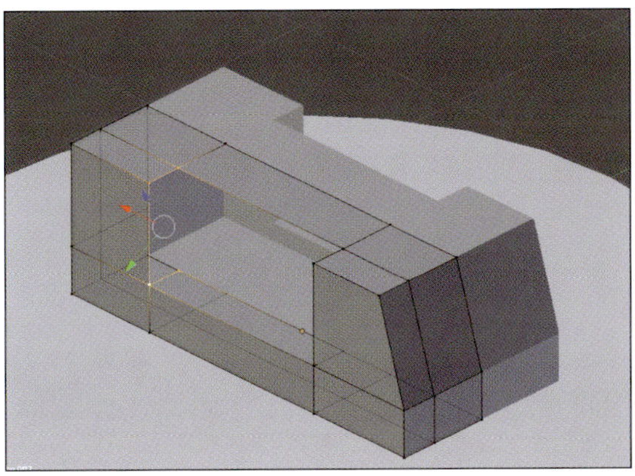

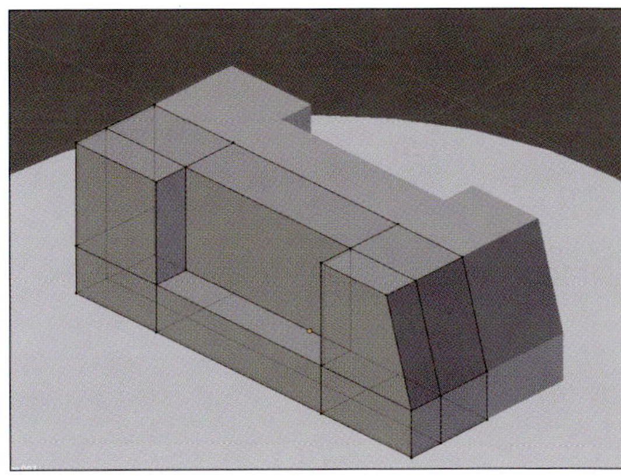

Passiamo alla realizzazione dei due segmenti principali che costituiscono il braccio meccanico. Dopo avere preparato un altro cubo con *Mirror modifier* come visto per la base, procedere con il ridimensionamento e l'estrusione lungo una faccia fino a definire il volume desiderato. Fatto ciò sarà possibile aggiungere maggiore dettaglio, creando ulteriori loop di vertici, estrudendoli e scalandoli verso l'interno dell'oggetto. Assicurarsi di avere attivato l'opzione *Clipping* nel *Mirror modifier*, per evitare imperfezioni alla giuntura della mesh con la parte specchiata.

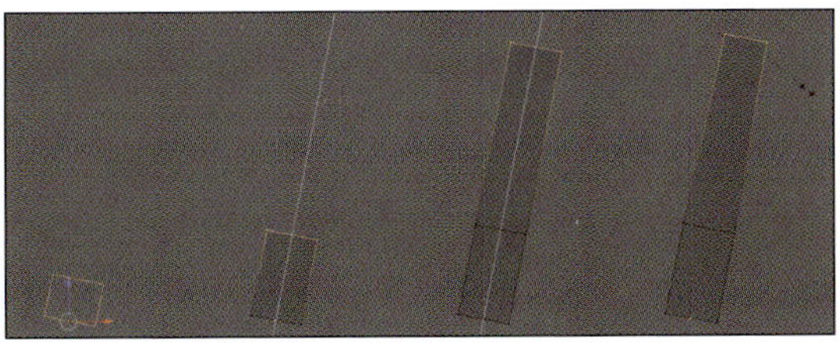

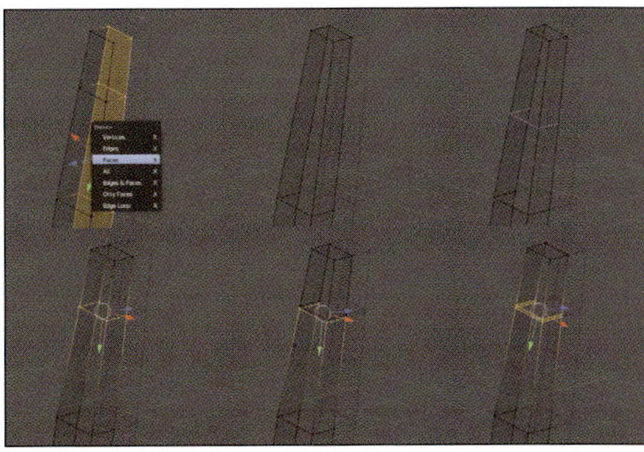

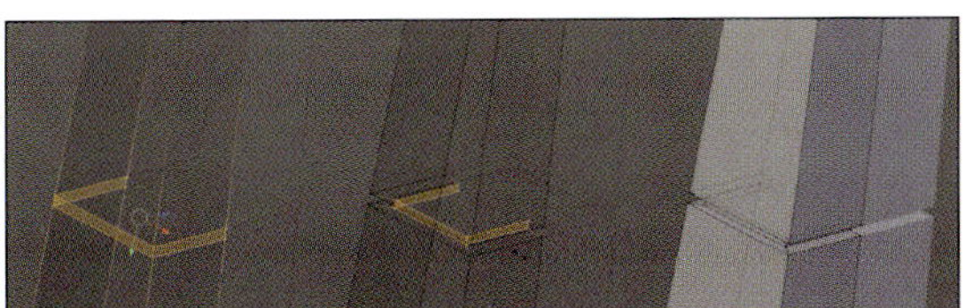

Una volta terminato il primo segmento del braccio, duplicarlo con Maiusc-D e posizionarlo come visibile in figura. Effettuare un'altra serie di estrusioni per creare la parte terminale del braccio, cui andranno collegate le pinze.

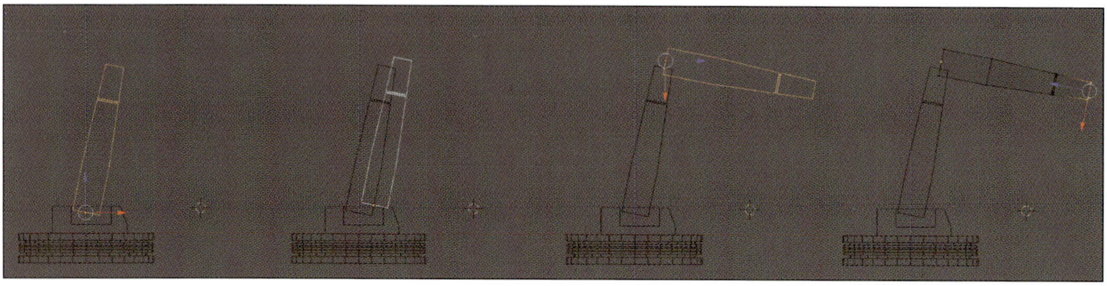

Realizzare le pinze a partire dalla duplicazione della selezione di una faccia della mesh appena modellata (Maiusc-D, tasto P). In questo modo verrà creato un atro oggetto mesh con il *Mirror modifier* già applicato correttamente. Estrudere il piano come in figura e successivamente aggiungere un vertex loop per suddividere orizzontalmente la mesh. Aggiungere altri due vertex loop e posizionarli come indicato nella figura, selezionandoli (Ctrl-Tasto destro mouse) e facendo uso della funzione *Edge Slide* (menu richiamato con Ctr-E).
Restando in Edit Mode, selezionare una delle facce terminali della mesh, duplicarla (Maiusc-D) ed estruderla nuovamente. Per realizzare la parte piatta delle pinze (quella con cui si potranno afferrare eventuali oggetti) impiegare i comandi di estrusione e scala.

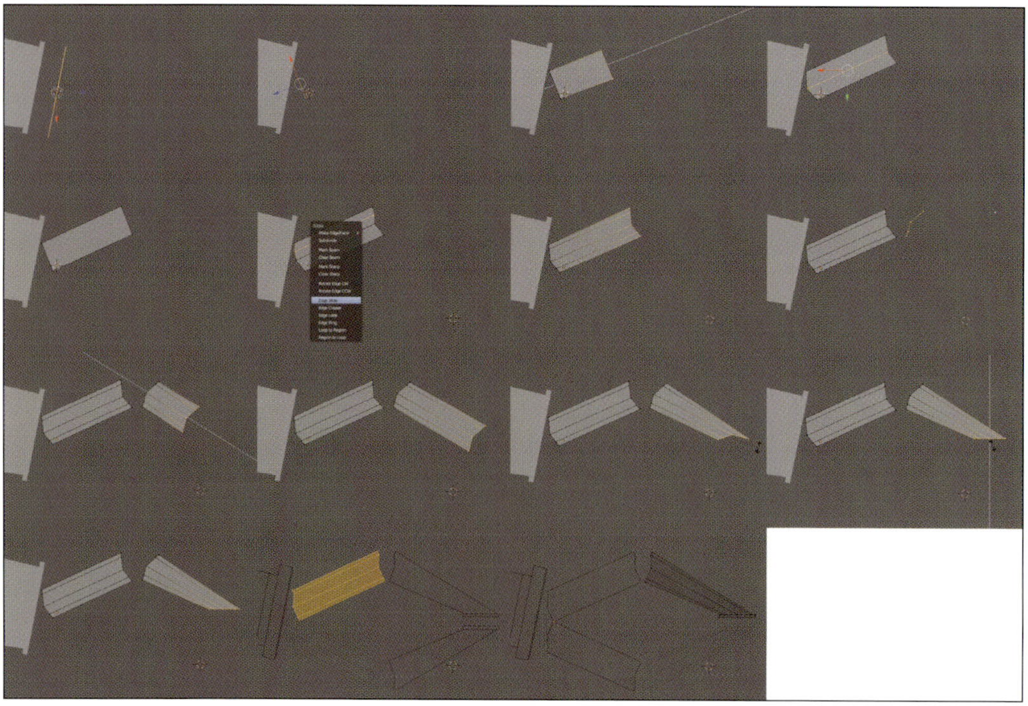

Una volta creata la struttura di base del braccio meccanico, aggiungere alcuni dettagli, come per esempio gli elementi cilindrici da posizionare sugli snodi e i cavi elettrici. Aggiungere alla scena una mesh di tipo *Circle*, estrudere e scalare ripetutamente il loop di vertici per generare una complessità visiva, come mostrato nella sequenza. Successivamente effettuare l'estrusione di alcune aree selezionate.

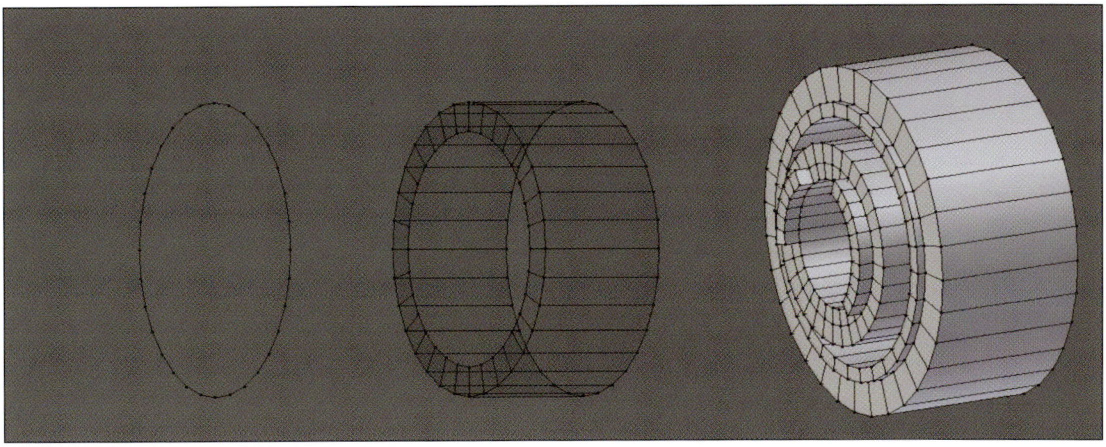

Applicare un *Mirror modifier* anche a questi oggetti e duplicarli mantenendoli collegati alla medesima mesh, utilizzando Alt-D anziché Maiusc-D. Posizionare gli oggetti in prossimità degli snodi del braccio meccanico, scalandoli in modo appropriato.

Per la creazione dei fili, aggiungere un oggetto curva (Maiusc-A – *Add* > *Curve* > *Bezier*) e, una volta entrati in Edit Mode di quest'ultimo, aggiungere un'altra curva. Uscire dalla Edit Mode e aggiungere un oggetto cerchio (*Add* > *Curve* > *Circle*), cui si assegnerà il nome *CRV_bevel_1* tramite l'apposito campo di testo situato all'interno del contesto *Object* della finestra *Properties* oppure del pannello *Item* nella sidebar della 3D View. Selezionare l'oggetto curva e nel contesto *Properties*, all'interno del pannello *Geometry*, assegnare l'oggetto *CRV_bevel_1* come *Bevel Object*. Il nome dell'oggetto comparirà automaticamente quando si selezionerà il campo.

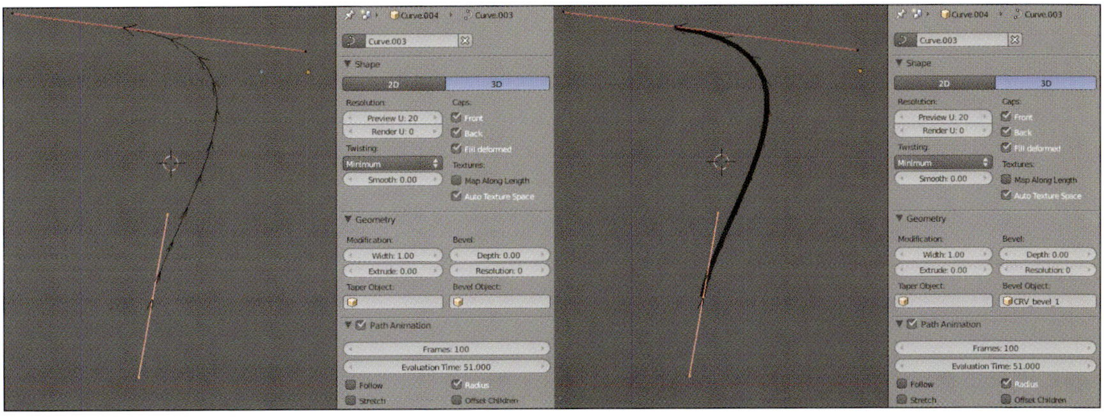

Creare alcune variazioni sulla base di questo metodo, aggiungendo nuovi oggetti Circle da modificare e rinominare *CRV_bevel_2*, *CRV_bevel_3* e così via da assegnare poi ad altri oggetti curva.

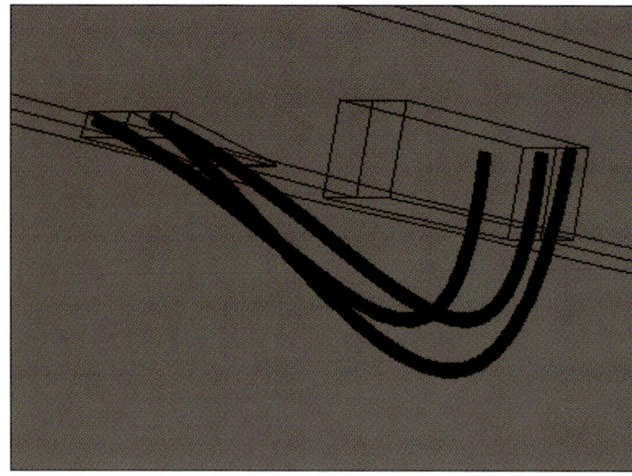

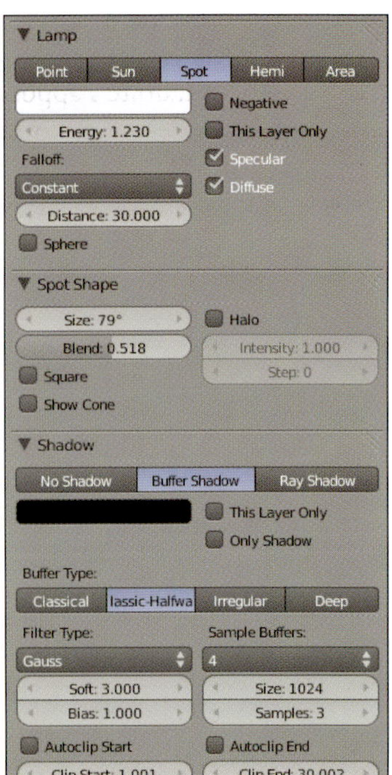

Illuminazione

Per poter ammirare il modello appena realizzato sarà necessario impostare la scena affinché l'oggetto sia visibile e illuminato correttamente. A tale scopo premere NumPad0 e assicurarsi che quanto appena modellato rientri nel campo visivo della camera. Una volta posizionata la camera sarà possibile occuparsi della lampada di default ed eventualmente aggiungerne altre. Per ottimizzare i tempi di rendering è consigliabile cambiare il tipo di lampada in *Spot* e fare uso delle *buffered shadows*.

Selezionare quindi la lampada e nel pannello *Lamp* del contesto *Object Data* cambiare la tipologia da *Point* a *Spot* e impostarla come mostrato nell'illustrazione.

Effettuare un rendering di verifica (tasto F12) e successivamente impostare un sistema di illuminazione a due o tre punti, basandosi sulle specifiche della lampada appena mostrata.

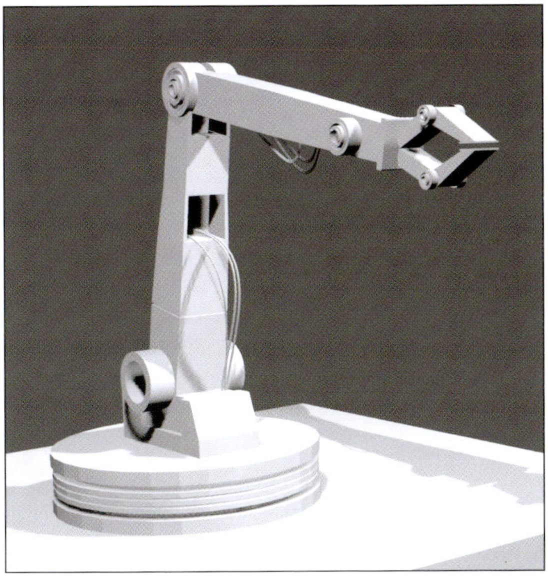

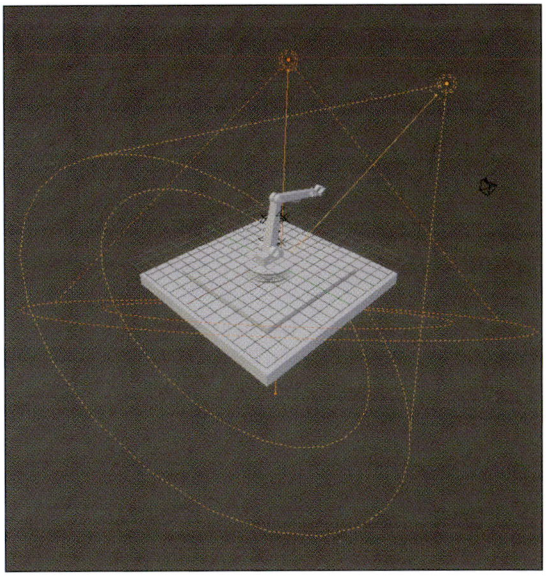

Shading

Effettuiamo ora lo shading di base delle parti dell'oggetto. Per iniziare definiremo tre materiali:

- vernice gialla per le parti principali del braccio;
- metallo lucido per gli snodi;
- vernice nera per la base, i fili ed altri dettagli.

La vernice gialla si ottiene selezionando un *diffuse* (RGB = 0.53, 0.33, 0) di tipo *Lambert* con intensità 0.800 ed uno *specular* bianco *CookTorr* con *Intensity* 0.500 e *Hardness* 50.
Il metallo lucido è ottenuto sulla base del materiale di default impostato in Blender, con l'aggiunta delle proprietà del pannello *Mirror*, visibili in figura.
Infine, la vernice nera è ottenuta con un *diffuse* (HSV = 0, 0, 0.029) *Oren-Nayar* e uno specular (HSV = 0, 0, 0.138) *CookTorr*. Le altre impostazioni sono visibili in figura.

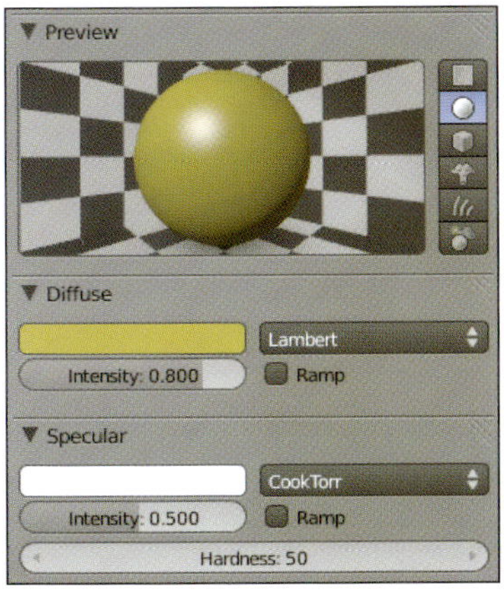

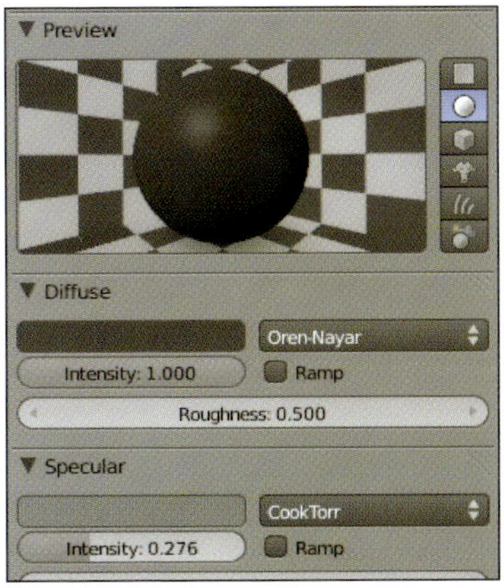

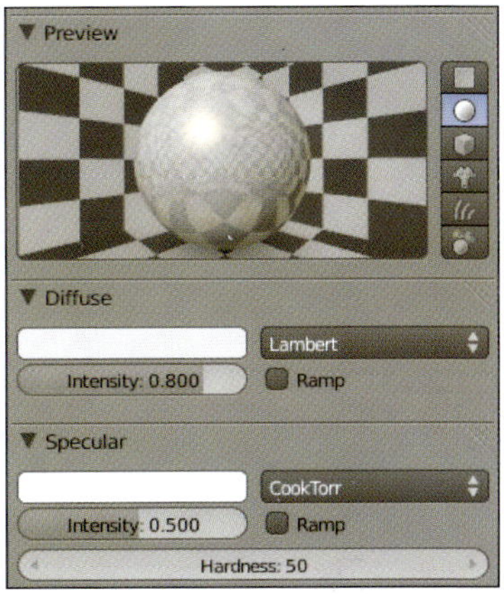

Assegnare i materiali precedentemente definiti solo a un oggetto cui devono essere associati. Successivamente, selezionare tutti gli oggetti cui non è stato assegnato un materiale, per ultimo selezionare l'oggetto che dispone del materiale da assegnare, premere Ctrl-L e dal menu popup *Make Links* scegliere la voce *Materials*.

Texturing

Iniziamo con la creazione di una texture procedurale da assegnare al materiale per la base del braccio (vernice nera).

Poiché nella realtà è molto difficile trovare oggetti realizzati con un materiale perfettamente omogeneo, sarà opportuno creare un po' di "disturbo" superficiale, che aumenti il realismo dell'oggetto.

Selezionare un oggetto nella scena cui sia stato assegnato il materiale *vernice_nera* e raggiungere il contesto *Texture* nella finestra *Properties*. Nella lista dei canali della texture probabilmente esisterà già una voce chiamata *Tex*; nel caso in cui non si trovi alcuna texture sarà sufficiente crearla premendo il pulsante *New*. Una volta creata o selezionata la texture sarà possibile sceglierne il tipo: in questo caso *Distrted Noise*. Le altre impostazioni sono visibili nei pannelli.

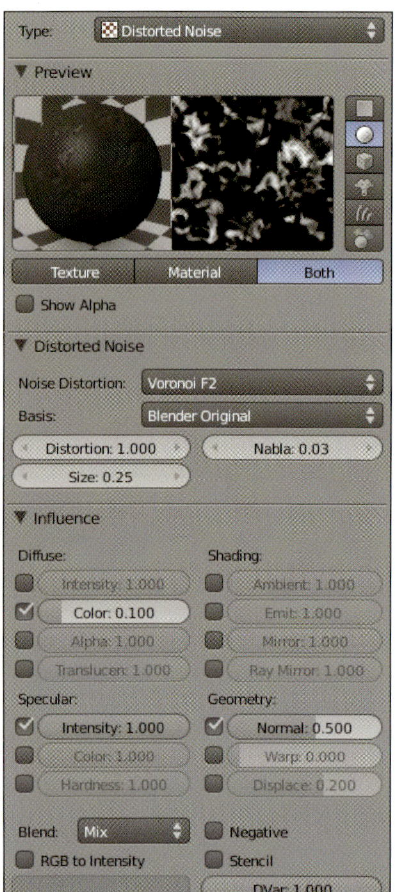

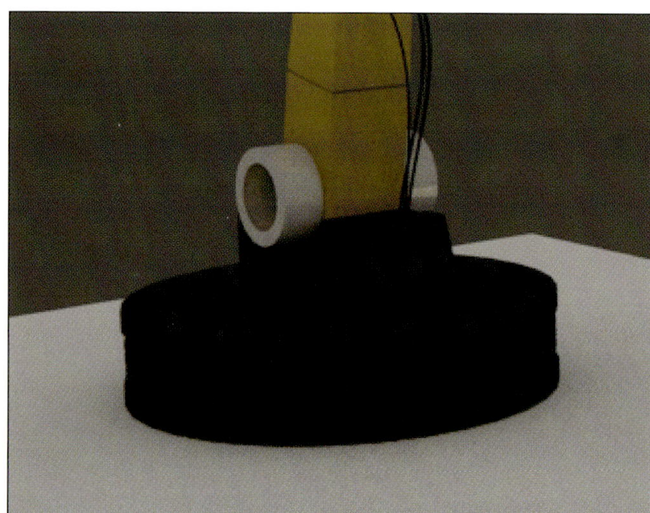

Vediamo come aggiungere una texture immagine alla parte principale del braccio, facendo uso dell'*UV Mapping*. Selezionare uno dei due oggetti che formano il braccio e applicare il *Mirror modifier* facendo clic su *Apply* nel pannello del modifer. Questa operazione va fatta ogni volta che si decide di lavorare con l'*UV Mapping* su una mesh.

Entrare in Edit Mode, selezionare un edge loop (Ctrl-Tasto destro mouse) e richiamare il menu *Edges* da cui scegliere la voce *Mark Seam* per segnare un punto lungo il quale la mesh verrà divisa durante l'unwrap.

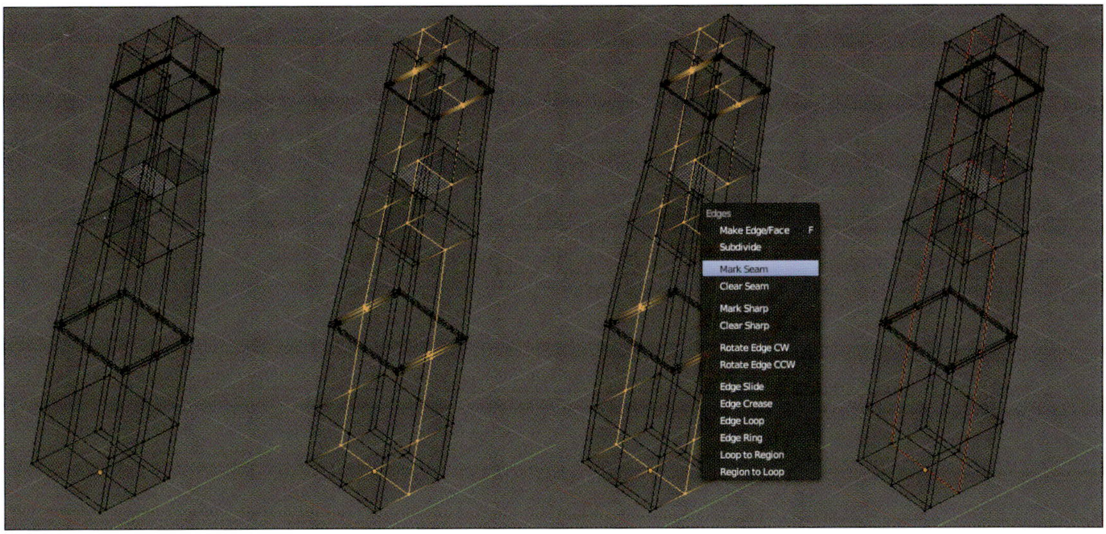

Suddividere la vista 3D aprendo una finestra *UV/Image Editor* e creare una nuova immagine (Alt-N) assegnandole il nome *dirt_map* e mantenendo gli altri valori invariati. Ora sarà possibile eseguire l'unwrap: selezionare tutti i vertici della mesh in Edit Mode (tasto A), richiamare il menu *Unwrap* (tasto U) e selezionare la voce *Unwrap*. Nell'UV/Image Editor comparirà il risultato.

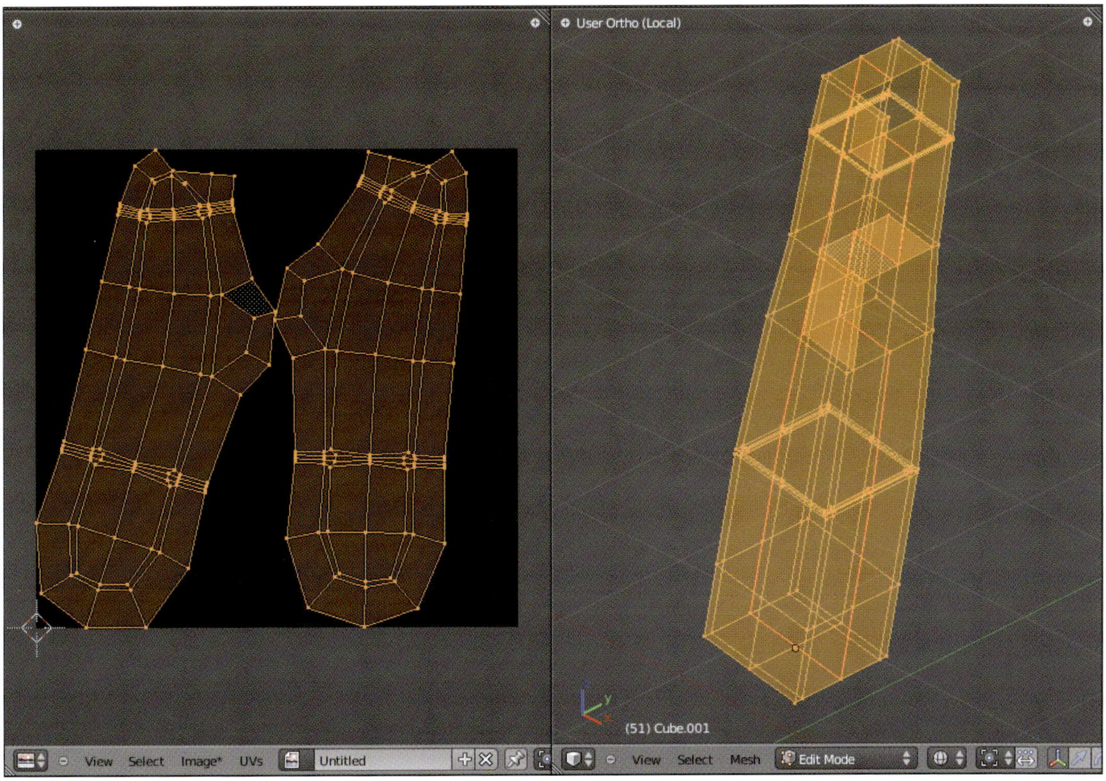

Per capire ora quali facce nella mappa corrispondono a quelle nel modello 3D sarà necessario fare clic sul pulsante (i_01) per sincronizzare la selezione di oggetti nella vista 3D con la vista UV. Una volta compresa la disposizione delle facce sarà possibile esportare il layout da Blender (menu *Uvs Export UV Layout*) verso un'applicazione di elaborazione immagini, come per esempio GIMP o Inkscape, per dipingerle, aggiungere elementi di testo e così via.

Rigging di base

Assicurarsi di aver applicato a tutti gli oggetti eventuali trasformazioni (controllando i contatori del pannello Trasform nella sidebar della 3D view). Qualora ciò non fosse ancora accaduto, utilizzare il menu *Apply* (Ctrl-A) selezionando la trasformazione da applicare. Controllare inoltre il posizionamento del centro di un oggetto. Per cambiare la posizione basta spostare il cursore 3D nel punto in cui si desidera porre il centro dell'oggetto, selezionare (in Object Mode) l'oggetto desiderato e, tramite il menu *Object* nell'header della *3D View*, scegliere *Transform > Origin to 3D Cursor*.
Aggiungere un oggetto *Armature* e assicurarsi che si trovi in coordinate 0, 0, 0 (basta premere Alt-G). Entrare in Edit Mode e aggiungere un altro osso oltre a quello presente (Alt-A); selezionare la testa dell'osso e spostarla verso il primo snodo del braccio. Premere E per estrudere un nuovo osso collegato al presente ed estenderlo fino alla fine del braccio meccanico. Eseguire la stessa procedura, creando un altro osso che corrisponda al posizionamento delle tenaglie. Ripetere un'ultima estrusione, ma questa volta, dopo averlo estruso, selezionare il nuovo osso e premere Alt-P, scegliendo *Clear Parent*. In questo modo si otterrà un osso indipendente rispetto alla catena precedentemente creata.
È opportuno attribuire un nome significativo alle ossa quando vengono create. Ciò evita confusioni e permette di gestire con più precisione gli eventuali vincoli che verranno assegnati alle singole ossa.
Attribuire una denominazione simile a quella indicata nell'illustrazione (per visualizzare i nomi di un osso nell'oggetto *Armature* attivare l'opzione *Name* nel pannello *Display* del contesto *Armature*).

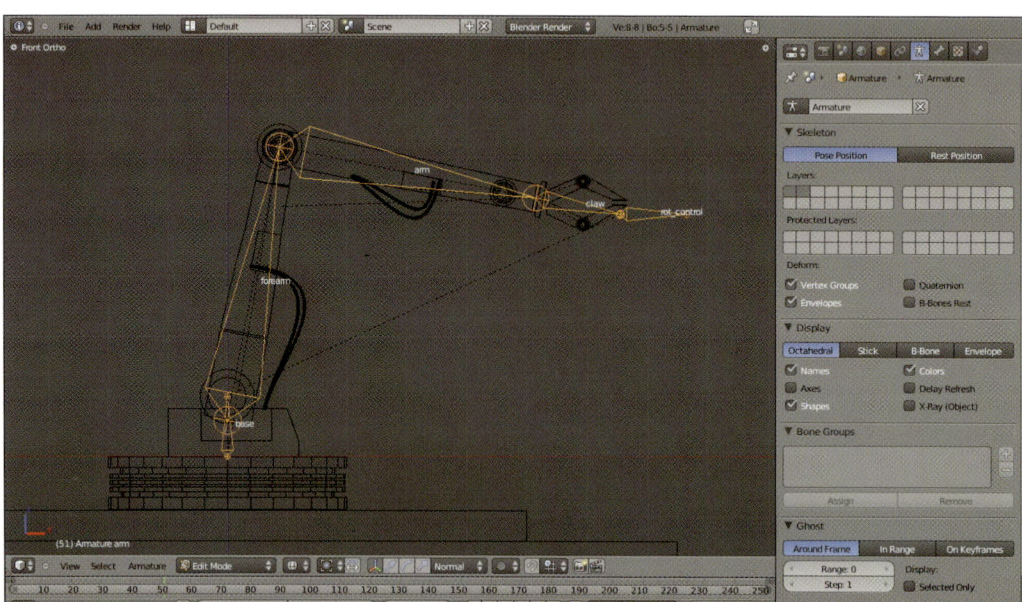

Visualizzare all'interno di una finestra l'*Outliner* per comprendere al meglio la situazione gerarchica all'interno dell'oggetto *Armature*. Ciò che vogliamo ottenere sono due controlli distinti: uno per la rotazione della piattaforma e uno per l'estensione del braccio
Poiché la rotazione della piattaforma comporta anche la rotazione del braccio, l'osso responsabile di questa funzione dovrà trovarsi a un livello superiore a qualsiasi altro. L'estensione del braccio farà impiego della cinematica inversa, tramite un oggetto target, le cui trasformazioni potranno essere vincolate, a differenza di un osso direttamente appartenente ad una catena IK.
Riorganizzare le parentele (Ctrl-P, Alt-P) delle ossa in modo che appaiano come in figura, prima di procedere con l'assegnazione delle constraints.

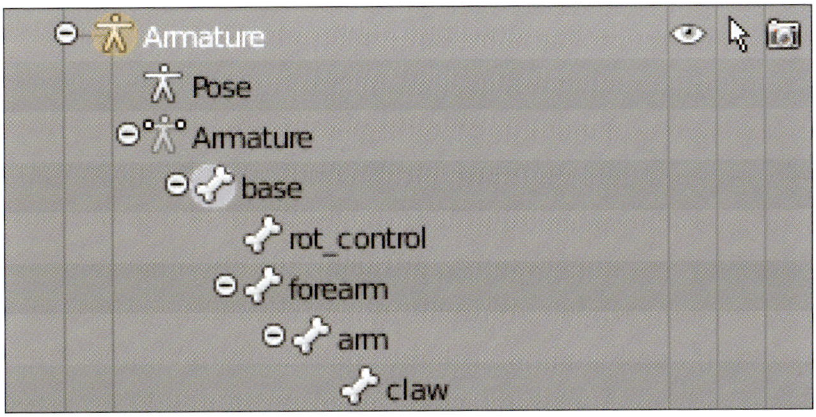

Una volta fatto ciò, entrare in Pose Mode, selezionare l'osso *claw*, accedere al contesto *Bone Constraints* e tramite il menu a discesa assegnare una constraint *Inverse Kinematics*. Impostare la *Chain length* a 3 e, soprattutto, il *Target Object* (l'osso *arm_target*). In questo modo è possibile trasformare l'osso *arm_target* in Pose Mode, per vedere i risultati ripercuotersi sull'intera catena di ossa.

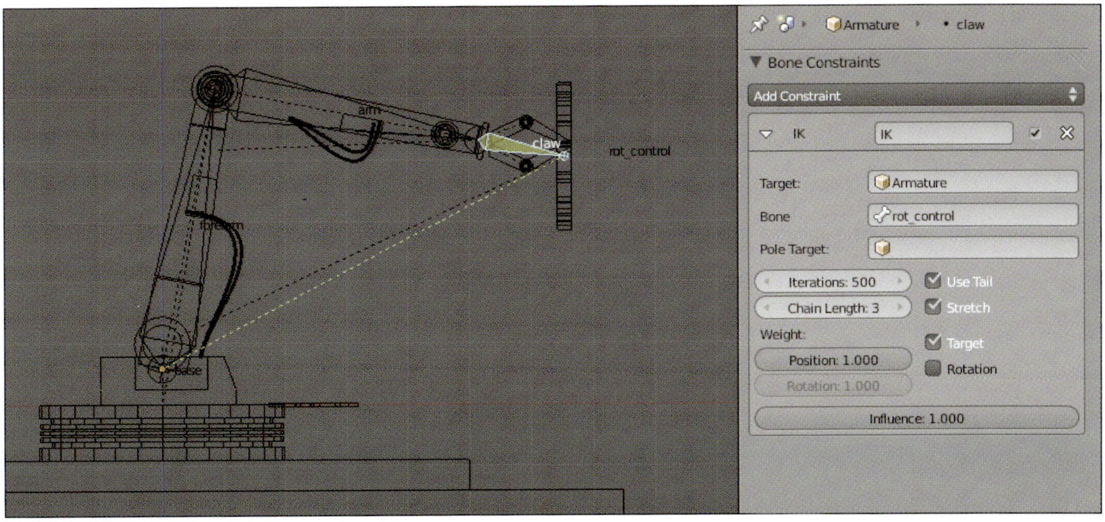

Restando in Pose Mode, assicurarsi che spostando l'osso *arm_base* si sposti tutta la catena, oggetto target compreso. A questo punto sarà necessario definire dei vincoli alle trasformazioni prima di procedere con l'assegnazione delle mesh alle ossa.
Come definito in precedenza, questo braccio meccanico può ruotare ed estendersi in direzione di un oggetto. Per fare sì che sia possibile svolgere solo queste due operazioni, sarà necessario limitare le trasformazioni disponibili in un oggetto. Ciò si può fare sia assegnando delle constraint, sia bloccando gli assi di trasformazione (utilizzando i controlli del pannello *Transform Locks* nel contesto *Object Data* della finestra *Properties* oppure nel pannello *Transform* disponibile nella sidebar della vista 3D).
Ecco come rendere l'osso *arm_base* in grado di ruotare solo sull'asse Z: selezionare l'osso e fare clic sul pulsante con l'icona del lucchetto a fianco dei contatori *Location X*, *Y* e Z, *Rotation X* e *Z*.
Per impedire all'osso che controlla l'estensione del braccio di distorcere il braccio stesso (vedi figura), selezionarlo e bloccare *Location Z* e *Rotation X*,Y e Z.

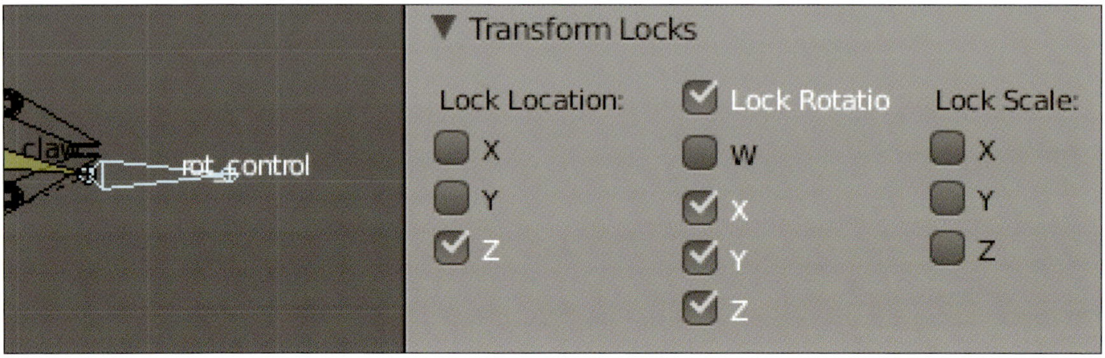

È giunto ora il momento di assegnare le diverse mesh all'Armature, in modo che esse possano seguirne le trasformazioni. Per fare ciò è necessario entrare in Pose Mode, successivamente selezionare un oggetto mesh (annullando qualsiasi altra eventuale selezione) al di fuori dell'*Armature* (Ctrl-clic), selezionare nuovamente l'osso di interesse all'interno dell'*Armature* e premere Ctrl-P per richiamare il menu *Set Parent To*. Nel caso di oggetti meccanici, dove non avviene una deformazione dell'oggetto imparentato, la voce da scegliere è l'ultima: *Bone*.

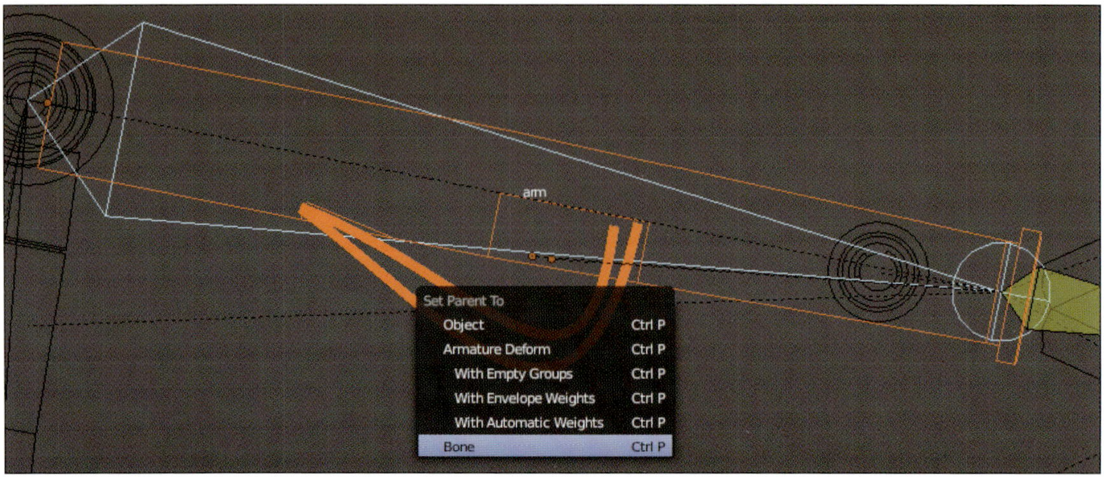

Eseguire questa operazione con tutti gli oggetti che compongono il braccio meccanico.
Nel caso in cui si desideri ottenere una deformazione dei cavi collegati al braccio, sarà sufficiente assegnare ai vertici di controllo di questi degli hook (Alt-H) che andranno poi imparentati con le ossa desiderate.

Custom bones

Ora che il nostro modello è riggato e funzionante, è giunto il momento di effettuare qualche ottimizzazione per renderlo più semplice da animare, nascondendo le ossa non direttamente animabili e creando dei controlli personalizzati per rendere l'animazione più intuitiva.
Innanzitutto è possibile cambiare modalità di visualizzazione delle ossa tramite i pulsanti presenti nel pannello *Display* nel contesto *Armature*, per esempio scegliendo la voce *Stick*. Inoltre nel pannello soprastante, chiamato *Skeleton* è visibile una griglia di 32 pulsanti, che rappresentano i livelli *Armature* (simili ai layer di una scena, ma dedicati esclusivamente alle ossa di un oggetto di tipo *Armature*). Assicurandosi di trovarsi in Pose Mode, selezionare tutte le ossa tranne *base* e *rot_control* e premere il tasto M, il quale richiamerà un menu popup per scegliere in quale di 32 livelli *Armature* spostare le ossa. Scegliere il secondo livello e disattivarne la visibilità nel pannello *Skeleton* precedentemente mostrato.

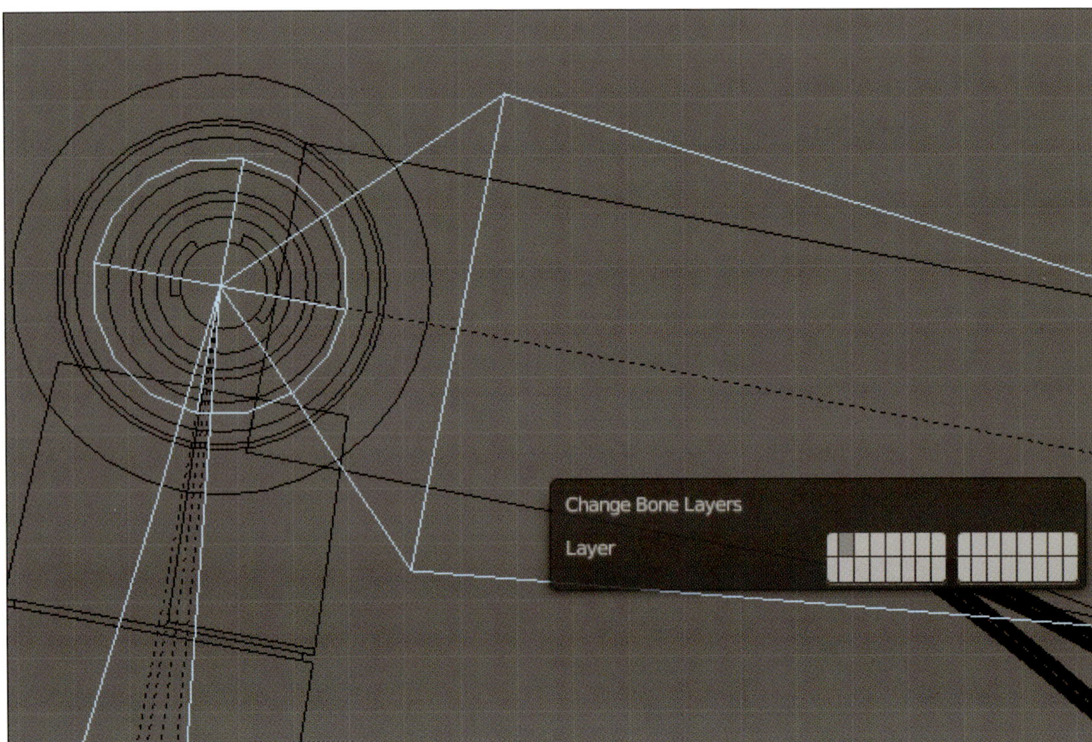

Provvedere ora alla creazione di due semplici forme con oggetti mesh, come per esempio una doppia freccia (aggiungere un oggetto mesh Plane, estrudere e scalare un lato, estrudere nuovamente e scalare a 0, rimuovere i vertici sovrapposti, infine selezionare tutto ed estrudere) ed un anello.

Attribuire il nome *WGT_base* all'oggetto mesh freccia e il nome *WGT_target* all'oggetto anello (WGT è un'abbreviazione del termine widget, in riferimento a forme personalizzate da impiegare come ossa in un'*Armature*).

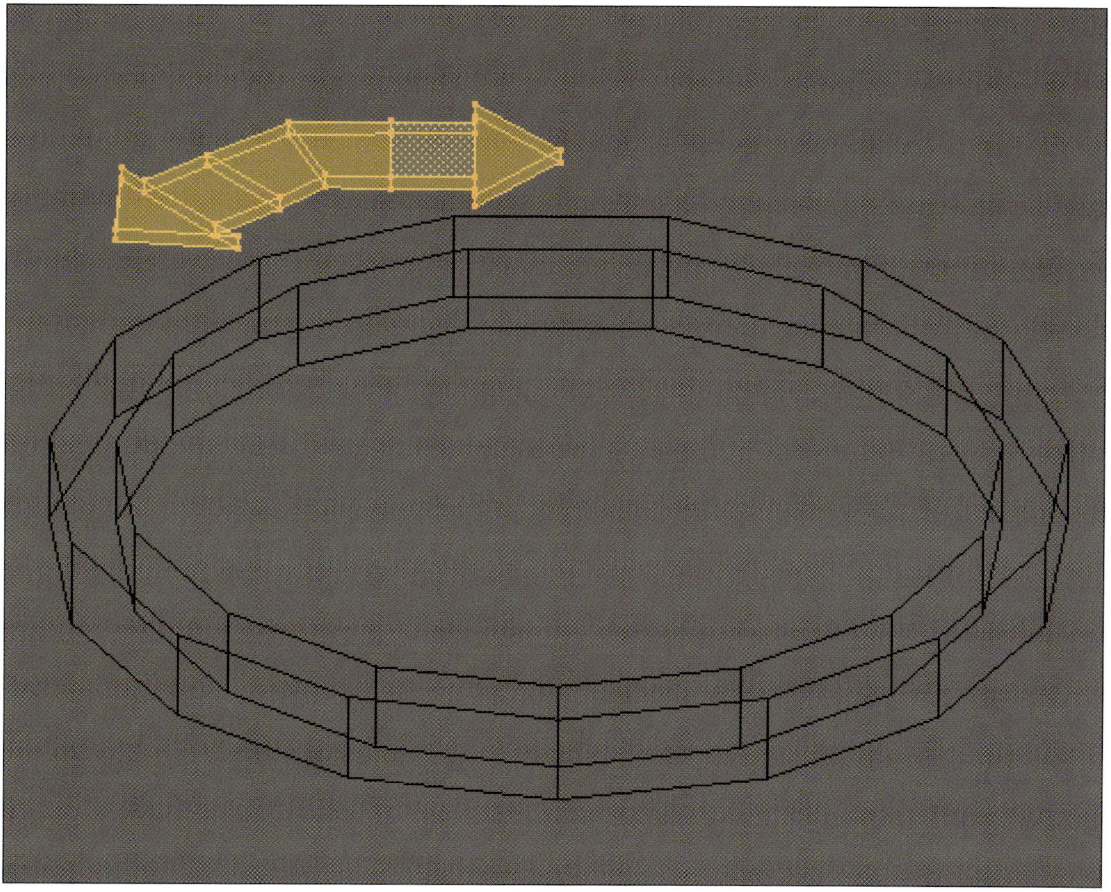

Assegnare ora queste forme personalizzate alle ossa rimaste visibili attraverso il campo *Custom Shape*, situato nel pannello *Display*, nel contesto *Bone*. Potrebbe essere necessario effettuare alcune operazioni di rotazione e scala sull'oggetto originale per renderlo funzionale sull'*Armature*. Questa operazione risulterà molto intuitiva, in quanto la forma dell'osso personalizzato si aggiornerà in tempo reale mentre si svolgono le trasformazioni.

Conclusioni

A partire da questo modello sarà ora possibile realizzare qualche semplice animazione e poi utilizzarlo come base per la costruzione di una scena più complessa, con materiali più elaborati, il tutto magari post-processato facendo uso del compositor a nodi. Siamo infine giunti alla conclusione di questo manuale, che ci auguriamo possa essere stato una buona introduzione a Blender e alla grafica 3D.

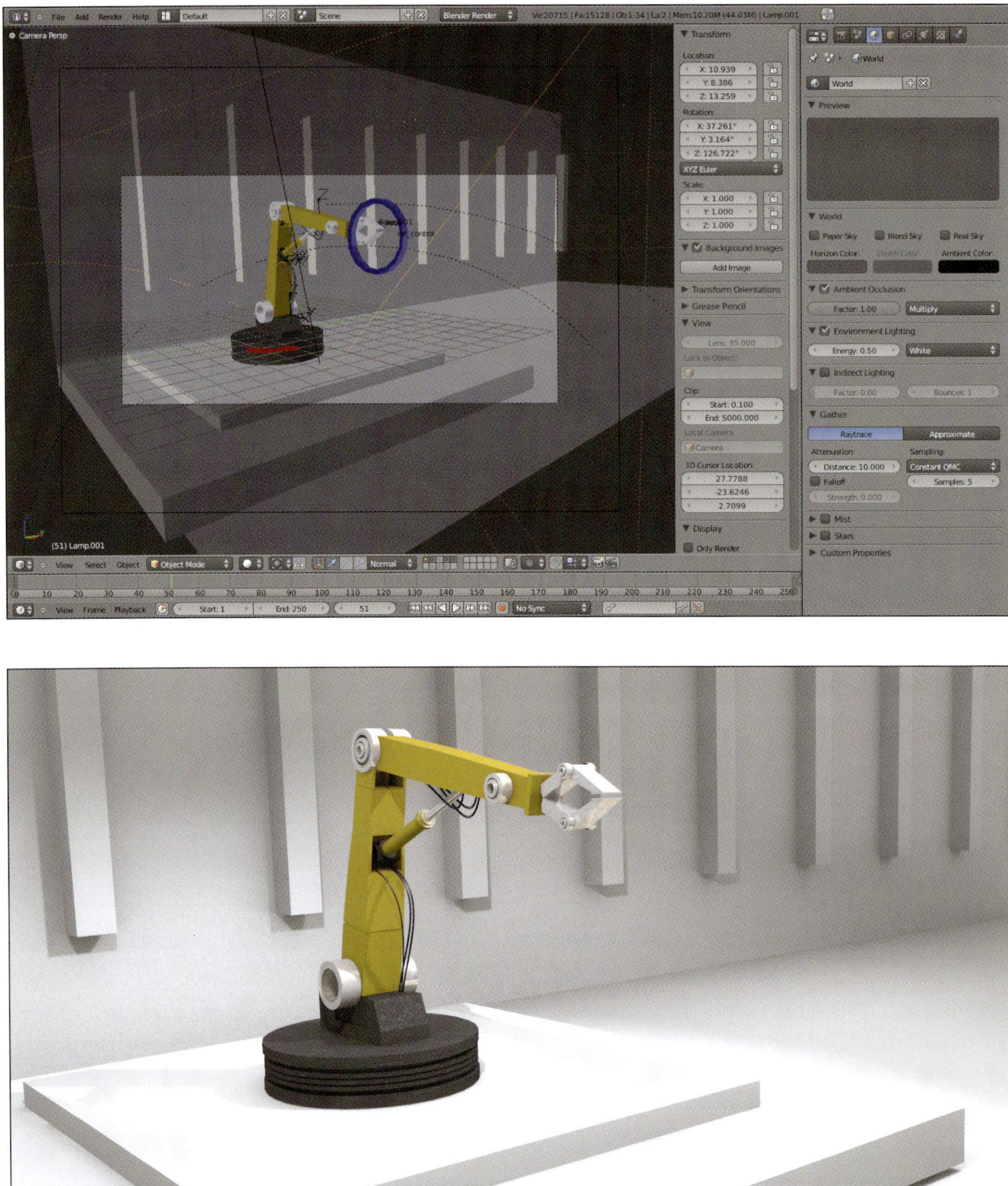

Figura T.1
Un rendering del braccio meccanico, dopo avere aggiunto un semplice sfondo e qualche altro dettaglio.